MOHAMMED UND KARL DER GROSSE

Die Geburt des Abendlandes

Mit Beiträgen von Francesco Gabrieli, André Guillou, Bryce Lyon,
Jacques Henri Pirenne, Heiko Steuer

Belser Verlag
STUTTGART
ZÜRICH

Die Deutsche Bibliothek – CIP-Einheitsaufnahme

Mohammed und Karl der Große:
die Geburt des Abendlandes /
mit Beitr. von Francesco Gabrieli...
[Übers.: Heigrid Betz]. – 2. Aufl., Sonderausg. –
Stuttgart; Zürich: Belser, 1993.
Einheitssacht.: Carlomagno e Maometto <dt.>
ISBN 3-7630-2097-7
NE: Gabrieli, Francesco; Betz, Heigrid [Übers.]; EST

Sonderausgabe 1993

Schutzumschlagmotiv: Karlsbüste, Aachen,
Domschatzkammer

© 1987 by Editoriale Jaca Book, Milano
© 1987 und 1993 für die deutschsprachige
Ausgabe by Belser AG für Verlagsgeschäfte & Co. KG,
Stuttgart und Zürich
Alle Rechte vorbehalten
Übersetzung: Heigrid Betz
Alleinvertrieb in der Schweiz
durch MEDEA, Fribourg
Gesamtherstellung: Neue Stalling, Oldenburg
Printed in Germany
ISBN 3-7630-2097-7

Inhalt

Bryce Lyon

Die wissenschaftliche Diskussion über das Ende der Antike und den Beginn des Mittelalters

Wie oft schon wurden in der Geschichtsschreibung historische Probleme von den Historikern lange Zeit übersehen oder unterbewertet. Wie oft auch nahm man schon an, nachdem ein Problem von den Historikern entdeckt worden und zum Gegenstand eindringlicher Untersuchungen gemacht worden war, es sei nun eine »Lösung« gefunden, die fortan als historisches Dogma gelten könne. Wie oft schon war das auch der Fall mit einem der herausforderndsten aller historischen Probleme – dem Niedergang und Fall des Römischen Imperiums, oder wie einige Historiker dieses Phänomen nennen, dem Ende der Welt der Antike und dem Beginn des Mittelalters. Nur wenige historische Probleme waren Gegenstand von mehr Untersuchungen und Spekulationen und wenige haben die Aufmerksamkeit so vieler begabter und gefeierter Historiker gefunden. Doch wenige Probleme bleiben so ungelöst und kompliziert und stehen entsprechend im Brennpunkt historischer Diskussionen und Kontroversen. Innerhalb jenes Genres von Geschichtsschreibung, das man die »Geschichtsschreibung des Niedergangs« nennen könnte, hat dieses Problem alle anderen in den Schatten gestellt und Historiker der westlichen Zivilisation seit der Renaissance bis in die Gegenwart beschäftigt.

Vom Standpunkt des Historikers im späten 20. Jahrhundert aus ist es offensichtlich, daß zu unterschiedlichen Zeitpunkten wesentliche Teile des Gefüges des Römischen Imperiums schwach zu werden begannen – sei es auf dem Gebiet der Politik, der Wirtschaft, der Gesellschaft, des Geistes oder der Kunst, – und nach dem 2. Jahrhundert nach Chr. befand sich das Römische Weltreich entschieden in ernsten Schwierigkeiten.

Es fällt jedoch als ungewöhnlich auf, daß erst seit der Renaissance die Gelehrten wahrnahmen, daß es ein historisches Problem ist, welche Umstände für diese Desintegration des Römischen Reiches verantwortlich zu machen sind.

Obwohl klassische Philosophen und Historiker wie Platon, Aristoteles, Thukydides, Polybius und Tacitus sich mit der Frage des politischen Niedergangs befaßten, scheint kein Individuum, das inmitten dieses imperialen Zerfalls lebte, wahrgenommen zu haben, daß das lange Leben des Römischen Imperiums sich einem Ende nähere. Stoische Philosophen wie Seneca haben wohl wahrgenommen, daß Rom altere und womöglich stürbe, doch wurde der Niedergang Roms erst mit dem Aufkommen des Christentums zum Anlaß der Diskussion.

Im 4. und 5. Jahrhundert, als die Germanen zunehmend den Kern des Imperiums bedrängten, und gar im Jahr 410 die Ewige Stadt eroberten, erklärten die christlichen Kirchenväter, daß gemäß dem Buch der Offenbarung das Römische Imperium zerstört würde, und daß darauf das Tausendjährige Reich und der Jüngste Tag folge: Rom werde für die lange Geschichte seiner Sünden bestraft. Der hl. Hieronymus griff Rom als Hort der Hurerei an und stellte fest, das Imperium müsse zerstört werden, weil seine hochmütigen Herrscher »es für ewig halten«.

Aber wann würde das Römische Imperium zerstört werden und seinen Geist aushauchen? Wenn andererseits heidnische Denker das Christentum für Roms mannigfache Leiden schuldig erklärten, dachten sie doch nie an eine Zeit ohne Rom und sein Imperium. Ebenso erging es auch Christen wie dem hl. Augustinus oder Orosius, denen es gefiel, Roms lange Versklavung durch die heidnische Philosophie und Religion für den eigentlichen Grund allen Übels zu halten. Augustinus erklärte in seiner *Civitas Dei*, das Imperium sei nur zeitlich und die irdische Stadt werde schließlich durch die Ewige Stadt Gottes ersetzt werden, aber er nahm nicht an, daß das Imperium zu Ende sei. In der Tat, argumentierte er, das Imperium werde bis zum Kommen der Stadt Gottes erhalten bleiben, da es den wahren Glauben, durch den alle Menschen gerettet werden, erhalte und stärke. Sowohl Heiden als auch Christen erachteten das 4. und 5. Jahrhundert für eine Zeit profunder Schwierigkeiten, aber nicht als eine Zeit, in der das Imperium zum Ende seines langen Lebens kommen müsse.

Unter dem Einfluß des hl. Augustinus erklärten mittelalterliche Autoren, daß das heidnische Römische Imperium christlich geworden sei; obwohl dieser Übergang lange schon vor Karl d. Gr. erfolgte, sei seine Krönung als römischer Kaiser durch Papst Leo III. am Weihnachtstag des Jahres 800 in der Petersbasilika zu Rom ein Symbol für die Umwandlung des Römischen Imperiums in das Heilige Römische Reich.

Während des gesamten Mittelalters hielt man die Fiktion aufrecht, daß dieses Ereignis ebenso kennzeichnend sei für die *translatio imperii ad Francos* oder *ad Teutonicos*, also für die Übertragung des Imperiums an die Franzosen bzw. an die Deutschen. Noch im frühen 14. Jahrhundert, als Dante *De Monarchia* schrieb, herrschte die Auffassung vor, wenn auch bereits schwächer, das Imperium Romanum bestehe weiter, nun als Christliches Imperium.

Nicht vor dem Aufkommen der italienischen Renaissance im 14. Jahrhundert, als das westliche Europa die großartigen kulturellen Bestrebungen der Griechen und Römer wieder zum Leben erweckte, begannen die Humanisten das Zeitalter, in dem sie lebten, als verschieden von den vorhergehenden Jahrhunderten anzusehen. Ebenso stellten sie fest, daß jene Jahrhunderte sehr verschieden waren von dem, was man jetzt die Welt des Altertums nannte. Es kam auch das Verlangen auf, zu verstehen, weshalb die strahlende klassische Zivilisation, die von den Männern der Renaissance so sehr bewundert und nachgeahmt wurde, einst welk geworden war, um einem Jahrtausend gotischer Finsternis Platz zu machen. Für die Humanisten wurde das Ende der antiken Welt und der Beginn des Mittelalters zu einem historischen Problem der Vergangenheit als Ereignis, das nach Erklärung verlangte.

Die meisten Humanisten, die in der politisch geladenen Atmosphäre der italienischen Stadt-Staaten lebten und oft selbst in deren politische Angelegenheiten verquickt waren, suchten natürlich nach politischen und militärischen Erklärungen für den Fall Roms. Petrarca, Giovanni Villani, Leonardo Bruni, Flavio Biondo und Machiavelli waren die bekanntesten. Sie erklärten, um die Katastrophe der Römer zu verstehen, den Sieg der Barbaren über das Imperium als eine Folge des Niedergangs der bürgerlichen Tugenden. Sie stimmten in der Annahme überein, eine Kombination politischer und militärischer Fehlschläge habe Roms Fall im 5. Jahrhundert bewirkt. Italienische Humanisten, die sich für klassische Kultur und Kunst interessierten, untermauerten diese These, indem sie die Zerstörung der klassischen Kultur den *Barbaren* zuschrieben. Biondo wies auf eine Degeneration der lateinischen Gelehrsamkeit nach Cicero hin, während Giorgio Vasari in seinen *Lebensläufen der berühmtesten Maler, Bildhauer und Architekten* die Herrschaft des Kaisers Konstantin (306–337) zur Grenze zwischen der guten Kunst der antiken Welt und der schlechten Kunst, die ihr folgte, erklärte. Er nahm an, daß nach einem künstlerischen Erwachen im späten 13. Jahrhundert unter Cimabue und Giotto, die Künstler ihren Sinn von der plumpen gotischen Kunst befreit hätten, um zwischen guter und schlechter Kunst zu unterscheiden. Sie hätten dann der großen Kunst des Altertums nachgeeifert.

Die Ansichten der italienischen Humanisten wurden in der Folge großenteils von Humanisten des nördlichen Europa, wie Erasmus, übernommen. Die Humanisten des Nordens erkannten zwar an, daß die germanische Besetzung des westlichen Teils des Römischen Imperiums zu der Katastrophe beigetragen hatte, mochten aber nicht zugeben, daß alles, was sich ereignet hatte, schlecht gewesen sei. Vielmehr wiesen sie auf die neue Kraft und den neuen Geist hin, den die germanischen Stämme nach Westeuropa hineingetragen hatten.

Seit der Reformation stimmten die protestantischen Historiker mit den Humanisten zwar darin überein, daß die Welt der Antike im 5. Jahrhundert zu Ende gegangen sei, wandten sich aber einer neuen Deutung zu, die eher von einem göttlichen Plan als von menschlichen Ursachen ausging. Sie nahmen an, die reine evangelische Lehre des frühen Christentums sei durch die römisch-katholische Kirche entstellt worden, die nach der Annahme des Christentums durch Konstantin und seine Nachfolger im 4. Jahrhundert zur Herrschaft kam; im Aufkommen des Papsttums und seines schlimmen Einflusses auf den christlichen Glauben läge die Wurzel allen Übels. Vom 5. bis 16. Jahrhundert habe Finsternis die Christenheit des Westens verdunkelt. In den 1000 Jahren vor dem 16. Jahrhundert hätten die katholische Geistlichkeit und die Scholastiker gemeinsam dazu beigetragen, das klassische Wissen und das frühe Christentum zu zerstören, indem sie eine

falsche Lehre und Unkenntnis begünstigten. Durch die Reformation sei dann der ursprüngliche Glauben wieder geboren und die wahre Lehre wieder gefunden worden.

Im 18. Jahrhundert, dem Zeitalter der Aufklärung, übernahmen sowohl die Historiker als auch die Philosophen generell die Ansichten der Humanisten und der protestantischen Geschichtsschreiber über den Niedergang der klassischen Welt: Sie priesen die strahlende Kultur der Welt des Altertums und beklagten die mittelalterliche Barbarei und den Aberglauben, die jene Errungenschaften zerstörten. Wie für die protestantischen Historiker war auch für sie die Kirche des Mittelalters der Archetypus von Irrationalität, Ignoranz und Aberglauben. Mit Voltaire stimmten sie darin überein, während des Mittelalters hätten »Barbarei, Aberglauben und Ignoranz das Antlitz der Welt verhüllt«. Die Übereinstimmung der Historiker nahm zu, Barbarei, Ignoranz und Aberglauben, genährt durch das Christentum, hätten die griechisch-römische Zivilisation zerstört. Dieser Tenor beherrscht auch Edward Gibbons klassisches Werk *History of the Decline and Fall of the Roman Empire*; 1776–1778 (Geschichte des Verfalls und Untergangs des Römischen Reiches), die erste gelehrte Untersuchung dieses gewaltigen Problems.

Wichtig ist der Hinweis, daß Gibbon großenteils die Argumente der Historiker der Renaissance und der protestantischen Reformation sich zu eigen machte. Ganz im Geist der Tradition dieser Geschichtsschreibung kritisiert er rückhaltlos die moralische Korruption der Spätzeit, den Mangel an höheren Zielen wie an bürgerlicher Verantwortung und die Abkehr von den Tugenden der Republik und des Kaiserreichs bis zum Jahre 180 unserer Zeitrechnung. Nach Marc Aurel, dem letzten der »guten Kaiser« seien Dekadenz, Aberglauben, Frömmelei und Korruption unaufhaltsam angeschwollen, um Roms Größe zu überfluten. Wie seine Vorgänger sah Gibbon das 4. und 5. Jahrhundert als Übergang zwischen Antike und Mittelalter an: Mit der Absetzung des schwachen Kaiserknaben Romulus Augustulus durch den Germanenführer Odoaker im Jahr 476 n. Chr. endete das Imperium des Westens, um rasch der Barbarei anheimzufallen. In seiner Interpretation der Herrschaft Konstantins unterschied sich Gibbon jedoch von den früheren Historikern. Er sah das 4. Jahrhundert wie sein eigenes, als eine Epoche, in der die Zivilisation ihren Lauf änderte. Für ihn war die Herrschaft Konstantins ein Mikrokosmos des Niedergangs und Falles Roms, der das Ende der klassischen Zivilisation ankündigte und ebenso den Anbruch einer langen, dunklen Nacht der Ignoranz und des Aberglaubens – des Mittelalters. Meisterlich porträtierte er die Herrschaft Konstantins als eine Studie über Niedergang und Degeneration, wie ein ehrgeiziger, hochbegabter, hemmungsloser und zynischer Mann den christlichen Glauben dazu verwandte, um seine eigenen politischen Pläne durchzusetzen. Zum erstenmal kommt die Interpretation auf, daß Konstantin im Christentum die Religion der Zukunft erkannte, einer Religion, die kollektive Tendenzen der Zeit zum Ausdruck brachte, daß er sie jedoch nur dazu verwendete, seine Macht zu festigen und das Imperium zu einen. Er sah ringsum das Heidentum im Zerfall und begünstigte das Christentum, weil es Gehorsam gebot. In der Annahme, der Christenglaube wäre eine gute Versicherung gegen seine stattlichen Verbrechen und Sünden, ließ er sich kurz vor seinem Tode taufen. Zynisch und berechnend bis zum Ende, glaubte Konstantin nie, sondern er dachte stets nur an den Nutzen. Diese Taktik allerdings gab dem Christentum, dem Hauptfeind des Imperiums, die Möglichkeit, es zu unterwerfen und zu zerstören.

Da Gibbon seine Synthese in hinreißendem Stil vortrug, wurde sein Werk zu einem historiographischen Vorbild, das die Geschichtsschreibung im 19. Jahrhundert weithin beeinflußte. Bemerkenswert an seiner Interpretation scheint vor allem, daß im 19. Jahrhundert, der Epoche des *Historismus*, der sonst so viele neue Trends und Verbesserungen beim geschichtlichen Studium förderte und Anregungen von den europäischen Bewegungen der Romantik, des Nationalismus und des Liberalismus aufnahm, so wenig an Gibbons Thesen geändert oder in Frage gestellt wurde.

Nur die Spezialisten der mittelalterlichen Geschichte brachten eine neue Dimension hinzu. Seit dem frühen 19. Jahrhundert erfolgte nämlich eine charakteristische Rehabilitation des Mittelalters. Man begann, die Schönheit und Gesetzmäßigkeit der mittelalterlichen Architektur und Kunst zu verstehen, beschäftigte sich mit der Literatur jener Epoche, mit ihren Institutionen und Ordnungen, den Traditionen und Persönlichkeiten, die in Verbindung gesehen wurden mit dem Ursprung der führenden Nationalstaaten der Neuzeit.

Doch auch die Mediävisten, welche auf die nicht zu leugnenden Beiträge des Mittelalters zur Kultur und Gesellschaft Westeuropas hinwiesen, bemühten sich kaum, die traditionelle Erklärung für das Ende der Alten Welt und den Beginn des Mittelalters, die Gibbon verfochten hatte, zu ändern. Sie stimmten mit den Historikern des Altertums meist darin überein, daß das 5. Jahrhundert das Ende der Welt der Antike kennzeichnete. Demzufolge begannen sie ihre Geschichte des Mittelalters mit einer Bilanz der fünf Jahrhunderte alten Geschichtsschreibungstradition und mit Schilderungen, auf welche Weise die Germanen das Imperium zerstörten.

Man kann ohne Übertreibungen behaupten, daß 90 % der betreffenden Veröffentlichungen von Althistorikern stammen. Neue Ergebnisse steuerten archäologische Ausgrabungen bei, die Papyrologie, Numismatik und weiter verfeinerte kunstgeschichtliche Methoden, ebenso machte die Textkritik und -edition Fortschritte. Seit der Mitte des 19. Jahrhunderts bis zum Ende des Ersten Weltkrieges wurden die Ideen Gibbons weiter verfeinert und nur wenig modifiziert. Das 5. Jahrhundert n. Chr. wurde zu einer Art Niemandsland oder Barriere zwischen der Alten und der Mittelalterlichen Geschichte, und kaum ein Mediävist oder Althistoriker war geneigt, dieses Gebiet zu betreten. Mit Ausnahme der wenigen Spezialisten, die sich dafür interessierten, in wieweit klassische Literatur und Gedankengut in die Hände der Kirche gelangten, dachten keine Althistoriker daran, ihre Erforschung der antiken Welt über die Herrschaft Konstantins oder letztlich den Tod Theodosius' I. hinaus, des letzten Kaisers, der sowohl über die östlichen als auch die westlichen Teile des Reiches geherrscht hatte, auszudehnen.

Was waren nun die Ergebnisse der eingehenden Forschungen in der Periode nach Gibbon? Offensichtlich entwickelte sich eine ausgewogenere und objektivere Einschätzung der Rolle des Christentums in der Spätphase des Imperiums und die Erkenntnis, daß die germanische Besetzung des Westens weniger verheerend war, als man traditionell angenommen hatte, und daß sie sich erst dann vollziehen konnte, nachdem der westliche Reichsteil zuvor durch inneren Zerfall geschwächt worden war. Doch wo lagen die Wurzeln dieser inneren Schwierigkeiten? Politische Historiker haben argumentiert, der Mangel einer geordneten Nachfolgeregelung für die Kaiser habe zur Anarchie und zum Zusammenbruch einer geordneten Verwaltung geführt, die Abhängigkeit der Kaiser von ihren Legionen habe Bürgerkrieg und die Schwächung des Kaisers hervorgerufen, die enge Verflechtung des Kaisertums mit dem Militär habe zum Despotismus geführt, der wiederum Freiheit und Initiative zerstörte. Die Militärhistoriker wiederum behaupten, eine Verminderung des Heeres habe es den Germanen ermöglicht, die römische Grenzverteidigung zu überrennen, zudem habe die Aufnahme nicht-römischer Soldaten (meist Germanen!) in die Legionen die militärische Stärke untergraben.

Wirtschaftsgeschichtler, die erkannten, daß der wirtschaftliche Niedergang des Imperiums in Verbindung mit dem politischen und kulturellen Rückgang stand, konnten sich über die Gründe der wirtschaftlichen Misere des Imperiums im 3. und 4. Jahrhundert nicht einigen. Einige meinten, das ungünstige Handelsgleichgewicht zwischen Ost und West habe zum Kollaps des Westens beigetragen. Hat sich ein Abfluß des Goldes nach Osten hin ergeben, während der Westen vorwiegend landwirtschaftlich geprägt blieb? Andere wiederum nahmen an, der Westen sei wirtschaftlich unterentwickelt geblieben, vor allem in Handel und Industrie, und wirtschaftlicher Regionalismus sowie die Selbstgenügsamkeit der Agrarwirtschaft hätten zum Niedergang geführt. Andre meinten, eine Wirtschaft, die auf Sklavenarbeit beruht, sei schließlich zum Scheitern verurteilt. Ferner wäre es denkbar, daß dem Wirtschaftssystem der Antike unausweichlich andere, weiter fortgeschrittene Systeme folgen mußten. Solche Erklärungen ähneln denen marxistischer Wirtschaftshistoriker, die von der ökonomischen Dialektik ausgehen und annehmen, daß das antike Imperium zwangsläufig von anderen sozialen und wirtschaftlichen Erscheinungen abgelöst wurde.

Sicher trifft zu, wie einige Historiker feststellten, daß das Leben des römischen Kaiserreichs stark von der Vitalität der Städte abhing; mit ihrem Zerfall ging der allgemeine Niedergang einher. Wie aber kam es zum Niedergang der Städte? Ihre Abhängigkeit von Handel und Industrie ist offensichtlich, aber hing ihre Lebenskraft ebenso von der Mittelschicht ab und deren politischem, wirtschaftlichen und kulturellen Antrieb? Und was ist schließlich der Anlaß zum Niedergang einer Gesellschaft oder Klasse? Einige Historiker vertreten die These, die römische Mittelschicht sei vom ungebildeten Proletariat aufgesogen worden, von den Bauern und Soldaten, denen die politischen und wirtschaftlichen Führungsqualitäten abgingen. Historiker, die geneigt sind, bestimmte Fähigkeiten bestimmten Rassen zuzuschreiben, behaupten, alles sei gut gegangen, solange ausschließlich Römer sich um Regierung und Krieg gekümmert hätten, doch sei diese Überlegenheit geschwunden, als die Vermischung mit Bewohnern des östlichen Mittelmeerraumes zunahm, und die rein römische Rasse verschwand. Rabiate Rassisten behaupteten gar, die echten Römer seien von inferioren Orientalen unterwandert worden, denen es trotz kultureller Fähigkeiten am politischen und kriegerischen Vermögen fehlte. Andere Spezialisten sprachen vom Selbstmord einer Rasse seitens der alten aristokratischen Familien, die strenge Geburtenbeschränkung praktizierten oder überhaupt keine Nachkommen mehr hervorbrachten. Da Bildung und Erziehung auf die Oberklasse beschränkt waren, wie hätten die ungebildeten Massen beim Verschwinden der Privilegierten Führungspositionen einnehmen können? Beschränkte sich das schleichende Übel auf die Aristokratie und Mittelschicht, deren Mitglieder Ambitionen und Schwung verloren und schwach und verweichlicht wurden, durch Geld, Müßiggang und Laster? Was lag wohl hinter diesen Gebrechen und waren sie weit verbreitet genug, um signifikant zu werden?

Einige Wissenschaftler haben versucht, den Niedergang des Westens von realen Gegebenheiten herzuleiten: Die Bodenerosion rings um das Mittelmeer wurde als Hauptgrund für den Rückgang der Agrarproduktion angesehen, die Hand in Hand ging mit einem katastrophalen Bevölkerungsrückgang, das ungenügende Gleichgewicht von Anbau und Ernten sowie mangelnde Bodendüngung führten offensichtlich zu einer Verarmung der Böden. Einige Geographen nehmen zudem an, daß im Mittelmeerraum während des 3. und 4. Jahrhunderts außergewöhnliche Hitze- und Nässeperioden abwechselten, was verheerende Folgen für Vegetation und Menschen hatte. Seuchen und Krankheiten kommen ebenfalls als Verursacher des Bevölkerungsrückgangs in Betracht. Die Pest war endemisch, und in vielen Regionen des Mittelmeerraumes war die Malaria zu Hause. Als Argument wurde schließlich die Tatsache herangezogen, daß die Oberschicht das Wasser mittels Bleirohren zu ihren Villen herleiten ließ, und daß man Speisen in Bleigefäßen zubereitete, was Bleivergiftungen zur Folge hatte. Ein letztes Argument war, die innerhalb der römischen Aristokratie weitverbreitete Homosexualität habe der römischen Führungsschicht den notwendigen Nachwuchs vorenthalten.

Die Kulturhistoriker haben einen allgemeinen Niedergang der Kultur festgestellt: Das Kompilieren, Kommentieren und Kopieren trat an die Stelle kreativer und individueller Tätigkeit. Die Menschen blickten anscheinend nicht mehr vorwärts, sondern begnügten sich mit dem, was früher bereits in den Bereichen der Literatur, der Geschichte, der Philosophie, der Wissenschaften, der Medizin hervorgebracht worden war. Künstlerische Meisterschaft wurde offensichtlich rar, wie etwa der Triumphbogen Konstantins zeigt, für den auch Skulpturen früherer Monumente wieder verwendet wurden. Die Reliefs zeitgenössischer Künstler an diesem Bogen halten dem Vergleich mit dem, was nur ein Jahrhundert zuvor geschaffen worden war, nicht stand; die kunsthandwerklichen Fähigkeiten ließen offensichtlich nach. Den Arbeiten fehlt es an Geschmack und die Kriterien für Schönheit gerieten in Vergessenheit.

Nach all diesen Feststellungen fehlt es den Kulturhistorikern doch an einer zwingenden Erklärung. Warum haben eigentlich die römischen Autoren, Denker und Künstler den Schwung und den Schöpfergeist verloren? Es mag sein, daß der Niedergang der kulturellen Bestrebungen mit den ungeklärten politischen Verhältnissen in Zusammenhang stand, mit dem wirtschaftlichen Rückgang und den Veränderungen der Religiosität. Die Kirchenväter wie Hieronymus, Ambrosius und Augustinus schätzten offenbar die heidnischen Klassiker und zogen sie zur Erklärung der christlichen Wahrheiten heran. Einige Historiker nahmen an, es sei ein psychologischer Bruch im kollektiven kulturellen und religiösen Denken eingetreten. Doch wie wäre diese These zu untermauern? Man hat schließlich bekannte Versuche unternommen, den Niedergang Roms als Folge zyklischer Ereignisse zu erklären, doch gibt es keine zwingende Wahrscheinlichkeit für das Bestehen historischer Zyklen; genau so wenig wie für die Auffassung der Geschichte als Abfolge einer Reihe von Zivilisationen, deren jede dem Wachstum und Zerfall eines lebenden Organismus gemäß den biologischen Gesetzen gleicht: eine »Morphologie der Geschichte« ist nicht zu beweisen. Theorien, die im Grunde mystisch und religiös sind, haben zudem im Rahmen der modernen Geschichtsschreibung kaum einen Platz.

Ein Jahrhundert der Forschung an diesem komplizierten Problem ergab die vorstehende Bilanz. Im Grunde wurden Gibbons Erklärungen, abgesehen von raffinierteren Untersuchungsmethoden und einem eindringlicheren Quellenstudium nur wenig modifiziert. Gewiß wurden die Methoden der modernen Sozial- und Wirtschaftsgeschichte auf die historischen Untersuchungen angewandt und setzte sich eine objektivere Haltung gegenüber der Kirche des Mittelalters durch, auch wurden die kulturellen und künstlerischen Leistungen gerechter beurteilt, doch sonst kam relativ wenig an neuen Einsichten oder Änderungen hinzu. Gibbon hätte daraus geschlossen, daß die soziologischen und wirtschaftlichen Erklärungen seinen Schluß bestätigten, daß das Imperium des Westens im 4. Jahrhundert zu Ende ging. Die neuere wissenschaftliche Einschätzung des Christentums hätte ihm kaum zugesagt, doch an seinen Interpretationen nichts geändert. Er machte den christlichen Glauben für eine Haltung der Unterwürfigkeit und Weltflucht und totaler Unterwerfung unter das geistliche Regiment verantwortlich, doch ist zu bedenken, daß die moderne Wissenschaft erkannt hat, daß das Christentum für jene kollektive Einstellung verantwortlich war, die sich erheblich von der der griechisch-römischen Zivilisation unterschied. Eine neue Psychologie rief eine neue Moralität hervor, einen neuen Individualismus, ein neues Konzept der Beziehungen des Menschen zum Universum, neue Erklärungen für die menschliche Existenz und das Schicksal nach dem Tode, ebenso eine veränderte Haltung gegenüber der Natur und der Erfahrung. Diese seelischen und geistigen Veränderungen haben unzweifelhaft die westliche Geschichte während des 4. und 5. Jahrhunderts revolutioniert und schließlich zum Mittelalter und einer neuen Zivilisation geführt.

Bis in die frühen 20er Jahre unseres Jahrhunderts hätte aber kein Historiker, sei es der alten oder der mittelalterlichen Geschichte, die Deutung Gibbons und der Humanisten oder Aufklärer in Frage gestellt oder daran gezweifelt, daß die Welt der Antike im 4. oder 5. Jahrhundert endete.

Diese wissenschaftliche Übereinkunft wurde dann auf einmal durch eine neue These in Frage gestellt: Der belgische Historiker *Henri Pirenne* (1862–1935) trat mit einer Theorie über das Ende der Welt des Altertums und den Beginn des Mittelalters auf den Plan, die im Widerspruch zu der herkömmlichen Annahme stand und der künftigen Diskussion neue Wege wies. Pirenne genoß schon vor 1914 internationales Ansehen durch seine bedeutenden Thesen zum Ursprung der mittelalterlichen Stadt, seine Theorien über gesellschaftliche Auswirkungen des Kapitalismus und sein mehrbändiges Geschichtswerk *Histoire de Belgique* sowie zahlreiche Einzelveröffentlichungen zur mittelalterlichen Sozial- und Wirtschaftsgeschichte und die Veröffentlichung mittelalterlicher Quellen. Speziell mit dem Frühmittelalter hatte er sich jedoch zuvor nicht befaßt. Das änderte sich mit dem Ersten Weltkrieg. Die Besetzung Belgiens durch die deutschen Truppen brachte für Pirenne wie ebenso für seine Familie eine dramatische Lebenswende. Die akademische Routine wurde gestört, die Universität Gent, an der Pirenne lehrte, wurde geschlossen und der Professor als Gefangener nach Deutschland geschickt. An führender Stelle hatte er sich den Bestrebungen der Besatzungsmacht widersetzt, die Universität zu germanisieren. Zusammen mit einem Kollegen wurde Pirenne am 18. März 1916 verhaftet und nach Deutschland deportiert, wo er bis zum Kriegsende im November 1918 verbleiben mußte. Nacheinander war er in zwei Lagern interniert, wo er die Bekanntschaft zahlreicher russischer Kriegsgefangener machte, deren Wesen und Anschauungen ihn so stark beeindruckten, daß er Russisch lernte und sich intensiv mit der russischen Geschichte befaßte. Schließlich mußte er in einem kleinen thüringischen

Dorf als einziger Fremder in schlimmer Einsamkeit bis zum Kriegsende ausharren. In jener Zeit beschloß er, eine Geschichte Europas zu schreiben, um gegen die eintönige Isolierung anzugehen und seine geistigen Fähigkeiten wach zu halten.

Dieses Werk kam dann posthum 1936 unter dem Titel *Histoire de l'Europe des invasions au XVIe siècle* heraus. In dieser Geschichtsbetrachtung kommt Pirennes Beschäftigung mit den Russen und ihrer Sprache und Geschichte zum Ausdruck, die sein Interesse auf Byzanz und den Bereich des östlichen Mittelmeeres gelenkt hatte. Offensichtlich hatte Pirenne seine Einschätzung des Frühmittelalters geändert. In seiner Vorstellung nahm eine Welt des Altertums Gestalt an, die sich zwar während einiger Jahrhunderte im Niedergang befand, die jedoch von den Germanen nicht zerstört wurde, mit Ausnahme der politischen Existenz des Imperiums im Westen, Pirenne nahm an, daß die Germanen nicht als Feinde in das Römische Imperium eindrangen, sondern als Leute, denen es darum zu tun war, so viel als möglich von einer überlegenen Kultur zu übernehmen und zu bewahren. Zwar fehlte es ihnen an Voraussetzungen für diese Kontinuität, doch versuchten sie innerhalb gegebener Grenzen die römische Kultur und die römischen Institutionen zu übernehmen und fortzuführen. Auf diese Weise konnten wesentliche Bestandteile der antiken Zivilisation eine zeitlang weiterleben. Pirenne schloß, die Germanen »hatten keinen Haß auf Rom und ... mißhandelten die Bevölkerung nicht« und ihre »Königreiche waren nicht nur deshalb römisch, weil die römische Zivilisation sie mit den Rahmenbedingungen versehen hatte, die es ihnen ermöglichten, sich zu organisieren, sondern auch weil sie wünschten, Römer zu sein...«[1]. Pirenne gab sich aber keiner Illusion über den Niedergang der antiken Welt hin. Es war ihm bewußt, daß das westliche Europa nicht ein Schauspiel von Jugendlichkeit bot, sondern das der »Dekadenz kaiserlicher Zivilisation«, was den Bischof von Tours, Gregor, im 6. Jahrhundert zu der Feststellung veranlaßte, »*mundus senescit*« (Die Welt wird alt).[2]

Nach dem Weltkrieg ging Pirenne diesen Fragen weiter nach. In den frühen 20er Jahren brachte er zwei vielbeachtete Abhandlungen unter dem Titel »Mahomet et Charlemagne« und »Un contraste économique: Mérovingiens et Carolingiens« heraus. Er sah sich veranlaßt, dem Niedergang der antiken Welt in all seinen Aspekten noch mehr nachzugehen und seine Forschungsergebnisse in weiteren Veröffentlichungen bekannt zu machen. Als Professor Pirenne im Jahr 1935 starb, fand sich auf seinem Schreibtisch die hinterlassene erste Niederschrift eines umfangreichen Manuskriptes mit dem Titel *Mahomet et Charlemagne*, das sein Sohn und früherer Schüler, Jacques-Henri Pirenne, dann 1937 herausgab.[3]

Dieses Werk legt Henri Pirennes berühmte Theorie über das Ende der Welt des Altertums und den Beginn des Mittelalters eingehend dar. Es stellt einen dramatischen Bruch mit Gibbons Interpretation dar. Als Erster seit der Aufklärung nahm Pirenne als Wissenschaftler diesen Fragenkomplex mit dem Schluß wieder auf, daß die Welt der Antike erst mit den arabischen Eroberungen des 7. und 8. Jahrhunderts endete, die das Mittelmeer an drei Seiten überfluteten und es zu einem »islamischen See« machten, auf dem, wie ein arabischer Historiker später bildhaft schrieb, die Christen keine Planke mehr ungehindert zu Wasser bringen konnten. Laut Pirenne war die arabische Vorherrschaft im Mittelmeer im letzten Viertel des 8. Jahrhunderts eine vollendete Tatsache. Sie hatte wesentliche Eigenschaften der klassischen Welt des Altertums zerstört, die auf der Kontrolle des Mittelmeeres zwischen Bosporus und der Straße von Gibraltar beruhten.

Jahrhundertelang war das *mare nostrum* der Römer das verbindende Element des Imperiums gewesen. Über dieses Meer hinweg hatten die entscheidenden Handelsverbindungen bestanden, das römische Heer wie die römische Flotte hatten diesen Lebensraum für ihre eigenen Zwecke genutzt; das komplizierte Geflecht der kaiserlichen Reichsordnung hatte in diesem Meer seine Mitte. Als Hauptverbindung des vitalen Austauschs von Gütern und Ideen hielt es die griechisch-römische Zivilisation zusammen. Diese strategisch wichtige mediterrane Komponente des Römischen Imperiums war, so argumentierte Pirenne, von den germanischen Stämmen, die die Provinzen des Westens eroberten, *nicht* zerstört worden. Im Gegenteil, sie bewunderten die Mittelmeerzivilisation und versuchten sie zu erhalten, nachdem sie in Verbindung mit ihr gekommen waren. Germanenführer ahmten nachweislich die römischen Imperatoren in Tracht und Zeremoniell nach, sie übernahmen römische Titel für sich und ihr Gefolge und nutzten römische Einrichtungen wie die *civitas*, die als Verwaltungszentrum beibehalten wurde.

Die Goldwährung Diokletians und Konstantins blieb in Gebrauch und kann als Symbol für die wirtschaftliche Kontinuität zwischen Römern und Germanen gelten.

In der Bewahrung klassischer Kultur hatten die Germanen weniger Glück, doch einige der Germanenkönige, wie bei den Ostgoten in Italien und den Westgoten in Spanien, schätzten die lateinische Literatur und Überlieferung und ebenso römische Kunst und Architektur. Sie traten als Förderer von Intellektuellen und Künstlern hervor und betrauten sie mit hohen Ämtern. Überdies hat der Übertritt zum Christentum die Romanisierung der Germanen entschieden gefördert.

Wenn auch die neuen germanischen Königreiche gespannte Beziehungen zu Ostrom hatten, verhielten sich doch manche ihrer Könige so, als wären sie gewissermaßen Vizekönige des Kaisers von Konstantinopel. Am meisten fällt ins Gewicht, daß sich die Germanen in jedem Sinne zur Welt des Mittelmeeres hingezogen fühlten und daß ihnen an uneingeschränkten Wirtschaftsbeziehungen zum Osten gelegen war.

Mit den arabischen Eroberungen war das alles zu Ende und brachen die politischen, wirtschaftlichen und kulturellen Verbindungen ab. Es gab nur noch ein paar bedrohte Verbindungen zwischen Konstan-tinopel und italienischen Häfen wie Venedig, Amalfi und Bari, und der eiserne Vorhang, den die Araber zwischen Osten und Westen heruntergelassen hatten, blieb bis ins 11. Jahrhundert ziemlich undurchlässig. Der islamische Halbmond stand gegen das christliche Kreuz. Der Westen, der zuvor parasitisch von den größeren wirtschaftlichen Ressourcen des Ostens gezehrt hatte, wandte sich nun notgedrungen vorwiegend der Landwirtschaft zu; wie Pirenne sagt, einer »Wirtschaft ohne Ausgang«. Das Mittelmeer wurde zum Monopol der Araber, und sie hielten Westeuropa von seinen Küsten fern, so daß sich der karolingische Staat des 8. und 9. Jahrhunderts auf das Binnenland beschränken mußte.

Die politischen Organisationsformen verkümmerten inzwischen, das Leben der Städte ging ebenso mit dem Schwinden des Handels und der Kultur rapide zurück. Das *Grundherrschaft* genannte Wirtschaftssystem griff um sich, die militärische und politische Organisationsform einer primitiven Gesellschaft begünstigte das *Feudalsystem*.

Zwangsläufig verlagerte sich die politische und militärische Macht jetzt nordwärts über die Alpen, wo sie jahrhundertelang bleiben sollte und wo sich entscheidende Entwicklungen der mittelalterlichen Zivilisation und jener Einrichtungen, die man als spezifisch westlich bezeichnen kann, vollzogen. In einer denkwürdigen Feststellung konnte Pirenne daher schreiben: »Es ist gewiß korrekt zu sagen, daß *ohne* Mohammed Karl der Große *nicht* möglich gewesen wäre. Im 7. Jahrhundert war das Römerreich der Antike zu einem Imperium des Ostens geworden; das Karolingische Reich, oder besser das Reich Karls des Großen war die Grundlage des Mittelalters«.[4] Die Kaiserkrönung Karls des Großen am Weihnachtstag des Jahres 800 in Rom symbolisiert für Pirenne das Ende der Alten Welt und den Beginn des Mittelalters.

Henri Pirennes Theorie ist gewiß provokativ. Sie verlegt das Ende der Welt des Altertums bis ins 8. Jahrhundert und bringt das Überleben des Kaisertums und damit der griechisch-römischen Zivilisation in Verbindung mit der Kontrolle über das Mittelmeer. Wenn diese Theorie stimmt, sind damit die meisten früheren Deutungsversuche hinfällig oder zumindest nur eingeschränkt gültig. Diese Theorie löste heftige Reaktionen der Wissenschaft aus, teils Zustimmung, teils Ablehnung und hatte zur Folge, daß zahlreiche Mediävisten und Althistoriker dieser wichtigen Übergangsphase verstärkt ihre Aufmerksamkeit zuwandten. Pirenne zwang die Historiker, das Gesamtproblem erneut zu untersuchen und die Rahmenbedingungen zu prüfen, die das historische Denken seit der Renaissance bestimmt hatten. Diese unorthodoxe Theorie gab der Geschichtswissenschaft neuen Auftrieb, denn nur wenige Geschichtstheorien des 19. und 20. Jahrhunderts haben größere Aufmerksamkeit oder heftigere Diskussionen hervorgerufen.

In den 50 Jahren, seit Pirenne seine unkonventionelle These vorgebracht hat, ist eine umfangreiche Literatur dazu entstanden, wobei sich oft zeigte, daß hauptsächlich die Althistoriker nicht von den Ansichten Pirennes zu überzeugen waren. Diejenigen, die anerkennen, daß die germanische Eroberung des Westens nicht unbedingt zu einer unmittelbaren Katastrophe führte, womit die antike Zivilisation abrupt geendet hätte, neigen doch dazu, das 4. und 5. Jahrhundert als Zeitpunkt für den Beginn des Mittelalters anzusetzen. Sie sind davon überzeugt, daß die germanische Eroberung des Westens dazu geführt hat, daß er nicht länger klassisch-antik, sondern mittelalterlich war. Ein Historiker des klassischen Altertums kommentiert die Plünderung Roms durch Alarich im Jahr 410: »Der Fall Roms bedeutete den Fall des Imperiums, er bedeutete das Ende der Welt.«[5]

Andere Historiker wiederum stellten die Frage, ob die germanische Eroberung des Westens oder die arabische Vorherrschaft im Mittelmeer tatsächlich das Ende der antiken Welt bedeuteten, wenn offensichtlich schon seit dem 3. Jahrhundert die römische Wirtschaft so sehr geschwächt und die politischen Infrastrukturen so sehr zerstückelt waren, daß die innere Desorganisation des Imperiums die Germanen geradezu zum Eindringen herausforderte. Innere und nicht von außen eindringende Gefahren hätten demnach dem Imperium des Westens das Ende bereitet.

Pirenne gründete seine Darlegungen auf die Einheit des Mittelmeerraumes, eine Einheit, welche die Ökonomie der antiken Welt garantierte. Die Kultur- und Religionsgeschichte interessierten ihn weniger, wodurch seine Anschauungen Gefahr liefen, vitale kulturelle und geistige Veränderungen außer acht zu lassen. Kritiker Pirennes mit Augenmerk für diesen Bereich, wiesen auf den Niedergang der klassischen Literatur und Kunst hin, auf die Abkehr von den heidnischen Göttern und der antiken Philosophie sowie ein Nachlassen der kreativen Kräfte, was darin zusammenwirkte, das 4. und 5. Jahrhundert zu einer Wendezeit zu machen. Hier bahnten sich eine neue Mentalität und Spiritualität an, welche jene Qualitäten nährten, die für das Mittelalter bestimmend erscheinen. Sie wiesen darauf hin, daß die Kirchenväter – Hieronymus, Ambrosius, Augustinus und Gregor d. Gr. – sich gegen die heidnische Gelehrsamkeit wandten und schlossen, daß Gestalten des 6. und 7. Jahrhunderts wie Gregor von Tours und Isidor von Sevilla, naive und unkomplizierte Charaktere, fest in den Händen der christlichen Doktrin gewesen seien. Und wie stünde es mit der Kontinuität der politischen, wirtschaftlichen und gesellschaftlichen Einrichtungen der Römer, die Pirenne so nachdrücklich vertreten hatte?

Es gibt Historiker mit unterschiedlichen Meinungen über den Zeitpunkt der fortwährenden Kontinuität des antiken Imperiums, die jedoch von den Ansichten Pirennes entschieden abweichen. Einige sind überzeugt, daß manche römische Institutionen bis in die Merowingerzeit Bestand hatten, dann im Karolingischen neue Kraft gewannen, um im 11. Jahrhundert im mittelalterlichen Westen zur Grundlage eines beachtlichen Wiederauflebens zu werden. Andere wiederum nehmen das Erliegen der römischen Institutionen unter den Merowingern und dann ein dramatisches »Revival« (Wiederaufleben) unter den Karolingern an. Aber kaum einer ist geneigt, dem von Pirenne behaupteten Ende der römischen Kontinuität in der Karolingischen Epoche zuzustimmen.

Pirenne wurde wegen der Annahme heftig kritisiert, die Handelsbeziehungen zwischen Ost und West hätten in der Merowingerzeit weiterbestanden, doch unter den Karolingern aufgehört. Zahllose Beiträge vertreten die Position, dieser Handelsaustausch hätte nie aufgehört und Pirenne habe diese Handelsbeziehungen entweder über- oder unterbewertet. Zudem wurde gefragt, weshalb die Araber keine Handelsbeziehungen mit dem Westen gewünscht haben sollten? Auch wurde argumentiert, die arabische Vorherrschaft im Mittelmeerraum habe die westliche Ökonomie bei der Suche nach neuen Quellen für Gold und Silber oder den besseren Zugang zu den Gütern des Ostens stimuliert.

Sowohl Arabisten als Spezialisten für die Handelsgeschichte des Westens konnten auf nennenswerten Handelsaustausch zwischen dem 8. und dem 10. Jahrhundert hinweisen. Historiker, die ihre Aufmerksamkeit den Wirtschaftsaktivitäten auf den nördlichen Meeren zuwandten, wiesen darauf hin, daß Pirenne die Handelsbeziehungen an Nord- und Ostsee während der Karolingerzeit unterschätzt habe. Seit dem 2. Weltkrieg sind die Numismatiker mit ihren Untersuchungen hervorgetreten, wonach sich nicht nur byzantinische und arabische Münzfunde im Westen, sondern ebenso der karolingische Silberdenarius im Osten nachweisen lassen; auch dies ein Beweis für den anzunehmenden Handelsaustausch im Mittelmeerraum und entlang der östlichen Routen, der den Osten mit den nördlichen Meeren verband. Beachtung verdient ferner die Tatsache, daß die karolingischen Herrscher periodisch den Silbergehalt der *Denarii* entsprechend der Wertigkeit arabischer Münzen ändern ließen, ein weiterer Beweis für bestehende Wirtschaftsbeziehungen; der Westen war demnach nicht völlig vom Osten abgeschnitten.

Solche Kritik wurde an den Thesen von Henri Pirenne laut. Andererseits gingen zahlreiche Historiker in den Bereichen Soziologie, Wirtschaft, Kultur, Religion und Institutionen systematisch daran, durch ihre Untersuchungen Pirennes Position zu festigen. Vielleicht die bedeutendsten Untersuchungen der jüngsten Dekade steuerte die Archäologie bei, sie ergaben sowohl Zustimmung als auch Änderung. Abgesehen von einer Modifikation von Pirennes Chronologie und seiner quantitativen Einschätzung des Handels zu unterschiedlichen Perioden und einer Minderung der arabischen Komponente, kam eine neuere archäologische Untersuchung zu folgendem Ergebnis: »Indem wir die Bedeutung des Islams im Mittelmeerraum für die Entstehung des frühmittelalterlichen Europa ändern, entziehen wir dem Modell von Pirennes historischer Konstruktion eine Stütze. Man könnte daher geneigt sein, Pirennes These als ein Stück einfallsreicher Historiographie abzutun. Doch neigen wir nicht zu dem Konsens einiger Historiker, die offensichtlich die Veränderungen unterschätzen, die sich in dem Zeitraum 400–850 n. Chr. vollzogen. Eine moderne Perspektive neigt zu der Annahme gradueller Veränderung bei der Entstehung des mittelalterlichen Europa. In gewisser Weise tendieren die Historiker eher zu der Annahme dessen, was die Zeitgenossen berichten, als zur Überprüfung noch erreichbarer Quellen. Die Archäologie dagegen bietet Maßstäbe für tatsächliche Befunde. Wir möchten mit der Annahme schließen, daß sowohl Mohammed als auch Karl der Große Auswirkungen des Zusammenbruchs Roms waren…«[6]

Was läßt sich nach alle dem heute von Pirennes Theorien sagen, nachdem langjährige neuere Forschungen seine Thesen zum Teil geschwächt haben? Offensichtlich hat Pirenne die merowingischen Wirtschaftsaktivitäten und ihre Kontinuität mit den römischen überschätzt, während er die karolingische Wirtschaft unterschätzte. Wahrscheinlich übersteigerte er auch die Bedeutung der Araber bei der Zerstörung der mediterranen Wirtschaftseinheit und damit für die Entstehung des Mittelalters. Seine Betrachtung von Politik und Institutionen weist dieselben Schwächen auf wie seine Interpretation von Ökonomie und Sozialgeschichte: eine Überschätzung der Kontinuität römischer Institutionen in den germanischen Königreichen und eine Täuschung in der Annahme, die Germanenführer hätten sich die römischen Kaiser als Vorbild genommen.

Pirennes Hinweis auf die ausschließlich weltliche Grundlage der germanischen politischen Autorität vor Karl d. Gr. und seinem Vater Pippin erscheint stichhaltig, doch hat Pirenne vielleicht zu großen Wert auf die geistliche Sanktionierung der weltlichen Gewalt durch die Kirche gelegt.

Sicherlich hat seine Neigung, Gründe der Entwicklung im gesellschaftlichen und wirtschaftlichen Bereich zu suchen, ihn bei der Einschätzung der kulturellen und religiösen Unterschiede zwischen der antiken und der mittelalterlichen Welt ebenso beeinflußt, wie zur Nichtbeachtung veranlaßt; so unterschätzt er etwa Theoderichs Neigung zur klassischen Kultur und seine Förderung von Boëthius oder Cassiodor.

Wie es großzügigen Hypothesen leicht ergeht, die sich die Erklärung weiträumiger historischer Veränderungen zum Ziel setzen, leidet Pirenne partiell unter Überschätzung wie auch Understatement; er verallgemeinert mitunter aufgrund allzu dürftiger Beweise und verläßt sich zu sehr auf bloße Wahrscheinlichkeit. Es sei jedoch festgehalten, daß Henri Pirennes Geschichtstheorie keineswegs insgesamt als diskreditiert gelten kann. Sein großes Panorama des Frühmittelalters wurde bisher nur wenig verändert. Wenn Pirenne den Arabern auch einen allzu wichtigen Part in der Umwandlung der antiken in die mittelalterliche Welt zuschrieb, war er doch der erste, der hervorhob, daß die Araber tatsächlich einen so profunden Einfluß auf den Mittelmeerraum und den Westen gehabt haben. Beim Kulturvergleich des arabischen Bereichs mit dem Westen sah er einen verarmten und unterentwickelten Westen, dem im Osten eine aktive und schöpferische Kultur

gegenüberstand, die in der Geldwirtschaft verwurzelt war. Dieses Bild veränderte sich wenig, bis im 11. Jahrhundert der Westen neues Leben gewann und sich entschloß seinen Weg zurück ans Mittelmeer bahnte, ein Vorstoß, der im Ersten Kreuzzug seit 1096 einen Höhepunkt fand.

Zum erstenmal seit Jahrhunderten verfolgte dann der Westen weitreichenden Handel am Mittelmeer, um regelmäßige Beziehungen mit dem Osten aufrechtzuerhalten. Ohne diese Grundlage hätten die bedeutenden Entwicklungen im 12. und 13. Jahrhundert sich nicht vollziehen können. Mag man Pirenne in manchen Details des Irrtums bezichtigen, behält seine Synthese für die Geschichte des Westens doch Überzeugungskraft und Anregung. Seine Hypothesen müssen mit der Dunkelheit des Frühmittelalters rechnen und haben als Voraussetzung für die großen Entwicklungen im westlichen Europa während des Hochmittelalters Bedeutung.

Ein bleibendes Verdienst von Henri Pirenne liegt jedenfalls darin, daß er die Jahrhunderte zwischen 400 und 1000 n. Chr. stärker ins Blickfeld rückte, die zuvor von den Historikern des Altertums wie des Mittelalters vernachlässigt worden waren. Er machte den Historikern bewußt, daß in jenem Zeitraum entscheidende Antworten zur Geschichte des Westens liegen. Als Historiker tat er noch mehr. Er befreite die Mediävisten von dem Erbe Gibbons, indem er eine Revision der älteren Argumente forderte, die im Grunde bis zur Historiographie der Renaissance zurückreichen. Schon aus diesem Grunde gehört Pirennes *Mahomet et Charlemagne* zu den Klassikern der Geschichtswissenschaft. Wer sich ernsthaft mit der Geschichte des Mittelalters beschäftigen will, muß sich auch mit den Thesen Pirennes auseinandersetzen. Henri Pirenne gab sich angesichts einer unzureichenden Beweislage nicht der Meinung hin, eine endgültige Lösung jener Fragen gefunden zu haben, die Gibbon zur großen Debatte gemacht hat. Doch war ihm bewußt, unterschiedliche Perspektiven beigesteuert zu haben, die unbedingt dazu beitragen können, die historischen Fragen zum Mittelalter neu und deutlicher zu sehen. Die Erkenntnis, daß seine Hypothesen weiterhin diskutiert und variiert werden, würde ihm zusagen, da dies für deren Lebensfähigkeit und Richtigkeit spricht. Zusammenfassend sei festgehalten, daß Henri Pirennes Theorien zur Geschichte der westlichen Zivilisation zwar revidiert wurden, daß sie uns jedoch als Lösungsvorschlag für das historische Rätsel über das Ende der Welt der Antike und den Beginn des Mittelalters keineswegs überholt, sondern immer noch diskussionswürdig erscheinen.

Anmerkungen

1 *A History of Europe from the End of the Roman World in the West to the Beginnings of the Western States* (New York, Doubleday Anchor, 1958), I, S. 16.
2 Ibid., S. 17.
3 Deutsche Ausgabe: *Geburt des Abendlandes* (Leipzig, 1939).
4 *Mohammed and Charlemagne* (New York, 1939), S. 234/35.
5 A. H. M. Jones, *The Later Roman Empire 284-602, A Social Economic and Administrative Survey* (Oxford, 1964), II, S. 1025.
6 Richard Hodges u. David Whitehouse, *Mohammed, Charlemagne and the Origins of Europe* (London, 1983), S. 175.

Henri Pirenne

Mohammed und
Karl der Große

ERSTES BUCH

Westeuropa vor dem Islam

Kapitel I

Das Weiterleben der Mittelmeerzivilisation im Westen nach den Invasionen der Germanen

1. Die »Romania« vor den Germanen

Das Römische Imperium war vor allem mittelmeerisch. Das Mittelmeer, griechisch im Osten, lateinisch im Westen, war das »mare nostrum« dieses Weltreiches. Es verlieh ihm die Einheit, da es die Ideen, Religionen, Wirtschaftsgüter vermittelte.

Nach den ersten Einfällen der Franken, der Alemannen und der Goten im 3. Jahrhundert und der Wiederherstellung der Grenzen durch die illyrischen Imperatoren, festigte sich der mittelmeerische Charakter des Reiches wiederum im 5. Jahrhundert. Konstantinopel, die neue Hauptstadt und Opponentin Roms, war vor allem eine Seestadt, und im Osten konzentrierte sich die Seefahrt. Die Syrer hatten Beziehungen mit Indien und China und fuhren bis in die Bretagne. Allenthalben waren Kolonien von Syrern und Juden zu finden, deren Einfluß dazu beitrug, die wirtschaftliche und monetäre Einheit zu bewahren; sie beruhte auf der konstantinischen Goldwährung, die überall Gültigkeit hatte. Es war kein Anliegen mehr, die Grenzen gegen die Barbaren zu verschließen, denn man hatte sie nötig als Soldaten und Arbeiter, und wer in das Imperium kam, romanisierte sich.

2. Die Invasionen

Gegen die Bedrohung der Grenzen durch die Barbaren hatte das Imperium Befestigungen, strategische Straßen, Kriegskunst und Diplomatie, wie zu seinem Vorteil auch die Unfähigkeit seiner Feinde, sich zu organisieren. Doch gab es auch innere Schwierigkeiten, zahlreiche Usurpatoren, die nicht zögerten, gemeinsame Sache mit den Barbaren zu machen, wie selbst die Passivität der Bevölkerung. In dem Reich gab es keine moralische Widerstandskraft, doch stand hinter den Attacken der Barbaren genau so wenig moralischer Antrieb. Die Germanen bewunderten vielmehr das Imperium. Sie wollten sich darin einrichten, um mitzuspielen, nicht um es zu zerstören, wie auch ihre Könige auf römische Würden erpicht waren.

Schon die Goten waren mit der alten griechisch-orientalischen Kultur der Griechen und der Sarmaten auf der Krim und am Bosporus in Verbindung gekommen. Durch ihre Vermittlung breitete sich der Monotheismus in Gestalt des Arianismus unter den Vandalen und Burgundern aus, während der Ansturm der Hunnen die Ostgoten nach Pannonien und die Westgoten über die Donau trieb.

Die Westgoten überschritten die Reichsgrenze im Jahr 376 mit Zustimmung des Kaisers, der sie als Verbündete aufnahm, welche die Armee verstärken sollten. Mit ihnen kam eine fremde Völkerschaft in das Reich, deren Assimilation ein neues Gesetz verhinderte, das bei Todesstrafe Heiraten zwischen Römern und Barbaren verbot. Da man ihnen kein Land gab, revoltierten die Ankömmlinge im folgenden Jahr und drängten Richtung Mittelmeer und Konstantinopel. Theodosius wies ihnen daher Niederlassungen in Mösien zu (382), doch nach seinem Tod machten sie sich auf, Griechenland zu plündern.

Stilicho drängte sie auf dem Peloponnes zurück und Arcadius erlaubte ihnen, sich als Föderierte in Illyrien niederzulassen; ihren König Alarich machte er zum römischen General.

Nach Italien war es nicht weit, wohin die Vertriebenen im Jahr 401 aufbrachen. Als sie Stilicho schlug, unterstellte sich Alarich dessen Sold, um sich gegen Arcadius zu wenden. Beim Tod Stilichos beanspruchte er dessen Nachfolge in Italien. Nachdem Honorius Verhandlungen mit ihm abgelehnt hatte, revanchierte sich Alarich, in dem er das Imperium dem römischen Senator Priscus Attalus verlieh, den er aber in der vergeblichen Hoffnung wieder fallen ließ, doch eine Annäherung an Honorius zu erreichen. Enttäuscht wandte er sich gegen Rom, um es zu plündern, dann zog er in der Absicht nach Afrika nach Süditalien überzusetzen, wo er 410 starb.

Die Nachfolge als König der Westgoten trat sein Schwager Athaulf an. Dieser wandte sich nach Norden, wo in Gallien der Usurpator Jovinus die Macht ergriffen hatte. Er kam 413 ums Leben und Honorius war weiterhin zu keinen Verhandlungen bereit. Athaulf heiratete im folgenden Jahr in Narbonne die Schwester des Kaisers, die schöne Galla Placidia, die Alarich in Rom entführt hatte. Athaulf machte sich so zum Schwager des Kaisers, und er gab vor, die römische Macht kraft gotischer Waffen wiederherstellen zu wollen. Honorius blieb jedoch unbeugsam. Er ließ die Küsten durch seine Flotte blockieren, worauf die Westgoten, um der Hungersnot zu entgehen, nach Spanien zogen, wo Athaulf im Jahr 415 von seinen eigenen Leuten umgebracht wurde.

Sein Bruder Wallia trat die Nachfolge an und hoffte, mit seinem Volk nach Afrika überzusetzen, wurde jedoch durch Stürme zurückgeworfen. Daraufhin bot er seine Dienste dem Kaiser gegen die Barbaren an, die aufgestört durch die Hunnen, Gallien bedrängten. Im Jahr 418 ließ der Imperator den Westgoten Land zwischen Garonne und Loire zuweisen, wie sie begehrt hatten; man sah sie als reguläre römische Truppen an. Für sein eigenes Volk war ihr Herrscher der König, für die Römer ein Söldnerführer in Diensten des Imperiums. Die Westgoten gaben noch immer keine Ruhe, sondern warfen sich auf Narbonne (437) und Toulouse (439), bis Rom ihre Unabhängigkeit anerkannte.

Die Schwäche der Kaisergewalt wurde offenbar beim Übergang der Vandalen nach Afrika unter Geiserich im Jahr 427, mittels der karthagischen Schiffe. Als Geiserich im Jahr 439 Karthago einnahm und kurz darauf Sardinien, Korsika und die Balearen, geriet das Mittelmeer außer Kontrolle des Imperiums des Westens. Kaiser Valentinian sah sich gezwungen, die Niederlassung der Vandalen in den reichsten Gebieten Nordafrikas anzuerkennen (442). Seitdem bedrohte die Piraterie der Vandalen gleichermaßen den Osten wie den Westen des Mittelmeeres.

Zu eben diesem Zeitpunkt stürzten sich die Hunnen auf das Imperium. Sie überfielen Medien und Thrakien (447), überschritten 451 den Rhein und verwüsteten die Gebiete bis zur Loire. Die verbündeten Germanen unterstützten Aëtius dabei, Attila bei Troyes aufzuhalten, und der Westgotenkönig Theoderich I. starb im Kampf der Verteidigung des Imperiums. Der Tod Attilas (453) bedeutete für Gallien eine Atempause, doch ging Geiserich wieder zur Offensive über. Er nutzte die Ermordung Valentinians, um Rom zu plündern (455). Der Westgotenkönig Theoderich II. (453–466) favorisierte die Kaiserwahl des Galliers Avitus und zog in dessen Auftrag gegen die Sueben in Spanien; die Burgunden schließlich, die seit 443 als Föderaten in Savoyen saßen, bemächtigten sich im Jahr 457 der Stadt Lyon.

Kaiser Maiorianus zögerte eine Entscheidung hinaus. Auf dem Weg, Geiserich in Afrika entgegenzutreten, wurde er in Spanien ermordet. Inzwischen dehnten sich die Burgunder im Rhonetal aus. Theoderich II. bemächtigte sich Narbonnes (462); sein Nachfolger Eurich (466–484) verfolgte weiterhin spanische Eroberungspläne, in Gallien drang er 469 bis zur Loire vor, wie er sich nach dem Sturz des Romulus Augustulus (476) der Provence bemächtigte. Damit war für das Imperium der gesamte westliche Mittelmeerraum verloren.

Barbarenführer, in ihrer Eigenschaft als römische Generäle, übten nun die kaiserliche Gewalt im Westen aus. Nach Belieben erhoben und stürzten sie jetzt die Kaiser. Der General Odoaker, von seinen Truppen nach der Absetzung des Romulus Augustulus zum König ausgerufen, wurde vom Imperator des Ostens Zenon als Patricius anerkannt, und damit kaiserlicher Funktionär. Doch Zenon begünstigte gegen ihn zugleich den Ostgoten Theoderich, ebenfalls Patricius, der 493 Ravenna einnahm und Odoaker beseitigen ließ. Mit Zustimmung Zenons übte er nun die Regierungsgewalt in Italien aus, wobei er König seines Volkes blieb.

Seit jener Zeit war der Okzident nur noch ein Mosaik barbarischer Königreiche. Mit Ausnahme eines kurzen Augenblickes im 6. Jahrhundert gab es im Westen – vor Karl dem Großen – keinen Kaiser mehr. Trotzdem lebte die Fiktion der föderierten Völker weiter. Nur die Angelsachsen ignorierten die Souveränität des Kaisers im Osten. Konstantinopel blieb die Hauptstadt des Imperiums, das die Barbarenkönige noch immer als Schiedsrichter ihrer Streitigkeiten anerkannten. Die *Romania* hat auf diese Weise tatsächlich überlebt[1].

3. Die Germanen in der Romania

Die massenweise Niederlassung von Westgermanen innerhalb der Reichsgrenzen steht im Gegensatz zu den sprunghaften Wanderungen der Goten, Burgunder und Vandalen. Sie ließen sich hier nicht als Söldner nieder, sondern als Volk, das Wurzeln fassen will. Man ließ sie gewähren, soweit sie nicht unmittelbar vitale Interessen des Reiches bedrohten, zudem erfolgte ihr Vordringen nur allmählich, wobei sie ihre Sprache und ihre Religion wie ihren germanischen Geist mit sich brachten. Die Germanisierung des Landes war jedoch nicht umfassend, wenn auch hier und da germanische Sprachelemente sich erhalten haben. In Großbritannien überlagerten sich Elemente der Sachsen und der Bretonen. Allenthalben blieb jedoch, trotz aller Einwanderung, die *Romania* erhalten.

Nur wenig ist bekannt über die Zahlenverhältnisse zwischen den ansässigen Einwohnern des Imperiums und denjenigen der Einwanderer. Doch nimmt man an, daß letztere höchstens 5 % der Bevölkerung ausmachten[2]. Diese Minderheit wurde zudem durch die »Gastfreundschaft« des römischen Milieus weiter verteilt. Wer seßhaft wurde, paßte sich der angestammten Landwirtschaft an. Und soweit bis ins 6. Jahrhundert juristische Hindernisse für Mischehen zwischen Germanen und Romanen bestanden, bildeten diese doch keine unüberwindlichen gesellschaftlichen Schranken, denn es bestanden zahlreiche Beziehungen, welche die Romanisierung der Germanen förderten.

Damit die Sprache der Goten, Burgunder und Vandalen hätte überleben können, hätte sie einer bei den Angelsachsen feststellbaren Stufe gleichen müssen, doch daran fehlte es entschieden, denn es ist uns kein Text in germanischer Sprache überliefert. Die Liturgie in der Volkssprache hat keine Spuren hinterlassen. Vielleicht haben nur die Franken das Salische Gesetz in der vor-merowingischen Epoche in ihrer Volkssprache verfaßt. Doch Eurich, der älteste germanische Gesetzgeber, von dem wir Texte besitzen, schrieb in Latein und gleiches gilt für die germanischen Könige. Spuren der Bildenden Kunst der Westgoten lassen sich erst nach deren Übernahme des Katholizismus im Jahre 589 feststellen.

Der Arianismus hat die Verbindungen zwischen

romanischer und germanischer Kunst eine zeitlang gefördert, doch haben nur die Vandalenkönige den Arianismus aus militärischen Gründen tatsächlich unterstützt, während er bei den Burgundern schwächer blieb. Gundobald scheint katholisch gewesen zu sein und Sigismund war es seit 516. Die fränkische Eroberung kennzeichnet schließlich den Triumph des orthodoxen Katholizismus. Überall verschwand der Arianismus recht bald. Die Vandalen gaben ihn 533 bei der Unterwerfung durch Justinian wieder auf. Überall scheint er nicht sehr tief verwurzelt gewesen zu sein, da sein Verschwinden keinen Widerstand auslöste.

Wie hätte das germanische Element sich ohne den Zustrom stets neuer Kräfte halten können, an denen es aber fehlte? Hätte sich die Sprache der Goten und der Vandalen behauptet, müßten sich in den romanischen Sprachen Spuren davon nachweisen lassen, doch sind diese nicht feststellbar; selbst der körperliche Typus hat keine greifbaren Merkmale hinterlassen.

Immerhin gibt es das Recht, das romanisch für die Romanen war und germanisch für die Germanen. Doch ist auch das germanische Recht seit der Gesetzgebung Eurichs stark von romanischen Elementen durchdrungen. Nach seiner Zeit behaupteten sich diese Züge ebenfalls. Die Ostgoten hatten kein eigenes Gesetz, sondern urteilten nach romanischem Territorialrecht. Als Soldaten anerkannten sie nur Militärgerichte rein gotischer Art.

Bei den Burgunden und den Vandalen manifestiert sich romanischer Einfluß auf das germanische Recht ebenso wie bei den Westgoten. Germanisches Recht hat sich schließlich nur in den von den Angelsachsen, den salischen Franken und den Ripuariern, den Alemannen und Bajuwaren kolonisierten Ländern gehalten. Die Annahme wäre ein Irrtum, das Salische Gesetz sei in Gallien vor Chlodwig die allgemeine Rechtsgrundlage gewesen, denn bei Gregor von Tours ist kein Hinweis darauf zu finden. Rudimentäre Ausprägungen galten für den von den Franken kolonisierten Norden Frankreichs.

Die Tugenden junger Völker, die man den Barbaren im Gegensatz zum römischen Sittenverfall zuerkennen wollte, standen jedenfalls der Eingliederung der Germanen in ein romanisiertes Milieu nicht entgegen. Die Höfe der Germanenkönige sahen ebensoviele Verbrechen, wie der von Ravenna. Der Hof der Merowinger glich einem Lupanar. Gegen Gold schien alles käuflich, sowohl bei den Romanen wie bei den Germanen.

Nur im Norden hielt sich das Germanentum wie das Heidentum gleichzeitig bis ins 7. Jahrhundert. Die nur im Norden geringfügig eingeschränkte Romania hielt sich jedoch, wenn auch ein Rückgang eintrat. Der Kernbestand blieb und fand keinen Ersatz. Inmitten des allgemeinen Niederganges war die Kirche die einzige Widerstandskraft. Für sie bestand das Imperium noch. Sie wahrte die Treue zu den Kaisern von Byzanz, wenn auch nicht uneingeschränkt. Sie übernahm vom Römischen Imperium dessen Kultur, dessen Recht, die Organisation und die Würdenträger, die sich aus den alten senatorischen Familien rekrutierten.

4. Germanische Staaten im Okzident

Die Stammesinstitutionen der Germanen konnten sich nur in kleinen von Germanen bestimmten Königreichen wie denen der Angelsachsen halten. Innerhalb des Imperiums waren für die Romanen die germanischen Könige – »reges Gothorum, Vandalorum, Burgondionum, Francorum« – Generäle, denen der Imperator die Zivilverwaltung überlassen hatte.

In Italien bildeten die Ostgoten die städtischen Garnisonen. Sie standen im Sold, hatten kein eigenes Recht und durften keine zivilen Aufgaben übernehmen. Die Verwaltung, der Magistrat und die Gerichte blieben romanisch. Der Senat bestand weiterhin. Doch die gesamte Macht konzentrierte sich beim König und seinem Hofe. Theoderich, Bevollmächtigter Zenons, ist in der Tat ein Vizekönig. Er erläßt keine Gesetze, sondern Edikte. Er läßt Münzen prägen, doch mit dem Bild des Kaisers. Er installiert sich in Ravenna wie ein Kaiser und nimmt den Titel »Rex« sowie den Namen Flavius an. Seine Garde und sein Hof sind nach byzantinischem Vorbild organisiert. Seit seinem Auftreten in Italien anerkennen ihn die Kirche und die Bevölkerung als Repräsentanten der Legalität.

Bei den Vandalen kontrastiert Geiserich mit Theoderich, indem er mit dem Kaisertum bricht und die römische Bevölkerung gewaltsam behandelt und sie zu Gunsten seiner Vandalen enteignet, zudem bemüht er sich um die Einführung des Arianismus. Die Vandalen werden von der Besteuerung befreit und leben auf Kosten ihrer Kolonen. Doch alle germanischen Einrichtungen verschwinden, als 442 Geiserich die absolute Monarchie einführt. Er läßt Münzen mit dem Bildnis des Honorius prägen, die römische Inschriften haben. Er errichtet sein »Palatium« in Karthago, wie Theoderich das seine in Ravenna. Die Kanzlei wird von einem »Referendarius« geleitet und ist römisch. In Tunis werden Thermen angelegt. Die Literatur bleibt erhalten und das tägliche Leben ändert sich nicht. Bei den Vandalen lassen sich noch weniger germanische Züge feststellen als etwa bei den Ostgoten.

112, 113

Italien und Nordafrika waren vor der germanischen Invasion die am meisten romanisierten Provinzen. In Spanien und in Gallien trat der germanische Charakter hinter den römischen Gewohnheiten und Institutionen zurück. Bei den Westgoten kam vor dem Sieg Chlodwigs die Verbindung zwischen römischem und gotischem Recht 634 unter Rekkesvinth zustande.

Die Verwaltung folgte weiterhin dem römischen Vorbild unter Einteilung der Provinzen in »Civitates«. Das Königtum war absolut und erblich, und das Volk hatte keinen Anteil an der Macht. Die Heeresversammlungen hatten keine politische Bedeutung mehr. Der König ernannte sämtliche Bevollmächtigten. In den Städten gab es »Curia« unter einem vom König eingesetzten »Defensor«. Die West-

goten waren in Tausendschaften, Fünfhundertschaften, Hundertschaften, Zehntschaften unter militärischen Führern unterteilt, ohne daß genaue Tatsachen über diese Organisation überliefert wären. Die romanische Bevölkerung im Königreich von Toulouse war anscheinend nicht der Militärpflicht unterworfen. Seit Eurich unterstanden die Ostgoten der Jurisdiktion römischer »Comes«, welche die »Civitates« verwalteten und nach römischer Art unter Mithilfe von »Assessores« urteilten. Das Gesetz des Eurich von 475 zur Regelung der Beziehungen zwischen Goten und Romanen wurde von römischen Juristen verfaßt. Das Breviarium des Alarich (507) folgt traditionellen Vorbildern; ebenso blieben Finanzverwaltung und Münzwesen römisch.

Die Romanisierung nahm weiterhin zu. Leovigild (568–586) erlaubte Eheschließungen zwischen den Angehörigen beider Stämme. Unter Rekkared (586–608) vollendete sich die rechtliche Angleichung, wie das »Liber judiciorum« des Rekkesvinth von 634 bezeugt. Sein Geist ist sowohl römisch als auch kirchlich, da seit der Konversion Rekkareds die Kirche eine entscheidende Rolle spielte. Der König befragte ihre Konzilien in geistlichen und weltlichen Fragen.

Die königliche Autorität war keine persönliche Diktatur, sondern beruhte auf dem öffentlichen Willen. Um seine Stellung an der Spitze der Aristokratie zu behaupten, nahm der Herrscher Einfluß auf die Kirche. Er ernannte ihre Würdenträger und urteilte, wie der Kaiser, sowohl in kirchlichen als in weltlichen Angelegenheiten. Die Kirche wiederum garantierte seine Legitimität. Sie proklamierte die Wahl des Königs mit Hilfe der Großen (633). Dadurch lebte, wie in Byzanz, eine Mischung von Erbrecht, Intrigen und Umstürzen auf, die durch die Königssalbung legitimiert wurde, welche seit 672 bezeugt, jedoch zweifellos schon älter ist. Parallel dazu ging der militärische Charakter der Barbaren zurück. Im Jahr 681 mußte Ervig die Besitzenden dazu verpflichten, den zehnten Teil ihrer Sklaven der Armee zur Verfügung zu stellen.

26

Seit ihrem Auftreten im Kaiserreich wurden die Burgunder als naiv und brutal beschrieben, ihre Könige jedoch romanisierten sich. An ihren Höfen gab es Dichter und Redner. König Sigismund, von Kaiser Anastasius zum Patricius ernannt, kämpfte als kaiserlicher Krieger gegen die Westgoten. Die Königsgewalt ist absolut und wird unter den Söhnen nicht geteilt. Der Hof besteht aus Römern, ebenso ist die Verwaltung römisch mit »Comes« an der Spitze der »Pagi« oder »Civitates«. Die vom König ernannten Richter sprechen Recht nach römischer Art. Die primitive Sippe ist verschwunden. Städtische Verwaltung ist für Nimes und Lyon bezeugt, ebenso die Aufsicht über Steuern und Geldwesen. Die Könige der Burgunder zahlen ebenso wie die der Westgoten ihren Beauftragten Gehälter und für Burgunder wie Romanen gelten die gleichen gesetzlichen Bedingungen; Heiraten zwischen ihnen sind erlaubt. Anscheinend dienten auch Romanen vor der Eroberung des Königreiches durch die Franken (534) in der Armee.

Ostgoten, Westgoten, Vandalen, Burgunder regierten nach römischer Art, und die römische Regierung ging eigentlich weiter. Mit einer Neuerung: Die Armee kostete dank der Landaufteilung nichts. Ebenso kostete die zusammengeschmolzene Verwaltung wenig. Soweit sich Zerfall feststellen läßt, handelte es sich um römischen Zerfall, in dem sich keine Keime einer neuen Zivilisation entdecken lassen.

Meint man, bei den Franken habe es anders ausgesehen, weil sie Europa in der Karolingerzeit erneuerten, so trifft dies zumindest für das 6. Jahrhundert noch nicht zu. Die germanische Bevölkerung spielte während der Merowingerzeit keine Rolle. Die Könige setzten sich im Süden auf Römerboden fest, in Paris, Soissons, Metz, Reims und Orleans. Gegenüber Germanien nahmen sie die Haltung römischer Imperatoren an. Theuderich (521), Chlothar (555), Dagobert (630–631), Pippin (689) unternahmen Feldzüge gegen die Sachsen, Thüringer und Friesen. Vom Seinebecken bis zu den Pyrenäen und

dem Meer war der fränkische Staat römisch, bis zu seiner Unterwerfung unter die Karolinger. Zweifellos wurden nach der Eroberung der westgotischen und burgundischen Gebiete die fränkischen Institutionen durch die Umstände beeinflußt, die sie hier antrafen. Doch wurde die Fusion der Franken mit der gallisch-römischen Bevölkerung, auf die sie stießen, durch ihren katholischen Glauben begünstigt. Zugleich war ihre Romanisierung weniger effektiv als die anderer germanischer Könige, weil sie in Paris in einem weniger romanisierten Milieu lebten als etwa in Ravenna, Toulouse, Lyon oder Karthago. Ihr Zustand war demnach zwar barbarischer, doch nicht germanischer. Sie hatten Grafen in ihren Städten und bewahrten das römische Steuer- und Münzsystem. Die Bevollmächtigten des Königs waren Gallo-Römer. Anzeichen öffentlicher Volksversammlungen nach germanischer Art lassen sich nicht feststellen. Von allen merowingischen Königen hat nur Theuderich, Chlodwigs Sohn, in der germanischen Dichtung das Andenken eines Nationalhelden hinterlassen. Die Königsmacht trägt kaiserliche Züge. Soweit sich der König als Eigentümer seines Königreiches ansieht und es bei seinem Tode an seine Söhne aufteilt, unterscheidet er auch sein Privatvermögen vom öffentlichen. Zweifellos trugen die Frankenkönige keine römischen Titel, doch trachteten sie danach, den Kontakt mit den byzantinischen Kaisern aufrecht zu erhalten. So hat sich auch bei den Franken die traditionelle Romanität erhalten.

Insgesamt weist das Königtum der Barbaren drei gemeinsame Grundzüge auf: Es ist absolutistisch, es bedient sich des Fiskus und des Staatsschatzes und es wird von Laien getragen. Diese drei Charakterzüge sind römisch, oder wenn man so will byzantinisch.

Nichts ist weniger germanisch, als die absolute Gewalt der Könige über die Finanzmittel, denn das fiskalische Vermögen ist immens, es umfaßt Domänen, Wälder, Bergwerke, Häfen und Straßen, wie auch Steuern und Geldwesen. Der König ist so Großgrundbesitzer unabsehbaren Ausmaßes und verfügt zugleich über einen ungeheuren Vorrat an gemünztem Gold. Damit kann der König seine Funktionäre besolden, den Städten Stiftungen machen, Missionare bezahlen, doch auch kaufen und bestechen, wen immer er will. Römische Steuern und Zoll sind wesentliche Quellen der Macht. Aufgrund ihres gemünzten Reichtums ähneln sie weit mehr byzantinischen Herrschern, als etwa Karl dem Großen. Der Einsatz des Goldes begleitet ihre Politik wie die der Byzantiner. Die Könige kaufen und lassen kaufen und bringen einander ihrer Schätze wegen um.

Ebenso setzten sie antike Traditionen durch ihren weltlichen Charakter fort, denn ihre gesamte Verwaltung liegt in den Händen von Laien. Wenn sie sich auch mit den Bischöfen gut stellen, bekleidet doch keiner von ihnen ein Amt; dagegen waren mehrere von ihnen ehemalige königliche Funktionäre. Auf diesem Gebiet besteht ein eklatanter Gegensatz zwischen der Politik Karls des Großen und der Ottos I. Das ist der Tatsache zuzuschreiben, daß unmittelbar nach der Landnahme den Laien noch mehr Bildungsaufgaben zukamen als in späterer Zeit.

5. Justinian

Nach der Zerschlagung der westlichen Provinzen durch die Barbaren konnte der Kaiser, der in Konstantinopel regierte, den Westen nicht mehr verwalten, doch bestand sein umfassender Herrschaftsanspruch weiter.

Die Kirche in Rom konnte ohne ihn nicht auskommen, denn er war für sie der legitime Souverän der »Ecclesia«. Außer dem König der Vandalen betrachten ihn auch die Barbarenkönige als ihren Herrn, von dem sie Titel und Gunst erwarteten. Ebenso prägten sie sein Bildnis auf ihre Münzen.

Der Imperator hat seinerseits nichts aufgegeben. Daß er seinen Besitzstand und die religiöse Orthodoxie wiederherzustellen trachtete, ist nur natürlich.

Byzanz hatte alle Voraussetzungen für den Versuch zur Wiederherstellung des Reiches. Es verfügte über eine Flotte, die Zustimmung der Kirche, der großen römischen Familien sowie eine große Zahl von Flüchtlingen des in Nordafrika verfolgten Adels.

Bevor Justinian sich mit Feldzügen im Westen befaßte, mußte er zunächst den Frieden im Osten sichern. Er einigte sich im Jahr 532 mit den Persern und hielt die Barbaren an den Grenzen durch Geldzahlungen ruhig. Dann wandte er sich gegen die Vandalen. In einem erfolgreichen Feldzug triumphierte sein General Belisar über den Usurpator Gelimer, der den Thron behauptete (533). Er bemächtigte sich der nordafrikanischen Küste bis nach Ceuta, wo Justinian einen »Limes« errichten ließ. Die Vandalen hatten nicht die Kraft zum Widerstand und gingen bald in der römischen Bevölkerung auf; die Mauren wurden dann im Jahr 548 unterworfen.

Damit hatte Justinian Nordafrika fest in der Hand. Als 534 der junge Ostgotenkönig Athalarich starb, brach in Italien eine Nachfolgekrise aus, die Justinian zu seinen Gunsten nutzte. Belisar besetzte Sizilien (535), Neapel und Rom (536). Die romanisierte Dynastie der Ostgoten bot keinen Widerstand, doch fürchteten die Soldaten, man werde ihnen das zugeteilte Land wieder abnehmen. Dagegen erhoben sie sich und wählten einen König, Witigis, der den Franken die Provence abtrat, was Justinian rasch anerkannte, da beide Parteien eine Allianz anstrebten.

In der Hoffnung, ihr Land zu behalten, boten die Goten ihre Krone Belisar an, der annahm, jedoch dann vom Kaiser nach Byzanz zurückgerufen wurde. Er brachte zahlreiche Goten mit, die dann in den wiederaufflackernden Kämpfen gegen die Perser eingesetzt wurden. Die im nördlichen Italien verbliebenen Goten wählten einen neuen König, Ildibald, der den Abzug der Truppen unter Belisar für seine eigenen Pläne zur Besetzung ganz Italiens nutzen wollte. Nach anfänglichen Erfolgen wurde er ermordet, und sein Nachfolger Erarich verlegte sich vorübergehend aufs Verhandeln (541). Dessen Nachfolger, Totila, konnte sein Heer durch desertierte byzantinische Soldaten, Sklaven und italienische Kleinbauern auffüllen, da er den Großgrundbesitzern feindlich war. Er bemächtigte sich Roms (546) und erklärte sich zum Frieden bereit, doch lehnte Justinian Verhandlungen mit ihm ab. Daraufhin besetzte Totila Sizilien, Sardinien und Korsika. Er baute eine Flotte, um die Adria zu kontrollieren und behauptete seinen Herrschaftsanspruch über ganz Italien. Er herrschte wie Theoderich. Justinian ging zum Gegenangriff über und beseitigte Totila wie seinen Nachfolger (553). Die Goten wandten sich hilfesuchend an die Franken und die Alemannen, doch wurden diese 554 bei Capua geschlagen; die restlichen Goten mußten sich unterwerfen und man schickte sie nach Asien, um die Perser zu bekämpfen. Italien wurde als römische Provinz reorganisiert, doch war das Land ausgeblutet.

Zu keiner Zeit während dieser Konflikte stand ein Bündnis zwischen Franken und Ostgoten zur Debatte, um den Byzantinern gemeinsam die Stirn zu bieten, denn der fränkischen Politik ging es darum, die günstige Situation weiter zu nutzen, welche ihr die Provence eingebracht hatte.

Die Truppen Justinians konnten Sizilien wiedererobern und sich dann Spanien zuwenden, wo sie den kaisertreuen König Athanagild 554 einsetzten. Das Mittelmeer war so wieder zu einem römischen See geworden, an dessen Ufern die römische Zivilisation blühte. Die Gesetzgebung Justinians bezeugt das ebenso wie der Glanz der Hagia Sophia; beim Tod Justinians war das Imperium trotzdem erschöpft. Kriege flammten wieder an allen Grenzen auf. Perser, Slawen, Awaren fielen über das Reich her. 568 rückten die Langobarden in Italien ein. 575 waren sie bis Spoleto und Benevent vorgedrungen. Es gelang ihnen aber nicht, Rom, Ravenna oder Neapel einzunehmen. Die Westgoten konnten Spanien wieder erobern, so daß die Byzantiner 614 sich nur noch auf den Balearen halten konnten.

In Italien traten die Langobarden als Eroberer auf.

Sie behandelten die ansässige Bevölkerung entsprechend. Ihre von der Armee ausgerufenen Herzöge und Könige waren rein germanisch und ihre Sitten und ihr Recht nahmen keinen römischen Einfluß auf. Ihre Invasion in Italien näherte den Papst, den eigentlichen Gouverneur Roms, zwangsläufig dem Imperator von Byzanz an, als dessen Untertan er galt. Andererseits hatte auch der erfolglose Einfall der Langobarden nach Gallien zwischen 569 und 571 die diplomatische Annäherung der Franken an die Byzantiner zur Folge. Nach ihrem Sieg von 574 über die Langobarden schlossen die Könige Gondran von Burgund und sein Verbündeter Childebert II. von Austrasien Frieden mit ihnen. Die Byzantiner sahen darin eine Gefahr und bewogen 581 Chilperich von Neustrien dazu, Childebert und Gondran zu entzweien. Gegen diesen unterstützten sie den Prätendenten Gondowald. Mit Gold wurde von den Byzantinern ferner der Langobardenherzog Grasulf von Friaul gekauft, der Childebert dazu bewog, einen Feldzug gegen die Langobarden in Italien zu unternehmen. Mehrere Langobardenherzöge wurden ähnlich von Byzanz gewonnen. Die Unbestechlichen unter ihnen riefen Authari zu ihrem König aus, um den Kampf fortzusetzen. Im Jahr 590 kam eine fränkische Armee dem Exarchen von Ravenna zu Hilfe, der gegen die Langobarden vorgehen wollte. Sobald die Byzantiner sich von der persischen Bedrohung frei fühlten, lockerten sie das Bündnis mit den Franken wieder, die ihre Intervention in Italien einstellten. Bald jedoch mußte sich Byzanz wieder der Perser erwehren, und schloß angesichts der drohenden Invasion der Awaren 680 einen Friedensvertrag mit den Langobarden, der die Teilung Italiens vorsah.

Die Pattsituation in Italien beeinträchtigte das Prestige des Imperiums nicht. Byzanz war die einzig nennenswerte Weltmacht und Konstantinopel die international bedeutendste Hauptstadt. Das Reich war jedoch orientalisch geworden.

Die Orientalisierung hatte sich seit Diokletian bemerkbar gemacht. Sie griff auch auf die Kirche über und führte zeitweilig zum Bruch zwischen Rom und dem Kaiser. Von Konstantinopel aus gelangte byzantinisches Wesen mit Hilfe der Schiffahrt nach dem Westen. Solange die Byzantiner die Seewege beherrschten, war es ihnen ein Leichtes, diesen Einfluß aufrecht zu erhalten. Die Langobarden unterlagen ihrerseits im 7. Jahrhundert dem Prozeß der Romanisierung, während die mittelmeerischen Einflüsse auch bei den Angelsachsen kulturfördernde Wirkung hatten.

Seitdem die byzantinischen Kaiser den Rang des *Basileus* beanspruchten, seit dem Monophysitismus (640–681) und vor allem dem Bilderstreit (726–843) wurde der Bruch zwischen Griechen und Lateinern endgültig, doch gingen dieser definitiven Entzweiung zahllose Risse voran.

Kapitel II
Wirtschaft und Gesellschaft nach den Invasionen. Die Schiffahrt auf dem Mittelmeer.

1. Gesellschaft und Grundbesitz

Hatte die Landnahme Plünderungen mit sich gebracht, so stellte sich nach der Festsetzung der Germanen wieder Stabilität ein. Die sozialen und die landwirtschaftlichen Verhältnisse blieben denen in der *Romania* gleich. Das Auftreten der Germanen begleitete nirgendwo in der Romania – etwa so offensichtlich wie in England – die Ersetzung des einen Kultursystems durch ein anderes. Die römischen Kolonen blieben an das Land fixiert, woran sie durch die Besteuerung gebunden waren, und die Sklaven teilte man auf. Der römische Großgrundbesitz in Gallien, Spanien oder Italien blieb weiterhin bestehen; es gab Güter, zu denen 1200 Sklaven gehörten. Die Großgrundbesitzer behielten ihre »Villae« und befestigten Sitze. Ebenso blieb der bereits in römischer Zeit so bedeutende kirchliche Grundbesitz erhalten.

Gemeinschaftseinrichtungen von einer den Römern unbekannten Art konnten sich nur in Kolonisationsgebieten, hoch im Norden des Reiches durchsetzen. Das römische Beleihungssystem ging in Form von Prekarien, Benefizien und Ewigpacht geringfügig verändert weiter. Die großen weltlichen und kirchlichen Domänen wurden durch weltliche »Conductores« verwaltet, die für die Eintreibung von Pacht und Zinsen verantwortlich waren; für diese Aufgabe mußten sie schriftkundig sein.

Alle Leistungen wurden gewöhnlich in Geld entrichtet, was dafür spricht, daß es auch Märkte und Handelsaustausch gab. In der Provence war in der Merowingerzeit das römische Pachtsystem mit Kleinbauern noch erhalten, doch weiter im Norden wurde der Großgrundbesitz mit Hilfe von Sklaven und Zinsleuten bewirtschaftet. Nachweislich blühte auch der Getreidehandel mit Überschüssen, der guten Gewinn brachte.

Nordafrika hat noch unter den Vandalen seinen Wohlstand bewahrt, den es der Gewinnung von Olivenöl und Getreide verdankte, was auch für die Zeit der Rückkehr der Byzantiner gilt. In Gallien scheint sich der Weinbau dort gehalten zu haben, wo er schon vor den Römern eingeführt war. Die Beibehaltung der römischen Währung kann indirekt als Beweis für wirtschaftliche Kontinuität und Stabilität gelten.

Im Grunde blieb sich auch die Gesellschaftsordnung gleich. Die Oberschicht bildeten die *Freien*, hauptsächlich adelige Großgrundbesitzer, sie waren eine Minderheit. Die Basis bestand aus Kolonen, Liten und Freigelassenen, ferner gab es zahlreiche Sklaven, fremde Barbaren und Kriegsgefangene. Von der beachtlichen Rolle der städtischen Bevölkerung wird noch die Rede sein.

Auf den großen Gütern bestanden, wie schon in römischer Zeit, Fabrikationsstätten, wodurch die großen Domänen wesentliche Faktoren des wirtschaftlichen und sozialen Lebens waren. Doch hat der »Senior« noch keine Mittlerrolle zwischen dem König und seinen Untertanen und zeichnen sich Abhängigkeitsverhältnis nur im Zivilrecht ab.

2. Die Seefahrt im Osten. Syrer und Juden

Der griechische Bereich des Imperiums war zivilisatorisch höher entwickelt als der lateinische. Über See stand er in Verbindung mit dem Westen und Venetien. Syrien hatte auf dem Karawanenwege Beziehungen zu Indien, China und Arabien. Die Syrer übernahmen damals den Frachtverkehr zur See wie etwa im 17. Jahrhundert die Holländer. Sie besorgten Gewürze und Handelserzeugnisse der großen orientalischen Städte. Man konnte sie in allen Häfen antreffen, doch auch im Landesinnern. In der römischen Kaiserzeit hatten sie schon Niederlassungen in Alexandria, Rom, Spanien, in Gallien und Britannien wie an der Donau. Die Germaneneinfälle haben daran nichts geändert. Die Seeräuber unter Geiserich führten vielleicht vorübergehend zur Beeinträchtigung der Seefahrt, doch lebte sie danach wieder auf.

Im 6. Jahrhundert saßen im südlichen Gallien zahlreiche Orientalen, wie auch einige im Norden. Sie sind in Arles nachweisbar, wie in Paris, Bordeaux und Narbonne, dessen Bevölkerung im Jahr 589 aus Goten, Römern, Juden, Griechen und Syrern bestand.

Über die Verhältnisse in Spanien und Italien in jener Epoche liegen keine sicheren Zeugnisse vor. Doch dürfte es Orientalen auch unter den überseeischen Kaufleuten gegeben haben, von denen bei Theoderich und im Gesetzbuch der Westgoten die Rede ist. Ferner ist bekannt, daß zur Zeit Belisars in Neapel ein reicher syrischer Kaufmann an der Spitze der römischen Partei stand. Ein ägyptischer Einfluß

ist auch in Gallien feststellbar, woraus sich die Popularität gewisser ägyptischer Heiliger erklärt.

Nahezu ebenso zahlreich wie die Syrer waren die Juden im Okzident, wo sie sich schon vor den Invasionen niedergelassen hatten und auch hinterher blieben. Im 6. Jahrhundert gab es Synagogen in Neapel, Rom und Ravenna, wie ebenso in Palermo, Terracina und Cagliari auf Sardinien. In Spanien nahm sie der Bischof von Merida genau so auf, wie die Christen. Das Gesetz der Westgoten besagt, daß sie unter römischem Recht stehen. In Gallien sind Juden in Clermont, Paris, Orleans, Tours, Bourges, Bordeaux und Arles nachgewiesen; ihr Zentrum ist Marseille, wohin sie auch im Fall von Verfolgungen fliehen.

Wenn die Bevölkerung sie auch nicht schätzt, werden sie anfangs doch von der Obrigkeit geduldet. Im 6. Jahrhundert werden sie aber zur Taufe gezwungen; die merowingischen Konzile verbieten Heiraten zwischen Juden und Christen. 614 werden ihnen rechtliche Schritte gegen Christen untersagt.

In Spanien wurden nach der Konversion Rekkareds strenge Gesetze gegen die Juden erlassen. Zu Beginn des 7. Jahrhunderts sollten sie zum Christentum bekehrt werden, widrigenfalls man sie aus dem Königreich zu vertreiben drohte und ihnen den Handel mit dem Ausland und allen Christen verbot. 696 wandte sich ein Volksaufstand gegen die Juden, die man zu Sklaven der Christen erklärte.

Es gab Juden, die Seeleute oder Schiffseigner waren, während andere Landbesitz hatten, der von Kolonen bewirtschaftet wurde, ebenso gab es jüdische Ärzte. In Narbonne z. B. befaßten Juden sich mit dem Sklavenhandel, die Mehrzahl aber widmete sich dem Handel und dem Geldverleih gegen Zinsen, worauf ihr Wohlstand beruhte.

Unter den Überseehändlern, die das Gesetz der Westgoten erwähnt, waren auch Afrikaner. Karthago hatte als Umschlagsplatz für den Orienthandel große Bedeutung, von dorther kamen vermutlich auch die in Gallien als Lasttiere verwendeten Kamele. Wenn die Seefahrt am Mittelmeer blühte, hatte sie doch ebenso Bedeutung für die Häfen Bordeaux oder Nantes, welche die Verbindung über den Atlantik mit den britischen Inseln aufrecht erhielten. Von dorther kamen sächsische Sklaven, doch bestanden ebenso Seeverbindungen mit Galizien. In Belgien besorgten die Häfen von Tiel, Duurstede und Quentovic den Seeverkehr, der wohl auch der flämischen Tuchindustrie zugute kam. Der Handel scheint hier allerdings in den Händen der Einheimischen gelegen zu haben; am Mittelmeer hatte Gallien Häfen wie Marseille, Fos, Narbonne, Agde und Nizza.

Römische Organisationsformen scheinen sich in diesen Häfen erhalten zu haben. Entlang der Hafendämme scheint eine Art Börse stattgefunden zu haben. In Fos z. B. unterhielt der Fiskus ein Lagerhaus. In Italien waren Beamte mit der Handelsaufsicht in den Häfen betraut. Ebenso gab es in Spanien spezielle »Thelonearii« im Interesse der fremden Kaufleute. Die byzantinischen Handelsaufseher, die nach der Wiedereroberung in Karthago saßen, hatten zweifellos überall Einfluß am Tyrrhenischen Meer.

Der Seehandel vermittelte nicht nur Luxusgüter, wenngleich der Luxus seine Heimat im Orient hatte und die Mode von Konstantinopel führend war, wie später etwa die von Paris. Die Merowinger schätzten diesen Luxus. Frauen wie Männer trugen nach Möglichkeit Seidengewänder, wie man sie nur aus dem Orient bekommen konnte. Besondere Leckerbissen kamen ebenfalls aus dem Osten. Importierte Weine aus Syrien waren im Handel nicht selten, andre Getränke bezog man aus Alexandria, woher auch bittere Kräuter kamen, wie sie die Asketen in der Fastenzeit schätzten.

Das Hauptgeschäft machten die Orienthändler mit dem Import von Gewürzen. Schon die Römer der Kaiserzeit hatten sie von überall her bezogen, aus Indien, Arabien und China. Der Handel mit Gewürzen hatte den Reichtum von Palmyra und Apamea begründet, und er wurde auch durch die Völkerwanderung nicht unterbrochen, denn Gewürze waren wesentlich zur Bereitung von Speisen. Das Lagerhaus von Fos war damit stets wohlversorgt, und es gab staatliche Erlasse, wonach selbst den staatlich beauftragten Sendboten (missi) unterwegs bestimmte Zuteilungen an Pfeffer und Kümmel zustanden, was überall für entsprechende Vorräte spricht.

Der aus dem Osten kommende Papyrus war nach wie vor sehr begehrt. Ägypten besaß das Monopol für das gesamte Kaiserreich. Papyrus war das allgemein verbreitete Material für Manuskripte, während Pergament den Prachthandschriften vorbehalten blieb. Die Kenntnis der Schrift blieb auch nach den Invasionen überall im Westen erhalten. Das Rechtsleben, die Verwaltung, Handel und Fiskus wie die Notare waren auf schriftliche Aufzeichnungen angewiesen und nutzten die Schrift wie ebenso die Klöster, ganz zu schweigen von privater Korrespondenz. Papyrus diente auch zur Herstellung von Kerzendochten und – ölgetränkt – für Papierlaternen; die Tatsache, daß sie selbst in Cambrai erhältlich waren, spricht für weite Verbreitung.

Öl wurde überall für die tägliche Nahrung benötigt, in Gallien, Spanien und Italien; ebenso ließ es sich zur Beleuchtung der Kirchen verwenden. Die einheimischen Olivenbäume gaben nicht genug Ertrag, doch Nordafrika war der größte Erzeuger im Reich, bis zur mohammedanischen Eroberung. Öl wurde von dorther in sog. »orcae« importiert, wie Theoderich (509 und 511), Gregor von Tours und ein Diplom Chlodwigs (692) bezeugen.

Marseille war der Haupteinfuhrhafen für den Norden, während Bordeaux die weitere Verteilung übernahm. Aus Nordafrika kamen auch die Kamele, die dem Militär als Lasttiere dienten. Aus dem Norden konnte man sich in Marseille nach Rom oder Konstantinopel einschiffen, oder dorthin aus Ravenna und Bari. Regelmäßige Seeverbindungen scheint es zwischen Marseille und Spanien gegeben zu haben. Die Seefahrt war insgesamt nicht minder lebendig als in der römischen Kaiserzeit. Nach Geiserich hört man nichts mehr von Seeräuberei. Der Seehandel,

1. *Ravenna, Sant'Apollinare in classe.*
Die Kirche und der runde Glockenturm,
Ansicht von Nordwesten.

Folgende Doppelseite:
2. *Ravenna, Sant'Apollinare in classe.* Innenansicht.

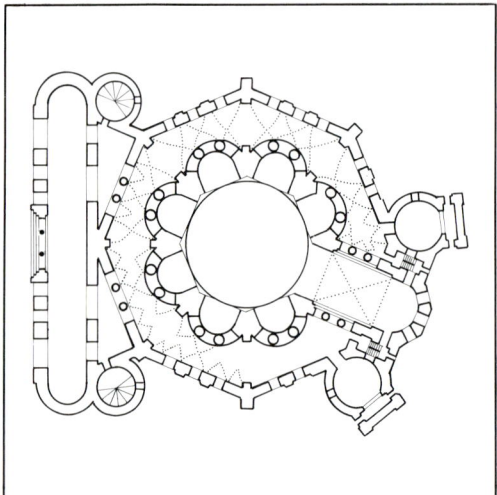

3. *Mailand, San Lorenzo.* Die Apsidenzone.
4. *Ravenna, San Vitale.* Grundriß, nach Perogalli.
5. *Ravenna, San Vitale.* Außenansicht von Süden.

Folgende Doppelseite:
6. *Ravenna, San Vitale.* Innenansicht.

7. *Ravenna, San Vitale*. Die Galerie des Umganges.   8. *Rom, Santo Stefano Rotondo*. Außenansicht.

Vorhergehende Doppelseite:
9. *Rom, Santo Stefano Rotondo.* Innenansicht.

10., 11. *Poreč (Jugoslawien), Basilika.*
Fassade und Innenansicht.

12. *Ravenna, Baptisterium der Arianer.* Mosaik der Wölbung,
Taufe Christi und die Apostel.
Rechte Seite:
13. *Torcello, Kathedrale.* Mosaik am Triumphbogen,
vier Engel und das Lamm.

16. *Ravenna, Mausoleum der Galla Placidia*. Detail der Mosaiken, die vier Evangelien in einem Schrein.

17. *Ravenna, Mausoleum der Galla Placidia*. Detail der Mosaiken, Gefäß mit Fruchtstaude.

Vorhergehende Seiten:
14. *Ravenna, Mausoleum der Galla Placidia*. Innenansicht.
15. *Ravenna, Mausoleum der Galla Placidia*.
Das Mosaik der Wölbung.

Folgende Doppelseite:
18. *Ravenna, San Vitale*. Detail der Bogenöffnung an der rechten Wand.

19. *Ravenna, San Vitale.* Das Kuppelmosaik.
20. *Ravenna, San Vitale.* Detail der Mosaiken,
Vase mit traubenpickenden Tauben.

Folgende Doppelseite:
21. *Ravenna, San Vitale.* Detail der Mosaiken, ein Pfau.

mit dem man sich am Mittelmeer abgab, war Großhandel, der viele Händler reich machte.

Der einzige Hafen, über den man genauer Bescheid weiß, Marseille, war entschieden kosmopolitisch. Man konnte hier Syrer, Juden, Griechen und Goten antreffen, zu Beginn des 8. Jahrhunderts, als der Niedergang einsetzte, auch einen angelsächsischen Kaufmann. Die Stadt war übervölkert, es gab mehrstöckige Häuser, Epidemien waren häufig.

3. Der Binnenhandel

Die Kauffahrer aus dem Osten nahmen als Rückfracht hauptsächlich Sklaven mit. Sklaverei für Haus und Landwirtschaft war im 5. Jahrhundert noch überall üblich. Die germanischen Eroberungen gaben wahrscheinlich der Sklaverei neuen Auftrieb, denn die rechtsrheinischen Germaneneinfälle und Kämpfe mit den Langobarden sorgten ständig für Nachschub. Die Kirche verdammte die Sklaverei nicht und wandte sich auch nicht gegen sie. *Mancipia* (gekaufte Sklaven) gab es nicht nur auf den großen Domänen, sondern ebenso im Dienst von Privatleuten. Trotz aller Freilassungen kamen immer wieder neue Barbaren als Sklaven hinzu.

Fredegar erwähnt einen gewissen Samo, der mit einer Schar abenteuernder Händler zu den Wenden zog, wie im 9. Jahrhundert die Waräger nach Rußland, um heidnische Sklaven einzukaufen, die man ohne Skrupel weiterverhandeln konnte. Die Synoden hatten nämlich nur den Verkauf christlicher Sklaven über die Reichsgrenzen hinaus verboten, was wiederum auf einen lebhaften internationalen Sklavenhandel hinweist. Gallien war Umschlagsplatz für maurische Sklaven, Thüringer und Angelsachsen, die man während der Kriege der Bretonen mit den Sachsen erbeutet hatte. Von Sklavenmärkten in Gent, Cambrai, Orleans, Tournai, Arras, Narbonne und Neapel wird berichtet. Der Hauptmarkt war wiederum Marseille, wo es an Sklaven als Rückfracht nach dem Osten nie mangelte. Gallien scheint

außerdem dem Osten Kleidung, Stoffe, Bauholz und Färberkrapp geliefert zu haben. Der starke Umlauf von Gold bezeugt ebenfalls rege Handelsbeziehungen.

Abgesehen vom überseeischen Export hatte im Westen auch der Binnenhandel große Bedeutung. Außer Syrern und Juden spielten dabei Einheimische eine erhebliche Rolle als Kaufleute und Händler. Gregor von Tours erwähnt sie in Verdun, Tours und Orleans. Anscheinend kannten sie weder Gilden noch Börsen, sondern gingen nach römischer Art individuell ihrem Vorteil nach. In Italien dienten langobardische Kaufleute auch im Heer; sie waren so zahlreich, daß man für sie eigene Dienstvorschriften erließ.

Zweifellos brachte der Handel großen Gewinn, wofür selbst die Beute spricht, die bei einer Plünderung den Kaufleuten des Poitou abgenommen wurde. Mag es einzelne Händler gegeben haben, die sich z. B. durch Weinfälschungen zu bereichern suchten, so wird doch von anderen berichtet, die sich durch Wohltätigkeit und fromme Stiftungen hervortaten. Die Kaufleute des 7. Jahrhunderts scheinen jedenfalls so wohlhabend gewesen zu sein, wie lange nicht zuvor oder später. Schauplatz des Handels waren die von den »Negociatores« bewohnten Städte. Deren Einwohner lebten innerhalb der befestigten Mauern und hatten wie in Paris oder Meaux benachbarte Verkaufsgewölbe unter Laubengängen. Außer den Kaufleuten gab es die Handwerker; in Arles werden sie im 6. Jahrhundert erwähnt. Die Glasherstellung muß eine bedeutende Rolle gespielt haben, nach den zahlreichen Beigaben in merowingischen Gräbern zu schließen.

Über die Bedeutung der Städte nach der Germaneninvasion gibt es nur vereinzelte Angaben. In Gallien waren die Städte nur wenig ausgedehnt. Vercauteren[3] schätzt deren durchschnittliche Einwohnerzahl auf 6 000, oft auf viel weniger. Die Städte im Süden waren bedeutender. Zur Zeit Theoderichs hatte z. B. Mailand 30 000 Einwohner. Die Einwohnerschaft der Städte hatte gewiß unter den Invasionen gelitten. Zerstörte Brücken mußten durch Schiffsbrücken ersetzt werden, doch die alten Städte bestanden insgesamt weiter und wurden von den Bischöfen als Zentren der kirchlichen und zivilen Verwaltung begünstigt. Ebenso behielten sie ihre Bedeutung als Brennpunkte des Handels. Ihre Märkte ähnelten allerdings nicht den regelmäßigen Messen des Mittelalters, hatten vielmehr lokalen Wert.

Im Norden entstanden neue Märkte wie der von Saint-Denis (709), waren jedoch relativ unbedeutend. Aus Spanien ist entsprechendes nicht bekannt, auch gab es hier, als der Handel zurückgegangen war, nicht die für die Karolingerzeit typischen kleinen Märkte.

Gregor von Tours bezeugt in seinen Schriften städtischen Handel. In der Merowingerzeit finden wir »portus«, als Stapel- und Ladeplätze, aber keine eigentlichen Märkte. Die herkömmlichen römischen Zollstätten hielten sich am angestammten Ort. Vereinzelt versuchten die Grafen, den Zoll zu ihren eigenen Gunsten zu nutzen. Clothar II. ordnete 614 an, daß es mit dem Zoll so gehandhabt werden solle, wie schon unter seinem Vorgänger. Theoderich ging in Spanien ähnlich vor. Der Zoll hatte ausschließlich fiskalischen und nicht wirtschaftlichen Charakter und wurde in Geld im Namen des Königs erhoben. Die Einnahmen waren beträchtlich. Voraussetzung war wiederum, daß für die Erhebung zuverlässige königliche Beamte zur Verfügung standen, die schreiben und lesen konnten.

In den großen Häfen hatte man Lagerhäuser und staatliche Funktionäre zur Aufsicht. Postverbindungen gab es im Gesamtbereich des Tyrrhenischen Meeres. Zu Lande waren die alten Römerstraßen Grundlage des Verkehrs. Soweit die Römerbrücken zerstört waren, behalf man sich mit Schiffsbrücken. Die Flußufer mußten im Interesse des Treidelns von Booten freigehalten werden.

4. Münzwesen und Geldumlauf

Der von Konstantin d. Gr. wiedergeprägte römische *Goldsolidus* war zu Beginn der Völkerwanderung die gängige Währung im gesamten Reichsgebiet. Die Barbaren kannten sie wohl durch die Subsidien, welche das Imperium ihnen zugewandt hatte, und rührten nicht an ihrem Bestand, sondern schlugen Münzen mit dem Bildnis des Kaisers. Ebenso folgten sie den auf den byzantinischen Münzen vorkommenden Änderungen.

Außer den Goldmünzen gab es Münzen aus Silber und aus Bronze, doch war nur *Gold* die offizielle Währung. Das Münzsystem der Barbaren war demnach das der Römer. Das karolingische Münzsystem, das auf dem *Silber* beruht, ist dagegen das des Mittelalters. Als einzige Ausnahme sind die Angelsachsen zu erwähnen, bei denen Silber die Hauptrolle spielte. Wirtschaftliche Gründe gaben den Ausschlag zur Beibehaltung der römischen Währung. Ein Beweis dafür ist, daß die Nachahmung römischer Münzen in der Hafenstadt Marseille und ihrer Umgebung länger vorhielt als an anderen Orten.

Die Goldprägung der Barbaren kommt bei den Franken und den Westgoten vor. Die Merowingerkönige ließen pseudo-imperiale Münzen prägen, deren Serie mit der Herrschaft des Heraclius (610–641) abschließt, der als erster Kaiser sich mit den Arabern auseinandersetzen mußte. Den Namen eines fränkischen Königs findet man erstmals auf den Münzen, die Theudebert I. im italienischen Krieg, den er 539/40 gegen Justinian führte, prägen ließ. Doch erst seit Clothar II. (584–629/30) ersetzt der Name des Königs den des Kaisers auf den Münzprägungen von Marseille, Viviers, Valence, Arles und Uzès. Die Münzprägung hat ihren königlichen Charakter bewahrt, doch wurde die Organisation der Prägestätten dezentralisiert. Bei den Franken gab es Münzstätten, die von einer Unzahl von »Monetarii« betrieben wurden, in verschiedenen Städten sowie bei den Kirchen. Trotzdem ist eine Kontrolle dieser Prägungen anzunehmen, denn ihre Unterschiedlichkeit hatte nicht den Wirrwarr feudaler Münzprägungen zur Folge, wie dann im Mittelalter. Die Prägungen scheinen also unter Aufsicht des Fiskus entstanden zu sein. Das Münzrecht wurde niemals abgetreten. Die Monetare prägten anscheinend aus Anlaß des Steuereinzugs ihre Münzen. Sie waren keine öffentlichen Beamten. Unter Pippin waren sie selten, um 781 endgültig zu verschwinden, als das römische Steuersystem ebenfalls zum Erliegen kam.

Die fortwährenden Goldprägungen sprechen dafür, daß im Westen beträchtliche Goldbestände verfügbar waren, obwohl man hier keine Goldminen hatte. Der königliche Schatz wird unter anderem durch Steuern und Subsidien gespeist, doch darf das Gold des Königs nicht ruhen. Es dient dazu, die Verwaltung, Missionierung, den Frieden und die Wohlfahrt zu fördern. Zweifellos stammte ein Großteil dieses unerschöpflichen Schatzes aus Kriegen, doch könnte die Beute allein den Überfluß nicht erklären. Nur der blühende Handel brachte fortwährend so viel Gold in den Westen.

Die Barbarenkönige haben Gold importiert. Das Gesetz der Westgoten beweist es, denn in den Zolltarifen ist ebenso von der Einfuhr von Gold wie von Sklaven die Rede. Als sicher kann gelten, daß die Merowingerepoche nicht unter dem Zeichen des Naturaltausches stand, sondern daß der Geldumlauf eine große Rolle spielte. Gregor von Tours berichtet, daß im 4. Jahrhundert die Stadt Clermont ihre Steuern in Getreide und Wein zu entrichten hatte, daß jedoch auf Wunsch des Bischofs der entsprechende Betrag in Geld entrichtet wurde, was als besondere Wohltat des Bischofs galt. Zur Zeit Gregors war die geldliche Steuerzahlung üblich, und nirgendwo ist bei ihm die Rede von einem anderen Verfahren.

Sicherlich war eine Menge von Münzgeld im Umlauf, das möglichst Gewinn bringen sollte. Unter den Merowingern war die sonst oft durch kirchliche Gebote eingeschränkte Zinsnahme erlaubt und üblich. Selbst der König gewährte der Stadt Verdun ein verzinsliches Darlehen. Der Zinssatz schwankte, und soll bis zu 12,5 % oder 33,5 % betragen haben. Die Kirche verbot immer wieder den Zinswucher, was vielleicht auf Tendenzen steigender Zinsen hindeutet. Die nicht an solche Vorschriften gebundenen Juden wandten sich verstärkt dem Geldgeschäft zu. Sie waren unter den Zolleinnehmern und Münzmeistern zu finden; ihre Klientel war groß, da sie auch mit dem Handel zu tun hatten.

Aus alle dem resultiert offensichtlich eine Fortsetzung des Wirtschaftslebens der Römer bis in die Merowingerzeit, rings um das Tyrrhenische Meer. Zweifellos gab es in wirtschaftlicher Hinsicht, wie auch auf anderen Gebieten, Rückschläge infolge der »Barbarisierung« der Sitten, doch kann von einem Bruch mit der vorhergehenden Wirtschaft des Römerreichs nicht die Rede sein. Das Wirtschaftsleben am Mittelmeer ging vielmehr mit großer Beständigkeit weiter.

Kapitel III

Das geistige Leben nach den Germaneneinfällen

1. Fortsetzung der antiken Traditionen

Ein zunehmender Zerfall der antiken Kultur auf geistigem Gebiet läßt sich seit dem 3. Jahrhundert allenthalben feststellen. Man möchte meinen, daß der Geist selbst angegriffen war, denn nach Julianus vermochte der Geist der Antike sich nicht mehr dem christlichen Einfluß zu entziehen.

Das Leben der jungen Kirche bewahrte unter der Oberfläche heidnische Überlieferung: die Dichtung

Vergils und die Prosa der antiken Rhetoren. Nach dem offiziellen und definitiven Triumph des Christentums unter Konstantin erfolgte allgemeine Zustimmung, doch befolgte nur eine Minderheit von Asketen und Intellektuellen die christlichen Forderungen wirklich. Die Mehrheit trat der Kirche aus Berechnung bei, die Großen, um ihren gesellschaftlichen Einfluß zu wahren, die Armen, um Schutz zu gewinnen. Vielen erschien das geistige Leben nicht mehr antik und noch nicht christlich, verständlicherweise behielt für sie die überkommene Literatur ihren Wert. Die Germaneneinfälle im Westen änderten nichts an diesen Bedingungen, denn die Germanen neigten dazu, sich zu assimilieren.

Kaum hatten sich ihre Könige festgesetzt, umgaben sie sich mit Rhetoren, Juristen und Poeten. Unter ihnen schritt der Zerfall fort, mit dem einen Unterschied, daß er noch zunahm.

Bei den Ostgoten blieb der Bischof von Pavia, Ennodius (511) weltlich. Er war ein zum Lehrer der geistlichen Beredsamkeit gewordener Rhetor. An ihm läßt sich zeigen, wie die römische Rhetorik noch immer geschätzt war; er machte Grammatik und Rhetorik zur Grundlage christlicher Erziehung.

Boëthius (480–525), der Finanzminister Theoderichs, übersetzte Aristoteles, und seine Kommentare beeinflußten das ganze Mittelalter. Er übertrug ebenso die Werke griechischer Musiker und Mathematiker. Als er wegen einer politischen Verschwörung zum Tode verurteilt wurde, schrieb er im Gefängnis »De consolatione philosophiae« (Über den Trost der Philosophie), ein Werk, in dem sich Christentum und stoisch-römische Moral vereinen.

Cassiodor, der Premierminister Theoderichs, zog sich im Jahr 540 religiösen Betrachtungen zuliebe aus der Welt zurück. Er hatte den Wunsch, daß die Mönche in ihren Klöstern alle greifbaren Werke der klassisch-antiken Literatur sammeln sollten.

Der zwischen 530 und 540 geborene Venantius Fortunatus, der als Bischof von Poitiers starb, studierte in Ravenna Grammatik, Rhetorik und Jurisprudenz. Er schrieb Werke römischen Geistes wie auch kirchliche Hymnen.

Die Vandalen besuchten wie die Römer Vorlesungen von Grammatikern. Unter Thrasamund (496–523) und Hilderich (523–530) wirkten die Dichter der Anthologie: Florentinus, Flavius Felix, Luxorius, Mavortius, Coronatus, Calbulus, die als Christen auch heidnisch-antikische Dichtung hervorbrachten.

Fulgentius, von Beruf Grammatiker, lebte in den zwei letzten Jahrzehnten des 5. Jahrhunderts in Karthago. Er schrieb allegorisch-mythische Werke in einem überkommenen, schwülstigen Stil.

Sidonius hatte bei den Burgundern Bedeutung. Bei den Westgoten umgab sich bereits Eurich mit Rhetoren. Die Könige Wamba, Sisebuth, Chindasvinth und Chintila versuchten sich als Schriftsteller. Autoren wie Eugenius von Toledo, Johannes von Biclaro und Isidor von Sevilla schrieben ein gutes Latein, der Frankenkönig Chilperich verfaßte selbst lateinische Gedichte.

Verwandte Bedingungen lassen sich demnach bei allen Germanenvölkern feststellen. Insgesamt haben die Germaneneinfälle den Charakter des geistlichen Lebens im westlichen Mittelmeerbereich nicht verändert. Die Literatur »vegetierte« weiterhin in Rom, Ravenna, Karthago, Toledo und Gallien und kein neues Element wird vor dem Einfluß der Angelsachsen spürbar. Zwar läßt sich Dekadenz feststellen, doch ebenso bestehende Traditionen. Solange es Autoren gab, ist auch mit einem relativ gebildeten Publikum von Lesern zu rechnen.

Das geistige Leben antiker Herkunft setzte sich bis ins 7. Jahrhundert fort, als Papst Gregor d. Gr. dem Bischof von Vienne, Desiderius, vorhielt, er beschäftige sich nur mit der Grammatik. In Spanien gab es bis zur arabischen Eroberung recht gute Geschichtsschreiber. Auf all diesen Gebieten war der eigene Beitrag der Germanen unerheblich.

2. Die Kirche

Die Kirche verkörpert in der Tat am besten die Fortsetzung römischer Art. All ihre Geistlichen waren römisch und ihr gesellschaftlicher Einfluß unabsehbar groß. Der Papst in Rom, die Bischöfe in den Städten waren die führenden Persönlichkeiten. Wer in jener Epoche Karriere machen wollte oder Rückhalt suchte, mußte der Kirche angehören. Zweifellos gab es Anhänger aus Überzeugung. Hier kam dem orientalischen Mönchstum große Bedeutung zu, da es frühzeitig auf den Westen einwirkte und zu den prägenden Kräften der Zeit gehörte.

Um 410 gründete Honorat, der künftige Bischof von Arles, das Inselkloster Lérins, wo der Einfluß der ägyptischen Asketen merklich war, der zur gleichen Zeit wie das orientalische Mönchstum nach Gallien übergriff. Die Ausbreitung erfolgte von Süd nach Nord. In jenem Kloster studierte Caesarius, der dann von 502–543 Bischof von Arles, des »gallischen Rom« war.

Er ist ein Zeuge seiner Zeit. Sein Vorbild war das Papsttum, in dem er ein Symbol des untergegangenen Imperiums sah. Er beurteilte das kirchliche Leben nach mönchischen Idealen und forderte Caritas, Predigt, Hymnengesang und christliche Lehre. Durch ihn wurde Arles zum Hauptort der fränkischen Kirche. Fast das gesamte Kirchenrecht des merowingischen Frankreich ging im 6. Jahrhundert von Arles aus, und die Beschlüsse seiner Konzilien wurden für alle folgenden vorbildlich. Im Jahr 513 ernannte Papst Symmachus Caesarius zu seinem Stellvertreter in Gallien. Seine schlichten und volkstümlichen Predigten, deren Manuskripte er überallhin versandte, hatten in Gallien, Spanien und Italien gewaltige Wirkung.

Wie in Gallien der hl. Caesarius, war der hl. Benedikt in Italien die große religiöse Gestalt des 6. Jahrhunderts. Im Jahr 529 gründete er mit ein paar Einsiedlern die berühmte Abtei Montecassino. Seine ernste Mönchsregel schrieb das Studium nicht vor; sie war praxisbezogen und vermied harte Übertrei-

bung. Die Nähe zu Rom verlieh dem Kloster überragenden Rang.

In jener Epoche fand das Mönchtum an den Küsten des Mittelmeers außerordentliche Verbreitung. Anscheinend stand es in Verbindung mit der Bekehrung der Heiden. Die Heiligen Amandus (gest. 675) und Remaclus (um 650–670) waren zugleich Mönche wie auch Missionare. 40 Mönche machten sich unter der Leitung des Augustinus auf, die Angelsachsen zu bekehren. Innerhalb eines Jahrhunderts (597–686) war der Auftrag erfüllt. Wiederum ging der Anstoß zur kirchlichen Mission vom Mittelmeer aus, um auf den Norden einzuwirken.

Der Mann, der für die Entwicklungen jener Zeit den größten Einfluß hatte, war Papst Gregor d. Gr. (590–604). Er verachtete die weltliche Rhetorik, für ihn kam der Inhalt vor der Form. Das bedeutete einen wirklichen Bruch mit der antiken Beredsamkeit.

Seine Mission galt dem Volk, es ging ihm daher darum, vom Volk verstanden zu werden. Sprachliche Einfachheit und Anschaulichkeit war auch das Anliegen des Isidor von Sevilla (gest. 646), eines Kompilators, der sich daran machte, das Wissen der Antike seinen Zeitgenossen zu vermitteln. Vom eigentlich antiken Geist blieb dabei nichts übrig, doch war Isidor von Sevilla ebenfalls ein Mensch des Mittelmeeres.

Die Neuorientierung des christlichen Geistes und der Literatur fand also ihren Ausgang in der *Romania* des Südens. Es handelte sich um eine späte Verkörperung der Latinität in der Sprache von Laien, denn für Laien schrieben all jene Geistlichen, welche die antike Tradition aufgaben, um verstanden zu werden. Andere Voraussetzungen herrschten in England, wo das Latein als gelehrte Sprache für die Zwecke der Kirche eingeführt wurde, wo aber das Volk weiterhin seiner germanischen Sprache treu blieb.

Als dann die Geistlichen erneut ein klassisches Latein pflegten, war es zu einer Sprache der Gebildeten für die Kirche geworden.

3. Die Kunst

Nach den Germaneneinfällen setzte sich in der Kunst jener Prozeß der Orientalisierung fort, der sich bereits zuvor im Römischen Reich unter Einflüssen aus Persien, Syrien und Ägypten ausgebreitet hatte. Die antihellenistische Reaktion war zugleich anti-klassisch, wie später die Romantik. Sie wirkte sich in der Stilisierung der Gestalten, Zoomorphie und einem veränderten Geschmack für Dekor, Ornament und Farben aus.

Der Okzident konnte sich diesem Orientalismus nicht entziehen, der von syrischen Kaufleuten unterstützt wurde, die fremdartige Luxusgüter einführten, wie auch durch östliche Einflüsse der Kirche und des Mönchtums. Die Germanen bewirkten auf diesem Gebiet keine Änderung, ganz im Gegenteil[4]. Die Goten hatten während ihres Aufenthaltes in den Weiten Rußlands bleibende Eindrücke östlicher Kunst aufgenommen, die vom Schwarzen Meer stammte. Ihre Fibeln, Ketten, Ringe und Goldschmiedearbeiten verraten den Einfluß des Kunsthandwerks der Sarmaten und Perser. Jene »Ars barbarica« war im Römerreich schon vor der Völkerwanderungszeit verbreitet.

Die Burgunder hatten bereits griechische und römische Sklaven, und vermutlich trugen fremdstämmige Sklaven und Kunsthandwerker dazu bei, die »Ars barbarica« im Reich einzuführen. Sie blühte bei den Westgoten wie den Vandalen und Burgundern. Je mehr aber die Kontakte zwischen den Germanen und der antiken Kultur zunahmen, beschränkte sich die »Ars barbarica« auf das einfache Volk; seit dem 6. Jahrhundert versiegte der autochthone germanische Anteil in der westgotischen Kunst. Ein eigenständig germanischer Charakter konnte sich nur bei den Angelsachsen in der Kunst wie in ihrem Recht und ihren Institutionen halten. Der Einfluß der Iren sollte sich in Gallien erst im 7. Jahrhundert wie der der Angelsachsen im 8. Jahrhundert bemerkbar machen. Die mitgebrachte irano-gotische Kunst der Barbaren wich in Frankreich

seit der Mitte des 6. Jahrhunderts und dann vor allem im Süden, zunehmend dem Einfluß syrischer und byzantinischer Kunst aus dem Mittelmeerraum. Persische Vorbilder gewannen Bedeutung durch importierte Tapisserien, die bis nach Zentralgallien gelangten, ebenso gewann die koptische Kunst Ägyptens durch importierte alexandrinische Elfenbeine und orientalische Stoffe Einfluß.

Die orientalische Kunst, die über das Mittelmeer gekommen war, traf mit der der Barbaren zusammen, die auf ihre Weise ebenfalls östlich war, und es ergaben sich Vermischungen, wobei der von Süden kommende Zustrom überwog. Der orientalische Einfluß ist überall in Gallien, Italien, Nordafrika und Spanien zu beobachten; er prägte dem ganzen Westen byzantinische Züge auf.

Auf allen Gebieten der dekorativen Kunst lassen sich byzantinische Vorbilder erkennen, bei den Handschriften – mit Ausnahme der irischen –, bei den Mosaiken, wo die mythologischen und christlichen Themen der gallo-römischen Zeit Rankenwerk und Tierfiguren weichen. Die großenteils verlorene dekorative Malerei kirchlicher und weltlicher Art scheint ähnliche Züge gehabt zu haben. Luxus byzantinischer Art bestimmte im 6. und 7. Jahrhundert das Bauen. Die Bautätigkeit und Dekoration blühte damals in Trier, Metz und Köln, wie auch Kirchen in Mainz, Trier, Clermont, Saint-Germain, Bordeaux, Cahors, Châlons, Rodez und Poitiers entstanden. Die Kunst des Westens orientierte sich nicht mehr an klassischen Vorbildern, sondern an denen von *Byzanz*. Das unerreichte Modell war am ganzen Mittelmeer die Pracht *Konstantinopels*.

4. Der weltliche Charakter der Gesellschaft

Die politische Macht der Könige war, wie die der Kaiser, rein weltlich. Kein Geistlicher bekleidete an ihren Höfen ein höheres Amt. Der Unterschied war im Hinblick auf die Zustände im 8. Jahrhundert vollkommen. Die Kirche nahm keine Verwaltungsaufgaben wahr; sie war der Besteuerung unterworfen und erhielt zwar Schutz, genoß aber keinen Vorrang.

Das hat darin seinen Grund, daß die Gesellllschaft nicht von der Kirche abhängig war, sondern dem Staat noch selbst die nötigen weltlichen Funktionäre zur Verfügung stellen konnte. Aus den vornehmen Adelsgeschlechtern, deren Söhne die Grammatik- und Rhetorenschulen besuchten, gingen die Regierungsbeamten hervor. Ihre Ausbildung war gewiß nicht nur literarisch, doch konnten die Könige auf gebildete Laien zurückgreifen, in denen die literarischen und politischen Traditionen Roms fortlebten. Die Regierung führten hochgebildete Männer.

Überall gab es rechtskundige »Notarii«, die das römische oder romanisierte Recht genau kannten und für schriftliche Beurkundung, Verträge und Testamente zuständig waren. In der Mehrzahl wird es sich dabei um Laien gehandelt haben. Offensichtlich gab es Schulen zu deren Ausbildung, die auch bei den Langobarden bezeugt sind. Bei den Kaufleuten herrschten ähnliche Voraussetzungen.

In der Merowingerzeit waren Schrift und Schriftkenntnis unentbehrliche Helfer des gesellschaftlichen Lebens. Daraus erklärt sich das Fortbestehen der römischen Kursive in Gestalt der kursiven Minuskel des 5. Jahrhunderts. Es handelt sich um eine gängige Schnellschrift für den Geschäftsverkehr, nicht um Kalligraphie. Aus ihr entwickelten sich die merowingischen, westgotischen und langobardischen Schriften, strenggenommen eine Fortsetzung der römischen Kursive. Diese Kursivschrift entsprach durchaus der lebenden, doch im Zerfall begriffenen Sprache der Zeit. Im täglichen Leben war das Latein weiter heruntergekommen als in der Literatur. Und doch war es – zumindest in Gallien und Italien – authentisches Latein, die Volkssprache, die Sprache aller. Auf der weiterbestehenden, gemeinsamen Sprache beruhte bis ins 8. Jahrhundert die Einheit der Romania.

Zusammenfassung

Die Epoche, die mit der Niederlassung der Barbaren im Reichsgebiet begann, hat geschichtlich gesehen nichts absolut Neues eingeführt. Die Germanen haben zwar die Kaiserherrschaft »in partibus occidentalis«, also im Westen, zerstört, doch nicht das Imperium.

Im wesentlichen blieb der Charakter der Romania mediterran. Den germanisch gewordenen Randgebieten kam keine tragende Rolle zu, ebensowenig England.

Die große Neuerung der Zeit war politischer Art: Eine Pluralität von Staaten trat im Okzident an die Stelle der Einheit des Römischen Staates.

Nur in Britannien traten tiefgreifende Veränderungen ein, nachdem der Kaiser und die imperiale Zivilisation verschwunden waren. Hier entstand eine Zivilisation neuer Art, eine künftige neue Welt. Sie stand im Gegensatz zur mittelmeerischen Mischkultur der späten Kaiserzeit. Diese Gesellschaft bewahrte den Sinn für Blutsbande und familiäre Bindungen mit allen Konsequenzen. Die Menschen des Nordens eroberten für sich jenen äußersten Bereich der ehemaligen Romania, die ihnen fremd blieb. Germanische Wesensart, wo nicht barbarische, wurde für dieses Land zum bestimmenden historischen Faktor, doch handelte es sich dabei um eine einzigartige Ausnahme.

Auf dem Kontinent, bis auf einen unwesentlichen Grenzbereich, lebte die Romania weiter. Jene Grenzgebiete spielten jedoch keine eigene Rolle, da sie zu Staaten gehörten, die ihren Schwerpunkt, wie der der Franken oder Ostgoten, im Kernland der Romania hatten. Dort aber bestanden die alten Verhältnisse unverändert weiter.

Gegenteilige Meinungen wurden z. T. von deutschen Wissenschaftlern geäußert. Fälschlich wollte man auf Gallien, Italien und Spanien beziehen, was in den »Leges barbarorum« der Salier, Ripuarier und Bajuwaren zu finden ist. Andererseits wurde die Rolle des merowingischen Gallien überbewertet, indem man spätere Zustände voraussetzte, die für die fragliche Epoche noch keinesfalls zutrafen.

Was sich im wesentlichen jedenfalls fortsetzte, ist das gesellschaftliche Gleichgewicht der Antike. Die mediterrane Einheit, ein wesentliches Merkmal der antiken Welt, lebte in allen Bereichen weiter. Im 7. Jahrhundert gab es noch keine Anzeichen für das Ende der zivilisatorischen Einheit, welche das Imperium Romanum rings um das Mittelmeer geschaffen hatte: Die neue Welt der Völkerwanderungszeit war noch immer vom mediterranen Charakter der Welt der Antike durchdrungen.

22. *Ravenna, Sant'Apollinare in classe.* Das große Kreuz des Apsismosaiks.

SALVS MVNDI

✝SANCTVS   APOLENARIS

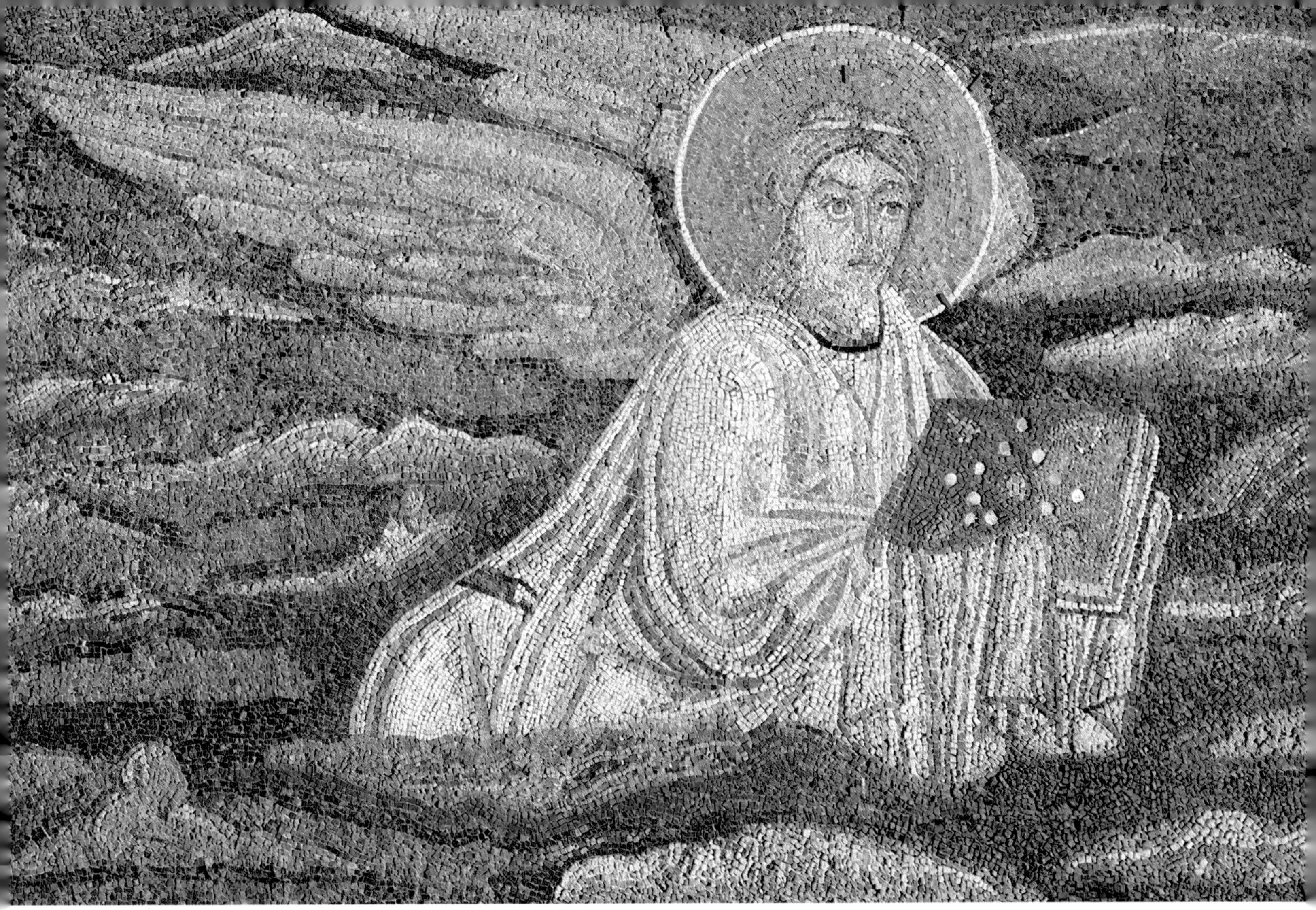

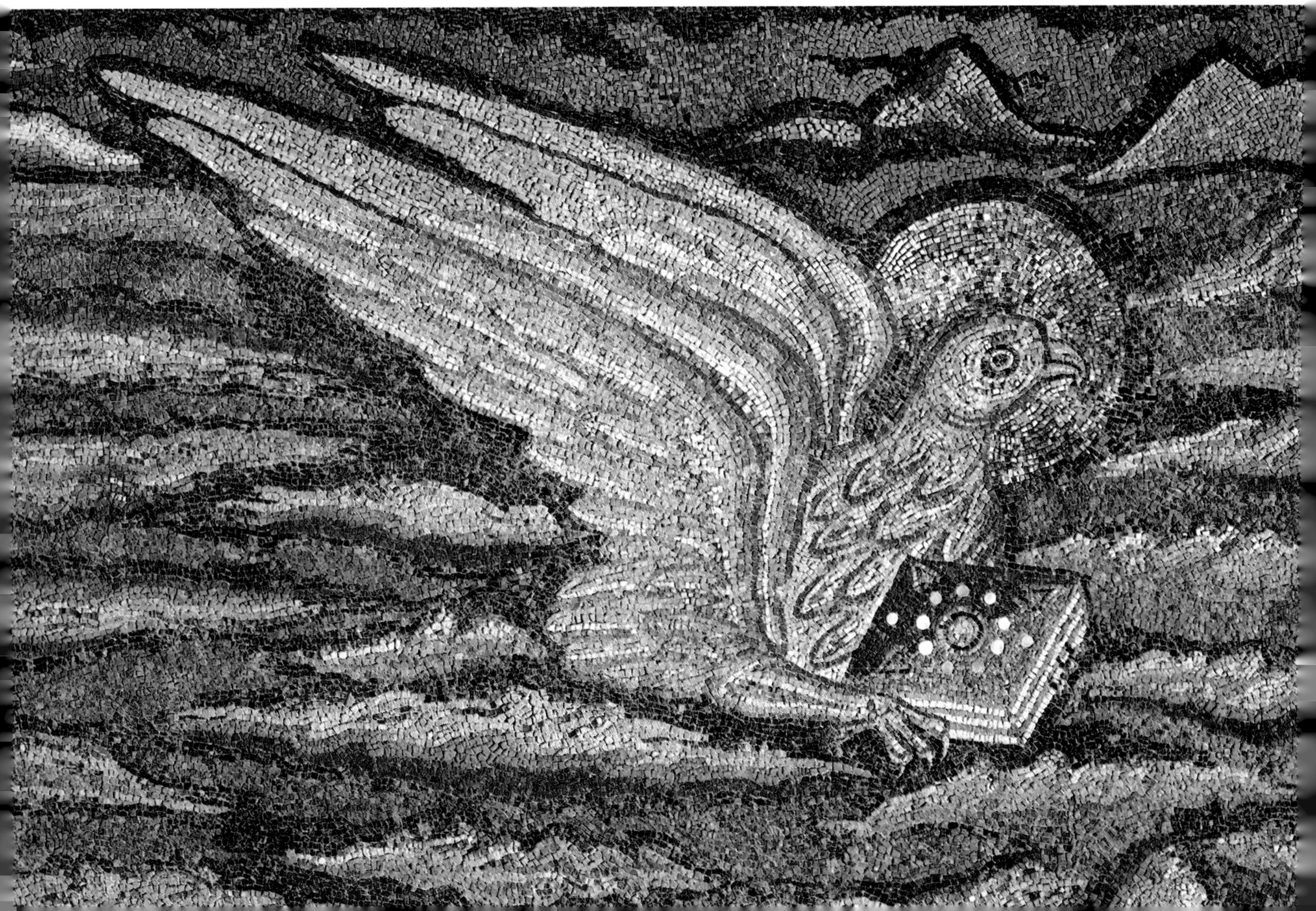

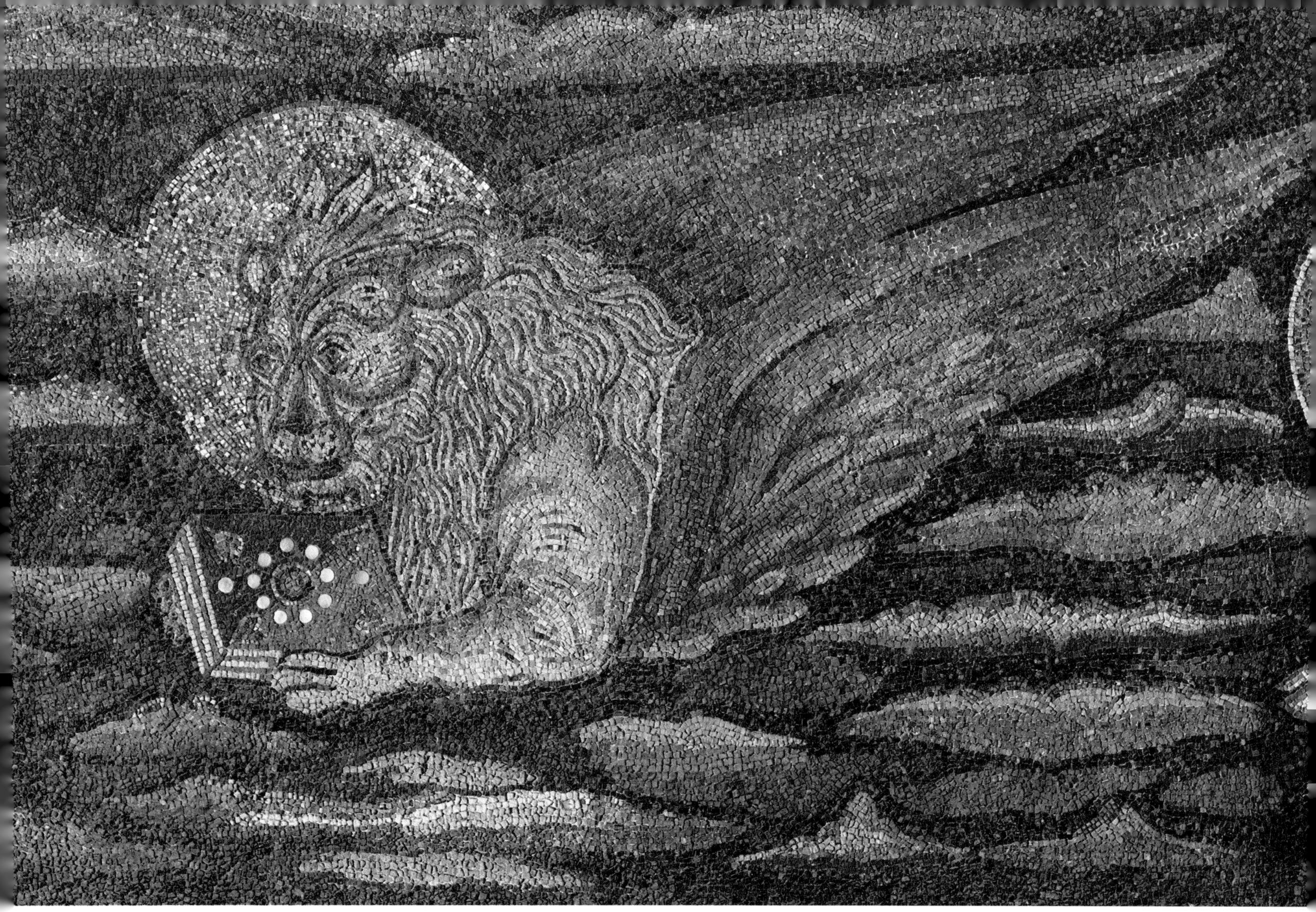

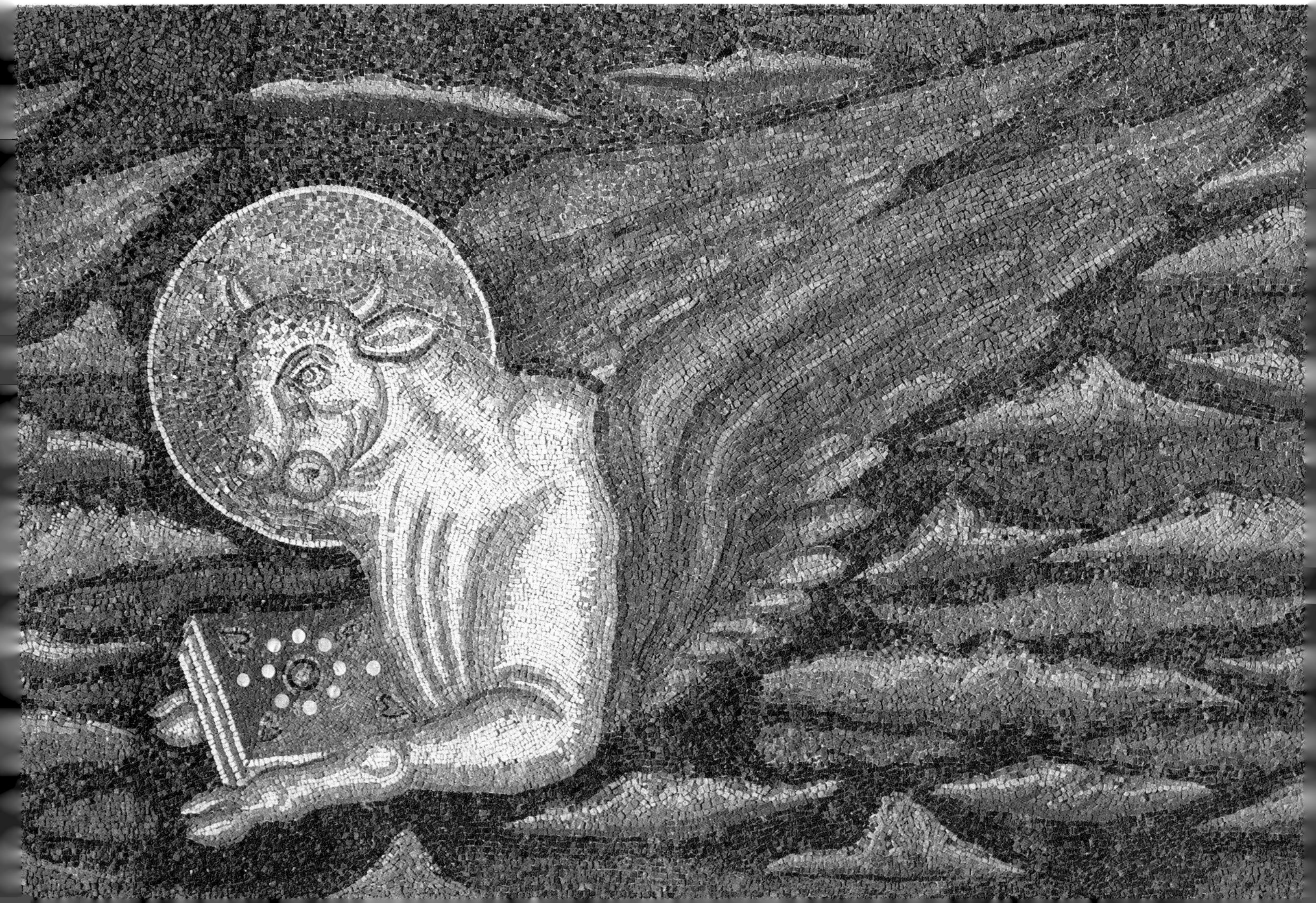

Vorhergehende Seiten:
23.-26. *Ravenna, Sant'Apollinare in classe.*
Symbole der Evangelisten Matthäus, Johannes,
Markus, Lukas.
27. *Ravenna, Sant'Apollinare in classe.*
Detail der Mosaiken, Heiligenfigur.
28. *Ravenna, Sant'Apollinare in classe.*
Detail der Mosaiken, eine Palme.

29. *Rom, Santa Maria in Cosmedin.* Mosaik, Madonna mit dem Kinde.

30. *Rom, SS. Cosmas und Damian.* Detail des Apsismosaiks.

Vorhergehende Seiten:
31. *Ravenna, San Vitale.*
Detail des Mosaiks am Triumphbogen, Jerusalem.
32. *Rom, Santa Maria Maggiore.*
Detail des Mosaiks am Triumphbogen, Jerusalem.
33. *Rom, Santa Maria Maggiore.*
Detail des Mosaiks am Triumphbogen, Bethlehem.
34. *Rom, San Lorenzo fuori le mura.*
Detail des Mosaiks am Triumphbogen, Jerusalem.
35. *Rom, San Lorenzo fuori le mura.*
Detail des Mosaiks am Triumphbogen, Bethlehem.

36. *Castelseprio, Santa Maria.*
Ansicht der Kirche von Südosten.
37. *Castelseprio, Santa Maria.*
Grundriß, nach Degani.
38. *Castelseprio, Santa Maria.*
Detail des Apsidenfreskos.

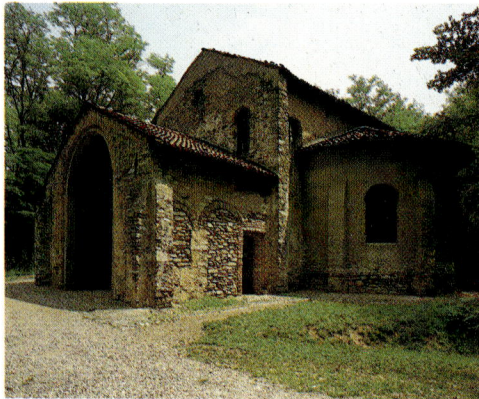

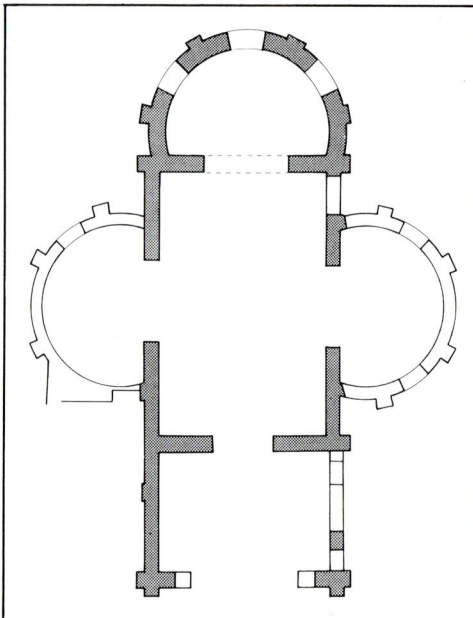

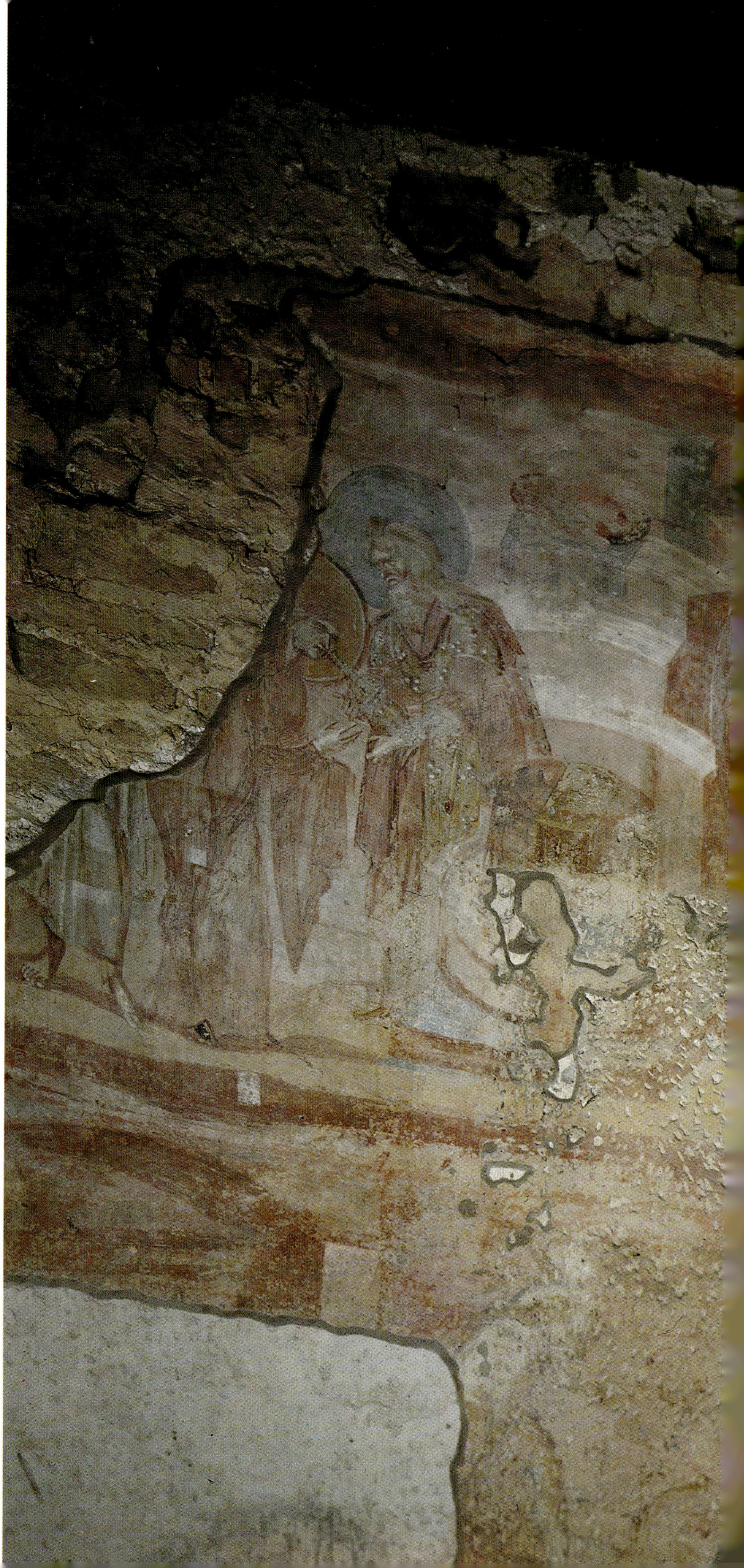

39. *Castelseprio, Santa Maria*. Detail des Apsidenfreskos, Flucht nach Ägypten.
40. *Rom, Santa Maria antiqua*. Fresko im Presbyterium, thronende Madonna und Heilige.

Vorhergehende Seiten:
41. *Rom, Katakombe der Commodilla.*
Fresko der Madonna mit den
Heiligen Adauctus, Felix und Lukas.
42. *Ravenna, San Vitale.* Gebohrtes Kapitell.
43. *Ravenna, San Vitale.* Byzantinisches Kapitell der Empore.
44. *Ravenna, San Vitale.* Byzantinisches Kapitell der Empore.
45. *Ravenna, San Vitale.* Byzantinisches Kapitell der oberen Loggia.
46. *Ravenna, San Vitale.* Byzantinisches Kapitell der Empore.

47., 48. *Poreč (Jugoslawien), Basilika.*
Zwei byzantinische Kapitelle im Innern.

Folgende Seiten:
49. *Ravenna, Erzbischöfliches Museum.* Detail
der Maximianskathedra, Hochzeit zu Kana.
50. *Ravenna, Erzbischöfliches Museum.*
Die Maximianskathedra.

Vorhergehende Seiten:
51. *Ravenna, Erzbischöfliches Museum.* Detail der
Maximianskathedra, Joseph wird in den Brunnen geworfen.
52. *Ravenna, San Francesco.* Griechischer Marmorsarkophag
aus dem 4. Jahrhundert.
53. *Ravenna, Museo Nazionale.* Grab des Exarchen Isaak
aus dem 7. Jahrhundert.

54. *Rom, Biblioteca Apostolica Vaticana.* Fragment eines
Seidenstoffes mit Darstellung der Verkündigung.

55. *Rom, Biblioteca Apostolica Vaticana.* Fragment eines
Seidenstoffes mit Darstellung einer Löwenjagd.

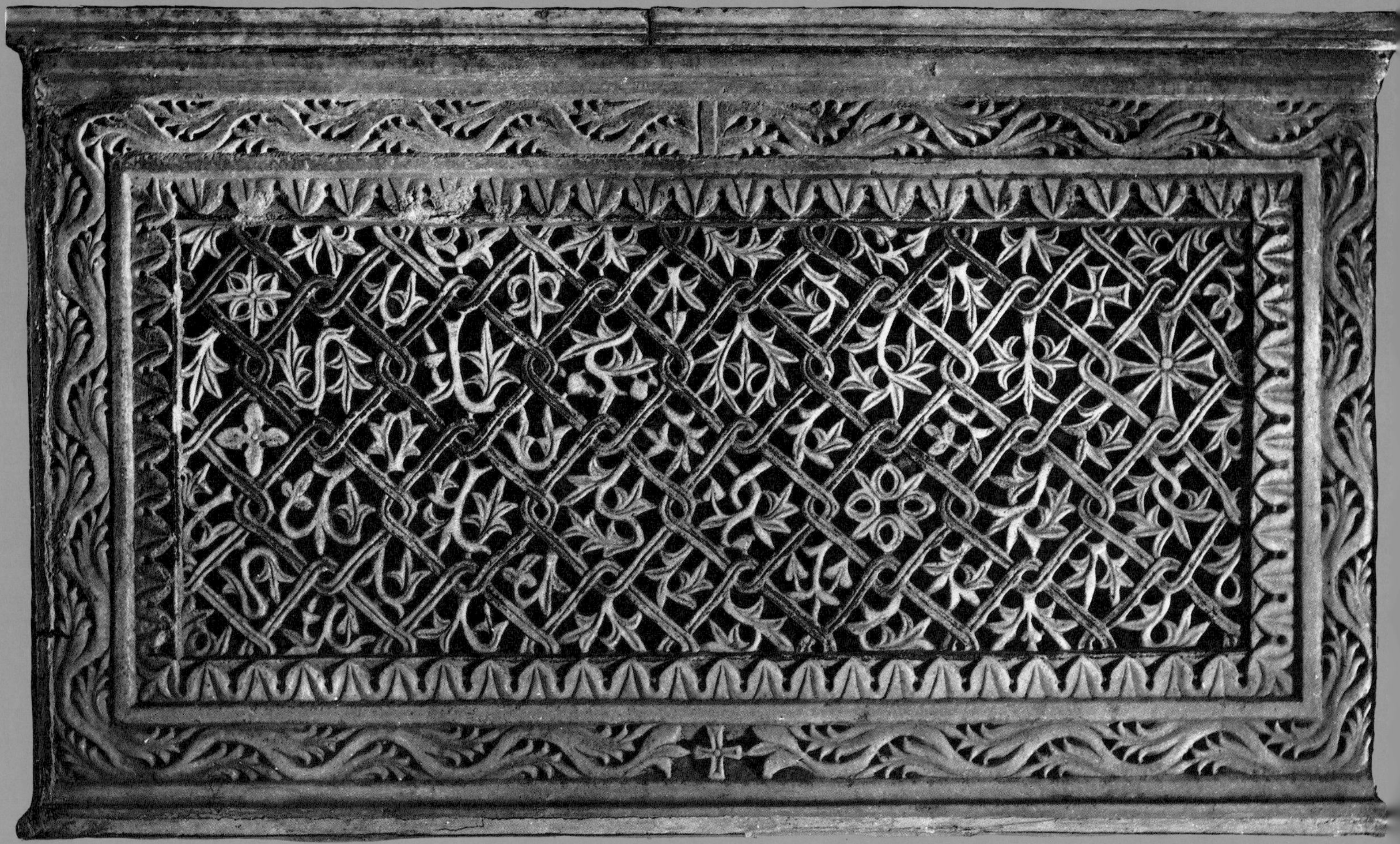

56. *Ravenna, San Vitale.* Gebohrte byzantinische Schranke.

57. *Ravenna, San Vitale.* Gebohrte byzantinische Schranke.

ZWEITES BUCH

Der Islam und die Karolinger

Kapitel I
Die Expansion des Islam im Mittelmeerraum

1. Der Vorstoß des Islam

Zum besseren Verständnis der Expansion des Islam im 7. Jahrhundert sei dessen Angriff auf das Römische Reich mit der Invasion der Germanen verglichen.

Das Römerreich hatte seine arabischen Grenzen nicht fortwährend wie etwa jene an Rhein und Donau militärisch verteidigen müssen. Vielmehr gab es dort die Wandernomaden der Wüste, so daß man sich mit einem lockeren Limes begnügen konnte, der die Karawanen mit ihren begehrten Handelsgütern durchließ. Gegenüber den Persern hatte sich Ostrom zeitweilig ähnlich verhalten, von schweifenden Beduinen primitiver Gesittung war nichts zu befürchten.

Während die Germanengefahr die Aufmerksamkeit der römischen Kaiser ständig auf sich zog, erfolgte der arabische Angriff des Jahres 634 völlig unvorbereitet. Der Erfolg dieses Vorstoßes ist aus der völligen Erschöpfung des Oströmischen und des Persischen Reiches zu erklären, die sich so lange schon bekämpft hatten. Der Sieg des Heraclius über den Perser Chosroes (gest. 627) hatte den Kämpfen zwar ein Ende gesetzt und Byzanz im Besitz von Syrien, Palästina und Ägypten bestätigt. Im Triumph brachte Heraclius (610–641) das zurücker-oberte Heilige Kreuz nach Konstantinopel zurück. Und doch mußte der Kaiser ohnmächtig mitansehen, wie ihm der Islam unvermittelt jene drei Provinzen wieder entriß.

Zwei Jahre nach dem Tode Mohammeds (gest. 632) überschritten die Araber den Jordan, um sich der byzantinischen Festung Bothra (Bosra) zu bemächtigen. Seitdem brach das Byzantinische Reich unter ihren Schlägen Stück für Stück zusammen. 635 fiel Damaskus, die verlorene Schlacht von Yarmouk (636) lieferte ihnen ganz Syrien aus. 637 ergab sich Jerusalem. Gleichzeitig drangen die islamischen Scharen Richtung Asien in Mesopotamien und Persien vor, dann griffen sie Ägypten an. Kurz nach dem Tod des Heraclius wurde Alexandria eingenommen, bald darauf war das ganze Land erobert.

Die Verwirrung der byzantinischen Truppen, die religiöse und nationale Unzufriedenheit der Monophysiten und Nestorianer Syriens wie der ägyptischen Kopten und die Schwäche der Perser mögen diese Überraschungserfolge zum Teil erklären. Doch steht das Ausmaß der Eroberungen in keinem Verhältnis zur Bedeutung des Eroberers.

Wie kam es, daß die Araber – gewiß nicht zahlreicher als die Germanen – nicht wie jene in dem aufgingen, was sie erobert hatten? Darauf gibt es nur die eine Antwort: Ein neuer ausschließlicher Glaube trieb sie an. Er war es auch, der ihre Assimilation verhinderte.

Islam bedeutete die Unterwerfung unter den Willen Gottes und Moslem bedeutet, einer der sich ihm bedingungslos unterwirft. Wer Allah dient, dem einzigen Gott, hat nicht die Aufgabe der Bekehrung, sondern der Unterwerfung der Ungläubigen unter den einzigen Gott. Nach ihrer Eroberung konnten die Mohammedaner daher die Wissenschaft wie die Kunst der Ungläubigen nach Bedarf als Beute nehmen. Ebenso nutzten sie die vorhandenen Einrichtungen, soweit sie ihnen für die eigene Verwaltung nützlich erschienen. Sie selbst jedoch mußten herrschen, um alle dem Willen Allahs zu unterwerfen.

Bei den Germanen konnte sich der Sieger zum eigenen Vorteil den Besiegten annähern. Bei den Arabern geschah das Gegenteil: Der Besiegte mußte zum Sieger kommen, wie jener nur Allah unterworfen. Wie jener mußte er den Koran lesen, und dazu die Sprache erlernen. Der Koran fordert vom Ungläubigen den äußersten Gehorsam niedriger, unwürdiger und verächtlicher Wesen. Sein Glaube wird nicht angegriffen, sondern einfach ignoriert, um ihn davon abzubringen und ihm den Zugang zur moslemischen Gemeinschaft zu ermöglichen, d. h. sich dem einzigen Gott zu unterwerfen. Wer diesen Weg verfolgt, muß mit Volk und Vaterland brechen, der Römer wird zum Araber, sobald er vom Islam ergriffen wird. Die neuen Herren setzten ihr auf dem Koran beruhendes Recht an die Stelle des römischen Rechtes, und ihre Sprache – die des Korans – an die Stelle der griechischen oder lateinischen. Die gesellschaftlichen Bedingungen änderten sich unter dem Islam ebenso radikal wie die religiösen.

An der Küste des Mittelmeeres, das bis dahin die Christenheit vereint hatte, breiteten sich seither zwei verschiedenartige, einander feindliche Zivilisationen aus. Seit der 2. Hälfte des 7. Jahrhunderts schickten sich die Araber unter dem Kalifen Moawiah (660) an, eine *Seemacht* zu werden und sich auf diesem Gebiet mit Byzanz zu messen. Sie setzten sich auf Zypern und Rhodos fest, und stießen kühn

bis nach Kreta und Sizilien vor. Die vergeblichen Versuche, Konstantinopel selbst einzunehmen, das sich gegen ihre Schiffe mit dem »griechischen Feuer« zur Wehr setzte, stellten sie erst 677 vorläufig ein.

Der Emir von Ägypten, Ibn Sad, bemühte sich indessen um die Eroberung Nordafrikas. 50 Jahre lang gingen die Kämpfe hin und her, denn die Berber wie die Byzantiner leisteten erbitterten Widerstand, bis das zerstörte Karthago im Jahr 698 endgültig fiel. Es wurde von den Arabern durch Tunis ersetzt, dessen strategisch günstiger Hafen, La Goletta, für Jahrhunderte zur wichtigsten Flottenbasis des Islam im Mittelmeer wurde. Seither behaupteten die Araber ihre kaum mehr bestrittene Seeherrschaft.

Die zum Islam bekehrten Berber überschritten 711 die Meerenge von Gibraltar. Uneinigkeit unter den Führern der Westgoten kam ihnen zu Hilfe, so daß sie sich Spaniens bemächtigen und 713 in Toledo den Kalifen von Damaskus zum Souverän ausrufen konnten. Kaum war die Iberische Halbinsel unterworfen, als die Mohammedaner 720 bis nach Narbonne vordrangen und daran gingen, Aquitanien zu erobern. Der Emir von Spanien, Abd-er-Rhaman, fiel im Oktober 732 in der Schlacht gegen Karl Martell bei Poitiers, wo Chlodwig einst die Westgoten besiegt hatte. Daraufhin wandten sich die Moslems gegen die Provence. Sie nahmen Arles (735) und Avignon (737) ein, die Karl Martell ihnen wieder abjagte. Die Wiedereinnahme von Narbonne durch Pippin im Jahr 759 bereitete schließlich dem moslemischen Expansionsstreben auf dem europäischen Kontinent ein Ende.

Das Tyrrhenische Meer fiel jedoch inzwischen der islamischen Vormacht zum Opfer. Während anderthalb Jahrhunderten, von 720 bis 878, stritten die Byzantiner, die sich in Syrien festgesetzt hatten, mit den Moslems um Sizilien. Mit Unterstützung der Neapolitaner gelang den Mohammedanern 843 die Eroberung von Messina, während sich ihnen Syrakus nach tapferer Gegenwehr im Mai 878 ergeben mußte.

Karl der Große bekämpfte die Mohammedaner an der spanischen Grenze. 778 erlitt sein Heer einen Rückschlag bei Saragossa, die Nachhut wurde bei Roncesvalles niedergemacht. Er beschränkte sich daraufhin auf die Defensive und errichtete 795 die Spanische Mark, von der aus sein Sohn Ludwig von Aquitanien im Jahr 801 Barcelona einnehmen konnte. Karl d. Gr. fehlte es für dauerhafte Erfolge in diesem Kampf an einer Flotte; die Verteidigung der Balearen gelang nicht, und die Feldzüge in den Pyrenäen waren verlustreich. An anderen Plätzen des Mittelmeers war die Lage ebenso ungünstig. Die Sarazenen ließen sich nicht an der Besetzung Korsikas (809) und Sardiniens (810) hindern. Man mußte Papst Leo III. bei der Verteidigung der Küsten Italiens beistehen, wo die Piratenüberfälle kein Ende nahmen.

Nach dem Tode des Kaisers verschlimmerte sich die Situation weiter. Italien war vom Norden bis zu den byzantinischen Niederlassungen eine leichte Beute für die Mohammedaner. Brindisi und Tarent wurden 838 verwüstet und Bari 840 eingenommen. Die Flotte der Byzantiner und der Venezianer wurde geschlagen, Ancona und die Küste Dalmatiens waren schutzlos. Von Ostia her drangen die Moslems schließlich bis zu den Mauern Roms vor. Auf Drängen des Papstes schlossen Amalfi, Gaeta und Neapel 849 einen Beistandspakt gegen die Sarazenen. Zur gleichen Zeit ließ Leo IV. den Vatikan mit einer Verteidigungsmauer umgeben (Civitas Leonina, 848–852). Vergebens erging 876/77 ein päpstliches Hilfeersuchen an den Kaiser von Byzanz, dessen Niederlagen in Sizilien ein Eingreifen verhinderten. Der Papst sah sich schließlich zur Zahlung eines jährlichen Tributs an die drohenden Mauren genötigt. 883 wurde die ehrwürdige Abtei Montecassino niedergebrannt und geplündert, und die Sarazenen legten Stützpunkte unweit von Rom an, die römische Campagna wurde zur Einöde. Die Ruhe wurde in Italien erst 916 wiederhergestellt, als die Eindringlinge mit Hilfe eines vereinigten Heeres unter Papst Johann X., dem römischen und dem byzantinischen Kaiser, den Fürsten Süditaliens und Neapels am Garigliano geschlagen werden konnten.

Seit der Eroberung Spaniens, Nordafrikas und Siziliens durch die Mohammedaner war das westliche Mittelmeer zu einem mohammedanischen See geworden. Das Fränkische Reich besaß keine Flotte, und die Byzantiner mußten sich auf freie Seefahrt in den griechischen Gewässern beschränken. Ihnen war die Rückeroberung von Bari (840) zu verdanken, wie auch die Sicherheit Venedigs.

Die Expansion des Islam führte demnach nicht zur Blockade des gesamten Mittelmeeres, doch wurde das römische Meer der Antike zur Grenze zwischen Islam und Christenheit: Alle die von den Mohammedanern eroberten antiken Provinzen am Mittelmeer orientierten sich in der Folge an *Bagdad*.

Die islamische Eroberung trennte den Osten vom Westen. Das Band, das der Germaneneinfall hatte bestehen lassen, wurde zertrennt. Byzanz war nur noch die Hauptstadt eines griechischen Imperiums, und das westliche Mittelmeer – einst der große gemeinsame Verbindungsweg – war jetzt eine unüberwindliche Schranke: Der Islam hat die mediterrane Einheit, welche nach der germanischen Eroberung weiterbestanden hatte, zerstört.

2. Die Schließung des westlichen Mittelmeeres

Syrien und Ägypten waren Hauptzentren des Wirtschaftsaustauschs zwischen Orient und Okzident. Die islamische Eroberung machte deren Blüte kein Ende, doch veränderte sich die Richtung der Handelsströme. *Damaskus*, die erste Hauptstadt des Kalifats, behauptete nun seinen Anspruch, und die Handelswege zwischen Kaspischem Meer, Wolga und Ostsee gewannen neue Bedeutung.

Seit der Mitte des 7. Jahrhunderts gab es keine nennenswerte Seefahrt mehr zwischen den moslemisch gewordenen Häfen der Ägäis und den christlichen Hafenstädten[5]. Byzanz konnte die Seefahrt zwischen Griechenland, der Adria, Süditalien und

Sizilien aufrechterhalten, doch nicht darüber hinaus. Seit 650 griff der Islam Sizilien an. Dem Austausch mit Nordafrika machte die Ausplünderung der Insel in den Jahren von 643–708 ein Ende. Was übriggeblieben war, verschwand mit der Einnahme von Karthago und der Gründung von Tunis 698. Die Eroberung Spaniens im Jahr 711 sowie die Unsicherheit an den Küsten der Provence machten die Handelsschiffahrt im westlichen Mittelmeer vollends unmöglich; in der zweiten Hälfte des 7. Jahrhunderts kam so die Schiffahrt an allen Küsten des Westens zum Erliegen.

Seit Beginn des 8. Jahrhunderts konnten die Christen, mit Ausnahme von Byzanz, »keine Planke mehr zu Wasser bringen«, wie Ibn Chaldun das nannte. Im 9. Jahrhundert eroberten die Mohammedaner die Inseln, der zuvor blühende Hafen von Marseille verwaiste.

Wie hätte der Westen Widerstand leisten können? Die Franken besaßen keine Flotte, die der Westgoten war vernichtet. Der Feind hatte die Seeherrschaft. Dagegen konnten die Christen nichts ausrichten, ihr einziger kleiner Vorstoß gegen die afrikanische Küste beweist das nur.

Sicher, es gab noch Syrer im Westen auch nach den arabischen Invasionen, doch handelte es sich nicht mehr um Kaufleute für den Handel zwischen Orient und Okzident. Vielmehr waren es Flüchtlinge, die Syrien anläßlich der arabischen Eroberung verlassen hatten. Die karolingischen Herrscher konnten sie für ihre kulturelle Wiederbelebung von Kunst und Literatur heranziehen, ein Einfluß kleinasiatischer Kunst läßt sich jedenfalls für die Ornamentik der Karolingerzeit nachweisen.

Ebenso steht fest, daß Harun-ar-Raschid, der Kalif von Bagdad, in der Hoffnung den Beistand Karls d. Gr. gegen die feindlichen Omaijaden von Cordoba zu gewinnen (765), dem Karolinger den Anspruch auf das Grab Christi, wie eine vage Schutzherrschaft über die Stätten im Heiligen Land zusprach. Der Zustrom östlicher Gelehrter und Künstler in das Abendland bedeutete jedoch keinesfalls

weiterbestehende Handelsbeziehungen mit deren Herkunftsgebieten. Genausowenig ist der Güteraustausch mit der Zirkulation von Pilgern, Gelehrten und Künstlern zu verwechseln. Der Warenverkehr setzte geregelte Transportmöglichkeiten voraus, während die letztere individuell je nach Gunst der Umstände erfolgte. Die Orientpilger der Zeit, selbst die Angelsachsen, waren nun auf den Landweg angewiesen, der sie bis nach Süditalien führte, wo sie sich nach Byzanz einschifften. Seit dem 8. Jahrhundert kamen die traditionellen Importprodukte der syrischen Kaufleute in Gallien nicht mehr vor.

Der herkömmliche Papyrus verschwand hier, obwohl seine Fabrikation in Ägypten weiterging. In Italien konnten sich ihn die Päpste mittels der byzantinischen Häfen Neapel, Gaeta, Amalfi oder Venedig weiterhin beschaffen. Zuletzt war er hier 1057 in Gebrauch, nachdem ihn sonst überall das Pergament ersetzt hatte.

In den Schriftquellen ist nach 716 von importierten Pflanzenprodukten nicht mehr die Rede, soweit die Pflanzen nicht weiter in den Gärten der »Villae« angebaut werden konnten, wie Färberkrapp, Kümmel oder Mandeln. Exotische Gewürze waren nördlich der Alpen so rar geworden, daß sie als kostbares Geschenk galten. Ihr Import erfolgte höchstens via Italien, über Marseille war nichts mehr zu bekommen. Gewürze gehörten nun nicht mehr zum üblichen Handel oder zur täglichen Nahrung. Sie kamen erst wieder seit dem 12. Jahrhundert in Gebrauch, als das Mittelmeer erneut schiffbar wurde.

Der zuvor beliebte Wein von Gaza blieb gleichfalls aus, und kein Olivenöl kam mehr aus Nordafrika, man mußte sich mit den Erträgen aus der Provence und aus Italien begnügen. Das Licht in den Kirchen spendeten meist nicht mehr Öllampen, sondern Kerzen aus Bienenwachs. Seidenstoffe waren der Zeit so gut wie unbekannt, weil nichts mehr hereinkam. Am Hof Karls d. Gr. waren sie nicht üblich, seine Schlichtheit kontrastierte deutlich mit dem Luxus der Merowinger; doch handelte es sich um eine aufgezwungene Beschränkung.

Die aufschlußreiche Tatsache verdient Erwähnung, daß auch der Zustrom von Gold aus dem Osten infolge der islamischen Expansion aufhörte. In Gallien wurde es sehr selten, nicht so sehr in Italien. Seit Pippin und Karl d. Gr. wurden in der Regel hier nur noch Denare aus Silber geprägt. Das Gold konnte seine monetäre Bedeutung erst zu der Zeit wiedergewinnen, als auch die orientalischen Gewürze wieder für die Nahrung greifbar wurden. Der Goldumlauf war offensichtlich eine Folge des Handelsaustausches, der z. B. in Süditalien erhalten blieb.

Das Erliegen des Orienthandels und der Mittelmeerschiffahrt hatte das Verschwinden der Großkaufleute im Landesinnern zur Folge. In den Städten gab es keine Händlerviertel mehr, da diese Schicht ihre wirtschaftliche Basis verloren hatte. Der Handel nahm eine andere Richtung an, die Epoche war ihm, mit Ausnahme von Byzanz, nicht günstig. Der Rückgang der Fähigkeit zum Schreiben, Lesen und Rechnen in Kreisen der Laien beeinträchtigte den Fortschritt von Handel und Wirtschaft ebenfalls. Das Verschwinden des Geldverleihs gegen Zinsen und damit der Rückgang des Geldgeschäftes war nicht zuletzt eine Folge der islamischen Meeresblokkade, die eine rasche Wirtschaftsentwicklung des Westens verhinderte.

Die moslemischen Kaufleute ließen sich nicht außerhalb des islamischen Gebietes nieder. Unter diesen Bedingungen gewannen die Juden als Handelsvermittler besondere Bedeutung. Sie waren zahlreich, sowohl im Bereich der Christen als in dem der Mohammedaner anzutreffen und die einzige Gesellschaftsklasse, deren Bestehen vorwiegend auf dem Handel beruhte. Durch ihre wechselseitigen Beziehungen konnten sie zum wichtigen wirtschaftlichen Bindeglied zwischen Islam und Christentum, zwischen Orient und Okzident werden.

3. Venedig und Byzanz

Die Expansion des Islam war für den Osten ebenso folgenreich wie für Westeuropa. Zuvor war der Kaiser von Byzanz noch römischer Kaiser gewesen. Seitdem mußte er sich auf die Defensive innerhalb der griechischen Gewässer beschränken, und der Westen blieb ihm verschlossen. Der Aktionsradius der byzantinischen Politik ging nicht mehr über Italien hinaus, wo die Byzantiner zudem ihren Einfluß auf die Küsten beschränken mußten.

Die Machtlosigkeit Konstantinopels hatte die Abkehr des Papsttums zur Folge. Doch schließlich hielt der »griechische Block« dem islamischen Ansturm stand, wodurch zweifellos auch das Abendland und mit ihm das Christentum gerettet wurden. Byzanz, das zweimal vom Islam gefährlich angegriffen wurde, konnte sich dank seiner Flotte behaupten, trotz aller Einbußen blieb es die große Seemacht im Osten.

Von allen byzantinischen Vorposten im Westen war der eigenartigste und selbständigste entschieden *Venedig*. Seine ersten Einwohner waren unglückliche Flüchtlinge auf den öden Inseln der Lagune, die Attila, den Franken und den Langobarden entkommen waren. Im Venetien des 6. und 7. Jahrhunderts war *Grado* das religiöse Zentrum, *Heracliana* das politische und *Torcello* das wirtschaftliche. Die byzantinische Verwaltung konnte sich hier halten. Die Lebensgrundlage bildeten anfangs Fischerei und Salzgewinnung, der Tausch gegen Getreide konnte in *Comacchio* an der Mündung des Po erfolgen, wohin auch byzantinische Schiffe mit Öl und Gewürzen gelangten.

Der Handel der Venezianer entwickelte sich im Lauf des 8. Jahrhunderts, 787 und 791 wurden ihre Kaufleute – auf Ersuchen Karls d. Gr. – in Ravenna ausgeschlossen, was beweist, daß sie ihn als König der Langobarden nicht hatten anerkennen wollen. Zwangsläufig verstärkte sich ihre Zuwendung zu Byzanz. Ihr politisches Ideal war die Autonomie unter einem oder zwei gewählten Dogen, mit Billigung von Byzanz. Nach einigen Jahren der Auseinandersetzung zwischen Byzanz und den Franken wurde ihr künftiges Schicksal durch den Vertrag vom 13. Januar 812 endgültig entschieden: Das Karolingische Reich verzichtete auf den Zugang zum Meer. Es überließ den byzantinischen Interessen Venedig und die Plätze Istriens, Liburniens und Dalmatiens. Venedig tendierte seitdem entschieden nach Byzanz, was auch enge Wirtschaftsbeziehungen zum Osten bedeutete. Karl d. Gr. erkannte andererseits den Einwohnern der Seestadt das Recht zu, Handel im Fränkischen Reich zu treiben. 875 zerstörte Venedig seinen Rivalen Comacchio, der endgültig unterging. Der venezianische Handel beherrschte seitdem die Märkte und Häfen Oberitaliens: Pavia, Cremona, Mailand und andre. Entschlossen bemächtigte es sich der Adria und damit der Seefahrt nach der Levante. Es trug keine Bedenken, auch mit dem Islam Handel zu treiben trotz aller Verbote des byzantinischen Kaisers. Der Handel mit Sklaven aus Dalmatien erwies sich als gute Einnahmequelle, wobei man um die Mitte des 9. Jahrhunderts nicht vor dem Verkauf christlicher Sklaven zurückschreckte. Venedig entwickelte sich zum Hafen und Umschlagsplatz, worin es die einstige Rolle von Marseille übernahm. Hier schifften sich die Reisenden nach der Levante ein, und von hier aus wurde selbst Bauholz exportiert, das in Ägypten gebraucht wurde. Aus dem Orient kamen im Austausch Gewürze und Seide, die wiederum von Venedig aus ihren Weg in Italien via Pavia und Rom fanden. Das Hinterland im nahen Dalmatien erwies sich zudem für Venedig als wichtig für Nachschub aller Art.

Verglichen mit dem sonstigen Okzident jener Epoche war Venedig eine eigene Welt. Seine Kaufleute zeichnete Unternehmungsgeist und Wagemut aus.

Im Jahr 827 z. B. brachte eine Flotte von zehn venezianischen Schiffen aus Alexandria die begehrten Reliquien des hl. Markus herüber, die man dort heimlich entwendet hatte, stolz führte die Seestadt fortan das Löwenwappen des hl. Markus, der ihr höchster Schutzpatron war.

Im Westen war seit dem islamischen Vorstoß der Handelsgeist sonst nahezu verschwunden, er blühte nur noch unter byzantinischem Einfluß im südlichen Italien. Bari, Salerno, Neapel, Gaeta und Amalfi waren wie Venedig lebhafte Handelshäfen, die politisch nur noch lose Bande mit Byzanz verknüpften. Ihr Hinterland war reicher als etwa das Venedigs. Benevent mit seiner traditionellen Kultur konnte seine Goldwährung und das byzantinische Münzsystem bewahren. Diese Hafenstädte besaßen eine eigene Flotte. Ihre Seefahrt ging in die Levante, und Byzanz war ihr Blickpunkt. Das hinderte sie nicht daran, Handelsbeziehungen mit den arabischen Häfen Spaniens oder Nordafrikas zu suchen. Ihre Kaufleute hatten langobardische Sklaven aus dem Frankenreich gegen Öl anzubieten. Politisch verfolgten sie – stets auf den eigenen Handelsvorteil bedacht – keine eindeutige Linie. Dem Gewinn zuliebe schlossen sie Bündnisse mit den Mohammedanern, waren jedoch auch entschlossen, sich gegen weitere Eroberungen zur Wehr zu setzen.

Das christliche Mittelmeer war also in zwei Meeresbecken – Osten und Westen – unterteilt und von islamischen Ländern umgeben. Diese bildeten eine eigene, nach Bagdad orientierte Welt, wo die Karawanenwege aus Asien mit den Fernverbindungen von Ostsee und Wolga zusammentrafen.

Die christliche Seefahrt fand nur im Osten eine Fortsetzung, unter Einbeziehung des südlichen Italien. Byzanz konnte seine Überlegenheit zur See gegenüber dem Islam behaupten. Zwischen der Adria, der dalmatinischen Küste, Venedig und dem Bosporus blieben die Seeverbindungen nach der Phase der Eroberung erhalten.

Der zunehmende Wohlstand der islamischen Länder trug nicht zuletzt dazu bei, dem südlichen Italien wie dem Byzantinischen Reich eine höhere Zivilisation zu bewahren, die über geordnete Städte, Goldwährung und Großkaufleute verfügte, kurz eine Zivilisation, die auf antiken Grundlagen beruhte. Die Verbindung mit dem Osten riß für den Westen ab, ebenso die mit den Küsten der Sarazenen. Die Ruhe des Todes breitete sich aus.

Das Karolingerreich stellt einen deutlichen Kontrast zum Byzantinischen Reich dar. Es war völlig auf das Land ausgerichtet. Die Achse der abendländischen Zivilisation hatte sich vom Mittelmeer weg nach dem Norden verschoben, um viele Jahrhunderte lang ihren Schwerpunkt zwischen Seine und Rhein anzunehmen. Den germanischen Völkern, deren Einstellung zu Handel und Krieg besondere Untersuchungen verdiente, sollte nun eine besondere Rolle beim Wiederaufbau der abendländischen Zivilisation zukommen, nachdem die Tradition der Antike zerbrochen war, als der Islam die mediterrane Einheit zerstörte.

Kapitel II

Der karolingische Staatsstreich und seine Folgen

1. Der Niedergang der Merowinger

Die Franken waren von den Wiedereroberungen Justinians nicht betroffen worden, dagegen hatte der Vormarsch des Islam sie im Süden vom Zugang zum Meer abgeschnitten. In Frankreich hatte der Westen jedoch die Expansion des Islam auf dem Kontinent aufgehalten, wie es den Franken vorbehalten blieb, neue Grundlagen für ein künftiges Europa zu schaffen. Doch war jenes Frankenreich grundverschieden von dem der Merowinger. Sein Schwerpunkt lag nicht mehr in der Romania, sondern er hatte sich nach dem germanischen Norden verlagert. Zum ersten Mal erschien hier eine politische Kraft, die nicht mehr nach dem Mittelmeer tendierte, wo ja der Islam herrschte.

Mit den *Karolingern* gewann Europa eine neue, entscheidende Ausrichtung. Ihre Bedeutung läßt sich nur durch die vom Islam hervorgerufenen Veränderungen des Gleichgewichts erklären. Der Staatsstreich, mit dem die Karolinger sich an die Stelle der *Merowinger* setzten, der einzigen Dynastie, die seit der Völkerwanderung noch bestand, läßt sich großenteils nur aus dem Abschluß des Mittelmeeres durch die Sarazenen erklären. Das wird deutlich, wenn wir den Zerfall der Merowinger betrachten. Es gibt nämlich wesentliche Unterschiede zwischen der merowingischen und der karolingischen Periode. Der Bruch zwischen beiden Welten wird deutlich mit dem Staatsstreich Pippins, wenn er sich auch bereits früher ankündigte. Seit dem Tod Dagoberts I. im Jahr 639 befand sich der Merowingerstaat in unaufhaltsamer Auflösung, es handelte sich zugleich um den Niedergang des Königtums. Dagobert I. war noch ein starker Herrscher, der konsequent die Politik seiner Vorgänger fortsetzte, bei der es um die Festsetzung am Mittelmeer ging. Wie jenen kamen ihm Interventionen in Spanien und Italien gelegen. 605 schloß er ein Bündnis mit Kaiser Heraclius gegen die Langobarden, und 630 unterstützte er den westgotischen Prätendenten Sisenand gegen König Svinthila. Allerdings war er der letzte Repräsentant der traditionellen Politik seiner Dynastie. Nach ihm gab es keine politischen Interventionen in Italien oder Spanien mehr, außer einem mißlungenen Feldzug des Jahres 662/63. Im Norden zeigte sich die Schwäche des merowingischen Königtums ebenso: In Germanien verschaffte sich Thüringen die Selbständigkeit, wie auch Bayern fast unabhängig wurde, und die Sachsen nahmen eine drohende Haltung an.

Seit der Zeit um 630–632 beschränkte sich das Merowingerreich auf sich selbst, es wurde dekadent. Oft hatte es minderjährige Könige in der Hand schlimmer Berater. Ausschweifungen und Laster machten sich breit. Die Weitsicht politischen Handelns schwand und innere Machtkämpfe zehrten die Kraft auf. Die *Hausmeier* gewannen damit unabsehbaren Einfluß. Im 7. Jahrhundert gingen infolge der politischen Entwicklung die verfügbaren königlichen Einkünfte drastisch zurück, was eine Machtsteigerung der adeligen Großgrundbesitzer mit sich brachte, die sich anmaßten, über das Königtum zu gebieten.

Die Machtposition der merowingischen Könige beruhte auf dem Kronschatz in Gold, den sie besaßen. Er wurde aus Steuern und Zöllen gespeist, die dem König zustanden, und erhielt erfreulichen Zustrom, solange Wirtschaft und Handel blühten. Im Verlauf des 7. Jahrhunderts trat Rezession ein. Der Handel und der Warenumschlag gingen zurück, damit auch die Einnahmen. Offensichtlich setzte der wirtschaftliche Niedergang im Merowingerreich parallel zur zunehmenden Anarchie um die Mitte des 7. Jahrhunderts ein.

Die Großen des Reiches nutzten die Schwäche des Königtums zur Erpressung erhöhter Immunitätsrechte, doch wäre es falsch, darin den alleinigen Grund für die Schwäche der Krone zu sehen, vielmehr verlief dieser Prozeß umgekehrt, da die Schwäche des Königtums immer neue Forderungen nach sich zog. Die Verminderung des Kronschatzes, was Ohnmacht von König und Staat nach sich zog, war wohl vor allem dem Rückgang des Handels und dem damit verbundenen Einnahmeverlust zuzuschreiben. Dahinter stand als eigentlicher Verursacher die Ausbreitung des Islams am Mittelmeer.

Der Rückgang der Wirtschaft traf vor allem *Neustrien*, wo die reichen Handelsstädte lagen. In der Folge konnte das vorwiegend bäuerlich geprägte *Austrasien* merklich aufholen, da es in weit geringerem Maße von der Geldwirtschaft abhängig war. Nach dem Niedergang der städtischen Wirtschaft sollte das Wiederaufleben von dort ausgehen. Der Rückgang des Handels führte dazu, daß der Grundbesitz verstärkt zur Lebensgrundlage wurde, was der Aristokratie eine Vormachtstellung einbrachte, die sie sich nicht mehr nehmen ließ.

Die Ermordung des Hausmeiers von Neustrien, Ebroin, im Jahr 680 oder 683 kann als Endpunkt des Kampfes der Könige gegen die Großen ihres Reiches gelten. Fast zur gleichen Zeit erfolgte die Einnahme Karthagos, die das völlige Erliegen des Seehandels kennzeichnete. Seitdem befanden sich die merowingischen Könige in den Händen der Aristokratie. Die Kirche war ebenso in Unordnung, so daß sie keine Stütze bot. Im Süden Galliens verschwanden die Bischöfe um 680, es gab sie erst wieder um 800. Ebenso hörten die Synoden im letzten Drittel des 7. Jahrhunderts auf. Erst im 8. Jahrhundert unter Pippin und Karlmann kamen sie wieder vor, was ebenfalls die zwischenzeitliche Zerrüttung der Städte bezeugt.

Den vornehmen senatorischen Familien, welche die Geistlichkeit der Diözesen und die höchste Beamtenschaft gestellt hatten, fehlte es an Nachwuchs. Seit der Mitte des 7. Jahrhunderts nahm anscheinend der römische Bevölkerungsanteil rapide ab, eine Entwicklung, die bis zum Beginn des 8. Jahrhunderts abgeschlossen war. Die Zusammensetzung der Bevölkerung und damit die Zivilisation hatten sich merklich geändert. Die Anarchie, die infolge des Niedergangs der merowingischen Königsgewalt in Gallien überhandnahm, brachte politische Zerstückelung mit sich. Aquitanien führte seit 675–680 als Herzogtum ein Eigenleben. Austrasien dagegen, dessen Gesellschaft vom Großgrundbesitz des Adels bestimmt war, gewann mehr und mehr eine Vormachtstellung. Den ersten Rang nahm dort die Familie der Pippiniden ein. Es handelte sich um Großgrundbesitzer aus dem Maasgebiet des Ardennerwaldes; zu ihrem wallonischen Kernland gehörten u. a. Besitzungen in Deutschland, doch war ihre Heimat die Gegend um Lüttich.

Diese zumindest zur Hälfte germanische Familie des Nordens, die nach fränkisch-ripuarischem Recht lebte, hatte zweifellos keinerlei Verbindung mit dem senatorischen Adel oder dem Römertum der Antike. Die Karolinger fügten sich auch nicht in das Milieu Neustriens ein, das ihnen feindlich war. In

Austrasien hatten sie erheblichen Einfluß, dagegen in Neustrien keinen.

In der »Francia« machten sich keine nationalen Spannungen bemerkbar, solange das Königtum stark war. Dies wurde jedoch mit seinem Zerfall anders, als die Gegensätze zwischen Romanen und Germanen hervortraten. In dem Maß, in dem die Königsgewalt zurückging, kam zunehmend das Machtstreben des regionalen Adels zum Vorschein. Es spiegelte sich deutlich in der Auswahl der Beamten wie der Geistlichkeit und beherrschte den Kampf um die Macht zwischen den Großen von Neustrien und Austrasien.

Die Pippiniden waren die Häupter der austrasischen Aristokratie, welche die Erblichkeit der führenden Ämter durchsetzen wollte. Sie machten aus ihrer Abneigung gegen die Romanen Neustriens kein Hehl. Sobald sie sich als Hausmeier durchgesetzt hatten, erwiesen sie sich als feindlich gegen den Absolutismus des Königs, als anti-romanisch, gewissermaßen als anti-antik.

In Neustrien fand die entgegengesetzte Tendenz ihre Verkörperung in Ebroin, einem Funktionär, dem die Großen des Landes sein Amt während der Minderjährigkeit des Königs anvertraut hatten. Als er 656 daranging, den Adelsfamilien das Erbrecht ihrer Hofämter streitig zu machen, schritten diese beim Tod Chlotars III. (670) zur Gegenwehr. Sie bestimmten Childerich II. zum König und betrauten einen der ihren, den Bischof von Autun, den hl. Leodegar, mit der Regierung. Seitdem verschärfte sich die Auseinandersetzung zwischen den Anhängern und den Feinden der Aristokratie in Neustrien noch mehr durch Kompetenzstreitigkeiten zwischen den Hausmeiern Neustriens und den Vertretern der Aristokratie Austrasiens, wo Pippin die eigentliche Macht ausübte. Im Verlauf dieser Kämpfe scharten sich die Großen meist um Pippin, während alle Hausmeier Neustriens durch Mord endeten, außer Leodegar, den man offiziell zum Tode verurteilte. Nach dem Sieg Pippins über Theuderich III. (687) und der Beseitigung des Hausmeiers Berthar (688)

erreichte Pippin die königliche Anerkennung als einziger Hausmeier für das ganze Reich. Doch war Pippin nicht auf Dauer bereit, nur Diener des Königs zu sein. Er setzte diesem seinen Vertrauten Norbert an die Seite und ging selbst nach Austrasien zurück.

2. Die karolingischen Hausmeier

Im Jahr 688 begnügte sich *Pippin* mit dem Sieg über seinen Rivalen in Neustrien und der Einnahme seines Platzes. Die Angelegenheiten des Königtums interessierten ihn nur insoweit, als er seine Stellung im Norden festigen wollte. Dort waren die noch immer heidnischen Friesen eine ständige Bedrohung. 689 konnte Pippin Westfriesland einnehmen, wo im folgenden Jahr der Angelsachse Willibrord mit der Bekehrung der Friesen begann. Er war der erste Mittelsmann zwischen den Karolingern und der angelsächsischen Kirche, die sich im folgenden verstärkt der Missionierung im Rheinland zuwandte.

Um Neustrien kümmerte sich Pippin nicht weiter, doch handhabte er das vereinigte Hausmeieramt als seinen erblichen Familienbesitz. Das führte nach seinem Tod zu einer Erhebung des neustrischen Adels gegen Pippins Bastardsohn Karl an der Spitze der austrasischen Partei. Nach wechselvollen Kämpfen gelang Karl 724 der Sieg über Neustrien. Nach seinem Friedensschluß mit dem feindlichen Odo von Aquitanien, der sich mit den spanischen Arabern herumschlagen mußte, konnte sich Karl wieder den Kämpfen im Norden zuwenden. Zwischen 725 und 738 unternahm er Feldzüge gegen die unbotmäßigen Bayern, die Alemannen und die Friesen, die ihm den Gewinn Frieslands und Alemanniens einbrachten. 732 rief ihn Odo von Aquitanien gegen die Araber zu Hilfe, welche die Garonne überschritten hatten und die Loire bedrohten. Karl griff ein, um seinen Einflußbereich nach Süden hin auszudehnen. Als Odo von Aquitanien 735 starb, setzte er dessen Sohn Chunold als seinen Vasallen zum Herzog von Aquitanien ein. Mit Hilfe der Langobarden gelang es ihm dann, die Araber im Rhonetal zurückzudrängen. Sein Herrschaftsanspruch reichte bis zum Mittelmeer, doch gelang es ihm nicht, Narbonne den Arabern zu entreißen, worauf er sich beim Rückzug mit Verwüstungen rächte.

Karl starb im Oktober 741. Seit dem Tod Theuderichs (737) hatte er ohne König regiert. Vor seinem Ende teilte er Staat und Regierung unter seine beiden Söhne, Karlmann den Älteren, der Austrasien erhielt, und Pippin; Bayern und Aquitanien blieben selbständige Herzogtümer. Die Erbteilung führte aber zu Schwierigkeiten, worauf die beiden Brüder den Herzog von Bayern 743 zu ihrem Vasallen machten. Im selben Jahr beschlossen sie, auf den Königsthron, den ihr Vater unbesetzt gelassen hatte, den letzten Merowinger, Childerich III. (743–757) zu erheben; dessen Verwandtschaft mit seinen Vorgängern ist ungeklärt.

Karlmann verzichtete 747 auf seine Mitwirkung bei der Regierung und zog sich als Mönch in das Kloster Montecassino zurück. Die Regierungsgewalt blieb alleine bei Pippin, der nur den selbsternannten Schattenkönig Childerich neben sich hatte. Um 749/ 50 schien endlich der Friede gesichert. Pippin konnte mit 36 Jahren seine Position als gefestigt ansehen. Doch sollte er sich auf ewig mit dem nachgeordneten Amt eines Hausmeiers begnügen? Überall hatte er durch Eide verpflichtete Vasallen, die von seiner Macht abhingen. Er konnte seiner Position also sicher sein, die durch ihre tatsächliche Erblichkeit legitimiert war.

Seit 742 erfolgte eine Wiederannäherung an die Kirche, die sein Vater selbstherrlich behandelt hatte. Eine in Austrasien einberufene Synode, der weitere folgten, trug dazu bei, die erschütterte Ordnung wiederherzustellen. Im Jahr 745 rief auf Initiative des Papstes der hl. Bonifatius die erste allgemeine Versammlung der fränkischen Kirche zusammen. Die im Aufbau begriffene Kirche in Deutschland betrachtete Pippin und Karlmann als Schutzherren. So

lag es nahe, durch das Haupt der Kirche die Macht, die man tatsächlich besaß und ausübte, bestätigen zu lassen. Ein Bündnis mit dem Papsttum schien angezeigt. Es ließ sich um so leichter verwirklichen, als der Papst sich bereits mit der Bitte um Hilfe an Karl Martell gewandt hatte.

3. Italien, das Papsttum und Byzanz –
Die Wendung der päpstlichen Politik

Beim Zusammenbruch der Kaiserherrschaft des Westens hatte die Kirche die Erinnerung an das Römische Reich bewahrt. Ihre Organisation war dessen getreues Abbild mit Diözesen (Civitates) und Provinzen. Sie führte diese Tradition ebenso durch ihre hohe Geistlichkeit fort, deren Würdenträger aus den alten Senatorenfamilien stammten. Die gesamte Kirche lebte nach römischem Recht. Ihre Grenzen waren, abgesehen von geringfügigen Abweichungen, bis zu Gregor d. Gr. den Grenzen des alten Römischen Imperiums gleich.

Im 6. Jahrhundert führten die von den Monophysiten aufgeworfenen religiösen Probleme zur Trennung der Kirche in Ost und West, nach dem die Intervention des Kaisers von Byzanz beim Papst in Rom zu Gunsten der Monophysiten schwere Spannungen hervorgerufen hatte. Die Willkür des Kaisers Justinian gegenüber Papst Vigilius trug nicht zur religiösen Einheit des Reiches bei. Die Kirche war noch immer gespalten, als die Langobarden in Italien auftraten, wobei sich die Unfähigkeit von Byzanz erwies, Rom tatkräftig zu Hilfe zu kommen. Der Kaiser selbst konnte dem Papst nur zu einem Bündnis mit den Franken raten, was die Langobarden nicht hinderte, 580 bis nach Spoleto und Benevent vorzudringen.

Zu dem Zeitpunkt, als Gregor d. Gr. (590–604) den päpstlichen Stuhl bestieg, war die Gefahr größer denn je. 592 wurde die Verbindung zwischen Rom und Ravenna unterbrochen. Der Patriarch von Konstantinopel nutzte die Lage, um sich den ökumenischen Titel zuzulegen. Gregor d. Gr. erhob dagegen Einspruch und erreichte, daß Kaiser Phokas den Römischen Papst als »Haupt aller Kirchen« anerkannte. Ziemlich verlassen hielt der Papst in Rom aus. 596 entsandte er unter Führung des Augustinus die ersten Missionare nach England, um den Wirkungskreis der römischen Kirche zu erweitern und ihrer Unabhängigkeit von Byzanz neue Grundlagen zu geben. Die folgenden Jahre sollten entscheidend für das Papsttum werden.

Unter Kaiser Heraclius hatte das Reich seine Machtstellung wieder gewonnen. Die Persergefahr war gebannt, man hätte sich der Wiedergewinnung Italiens zuwenden können. Der plötzliche Einbruch der Araber am Mittelmeer zwang jedoch zur Aufgabe des Vorhabens. Rom blieb seitdem sich selbst überlassen. Die Eroberung der asiatischen und afrikanischen Küsten des Mittelmeers durch den Islam beschränkte die Christenheit auf Europa. Sie war auch der Grund für das Große Schisma, das Rom – wo der Papst residierte – und Byzanz definitiv trennte.

Die Monophysiten des Ostens anerkannten nur die göttliche Wesenheit Christi, während die Orthodoxen in ihm den Gott und den Menschen zugleich sahen. Kaiser Heraclius wollte angesichts der islamischen Gefahr die beiden Kontrahenten einigen: Im Jahr 638 erließ er die »Ekthesie«, die den Monotheletismus proklamierte, der Christus nur ein einziges Leben zuerkannte. Diese Lehre trug aber erst recht dazu bei, anstatt einer Einigung die Christenheit zu entzweien, denn Papst Honorius erklärte den Monotheletismus für Ketzerei.

Obwohl Ägypten und Syrien, wo die Monophysiten überwogen, bereits vom Islam überrannt worden waren, bestätigte Konstans II. den Monotheletismus, indem er 648 den »Typos« erließ, den verbindlichen Glaubenstypus, der jeden Dogmenstreit verbot und den Monotheletismus bedingungslos bestätigte. Rom blieb unnachgiebig und verurteilte anläßlich der Lateransynode »Ekthesie« und »Typos« wegen ihres teilweise häretischen Inhalts. Der Kaiser von Byzanz ließ daraufhin den römischen Papst durch seinen Exarchen festnehmen und als Angeklagten auf die Krim verbannen, wo Papst Martin im September 655 starb.

Während der Islam Afrika und Spanien eroberte, trachtete der oströmische Kaiser danach, nachdem er seine Hauptstadt gesichert hatte, Sizilien und Italien für das Imperium zu retten. Das führte zur Wiederannäherung an das Papsttum. Konstantin IV. berief im Jahr 680 das VI. Ökumenische Konzil nach Konstantinopel, das den Monotheletismus abschaffte und den Papst als »Haupt des Ersten Sitzes der Allgemeinen Kirche« bestätigte. Die Übereinkunft zwischen dem Kaiser und Rom erfolgte auf Kosten der monophysitischen und monotheletischen Bevölkerung der Ostprovinzen. Die römische Kirche erschien nach dem Konzil von 680 eng mit dem rein griechisch gewordenen Imperium verbunden.

Sizilien war am Ende des 7. Jahrhunderts durch den Zustrom syrischer Flüchtlinge nach der Besetzung ihrer Heimat durch den Islam stark hellenisiert. Die Führer der Truppen in Italien in jener Epoche waren großenteils Griechen, ebenso sah es bei der Geistlichkeit aus. Trotz der freien Papstwahl in Rom befanden sich unter den 13 Päpsten der Zeit zwischen 678 und 752 nur zwei römischer Herkunft.

Die langwährenden Streitigkeiten zwischen Orthodoxen und Monotheletiten lebten von Zeit zu Zeit zwischen Rom und Byzanz wieder auf. Unter Kaiser Leo III., dem Isaurier, nahm der religiöse Konflikt eine rein politische Wendung an. Es gelang diesem Kaiser, die Angriffe des Islam gegen Byzanz endgültig zurückzuschlagen und die Sicherheit seines Reiches durch ein Bündnis mit den Bulgaren zu erhöhen. Er beabsichtigte die Wiederherstellung des Reiches durch eine religiöse Reform zu krönen: das *Bilderverbot*.

Um die Ostprovinzen Kleinasiens zu gewinnen, erließ er 725/26 ein erstes Edikt gegen die Bilderverehrung. Papst Gregor sprach daraufhin gegen ihn den Bann aus. Der Konflikt spitzte sich rasch zu. Der

Kaiser behauptete seine Autorität gegenüber der Kirche, der Papst dagegen die Trennung der beiden Gewalten. Er wies die Autorität des Kaisers zurück und warf ihm vor, Italien nicht verteidigen zu können. Er drohte, die Völker des Abendlandes um Hilfe anzugehen und verbot den Römern, dem Kaiser von Byzanz Steuern zu entrichten. Umgehend setzten die kaiserlichen Truppen in Italien ihre Führer ab und geriet das byzantinische Italien in Aufruhr. Der Kaiser blieb hart, verbündete sich mit den gefürchteten Langobarden und gebot dem Papst, deren weltliche Gewalt anzuerkennen. Der Papst beharrte jedoch auf seiner Unabhängigkeit auf geistlichem Gebiet. Im Jahr 730 protestierte er gegen ein neues bilderfeindliches Edikt des Kaisers, zudem erklärte er seinerseits den Patriarchen von Konstantinopel seines Amtes verlustig.

Gregor II. starb 629, sein Nachfolger Gregor III. war ein Syrer, der – als letzter Papst – um Bestätigung seines Amtes beim oströmischen Kaiser nachsuchte. Kaum im Amt, wandte auch er sich gegen den Ikonoklasmus. Der herausgeforderte Kaiser löste daraufhin alle Diözesen östlich der Adria (Illyrien), Siziliens, Bruttiums und Kalabriens von der römischen Jurisdiktion: Sie sollten fortan dem Patriarchen von Konstantinopel unterstehen, mit dem Kirchenbesitz in dieser Region sollte gleichermaßen verfahren werden. Vom Standpunkt des byzantinischen Kaisers aus war der Papst in Rom nicht mehr als ein italienischer Bischof. Der Osten war ihm verschlossen. Die Konsequenz war, daß die lateinische Kirche durch den Kaiser selbst aus der byzantinischen Welt hinausgedrängt wurde. Der Papst brach trotzdem nicht mit dem Kaiser. Er wandte sich vielmehr angesichts unterschiedlicher drohender Gefahren der Stärkung der angelsächsischen Kirche zu, wie der Bekehrung der Heiden Germaniens.

722 betraute Gregor II. den hl. Bonifatius mit der Glaubensverbreitung rechts des Rheins. 724 empfahl er ihn Karl Martell, der ihn bereits samt Willibrord, dem Bischof von Utrecht, bei der Bekehrung der Friesen unterstützt hatte. 732 weihte Papst Gregor III. den hl. Bonifatius zum Erzbischof mit der Autorisation, selbst Bischöfe in den Ländern zu weihen, die er für Christus gewinne. *Bonifatius*, der große Missionar des Papstes, war zur gleichen Zeit Schützling Karl Martells, welcher die Güter der Kirche beschlagnahmte, um seinen Vasallen Lehen zu verschaffen. Zweifellos hat er 738 seinen Romaufenthalt dazu genutzt, eine Annäherung seiner beiden Protektoren zu bewirken. 739 wandte sich der Papst nämlich an Karl Martell mit der Bitte um dessen Beistand gegen die Langobarden, wobei er anbot, mit dem Kaiser von Byzanz zu brechen. Da Karl Martell aber die Langobarden für die Bekämpfung der Sarazenen in der Provence nötig hatte, begnügte er sich mit einem Hilfsversprechen, das nie eingelöst wurde.

741 war das Todesjahr von Gregor III., Karl Martell und Kaiser Leo III., wodurch sich die politische Szene veränderte. Es folgten in der Regierung Papst Zacharias, Pippin sowie Kaiser Konstantin V. Kopronymos (741–775), ein fanatischer Bilderfeind. Gleich nach seiner Wahl schloß Papst Zacharias mit Luitprand einen trügerischen Waffenstillstand auf 20 Jahre. Der Langobarde erklärte sich genauso in Ravenna zur zwanzigjährigen Waffenruhe mit Byzanz bereit.

751 kamen Burchard, der neuernannte Bischof von Würzburg, und Abt Fulrad nach Rom, um dem Papst die berühmte Frage vorzulegen, wer die Krone tragen solle, derjenige, der den Königstitel habe oder derjenige, der in Wirklichkeit die königliche Gewalt ausübe? Die päpstliche Antwort – zu Gunsten Pippins – bedeutete für die Merowingerdynastie das Ende. Ihr letzter entthronter König verschwand in einem Kloster. Seitdem war die Wendung des Papsttums entschieden und die Allianz der Karolinger mit dem Papsttum gefestigt.

Um die Sache der Byzantiner in Italien stand es schlecht. 751 bemächtigten sich die treulosen Langobarden Ravennas, 752 bedrohten sie Rom. Ein Hilfeersuchen des Papstes an Kaiser Konstantin V. verhallte ungehört, die Langobarden zeigten sich ebenso unnachgiebig. In seiner Not wandte sich der Papst an Pippin, an dessen Hof er im Januar 754 mit der Bitte um Beistand eintraf. 751 hatte Pippin den Bruch mit der Tradition vollzogen, drei Jahre später stand die Abwendung des Papsttums von Byzanz fest.

4. Das neue Imperium

Pippin empfing Papst Stephan II. in Ponthion am 6. Januar 754. Mit feierlichem Schwur bekräftigte er seinen Willen, dem Exarchat von Ravenna, wie auch der »Respublica« (was bedeuten kann, dem Reich oder auch Rom, das Teil dieser Gemeinschaft ist) alles wiederzugeben, was dazugehört und was die Langobarden unrechtmäßig weggenommen haben. Der Langobardenkönig Aistulf allerdings wollte davon nichts hören. Er war zum Bruch mit Pippin entschlossen, da er diesmal Rom und ganz Italien in die Hand bekommen wollte. Pippin mußte sich zwischen dem Papst und ihm entscheiden.

Bevor Pippin den unvermeidlichen Feldzug begann, erneuerte der Papst am 14. April in Saint-Denis die Weihe, die bereits Bonifaz dem König gegeben hatte. Der Papst verbot den Franken zugleich bei Strafe der Exkommunikation jemals einen König zu wählen, der nicht dem Geschlecht Pippins entstammte. Damit war das Bündnis zwischen der Karolingerdynastie und dem Oberhaupt der Kirche unverbrüchlich besiegelt. Zur Bekräftigung verlieh der Papst Pippin und seinen beiden Söhnen den glanzvollen Titel »Patricius Romanorum«, der dem Exarchen von Ravenna zustand und der Pippin offiziell zum Schutzherrn Roms machte. Mit der Verleihung hatte sich der Papst ein kaiserliches Recht angemaßt, doch machte Pippin anscheinend von diesem Ehrentitel praktisch niemals Gebrauch.

Aistulf wurde besiegt und mußte den Römern das Exarchat zurückgeben. 756 forderte der Kaiser im fernen Byzanz Pippin zur Restitution auf, doch vergebens. Aistulf versuchte noch einmal die Oberhand zu gewinnen, wurde erneut von Pippin geschlagen

und dazu gezwungen, seine Eroberungen an den Papst herauszugeben. Seither war der Papst unter fränkischem Schutz Herr von Rom und dessen Territorium. Trotzdem anerkannte er weiterhin theoretisch die Souveränität des byzantinischen Kaisers, der nichts unversucht ließ, Rom und Ravenna für das Imperium wiederzugewinnen, sei es durch militärischen Druck oder durch aufwendige diplomatische Verhandlungen, sowohl mit den Langobarden als auch mit Pippin.

Der Kaiser vermengte bei diesen Bemühungen übrigens religiöse Fragen der Bilderverehrung mit politischen und territorialen Ansprüchen. Insgesamt blieb Pippin unbeugsam und entschlossen, weiterhin nur im Einvernehmen mit dem Papst vorzugehen. Die Spannungen zwischen dem Papst und den Langobarden ließen durch Pippins Vermittlung ebenfalls nach, da sich jener dazu bewegen ließ, auf die Schutzherrschaft über Spoleto und Benevent zu verzichten, was die Langobarden für sich beanspruchten. Dank Pippins entschlossener Politik konnte sich das Papsttum vor seinen weltlichen Feinden und der Orthodoxie sicher fühlen, wurde aber zunehmend von diesem Schutz abhängig.

Die Herrschaft *Karls des Großen* bedeutete in jeder Hinsicht die Krönung des von Pippin Begonnenen. Von seinem Vater übernahm er dessen Politik in Italien, d. h. das Verhalten gegenüber den Langobarden und Rom. Am 9. Oktober 768 bestieg er den Thron. Wie sein Bruder Karlmann trug er den Titel des Patricius, doch erst seit dessen Tod im Dezember 771 besaß er unbeschränkte Handlungsfreiheit.

Da die Langobarden die Feindseligkeiten gegen Rom wieder aufnahmen, zog Karl nach Italien. Er bestätigte dem Heiligen Stuhl die Schenkungen seines Vaters und verlieh ihm ferner die Herzogtümer Spoleto und Benevent. Er belagerte Pavia, das sich im Juni 774 ergeben mußte. Karl nahm den Langobardenkönig Desiderius gefangen und beanspruchte für sich den Titel des Königs der Langobarden. Der »Rex Francorum et Langobardorum atque Patricius Romanorum« war nun zum entscheidenden Machtfaktor in Italien geworden, doch ließ sich Karl nicht in Rom nieder. Er wurde nicht Teil der Mittelmeerwelt, sein Stamm blieb im Norden verwurzelt. Italien mit dem Papsttum war in sein Kraftfeld einbezogen.

Karl d. Gr. war nicht mehr wie Pippin der Beschützer des Papsttums, sondern de facto dessen Herr. Kraft der Eroberung war er König der Langobarden geworden und entschlossen, die Herrschaft über die gesamte Halbinsel anzutreten. Im Jahr 780 hinderte er daher den Papst daran, seine Hoheit auf Spoleto auszudehnen, dessen Herzog bereit schien, Karl als seinen Herrn anzuerkennen.

Seit dem Tod Kaiser Leos IV. zeichnete sich eine Annäherung zwischen Byzanz und Karl d. Gr. ab. Die Verlobung der Tochter Karls, Rotraut, mit dem jungen Kaiser von Byzanz wurde 781 beschlossen. Doch schon vier Jahre später versuchten die Byzantiner erneut, in Italien wieder Boden zu gewinnen, indem sie mit dem Herzog von Benevent paktierten, der sich erhoffte, den Kaiser von Byzanz in Italien und Rom vertreten zu können. Karl gewann 788 vorübergehend die Oberhand, was ihm Istrien einbrachte, doch konnte er sich nicht auf Dauer des Herzogtums Benevent wirklich bemächtigen.

Als Protektor des Papstes beanspruchte Karl d. Gr. auch Mitsprache in kirchlichen Fragen. Die Beschlüsse des Konzils von Nicäa (787), die Rom und Konstantinopel durch Anerkennung der Bilderverehrung dogmatisch aussöhnen konnten, kamen ihm nicht unbedingt gelegen. Durch seine Theologen ließ er gegen die Konzilsbeschlüsse eine Folge von Traktaten verfassen, die »Libri Carolini«, während sein Gesandter auch Einspruch beim Papst erhob. 794 ließ Karl die Bischöfe des Westens nach Frankfurt einberufen, deren Konzil mehrere der Beschlüsse von Nicäa verwarf und die Doktrin der Bilderverehrung verurteilte.

Nach dem Tod Papst Hadrians grenzte Karl 796 in einem Brief an dessen Nachfolger Leo III. deutlich seinen eigenen Herrschaftsanspruch gegen die geistliche Gewalt des Papstes ab. Der neue Papst führte den Brauch ein, in die Datierung seiner Urkunden den Hinweis auf Karls Herrschaft in Italien aufzunehmen. Zu der Zeit hatte Karl über die Sachsen wie die Langobarden gesiegt und die Awaren unterworfen oder über die Theiß zurückgedrängt (796). Nur er noch hatte das Sagen im Okzident. Karl war nicht mehr nur ein »Patricius Romanorum«, Alcuin konnte ihn vielmehr als *Kaiser* apostrophieren.

Der Papst in Rom war de facto frei von der Souveränität des Kaisers von Byzanz und konnte im eigenen Interesse daran denken, zu Gunsten Karls das Kaisertum wiederherzustellen, das seit dem 5. Jahrhundert im Westen keinen Amtsträger mehr hatte. Die Rückführung des Kaisertums nach Rom konnte aber zwangsläufig für das Papsttum neue Abhängigkeiten bedeuten, während sein Ideal die Unabhängigkeit von weltlicher Einmischung war.

Das Mosaikbild im Triclinium des Lateran, das Papst Leo III. anbringen ließ, zeigt deutlich ein Programm der Gewaltenteilung: Der hl. Petrus überreicht das geistliche Pallium Leo III. und das Feldzeichen Karl d. Gr. Nicht das kaiserliche Rom, sondern das Rom des hl. Petrus wollte der Papst mit der Wiederherstellung des Imperiums wiederaufrichten. Karl sollte der militärische Stellvertreter des hl. Petrus auf Erden sein, wie der Papst dessen kirchlicher Repräsentant, und beide vereint unter dem Gesetz der Ecclesia.

Am 25. Dezember des Jahres 800 gab zur Weihnacht der Papst diesem christlichen Imperium die festliche Weihe. Nach byzantinischem Vorbild erhielt Karl den Titel des Kaisers durch öffentliche »Acclamatio«, darauf setzte ihm der Papst unter Ehrenbezeigungen die Krone aufs Haupt. Die Akklamation des Volkes von Rom war nicht mehr die Zustimmung einer Bevölkerung, welche ein ganzes Reich vertrat, vielmehr handelte es sich um die Einwohner einer Stadt, deren *Patricius* der Erwählte war. In Wirklichkeit übertrug der Papst das Imperium auf Kaiser Karl. Durch eine Art Staatsstreich wurde der *Patricius Romanorum* und zugleich Schutzherr von Rom zum Kaiser, der die Kirche beschützt.

In den päpstlichen Urkunden war fortan von »Imperante domino nostro Carolo piissimo perpetuo augusto a Deo coronato magno et pacifico imperatore« die Rede.

Der Kaiser von Byzanz dachte zunächst nicht daran, den Kaisertitel Karls anzuerkennen. Erst am 13. Januar 812 war man in Konstantinopel zur Anerkennung der veränderten Verhältnisse bereit, als Karl auf Venedig und Süditalien zu Gunsten des Byzantinischen Reiches verzichtete. Letztendlich blieb Karls Italienpolitik ohne Erfolg, da sein Imperium sich nicht bis zum Mittelmeer ausdehnte, sondern in seinem Schwerpunkt auf den Norden beschränkt blieb.

Das Reich Karls des Großen war schließlich ein Ergebnis des durch den Islam hervorgerufenen Zusammenbruchs des Gleichgewichtes in Europa:

Einerseits hat die Trennung von Orient und Okzident die päpstliche Hoheitsgewalt auf Westeuropa beschränkt, doch zum anderen machte die islamische Eroberung Spaniens und Nordafrikas den Frankenkönig zum Herrn des christlichen Abendlandes. Im eigentlichen Sinne ist daher der Aufstieg Karls des Großen ohne Mohammed als Auslöser nicht zu verstehen.

Der Bruch der Einheit am Mittelmeer hatte zur Verlagerung der Achse der Welt geführt. Damit begann die eigentliche Rolle des Germanentums und konnte sich eine fruchtbare römisch-germanische Kultur entwickeln. Das Reich Karls des Großen bildete den Rahmen des Mittelalters. Der Staat, auf dem es basierte, konnte vergehen, doch das Reich als höhere Einheit der Christenheit des Abendlandes weiterbestehen.

Kapitel III
Der Beginn des Mittelalters

1. Wirtschaft und Gesellschaft

Beim Vergleich der Regierungszeit Karls des Großen mit der gesamten Merowingerzeit und nicht nur mit deren Endphase sind zwei völlig verschiedene Wirtschaftsformen festzustellen:

Vor dem 8. Jahrhundert die Fortsetzung der mediterran bestimmten Wirtschaft der Antike, danach der völlige Bruch mit jenen Bedingungen. Der Seeweg ist verschlossen, der Handel zum Erliegen gekommen. Einzig der *Landbau* versprach jetzt Gewinn. Der Umlauf an beweglichen Gütern hatte einen Tiefpunkt erreicht, insgesamt herrschte Niedergang.

Eine Ausnahme gab es in der 1. Hälfte des 9. Jahrhunderts hoch im Norden des Karolingerreiches. In den späteren Niederlanden blühte im Gegensatz zu den anderen Gebieten eine rege Schiffahrt. Bereits im Römischen Reich hatte hier der Verkehr mit Britannien als kräftiger Ausläufer des Mittelmeerhandels bestanden; diese Seefahrt hatte sich bis in die Merowingerzeit gehalten, als die Häfen Duurstede (Dorestad) am Rhein und Quentovic an der Canchemündung wichtige Stützpunkte waren.

In der Karolingerzeit blieb die Seefahrt an der Nordseeküste unbeeinträchtigt. Überdies gab es weiterhin die Tuchmacherei in Flandern, die schon unter den Römern der Schiffahrt Auftrieb gegeben hatte. Förderlich für Wirtschaft und Handel war entschieden auch als neues Element der karolingische Hof in Aachen, die bestehende Binnenschiffahrt auf Rhein, Schelde, Maas und Mosel sowie die Befriedung und Angliederung Frieslands. Die Schiffahrt der Friesen blieb bekanntlich bis zu den verheerenden Normanneneinfällen des späten 9. Jahrhunderts sehr rege. Im Nordwesten des Karolingerreiches waren offensichtlich Wirtschaft und Handel besonders aktiv, wie auch die wichtigsten Zollstätten der Epoche bezeugen: Rouen, Quentovic, Amiens, Maastricht, Duurstede und Pont-Saint-Maxence. Dieser Handel war aber nach Norden ausgerichtet. Auf diesem Gebiet spielten die Friesen eine der der Syrer am Mittelmeer vergleichbare Rolle. Das wirtschaftliche Hinterland von Amiens und Quentovic reichte bis an die Grenzen von Burgund, doch nicht weiter.

Der Handel im Norden unterhielt lebhafte Beziehungen mit den Skandinaviern, als sich die Wikingerkultur der Epoche günstig entwickelte. Im 9. Jahrhundert führten z. B. die Leute von Birka (Schweden) begehrten Wein via Duurstede aus. Die *Normannen* wurden im Westen etwa zur gleichen Zeit wie am Mittelmeer die Araber zur schlimmen Gefahr, als sie mit ihren wendigen Schiffen alle Flußtäler brandschatzten. 734 überfielen die Normannen erstmals Duurstede. Damit begann der Niedergang dieses Hafens wie der von ganz Friesland. Quentovic wurde 842 und 844 geplündert, worauf es sich nicht wieder erholte. Der Handel der Friesen hatte keine Verbindungen mit dem Süden, wodurch er sich sehr deutlich von dem Galliens der Merowingerzeit unterschied.

Bedenkt man, daß in der Karolingerzeit die Goldprägung verschwunden und die Zinsnahme verboten war, daß es keine Klasse von Berufskaufleuten mehr gab, und der Import orientalischer Waren wie Papyrus, Gewürze, Seide aufgehört hatte, der Geldumlauf auf ein Minimum gesunken und die Fähigkeit zum Schreiben und Lesen unter den Laien verschwunden war, daß es keine Steuerverwaltung mehr gab und die Städte nur noch Festungen waren, bestätigt dies, daß die Zivilisation auf die Stufe reiner Landwirtschaft zurückgefallen war. Die große Veränderung wurde im wesentlichen durch die Schließung des westlichen Mittelmeeres durch den Islam hervorgerufen.

Als Pippin seinem Vater folgte, war der gesamte Adel, das Volk und der Klerus ebenso ungebildet wie der Herrscher selbst. Das Geldwesen war in schrecklicher Unordnung, es gab sozusagen keine

Goldwährung mehr, man griff häufig wieder auf den Naturaltausch zurück. Pippin und Karl d. Gr. bemühten sich um Währungsreformen, die einen vollkommenen Bruch mit dem mediterranen Münzsystem der Merowinger bedeuteten. Seit Pippin wurden nur noch Silbermünzen geprägt und das römische Pfund aufgegeben. Das Pfund hatte nun 491 Gramm an Stelle von 327. Zur Zeit Karl d. Gr. prägte man daraus 240 Silberdenare. *Denare* und *Halbdenare* waren fast das einzige geprägte Geld. Daneben gab es an Kleinmünzen den *Solidus*, der 12 Denaren entsprach und das *Pfund* zu 20 Solidi. Diese Kleinmünzen waren offensichtlich nicht für den Großhandel, sondern für die lokalen Märkte bestimmt.

Das neue monometallische Währungssystem auf Silberbasis entsprach dem wirtschaftlichen Rückschlag, den das Land erlitten hatte. Die geringe Geldmenge, der beschränkte Geldumlauf wie die Bedeutungslosigkeit des königlichen Schatzes bezeugen den geringen Wert der beweglichen Güter in jener Epoche im Vergleich zu dem des Landbesitzes.

Karl d. Gr. führte auch neue Maße und Gewichte ein, deren Muster am königlichen Hofe aufbewahrt wurden. Auch das bedeutete einen Bruch mit antiken Traditionen. Bereits 829 unterschieden sich allerdings die Maße von Provinz zu Provinz. Offensichtlich nahm Karl d. Gr. hier wie auf anderen Gebieten mehr in Angriff als er durchführen konnte. 805 wollte er die Münzprägung am königlichen Hof zentralisieren, womit er keinen nachhaltigen Erfolg hatte. Seit Ludwig dem Frommen wurden in den meisten Städten Münzen geprägt, und unter Karl dem Kahlen nahmen sich die Grafen das Münzrecht. 920 erlangten die Kirchen schließlich das Regal der eigenen Münzprägung. Das einheitliche Münzsystem des christlichen Europa, das sich bis in die Merowingerzeit erhalten hatte, überlebte die karolingische Münzreform nicht. Seitdem gab es zwei unterschiedliche Währungssysteme: Das byzantinische und das karolingische, das östliche und das westliche. Das Verschwinden des Goldes im

Okzident erklärt sich aus dem Erliegen des Groß-handels.

Karl der Große konnte dem Islam nicht mit einer nennenswerten Kriegsflotte begegnen. Er mußte, wie auch der Papst, sich mit dem Schutz der Mittelmeerküsten begnügen. Nach seinem Tode drangen die Araber in der Provence bis nach Arles vor. Um 890 nisteten sich die spanischen Sarazenen in der Chaîne des Maures ein, um von dort aus die Provence und die Dauphiné zu bedrohen. An der italienischen Küste war die Lage nicht besser, deren Häfen kamen für die Seefahrt nicht mehr in Betracht. Auch mit Spanien gab es keinen Handelsaustausch mehr. Der islamische Bereich dort erlebte allerdings seit der Gründung des Kalifats der Omaijaden (765) eine Blüte, die zu friedlicheren Beziehungen mit dem karolingischen Staat beitrug. Der Großhandel war in diesem Bereich seit dem Beginn des 7. Jahrhunderts praktisch tot. Was sich hielt, war höchstens ein begrenzter Austausch von Kostbarkeiten östlicher Herkunft, wofür Juden als Vermittler in Betracht kamen. Ferner hätten die Griechen in Italien diese Funktion erfüllen können, was sie jedoch nicht taten. Die Schicht der professionellen Großkaufleute der Merowingerzeit war verschwunden. Die Verpflegung der Hofhaltung von Aachen war besonderen Agenten anvertraut, die unter der Aufsicht von Magistri standen. In manchen Städten wie Straßburg organisierte der Bischof (775) die Lebensmittelzufuhr durch eigene Leute. Ähnlich geschah es in den großen Abteien.

In jeder Civitas, in zahlreichen Dörfern, bei den Abteien entstand eine Vielzahl kleiner örtlicher *Märkte*, die nur dem näheren Umkreis dienten. Es wurde hier nur »en detail« verkauft und nicht im Großen. Je mehr der wirtschaftliche Zerfall fortschritt, um so mehr nahmen diese Kleinmärkte zu. Sie waren nicht der Ausdruck einer Entwicklung des Handels, sondern eher von dessen Selbstbeschränkung. Diese kleinen Märkte wurden von der örtlichen Hausindustrie gespeist, und dienten ausschließlich der umwohnenden Bevölkerung, wie bei

jeder primitiven Zivilisation. Die Tatsache, daß häufig lokale Münzstätten in der Nähe eingerichtet wurden, spricht für das Fehlen einer überregionalen Zirkulation von Geld und Gütern.

Die einzigen »Handelsspezialisten« der Zeit waren Juden. Sie befanden sich unter den Hofkaufleuten in Aachen, und es handelte sich offensichtlich um Großkaufleute, auf die man angewiesen war. Daher erhielten sie u. a. die Erlaubnis, Christen in ihren Dienst zu nehmen und auch Land zu besitzen. Sie befaßten sich hauptsächlich mit dem Außenhandel, und durch ihre Vermittlung unterhielt die Welt des Westens Beziehungen mit dem Osten. Die Handelswege gingen nicht länger über das Mittelmeer sondern durch Spanien. Die Juden unterhielten Verbindungen mit dem islamischen Bereich Nordafrikas und bis nach Bagdad. Sie konnten Gewürze, kostbare Stoffe und Wein, nicht zuletzt auch Waffen, beibringen. Eine besondere Spezialität war jedoch der *Sklavenhandel*, wofür reger Bedarf bestand. Spanien kam als Nachschubbasis in Frage, und Verdun war am Ende des 9. Jahrhunderts ein führender Umschlagplatz; trotz wiederholter Verbote im 8. und 9. Jahrhundert ging der Sklavenhandel weiter. Außer den Juden war hier und da ausnahmsweise ein venezianischer Händler jenseits der Alpen anzutreffen.

Aus alledem läßt sich ein Rückgang des Handels erschließen, der den Boden mehr als je zuvor zur eigentlichen Wirtschaftsgrundlage machte. Und doch läßt sich unter den Karolingern nicht die Spur eines geregelten Handelsaustausches mit Landwirtschaftsprodukten feststellen. Da der begehrte Wein nur noch ab und zu durch Vermittlung jüdischer Kaufleute, die damit handelten, zu bekommen war, mußte man sich selbst um eigenen Weinbau bemühen. Die Abteien an der Maas ließen sich geeignete Weinberge an Rhein und Mosel schenken, die in der Scheldeniederung sahen sich an der oberen Seine um. Die Erträge aus dem eigenen, von Hörigen bewirtschafteten *Weinbau* ließ man zollfrei günstig beischaffen. Jede Abtei war auf sich selbst bei der

Beschaffung und Verteilung der erforderlichen Nahrungsmittel zum eigenen Unterhalt angewiesen; Frondienste waren dafür unerläßlich.

Das Königsgut verminderte sich unablässig infolge der Pfründen und Lehen des Krieger-Adels, von dem das Königtum abhängig war. Der Adel wiederum versuchte zusätzlich Kirchengut in die Hand zu bekommen, durch seine Schutzherrschaft, die er sich teuer entgelten ließ. Die Verzettelung wirtschaftlichen Potentials wirkte sich insgesamt nachteilig für die Wirtschaft aus. Die Gesellschaft geriet in Abhängigkeit von den Grund- und Gerichtsherren, und die öffentliche Gewalt nahm mehr und mehr privaten Charakter an. Die wirtschaftliche wie die politische Selbständigkeit erreichten genauso wie der Geldumlauf einen absoluten Tiefpunkt.

Die Königsgewalt hatte u. a. die christliche Aufgabe, die Ausbeutung der Armen und Schwachen zu verhindern. Die Wirtschaftsgesetze Karls des Großen und Ludwigs verurteilten deshalb unrechtmäßigen Gewinn als unerlaubt. Danach erlosch in der Anarchie des Lehensstaates, über dem noch immer das Ideal des Christlichen Imperiums schwebte, jeglicher Eingriff des Königs: Das Mittelalter trat an.

2. Die politische Organisation

Grundsätzlich war die karolingische Epoche nicht einfach die Fortsetzung der Merowingerzeit:

1. Das Milieu war völlig verschieden. Im 6. und 7. Jahrhundert bestand noch die Verbindung zur Mittelmeerwelt und zur Tradition des Imperiums.

2. Der germanische Einfluß war auf den Norden beschränkt und nur in gewissen Zweigen des Rechts und der Rechtsprechung spürbar.

3. Die karolingische Epoche hatte ihren Ursprung bereits in der Zerfallszeit der Merowinger, die seit der Mitte des 7. Jahrhunderts gut ein Jahrhundert lang währte. Karl der Große war kein Nachkomme der merowingischen Könige, sondern von deren Hausmeiern.

4. Das neue Königreich erstreckte sich bis zur Elbe und umfaßte sowohl germanische als romanische Einwohner.

5. Die veränderten Beziehungen zur Kirche entsprachen der Veränderung des Königtums. Der Staat der Merowinger war wie das Römische Reich ein Laienstaat. Der Karolinger war König von Gottes Gnaden, *Dei gratia*.

Der Grund für den Niedergang der Merowinger war die zunehmende Schwächung der Königsgewalt, die wiederum in Verbindung mit der Zerrüttung der Finanzen stand. Die Steuereinnahmen wie die Goldprägung gingen in der großen Krise des 8. Jahrhunderts rapide zurück. Die Münzmeister, deren Aufgabe es war, die Steuern in Goldsolidi dem Königsschatz zuzuführen, verschwanden unter Pippin, wie auch die Hausmeier keine Steuern mehr einnahmen. In dem Königreich, das sie errichteten, gab es den Begriff der öffentlichen Abgaben nicht mehr. Den Königen der neuen Dynastie standen als regelmäßige Einkünfte nur noch die Erträge ihrer Güter zur Verfügung.

Der karolingische König war der größte Grundbesitzer seines Reiches und mußte danach trachten, es zu bleiben, um sich zu behaupten. Es gab keinen Kataster, keine Steuerlisten, keine Finanzverwaltung, keine Archive, keine Steuereinnehmer, keine Abrechnungen, insgesamt kein staatliches Finanzwesen mehr.

Die unter Pippin eingeführte Königsweihe verlieh dem Herrscher in gewisser Weise priesterliche Würden. Er hatte nicht mehr die unbegrenzte Macht der merowingischen Könige. Seine Macht war durch die christliche Moral begrenzt. Darüber hinaus gewann die Kirche durch die von ihr vollzogene Weihe Macht über den Herrscher. Der weltliche Charakter des Staates war damit erloschen. Die Bischöfe wurden zu Ratgebern und Bevollmächtigten des Königs, um den Zusammenhalt von Kirche und Königtum zu stärken. Seit der Zeit Karls des Großen sollte es für Jahrhunderte keine Laien mehr in der königlichen Kanzlei geben.

Die frühere Bildung und Erziehung der Laien waren zurückgegangen. Kleriker und Gebildeter wurden fortan für lange Zeit zum Synonym, und die Kirche übertrug ihre Sprache auf die Verwaltung; das ist ein wesentlicher Zug des Mittelalters von größter Tragweite.

Außer der Kirche mußte der König mit dem Kriegerstand rechnen, der den Laienadel und die unabhängig gebliebenen Freien umfaßte. Diese Aristokratie gab es bereits unter den Merowingern, sie basierte auf römischen Großgrundbesitzern, den *Senatores*, die meist unkriegerisch, jedoch gebildet waren. Bei den Karolingern sah es anders aus: Je nach seinem Reichtum verlieh der König dem Kriegeradel Immunität, er überließ ihm aber keine Regalien und zog ihn nicht zur Regierung heran. Um jedoch seine Machtstellung zu behaupten, mußte er vor allem reich sein. Adel und Kirche waren ebenfalls seit der späten Kaiserzeit ständig bemüht, ihre Autorität dem Volk gegenüber zu steigern. Zahlreiche Große unterhielten eigene Truppen, die von ihnen abhängigen *Vassi*.

In der Merowingerzeit äußerte sich die Hoheit der Grundherren noch nicht außerhalb der Sphäre des Privatrechts. In der Epoche des Kampfes zwischen den Hausmeiern änderte sich jedoch die Art der Vassalität. Ihr militärischer Charakter trat deutlich hervor, als der Karolinger seine Nebenbuhler besiegt hatte. Seit Karl Martell beruhte die Macht des Königs essentiell auf seinen Kriegervasallen im Norden. Er gab ihnen *Benefizien*, d. h. Ländereien als Gegenleistung für deren militärische Unterstützung. Interessant waren dabei vor allem die großen Benefizien, denn der Beliehene stellte nicht nur die eigene Person in den Dienst, sondern die Zahl von eigenen Vasallen, die der Größe des betreffenden Benefiziums entsprach.

Im 9. Jahrhundert ließen sich die Könige von allen Großen ihres Reiches, selbst von den Bischöfen, den Lehnseid schwören. Auf diese Weise trat der Untertan hinter dem Vasallen zurück, wie seitdem der König mit seinen Vasallen rechnen mußte, welche die militärische Gewalt besaßen. Im Krieg befehligten diese selbst ihre Vasallen. Im Jahr 813 bildeten sie mit der hohen Geistlichkeit und den Grafen den Rat des Königs. Der Staat begann auf dem Vertrag zwischen dem König und seinen Vasallen zu beruhen, die Epoche des Lehenswesens fing an.

Der König vermochte aber nicht die volle Gewalt über seine Vasallen zu behalten. Seit dem Ende des 9. Jahrhunderts gerieten diese nämlich unter die Hoheit der Grafen. Mit dem Sinken der Königsmacht seit Ludwig dem Frommen, machten sich die Grafen unabhängig. Das Königtum verlor seinen administrativen Charakter zu Gunsten der unabhängigen Fürstentümer, die mit dem König nur noch durch das Lehnsverhältnis verbunden waren. Die Königsgewalt zerfiel unter den Händen von deren Inhabern.

Über die Machtstellung Karls des Großen sollte man sich nicht täuschen. Sein Reichtum beruhte auf der Kriegsbeute. Dadurch konnte er ohne ein geregeltes Finanzwesen auskommen. Doch konnte er oft nicht so regieren, wie er es beabsichtigte, denn es bestanden große Unterschiede zwischem dem, was seine Kapitularien anordneten und dem, was wirklich geschah. Die Verwirklichung wurde vereitelt, weil es am Gehorsam der Großen fehlte, die sich unabhängig fühlten.

Die Wirtschaftsgrundlage des Staates entsprach nicht dem Verwaltungscharakter, den Karl d. Gr. beibehalten wollte: Die Grundherren hatten keine Sicherheit nötig, weil sie keinen Handel trieben. Karl der Große versuchte – nicht ohne Absicht – die Schicht der kleinen Freien zu erhalten, doch vergebens. Schon beim Beginn der Normanneninvasion war der karolingische Staat machtlos, da das Königtum sich erschöpft hatte. Eine Entwicklung hatte sich vollendet, als in Frankreich mit Hugo Capet sich das Wahlkönigtum durchsetzte.

3. Die geistige Kultur

Während sich die eindringenden Germanen romanisierten, rief im Gegensatz dazu der Islam in der mediterranen Welt tiefgreifende Veränderungen auf dem Gebiet der Sprachen hervor. In Afrika verschwand das Latein zu Gunsten des Arabischen, in Spanien verwandelte es sich in einen romanischen Dialekt, den Vorläufer des Spanischen. In Italien, wo weiterhin Schulen in Rom und Mailand bestanden, konnte es sich besser halten. In Gallien wurde das merowingische Latein weiterhin in den Schulen gelehrt. Vielleicht war es in Nordfrankreich fehlerhafter als anderwärts, doch war es keinesfalls eine Volkssprache. Es ging in den Wirren des 8. Jahrhunderts vollends unter und verwandelte sich in die romanischen Dialekte.

Um 800 wurde das Latein nur noch vom Klerus verstanden. Als lebende Sprache hatte es seine Bedeutung verloren und wurde zur Sprache der Gelehrten. Das ist ein neuer, mittelalterlicher Wesenszug, der aus der Karolingerzeit stammt. Der Ursprung dieses Phänomens muß in dem einzigen römischen Gebiet gesucht werden, wo die Invasion der Germanen das Römertum völlig ausgerottet hatte, nämlich in Britannien bei den Angelsachsen. Die Bekehrung dieses Landes ging, wie wir sahen, vom Mittelmeer aus. Im 7. Jahrhundert fügten Theodor von Tarsus und sein Gefährte Hadrian dem Christentum, das sie predigten, griechisch-römische Traditionen bei. Die englischen Klöster nahmen seitdem das Erbe der Kultur des Altertums unmittelbar auf. Eine neue Kultur entwickelte sich auf der Insel, wo dem Latein als geheiligter Sprache ein gewaltiges Prestige zukam. Die angelsächsischen Missionare widmeten sich der Bekehrung in Deutschland; ihnen ist eigentlich das Erwachen des Geistes unter Karl d. Gr. zuzuschreiben. Vor ihnen haben zwar irische Mönche inmitten einer dekadenten Religion die Askese gepredigt, doch hinterließen sie keinerlei intellektuelle Nachwirkung. Karl der Große wandte sich gleichermaßen der Aufgabe der geistigen Wiedergeburt wie der Wiederherstellung der Kirche zu.

Der bedeutendste Repräsentant der angelsächsischen Kultur, Alkuin, das Haupt der Schule von York, trat im Jahr 782 in seinen Dienst als Leiter der Palastschule. Seitdem gewann er entscheidenden Einfluß auf das geistige Leben der Zeit.

Infolge einer eigenartigen Umkehr der Verhältnisse ist der Norden nach dem durch den Islam hervorgerufenen Bruch anstelle des Südens zum geistigen wie zum politischen Schwerpunkt geworden. Vom Norden strahlte nun die Kultur aus, die dieser vom Mittelmeer empfangen hatte. Die Angelsachsen waren zur gleichen Zeit auf dem Kontinent Reformatoren der Kirche und Erneuerer der Sprache. Reinheit der Lehre und Reinheit der Sprache gehörten zusammen. Durch die Angelsachsen verbreitete sich im Karolingerreich zugleich der römische Ritus und auch die lateinische Kultur. Sie schufen die eigentlichen Voraussetzungen der sog. *Karolingischen Renaissance*. Diese Renaissance fand im Volk keinen Widerhall. Jahrhundertelang lag das Wissen allein in den Händen der Kirche. Bildung und geistige Kultur festigten sich einerseits, doch wurden sie ebenso rar. Die Blüte der Karolingischen Renaissance traf mit der allgemeinen Unwissenheit der Laienwelt zusammen.

Die Reform der *Schrift* war ein typisches Kennzeichen der Karolingischen Renaissance: Die kalligraphische Minuskel trat an die Stelle der römischen Kursive. Das erste datierte Beispiel für die karolingische Minuskel war das 781 auf Befehl Karls des Großen geschriebene Evangeliar des Godescalc. Das Zentrum für die Verbreitung der neuen Schriftkunst war das Kloster Tours an der Loire. Die Minuskelschrift diente nicht mehr der flüchtigen Aufzeichnung, sondern dem Kopieren von Büchern. Die Scriptoria der Klöster zwischen Seine und Weser wandten sich mit größter Sorgfalt dem Schreiben begehrter Manuskripte zu, für die ein immer größerer Bedarf bestand.

Die Kultur, bisher am Mittelmeer zu Hause, ver-

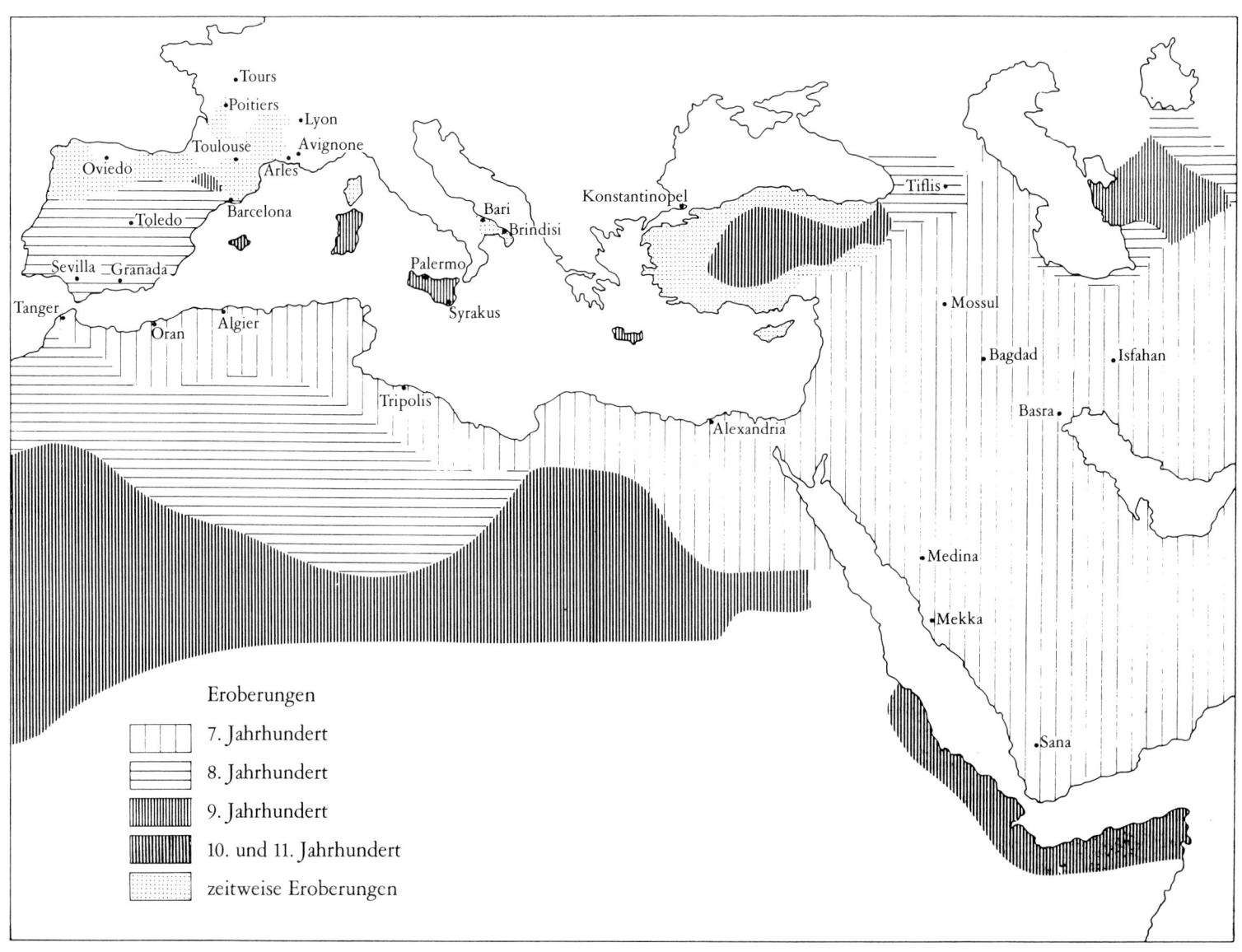

Die arabische Expansion zwischen 7. und 11. Jahrhundert

lagerte sich nun nach dem Norden, wo sich die Zivilisation des Mittelalters entwickelte. Die Kultur wurde römisch-germanisch und hatte ihren Hort in der Kirche.

Es ergaben sich neue Zielsetzungen, an denen das Germanentum beteiligt war. Der Hof Karls des Großen wie auch der Herrscher selbst waren gewiß weniger latinisiert als etwa die Merowinger. Unter Pippin hatte das germanische Element in der Geistlichkeit zugenommen, unter Karl d. Gr. überwogen die germanischen Bischöfe in den romanischen Ge-

bieten. Der Unterschied zwischen Chilperich, der lateinische Gedichte schrieb, und Karl dem Großen, der die alten germanischen Gesänge sammeln ließ, ist unverkennbar.

Vermutlich wurden damals viele Begriffe geprägt, deren Ursprung man sonst früher ansetzte. Es gab keine Barbaren mehr, sondern eine große christliche Gemeinschaft, die so weit reichte wie die Ecclesia. Die *Ecclesia* hatte ihre Mitte in Rom, das sich aber von Byzanz gelöst hatte und nach Norden blickte. Das Abendland führte fortan sein eigenes Leben.

Die Kultur des frühen Mittelalters, – bis zur Renaissance des 12. Jahrhunderts – wurde von den Errungenschaften der Karolingerzeit geprägt. Die politische Einheit war zwar vergangen, doch bestand nun eine internationale Einheit christlicher Kultur, Frankreich, Deutschland und Italien bewahrten die karolingische Prägung.

Zusammenfassung

Aus dem Gesagten ergeben sich zwei wesentliche Schlüsse:

1. Die Germanische Völkerwanderung hat weder die mediterrane Einheit der antiken Welt noch im wesentlichen das, was von der römischen Kultur bis ins 5. Jahrhundert weiterlebte, zerstört. An den Küsten des Mittelmeers hatte sich die Kultur erhalten, und von hier gingen die Neuerungen aus, das Mönchtum, die Bekehrung der Angelsachsen, die Kunst der Barbaren … Der Osten blieb ein befruchtendes Element und Konstantinopel Zentrum der Welt.

2. Der Bruch der Traditionen der Antike wurde durch das unvorhersehbar rasche Vordringen des Islam bewirkt. Die Folge war die Trennung von Orient und Okzident sowie das Ende der mediterranen Einheit. Das westliche Mittelmeer, zum mohammedanischen See geworden, verlor seine Verbindungsfunktion zwischen West und Ost, zum ersten Mal verlagerte sich die Achse des geschichtlichen Lebens vom Mittelmeer weg nach Norden.

Die Kirche befolgte einen neuen Kurs; in dem neuen, von ihr begründeten Reich gab es nur noch sie. Der Staat, der nicht in der Lage war, sich selbst zu verwalten, geriet in die Abhängigkeit vom Feudalismus, als schlimme Folge des wirtschaftlichen Rückgangs. Mit Karl dem Großen nahm das Abendland neue Gestalt an, und das Mittelalter begann. Der Übergang erfolgte in einer Zeit der Anarchie, zwischen 650 und 750, als auch die antike Tradition unterging.

Die Gründung des neuen Reiches im Jahr 800 vollendete diese Entwicklung. Sie besiegelte den Bruch zwischen Okzident und Orient, indem sie dem Westen ein neues Römisches Reich gab, während das alte in Konstantinopel weiter bestand.

Die vorliegende Zusammenfassung der Abhandlung von Henri Pirenne, Mohammed und Karl der Große – auf Grund der vollständigen Ausgabe der Presses Universitaires de France, Paris 1970 – stammt von Jacques-Henri Pirenne.

Anmerkungen

1 Der Begriff »Romania« kommt im 4. Jahrhundert auf, um die Gesamtheit der von Rom eroberten Länder zu bezeichnen. Literatur: *E. Albertini*, L'Empire Romain (Peuples et Civilisations, hrsg. v. *L. Halphen* u. *Ph. Sagnac*, IV, Paris 1929, S. 388); ferner die Besprechung von *A. Grenier* zu *Rose Holland*, The Mediterranean in the ancient world, 2. Aufl. 1934, Revue historique, 173, S. 194.

2 Eine kritische Einschätzung dieser Thesen ist in der vollständigen Originalausgabe von *Henri Pirenne* in Kapitel I, Absatz 3 zu finden.

3 *Vercauteren*, Etude sur les civitates de la Belgique Seconde. Brüssel 1934, S. 354 u. 359.

4 *Rostovtzeff*, Iranians and Greeks in South Russia. Oxford 1922, S. 185/86, vertrat die These, die merowingische Kunst sei nur eine europäische Version der sarmatischen Kunst zentralasiatischer Herkunft. Dazu: *Bréhier*, L'art en France des invasions barbares à l'époque romane, S. 17 ff. u. S. 23 u. 26.

5 Es ist kein Zufall, daß die Folge der pseudokaiserlichen Münzen in Gallien mit Heraclius (610–641) endet. Siehe: *Prou*, Catalogue des monnaies merovingiennes, S. XXVII-XXVIII.

André Guillou
Byzanz und die Entstehung Westeuropas

Kulturelle und religiöse Einflüsse

Die Geschichte der Einflüsse des byzantinischen Ostens auf den Westen vor dem Jahr 800 enthält, wie zu zeigen ist, zahlreiche widersprüchliche Tatsachen. Zu den bemerkenswertesten gehört zweifelsohne, daß selbst während der Zeitabschnitte, in denen nur spärliche Beziehungen bestanden, Informationen über den Osten zu den Historikern des Westens gelangten, selbst wenn den östlichen Geschichtsschreibern wenig am kontinentalen Europa lag. Im Westen begnügte man sich meist mit einer ziemlich desinteressierten Darstellung, ohne Parteinahme für die Ereignisse in Konstantinopel, der weit entfernten Hauptstadt, die nur dann eine persönliche Färbung annahm, wenn die Situation der kaiserlichen Stadt die Realitäten des Westens unmittelbar anging. Diese offensichtliche Gleichgültigkeit der westlichen Autoren für den Gegenstand ihrer Berichte läßt das politische Urteil über die einzelnen Kaiser doch aufschlußreich erscheinen. Zieht man die mehr oder weniger phantasievollen Ausschmükkungen ab, die sie mitunter begleiten, so lohnt der Vergleich mit den Aufzeichnungen der östlichen Historiker über dieselben Persönlichkeiten. In der Tat lassen sich bei der Einschätzung politischer Ereignisse durch die westlichen Historiker häufig Urteile feststellen, welche die östlichen Historiker ausließen, da ihre Geschichtsschreibung eine offizielle war, die in Verbindung mit dem byzantinischen Hof und der Verwaltung stand. Im übrigen zeigt sich, daß das wechselseitige Interesse zwischen Ost und West etwa gleich war, zieht man die erheblichen Unterschiede der Kultur, des wirtschaftlichen Potentials und des politischen Prestiges in Betracht, das der byzantinische Staat gegenüber den Völkern der »Barbaren« behauptete, die nah oder fern seiner Grenzen lebten.

Im 6. Jahrhundert spiegelt die byzantinische Geschichte die Ausweitung des Territoriums, das der Kaiser im Westen beherrschte, im 7. und 8. Jahrhundert entsprechen bei den byzantinischen Historikern keine Nachrichten dem bekannten Austausch von Briefen und Botschaften mit Rom und dem Hof der fränkischen Könige, und erst zur Zeit des Bilderstreites im 9. Jahrhundert stellt die Chronik des Theophanes den Ursprung der Gegensätze zwischen dem Imperium des Ostens und des Westens fest. Erst seitdem wandte sich – durch die Kontakte im südlichen Italien – die Aufmerksamkeit der byzantinischen Historiker und Diplomaten den Ereignissen im Westen zu. Dies mag als eine lange Zeit der Trennung erscheinen, doch andere Zeugnisse einer nicht schriftlich niedergelegten Kultur wie

111

Kunstwerke oder auch die Manuskripte bezeugen die relative Dichte unmittelbarer Beziehungen zwischen der Kultur des Ostens und der des Westens.

Wege und Übermittler der Kultur

Die Wege und die Vermittler dieser Beziehungen waren recht unterschiedlich, doch stand der Seeweg gewiß an erster Stelle. Die Ausgangspunkte im Osten waren Konstantinopel, Thessaloniki, Alexandria, Durazzo, die Landeplätze im Westen Rom, Ravenna, Syrakus, Reggio di Calabria, Amalfi, Terracina, Tunis. Mitunter gingen die Reisenden, die nach Konstantinopel unterwegs waren, in Naupaktos an Land, um Griechenland und Makedonien zu durchqueren und auf der *Via Egnatia* von Thessaloniki über Kavala und Adrianopel weiterzureisen. In jedem Lande folgten Emigranten und Mönche, Händler und Boten den wichtigsten römischen Straßen.

Die Zuwanderung nach dem Westen aus den eigentlich orientalischen Regionen, wie Syrien, Palästina, Arabien oder Ägypten oder aus den eigentlich griechischen wie Konstantinopel und den griechischen Inseln, nahm ihren Anfang bereits vor der byzantinischen Epoche, während des spätrömischen Kaiserreichs. Nach der Stagnation und dem wirtschaftlichen Niedergang des 3. Jahrhunderts lebte sie gegen Ende des 4. Jahrhunderts wieder verstärkt auf, um vom 5. bis zum 7. Jahrhundert beachtlich weiterzubestehen.

Die Regionen des Westens, in denen sich mit der Zeit wirkliche Kolonien von Orientalen bildeten, die man »Syrer« nannte oder die Juden waren, sind Sizilien mit Syrakus und Catania, Apulien und Süditalien mit Brindisi, Venosa, Tarent, Bari, Matera, Latium mit Rom, die Emilia mit Ravenna und Bologna, Norditalien mit Mailand und Brescia, Venedig und Istrien mit Padua, Concordia, Altino, Aquilea, Grado, Triest, Poreč und Pula.

In Gallien gab es solche Niederlassungen in Marseille, Arles, Bordeaux, Nizza, Orleans, ferner in England, Spanien und Deutschland. Die syrischen Kolonien Galliens bestanden anscheinend aus wohlhabenden Händlern von Luxusgütern, Textilien und Juwelen, während die jüdischen und syrischen Kolonien in Venedig und Istrien sich aus Kunsthandwerkern, Grundbesitzern und Soldaten, aus Angehörigen freier Berufe und Kleinhändlern zusammensetzten. In Süditalien und Sizilien lassen sich abhängige Bauern feststellen sowie auch Sklavenhändler, die seit dem 6. Jahrhundert Beziehungen mit der Provence unterhielten. Unter den Orientalen gab es auch Mitglieder der Geistlichkeit, vor allem in der venezianischen Region, in Ravenna, Rom, Syrakus und Catania; ebenso lassen sich hier Beamte und Soldaten, Pilger und Künstler nachweisen.

Im 6. Jahrhundert, als sich die byzantinische Verwaltung in Italien und in Sizilien, wie auch in Nordafrika, Sardinien und Spanien festsetzte, kamen die Zuwanderer vor allem aus Syrien und Palästina, doch ebenso aus Kleinasien, Arabien und Ägypten, wie auch aus Thrakien, von den griechischen Inseln und Illyrien. In der Mehrzahl handelte es sich um Christen, welche die lateinische Sprache annahmen, den lateinischen Kalender kannten, die lateinische Datierung der offiziellen Urkunden nach den Jahren des Konsulats und sich insgesamt mehr oder minder assimilierten. Doch genügte es, daß in Ravenna, Rom oder Syrakus östlich-griechische Gruppen bestanden, die Sitten und Gebräuche, Feste und Kulturtraditionen pflegten, um hier ebenfalls einen gewissen byzantinischen Einfluß am Leben zu halten, wenngleich von einer geschlossenen Kultursphäre nicht die Rede sein kann.

Bei der Geschichte des Kulturaustausches zwischen dem Orient und dem Okzident darf man die Reisen und Aufenthalte im Orient mehr oder minder prominenter Persönlichkeiten des Westens nicht ganz vergessen. So verbrachte der hl. Athanasius von Alexandrien, ein großer Gegner der arianischen Häresie, um die Mitte des 4. Jahrhunderts mehrere Jahre im Exil in Gallien, in Trier und in Italien. Als der Arianismus in Gallien triumphierte, ging der hl. Himaire, Bischof von Poitiers, nach Kleinasien, von wo er nach 4 Jahren (360) zurückkehrte.

Die Reisen der Okzidentalen in den Orient wurden von dem Zeitpunkt an häufiger, als dort Heiligtümer an den Stätten der Glaubenszeugen des frühen Christentums errichtet wurden. Die prachtvolle Kirche, die Kaiser Konstantin d. Gr. in Jerusalem an der Stelle des Heiligen Grabes erbauen ließ, wurde zu einer Art Weltwunder. Aus allen Gegenden der Christenheit strömten die Menschen hierher, um die Reliquien der Passion Christi zu verehren.

Man kennt einen »Reiseführer«, den im Jahr 333 ein anonymer Aquitaner verfaßt hat, und der den Weg des Pilgers von Bordeaux bis nach Jerusalem beschreibt. Das kostbare Dokument nennt die Stationen der langen Reise durch Europa bis nach Konstantinopel und weiter vom Bosporus durch Kleinasien und Syrien. Der Rückweg führte durch Makedonien und Epirus, hinüber nach Brindisi, von wo man weiterzog nach Rom und durch die Städte Norditaliens.

Der Pilger konnte so zwei berühmte Weltstädte besuchen, die Legionen von Reisenden anzogen: Rom, die Hauptstadt der Alten Welt, und Konstantinopel, die Kapitale des neuen Reiches, die im Jahr 330 durch Konstantin d. Gr. gegründet worden war. Den Glaubenseifer und die Neugier westlicher Pilger bezeugt auch die lange Wallfahrt der Äbtissin Aetheria zu Beginn des 5. Jahrhunderts: Sie besuchte den Sinai und Kleinasien, wo sie sich zum Gebet nach Ephesus, zum Grab des hl. Johannes begab, dann nach Chalcedon zum Grab der hl. Euphemia, schließlich nach Konstantinopel. Wie der Pilger von Bordeaux wurde sie von den Heiligtümern der neuen Hauptstadt angezogen, »die dort zahlreich waren«.

Diese Pilger kehrten in ihre Heimatländer mit unterschiedlichen Souvenirs zurück, mit Kunstwerken und Reliquien. Der hl. Gaudentius war, bevor er

Bischof von Brescia wurde, in Jerusalem und Cäsarea in Kappadokien gewesen, wo er Reliquien der 40 Märtyrer von Sebaste erworben hatte. Der hl. Victrix, Bischof von Rouen, erhielt für seine Kirche Reliquien der hl. Euphemia, die in Chalcedon ihr Martyrium erlitten hatte. Die Verehrung dieser Heiligen, die in Byzanz sehr populär war, breitete sich im Westen ebenfalls rasch aus. Die Überreste von Heiligen sowie Objekte, die durch die Verbindung mit deren Gräbern geheiligt waren, hielt man für »kostbarer als Gold und Edelsteine«. Und unter diesen Reliquien waren wiederum diejenigen, die aus dem Osten kamen, der Heimat im Westen verehrter Heiliger, wiederum besonders begehrt. Die Verbreitung des Kultes der östlichen Heiligen folgte den von den Pilgern eingeschlagenen Wegen.

Einer der wichtigsten Vermittler der Verbindung zwischen Orient und Okzident war entschieden das *Mönchstum*. Der Osten war nicht nur das Vaterland großer Heiliger, sondern ebenso das der großen Kirchenlehrer, Asketen und Anachoreten, der Helden der Einsamkeit. Und nicht nur Palästina, die Wiege des Christentums, sondern auch die immensen Wüsten Ägyptens übten auf die Menschen des Westens eine ungeheure Faszination aus. Der hl. Hieronymus, Lehrer der Lateinischen Kirche, verbrachte Jahre seines Lebens in der Einsamkeit, fünf Jahre lang zog er sich in die Wüste zurück, wie er schließlich wiederum in den Osten zog, um den Rest seiner Tage im Kloster von Bethlehem zu beschließen.

Zurückgekehrt von einer Reise nach dem Orient gründete der hl. Honorat in den ersten Jahren des 5. Jahrhunderts das Kloster auf der île de Lérins, und zu Beginn des 5. Jahrhunderts stiftete Jean Cassien in Marseille zwei Klöster, eines für Frauen, das andre für Männer, die berühmte Abtei von Saint-Victor; *149* bevor er sich dorthin zurückzog, hatte er lange Zeit den Osten bereist, im Kloster von Bethlehem verweilt und bei den Anachoreten Ägyptens sowie in Konstantinopel beim hl. Johannes Chrysostomos. Der Ruhm des hl. Symeon Stylites war von Syrien aus nach dem Westen vorgedrungen, wo man überall sein asketisches Leben und seinen Glaubenseifer bewunderte. Bekanntlich hatte er sich, um der Welt zu entsagen, auf einer Säule niedergelassen, die oben eine Zelle trug. Ringsum war ein Kloster entstanden, dessen imposante Ruinen die tiefe Verehrung bezeugen, welche die Syrer für ihren Heiligen hatten. Dort drängten sich Menschen in Menge, von denen viele aus dem Abendland stammten. Kaufleute, die den Handel zwischen Syrien und Gallien vermittelten, kamen zu Fuß zu der Säule. Ein Gespräch konnte sich entwickeln und der hl. Symeon von ihnen Neuigkeiten über die hl. Genoveva erfragen und ihnen ergebene Grüße an sie auftragen mit der Bitte an die Heilige, ihn in ihr Gebet einzuschließen.

Aufschlußreich ist die abenteuerliche Geschichte eines reichen syrischen Kaufmannes in Bordeaux, namens Euphonios. Der Bischof Bertram stimmte dessen Wunsch zu, Mönch zu werden, in der Hoffnung auf seinen Besitz, worunter sich eine Reliquie befand, ein Daumen eines berühmten östlichen Märtyrers, des hl. Sergios. Der Bischof teilte diesen Sachverhalt dem Fürsten Gundobald mit, der sich in Bordeaux aufhielt. Doch weigerte sich der Syrer, die angeblich wundertätige Reliquie herauszugeben. Man belagerte sein Haus, und ein Gefolgsmann Gundobalds namens Mummolus konnte sich zumindest eines Teiles der begehrten Reliquie bemächtigen.

Unter den Kulturgütern, die vom Osten nach dem Westen gelangten, sind die Objekte, die unmittelbar übertragen wurden, von solchen zu unterscheiden, die im Westen unter östlichem Einfluß entstanden.

Zeugen der Schriftkultur

Bei der Betrachtung der östlichen Einflüsse auf den Westen beginnen wir mit *Sizilien*, weil dieser Bereich beim Austausch zwischen dem griechischen Osten und dem Westen immer privilegiert war. In dieser Region war der griechisch-östliche Geist besonders spürbar, auch diente sie als Vermittler griechisch-östlicher Einflüsse, seit dem Ende des 6. Jahrhunderts bis zur Eroberung der Insel durch die Araber, das heißt bis zum Ende des 10. Jahrhunderts. Aus einem Brief des Papstes Gregor d. Gr. vom Oktober 598 an den Bischof von Syrakus, Johannes, entnehmen wir, daß orientalische liturgische Gebräuche, im Gegensatz zu denen der Römischen Kirche, sich auf der Insel eingebürgert hatten und daß dies hier niemandem besonders auffiel, so sehr hatte man sich am Osten orientiert. Das gleiche Phänomen galt für Catania.

Zum Beispiel wurden Taufen am Fest Epiphanias vorgenommen, und Subdiakone konnten heiraten, selbst wenn sie bereits ordiniert waren. Daraus läßt sich schließen, daß der Klerus Siziliens Elemente der lateinischen Liturgie mit solchen der griechischen vermengte. An diesen Klerus richtete Maximin der Bekenner zwischen 646 und 648 ein langes griechisches Sendschreiben über die Häresie der Monotheleten von Konstantinopel, Empfänger waren die Igumenen, das heißt die Äbte der Mönchsklöster der Insel, jedoch ebenso die Bevölkerung; als der große byzantinische Theologe auf seinem Wege nach Rom Sizilien besuchte, traf er hier zahlreiche Mönche und viele Priester an, die im Griechischen bewandert waren. Man kann feststellen, daß manches Kloster, das am Ende des 6. Jahrhunderts lateinisch war, bereits 50 Jahre später griechisch geworden war. Als kaiserliche Domäne mit Sonderstatus, dann byzantinischer Verwaltungsbezirk, gehörte Sizilien infolge der Verwaltungsreform des Kaisers Leo III. im 8. Jahrhundert zum Patriarchat Konstantinopel. Die Beziehungen zwischen der Geistlichkeit und den Mönchen Siziliens und der östlichen Hierarchie wurden entsprechend enger und der Austausch zwischen den konstantinopolitanischen Klöstern und den Konventen Siziliens nahm zu.

Die literarische Produktion in griechischer Sprache galt vorwiegend der Frömmigkeit und

Erbauung. Es handelt sich um hagiographische Schriften legendären Charakters in schlichtem Stil. Die Schreiber waren griechische Mönche an der sizilianischen Ostküste zwischen dem 7. und 9. Jahrhundert. Es handelt sich um: Leben des hl. Pankratius von Taormina, Leben des hl. Philippus von Argira, den frommen Roman der hl. Agrippina und schließlich das Hauptwerk dieses Genres, Martyrium der hll. Alphion, Philadelphos und Kyrinos, eine phantasievolle Ausschmückung der Heiligenleben mehrerer Märtyrer Siziliens mit bekannten Schauplätzen. Solche Heiligenlegenden waren äußerst beliebt. Die genannten Berichte haben miteinander gemein, daß der Kult dieser Heiligen an Stätten angesiedelt war, die ehemals Göttern der Antike geweiht waren.

Eine weitere sizilisch-griechische Schrift ist der lange Ekklesiastes-Kommentar des Bischofs Gregor von Agrigent. Nüchtern im Ton und von hohem literarischen Wert, bezeugt dieses Werk eingehende Kenntnis seines Autors der antiken griechischen Literatur; dadurch gehört es zu den besten geistlichen Schriften des 7. Jahrhunderts. Schließlich gab es auch in Sizilien, wie in den anderen Regionen des Imperiums, zahlreiche Dichter: Zu nennen sind Bischof Georg von Syrakus, die Bischöfe Gregor und Theodosius, ebenfalls von Syrakus, deren Dichtung die hl. Euphemia sowie den hl. Marcian, Niketas den Goten und den Evangelisten Lukas verherrlichte. Enge Verbindungen dieser Kultur mit den großen Reichszentren, Rom, Antiochia und Konstantinopel sind anzunehmen.

Für *Kalabrien* wie für Sizilien ist höchst wahrscheinlich, daß die ersten orientalischen Zuwanderer zu Beginn des 7. Jahrhunderts aus Syrien und Ägypten kamen. Wenn wir für diese Annahme auch keine unmittelbaren Zeugnisse besitzen, gibt es doch indirekte Beweise in der Liturgie, dem Recht und der Archäologie, wie noch zu zeigen ist.

Im Bereich der *Manuskripte* ergibt sich folgende Situation: Unter Wahrung eines gewissen Hellenismus breiten sich östliche Einflüsse aus. Zu nennen sind hier ein großes Euchologion oder Gebetbuch, ein Prophetologion, ein Buch Hiob, ein Gregor von Nazianz, ein Pseudo-Dionysios von Florenz, alle aus dem 8. Jahrhundert. Diese in Kalabrien kopierten Bücher sind sämtlich geistlicher Art, es befindet sich kein heidnischer Autor darunter, selbst kein Historiker. Anders sieht es in der vorhergehenden Epoche aus, vor dem Kommen der Byzantiner, zwischen dem 4. und dem 6. Jahrhundert. Aus dieser Zeit kennt man einen Parmenides-Kommentar, medizinische Schriften, einen mathematischen Traktat der dem Anthemios von Tralles zugeschrieben wird, sowie biblische und hagiographische Manuskripte aus dem 5. und 6. Jahrhundert.

Das griechische Element ist jedenfalls recht früh, wenn vielleicht auch nur sporadisch, in die Regionen von Benevent, Salerno, Gaeta, Capua und Neapel vorgedrungen. Die Langobarden von Benevent und Salerno, wie auch die Neapolitaner, an den Grenzen von lateinischer und griechischer Welt gelegen, waren in diesem Bereich die bedeutendsten Mittler zwischen westlicher Zivilisation und byzantinischer Kultur.

Unter der glanzvollen Herrschaft des Arichis gab es in Benevent Männer, die das Griechische beherrschten, wie der gebildete Paul Warnefrid, der berühmte Paulus Diaconus, der angeblich diese Sprache der Prinzessin Adelperga beibrachte; es sei nicht vergessen, daß Arichis purpurne Stoffe aus Kleinasien bezog und orientalische Gewänder sowie mit Edelsteinen geschmückte kostbare Gefäße aus Gold und Silber, die er der Kathedrale Santa Sophia in Benevent stiftete, deren Namen an die Hagia Sophia zu Konstantinopel erinnert. Weiter ist zu erwähnen, daß der Herzog direkt aus Konstantinopel wertvolle Reliquien erhielt, wie die des hl. Elianus, eines der Märtyrer von Sebaste.

Neapel war von der Mitte des 7. bis zur Mitte des 8. Jahrhunderts, bevor es unabhängig wurde, ein byzantinisches Herzogtum. Die ersten dieser Herzöge, die den klangvollen Titel »Konsul und Spathairos« trugen, hatten Namen, die an byzantinischen Ursprung denken lassen wie: Basilios, Theophylact, Cosmas, Stephan, Theodosios, Theodor usw., vermutlich wurden sie aus der Hauptstadt entsandt; die offizielle Verwaltungssprache war jedenfalls Griechisch. Selbst nach dem Fall des Exarchats von Ravenna, Mitte des 8. Jahrhunderts, und der pro-römischen Politik unter Herzog Stephan II. (755–762), der Neapel wieder zu einer lateinischen Stadt machte, ging die byzantinische Kultur hier noch keinesfalls unter. Vielleicht ist jenes Überleben den fortwährenden Beziehungen zwischen Neapel und dem byzantinischen Sizilien zuzuschreiben. Die Kenntnis des Griechischen blieb hier noch lange erhalten, denn in Neapel wurde das erste profane Werk, die »Geschichte Alexanders d. Gr.« des Pseudo-Callisthenes in der 2. Hälfte des 10. Jahrhunderts durch den Erzpriester Leo übersetzt.

In Rom war das Griechische am Ende des 6. Jahrhunderts so gut wie unbekannt. Noch im folgenden Jahrhundert klagte Papst Gregor d. Gr. darüber, daß es so schwierig sei, hier brauchbare Übersetzungen aus dem Griechischen in Latein zu finden. Trotzdem war zu jener Zeit das griechische Element in der päpstlichen Stadt wichtig: im 7. Jahrhundert war ein Viertel der Klöster in Rom griechisch oder östlich, d. h. 6 von 24, im 8. Jahrhundert 8 von 10 und noch im 11. Jahrhundert 11 von 57.

Die Kolonie der Orientalen bildeten Emigranten aus Kleinasien oder Syrien, die nach Zwischenaufenthalten auf Kreta, Nordafrika, Sizilien oder Sardinien auf der Flucht vor der persischen Invasion nach Rom kamen. Diejenigen, die den Arabern weichen mußten, gingen ebenfalls zunächst ins prokonsularische Nordafrika und dann nach Rom. Das intellektuelle Niveau der orientalischen Gemeinde in Rom ging zweifellos mit der Zeit zurück, reichte anfangs jedoch zur Hervorbringung einiger literarischer Arbeiten aus. Es entstanden Heiligenviten wie das Leben Martins I., des Papstes, der auf kaiserlichen Befehl ins Exil auf die Krim gegangen war, die Vita des Bischofs Gregor von Agrigent, die ein Abt des Klosters des hl. Sabas verfaßte, die des Gregentios,

Bischof der Homeriten, die Passionsgeschichte der hl. Tatiana, ferner Übersetzungen hagiographischer Schriften sowie offizieller Erlasse wie der griechischen Konzilien und Auszüge von Chroniken; ebenso gab es Übersetzungen vom Lateinischen ins Griechische, wie das Leben des hl. Ambrosius, die Vita des hl. Martin von Tours oder die Dialoge Gregors d. Gr., ein Werk des Papstes Zacharias, die dann im Orient rasch Verbreitung fanden.

Die zahlenmäßige Überlegenheit der Ostgriechen in der Geistlichkeit und Administration Roms, eines byzantinischen Herzogtums, begünstigte das Vordringen byzantinischer Riten, Sitten und Gebräuche. Zur Zeit des Papstes Theodor, im 7. Jahrhundert, wurde der Kirchenbann nach griechischer Formel verkündet, die Hymnen und gottesdienstlichen Lesungen wurden griechisch vorgetragen, ebenso wurde die Kommunion in beiderlei Gestalt gereicht. Feste griechischen Ursprungs wurden in Rom eingeführt, wie die Theophanie unter Leo II. (682–683), die Kreuzerhebung und die Dormitio der hl. Jungfrau unter Sergius I. (687–701). Der Kult griechischer Heiliger und ihrer Reliquien wurde in Rom seit dem Ende des 6. Jahrhunderts und bis ins 8. Jahrhundert eingeführt. Griechische Heilige wurden in Rom auf Fresken und Mosaiken dargestellt, meist in reicher byzantinischer Tracht. Die Kenntnis der griechischen Sprache hielt sich im 7. und 8. Jahrhundert, wenn vielleicht auch nur oberflächlich, aber Diakone wie Paschasios, Dionysios, Pelagios und andere sorgten für Übersetzungen der Konzilsakten. Selbst Päpste beteiligten sich an diesen Aktivitäten: Leo II. hat, als er noch Diakon war, die Beschlüsse des VI. Ökumenischen Konzils in Latein übersetzt, während Zacharias die Dialoge Gregors d. Gr. ins Griechische übertrug, Hadrian schließlich ließ die Beschlüsse des Konzils von Nicäa lateinisch übersetzen. Im 7. und 8. Jahrhundert entstanden auch die lateinischen Versionen der Passion des hl. Athanasius, der Vita des hl. Sabas, der Chronik des Malalas sowie zahlreicher Heiligenleben, Homilien und theologischer Schriften. Um 701–705, unter dem

Pontifikat Johannes VI., fiel dem Engländer Wilfred, Bischof von York, auf, daß die Teilnehmer des Konzils sich der griechischen Sprache bedienten. Im darauffolgenden Jahrhundert allerdings verschwand die Kenntnis des Griechischen in Rom. Zweifellos trug die Anwesenheit griechisch-orientalischer Elemente in Rom vom Ende des 6. bis zur Mitte des 8. Jahrhunderts dazu bei, dieser westlichen Hauptstadt der Christenheit orientalische Anklänge zu geben: Einige Lebensbereiche und künstlerische Manifestationen, die Mode der Oberschicht, und nicht zuletzt die Kanzleisprache wiesen unverkennbar byzantinische Einflüsse auf. Das will nicht heißen, daß der Geist des Volkes nicht im Grunde lateinisch geblieben sei. Offensichtlich war jedoch der Einfluß der byzantinischen Zivilisation auf Rom sehr vielfältig, wenn wohl auch nicht allzu profund.

Bei der Betrachtung Roms als eines wichtigen Zentrums der Verbreitung östlicher Kultureinflüsse läßt sich leider nichts über die Bibliotheken dieser Stadt während der betreffenden Periode aussagen. Doch sprechen einige Indizien dafür, daß die Zentren der Schrift, die *Scriptoria*, in Italien, Byzanz und dem Nahen Osten engere Verbindungen miteinander hatten, als man auf den ersten Blick annehmen möchte. Höchst wahrscheinlich ist nämlich, daß die dekorativen und vor allem zoomorphen Initialen gerade während des in Frage stehenden Zeitraums vom Okzident nach Byzanz gelangten. Konnte im 8. Jahrhundert Byzanz dem Abendland wenig geben, ist doch die Typisierung der lateinischen Unziale vermutlich griechischen Schreibern in Rom zu verdanken, ein Beispiel für den wechselseitigen Einfluß zwischen griechischer und lateinischer Schrift in jener Epoche.

Ravenna war eine östliche Stadt, bevor es zur Kapitale des byzantinischen Exarchats in Italien wurde. Die Mehrzahl der Orientalen, die sich hier niederließen, waren Soldaten, Funktionäre, Geistliche sowie einige Kaufleute. Nach der byzantinischen Besetzung im 6. Jahrhundert nahm der Anteil der Orientalen rasch zu, und im folgenden Jahrhun-

dert lassen sich etwa folgende Bevölkerungsanteile ausmachen: 50 % Orientalen, 45 % Lateiner und 5 % Goten. Die Orientalen waren wohlhabend und im Gefolge des Exarchen oder des Bischofs anzutreffen, sie hatten Grundbesitz, waren Händler und importierten Luxusgüter, Stoffe und Kunstgegenstände. Die Umgangssprache blieb Lateinisch; mit Ausnahme der des Exarchen Isaak und seines jungverstorbenen Neffen, sind alle Grabinschriften in dieser Sprache verfaßt. 53

In Ravenna wie in Rom und im südlichen Italien fällt die Aufnahme griechischer Heiliger in den kirchlichen Brauch auf, auch gab es hier orientalische Viertel und Paläste mit griechischen Namen sowie zahlreiche Kirchen und Hospitäler nach konstantinopolitanischem Vorbild: St. Laurentius in Cäsarea, Sta. Maria in Cosmedin, St. Theodor, Sta. Maria Blachernita. Für Luxusgüter hatte man zwar ein lateinisches Vokabular, doch nahm es auch einige griechische Bezeichnungen für Gewänder und Juwelen auf. Kirchliche und zivile Funktionen wurden z. T. ebenfalls griechisch benannt, und griechische Wörter der Bibelsprache drangen ein. Träger dieses Einflusses war eine begrenzte Oberschicht, außer der es breitere Gruppen gab, die sich ebenfalls den östlichen Einflüssen öffneten; nicht zuletzt sprechen die erhaltenen Kunstgegenstände dafür.

Es bleibt anzumerken, daß die griechische Periode Ravennas zwar außerordentlich brillant, doch nur von kurzer Dauer war, besonders im Vergleich mit Rom und Süditalien. Nach dem Fall des Exarchats (751) verschwand hier das griechisch-orientalische Element; teils wurde es absorbiert, soweit seine Träger nicht auswanderten.

Tatsächlich läßt sich feststellen, daß keine 20 Jahre nach dem Abzug der byzantinischen Verwaltung die zuvor griechischen Klöster latinisiert waren. Dies mag eine Folge der päpstlichen Politik sein, die sich des Exarchats bemächtigte und im offenen Gegensatz zu Byzanz stand, weit mehr aber ist es der bis dahin nur oberflächlichen Hellenisierung zuzuschreiben. Es bleibt festzuhalten, daß in Ravenna die geistige Durchdringung mit dem Griechischen jedenfalls bei weitem nicht die Nachwirkungen hatte, wie etwa in Rom. Es gab hier nur wenige Übersetzungen aus dem Griechischen, und nach Boëthius und Cassiodor ist kaum mehr ein Interesse für die griechische Kultur festzustellen. Flavius Rusticius Domnulus, der Dichter Venantius Fortunatus, Arator, die in Ravenna im 6. Jahrhundert ihre Studien betrieben, blieben Lateiner, wie auch die Erzbischöfe von Ravenna sich ausschließlich des Lateins bedienten. Sogar die liturgischen Gebräuche des Exarchen, die im griechischen Kloster Sta. Maria in Cosmedin ihr Zentrum hatten, wie die kirchlichen Riten, die anscheinend ursprünglich mit denen kleinasiatischer Kirchen in Verbindung standen, gingen in Ravenna rasch zurück, wenn sie auch Spuren in Aquilea, Grado, Triest und Venedig hinterließen.

In der Region Venedig und Istrien war das griechisch-orientalische Element seit der Epoche des Oströmischen Kaiserreiches weithin vertreten: »Syrer« gab es hier im 5. und 6. Jahrhundert zahlreich, aber anscheinend bereits dem örtlichen lateinischen Milieu angepaßt. Bei der Errichtung des Exarchats in Italien geriet Venetien, von der Gegenwart der Langobarden befreit, unter byzantinische Gewalt (585–589), wobei sich die Bevölkerung anscheinend willig der kaiserlichen Hoheit unterstellte. Byzanz, das seine Aufmerksamkeit vor allem dem Osten und dem Norden seines Imperiums zuwenden mußte, konnte sich den fernen Grenzen seines Territoriums kaum widmen. Zu Beginn des 7. Jahrhunderts unterstand die Herrschaft über die Lagunen daher unmittelbar der Verwaltung des Exarchats. Ein Herzog mit dem Titel »magister militum« führte den Befehl; er residierte zuerst in Torcello, dann in Heracliana. Im Einverständnis mit der byzantinischen Regierung unterstützte die Provinz Venetien den Kampf der Truppen des Exarchats gegen die langobardischen Eindringlinge. In dieser hohen Protektion lag die beste Garantie gegen äußere Feinde und zugleich die Voraussetzung für die allmähliche Entwicklung der späteren Autonomie – unter wohlwollender Duldung seitens der Repräsentanten des östlichen Imperiums. Der Sturz des Exarchats hatte zwar den Zusammenbruch der byzantinischen Verwaltung zur Folge, doch anerkannten die venetischen Herzöge weiterhin die byzantinische Souveränität. Selbst nach dem fränkisch-byzantinischen Vertrag von Venedig (810) verstanden sich die Dogen Venedigs weiterhin als byzantinische Funktionäre; sie trugen byzantinische Hoftitel wie »Kaiserlicher Konsul und Herzog«, stellten der byzantinischen Flotte eigene Einheiten zur Verfügung und pflegten die diplomatischen Beziehungen zu Konstantinopel, auch wurden vertraglich Ehen mit Prinzessinnen kaiserlichen Geblüts geschlossen.

Kennzeichnend für diese Beziehungen sind jedoch eine große Liberalität, die materielle Vergünstigungen mit sich brachte, wie Zoll- und Niederlassungsfreiheiten, die es Venedig schließlich ermöglichten, zur Herrin der Adria aufzusteigen. Offensichtlich beruhte aber die Vorliebe der Venezianer für das byzantinische Wesen, die Tracht, die Kunst, die Liturgie oder das Zeremoniell nicht nur auf den wirtschaftlichen Beziehungen, die Venedig mit der Hauptstadt am Bosporus verbanden, vielmehr gab es darüber hinaus intellektuelle und affektive Bindungen, die man hochhielt. Diese latente Zuneigung blieb auch dann noch erhalten, als sich die Beziehungen konfliktreicher gestalteten und der Konkurrenzkampf zwischen Venedig und Byzanz offen hervortrat.

Der Einfluß des byzantinischen Ostens auf Norditalien wie auf Süditalien war von Epoche zu Epoche verschieden stark und hing von den unmittelbaren wechselseitigen Beziehungen zwischen Orient und Okzident ab. Während des ganzen Hochmittelalters gab es diesen Austausch, verbunden mit den politischen Ereignissen. Für den Westen war die byzantinische Zivilisation ein Faktum, das immer wieder zur Auseinandersetzung herausforderte.

In den anderen Ländern des Westens, Frankreich,

Deutschland, Spanien und England war die Situation ganz anders als etwa in Italien. Die hochentwickelte Kultur Konstantinopels und seiner östlichen Herrschaftsgebiete strahlte nach dem Abendland aus, wobei vor allem die Schriftkultur als Vermittler diente, neben anderen Überlieferungen.

Nach einer kurzen Phase des Niedergangs zwischen dem 3. und dem 4. Jahrhundert nahm der Handelsaustausch zwischen den Städten des südlichen Galliens und dem griechischen Osten bis zum Ende des 7. Jahrhunderts wieder zu, um dann nachzulassen und zu erliegen. Fremdstämmige Elemente wurden hier bis zu der Zeit absorbiert und latinisiert, als keine östlichen Händler und Pilger mehr eintrafen.

Andererseits kennen wir zahlreiche Pilgerfahrten ins Heilige Land von Mönchen, Priestern und Bischöfen, die aus dem Orient Reliquien, Kostbarkeiten und wertvolle Stoffe mitbrachten. Der Zustrom aus dem Osten nahm dann erst im 10. und 11. Jahrhundert wieder zu. Gewiß brachten die fränkischen Pilger aus dem Osten Ideen und Informationen mit, auch kultische und andre Gebräuche, und nicht zuletzt Kunstgegenstände orientalischen Ursprungs, doch insgesamt blieb diese Überlieferung allzu gering, um die Kultur und den Stil der Franken entscheidend zu beeinflussen. Vielmehr scheint die Vorliebe für das Östliche in Frankreich erst um die Mitte des 8. Jahrhunderts, und zwar im karolingischen Bereich aufgekommen zu sein. Der erste Abgesandte byzantinischer Kultur war vielleicht der Eunuche Elisaisos, der 781 nach Aachen kam, um die Tochter Karls d. Gr., die Prinzessin Rotraut, die zur Gemahlin Konstantins VI. bestimmt war, zu instruieren.

Bereits 20 Jahre früher hatte Papst Paul II. Pippin dem Kurzen auf dessen Wunsch griechische liturgische Manuskripte sowie einige Lehrbücher gesandt, eine Grammatik, eine Orthographie, eine Geometrie, ein Werk des Aristoteles sowie ein theologisches Buch des Pseudo-Dionysios Areopagita, als Unterrichtsmaterial für den Hof oder ein Kloster.

Zwar ist zweifelhaft, ob Karl d. Gr. tatsächlich eine griechische Schule in Osnabrück gründete, dagegen hat sich Karl der Kahle wohl darum bemüht, griechische Mönche aus dem Osten oder aus Italien als Lehrer zu bekommen. Jedenfalls ist das erste griechische Buch, das mit Sicherheit nach Frankreich gelangte, der berühmte Pseudo-Dionysios Areopagita, den der byzantinische Kaiser Michael II. im Jahr 827 an Ludwig den Frommen schickte; Hilduin, Mönch von Saint-Denis, übernahm die lateinische Übersetzung.

Weihnachten 800 wurde Karl der Große in Rom durch Papst Leo III., einen Griechen aus Süditalien, zum Kaiser gekrönt. Dabei befolgte man den byzantinischen Ritus: Wahl durch Akklamation seitens des Heeres, des Senats und des Volkes von Rom, Adoration oder Proskynese, Krönung durch den römischen Pontifex. Seitdem übernahm der neue Kaiser des Westens jeweils noch weitere byzantinische Bräuche, wie den kaiserlichen Ornat, die Metallsiegel an den Urkunden, die Signatur in roten Lettern, die Entsendung von Geschenken u. a. m. Seither hat sich die Vorliebe für Byzantinisches in Frankreich verbreitet.

In *Spanien* machte sich der byzantinische Einfluß seit dem Ende des 6. Jahrhunderts bemerkbar. Leovigild, der im südlichen Spanien herrschte, ahmte die byzantinischen Bräuche im Zeremoniell seines Hofes, in den Staatsgewändern und im Münzwesen nach; in erster Ehe war er zudem mit einer Adeligen byzantinischer Herkunft verheiratet. Wenn auch die byzantinische Administration in Spanien nur von kurzer Dauer war, unterlag das Land doch lange Zeit dem byzantinischen Einfluß, der über Nordafrika und die Balearen wie über Sizilien und Sardinien vermittelt wurde. Es handelte sich nicht nur um wirtschaftliche Beziehungen, sondern ebenso um künstlerische, religiöse und liturgische zwischen Konstantinopel und dem Königreich von Toledo; schließlich kam auch der Süden Frankreichs als Vermittler in Betracht.

Mehr als eine Quelle berichtet von Wirtschaftsbeziehungen zwischen Alexandria und der *englischen Küste* im 6. und 7. Jahrhundert. Das *Schiff von Sutton Hoo* hatte unter seinen Beigaben auch byzantinische und koptische Gegenstände. Der Papst Vitalian schickte im Jahr 668 einen Kilikier namens Theodor von Tarsos nach England, der zum Bischof von York gewählt wurde. Er hatte in Athen studiert und war während der persischen oder arabischen Invasion nach Rom geflüchtet, wo er Latein lernte. Er errichtete eine kleine Schule, aus der Beda hervorging, der größte Gelehrte des 8. Jahrhunderts. Dieser gehörte zu den seltenen Angehörigen seiner Generation in *England*, die Griechisch lesen konnten. Es scheint, daß ihm nur wenige griechische Bücher zugänglich waren, so eine zweisprachige Kopie der Acta der Apostel, ein integraler Text des Neuen Testaments, ein Flavius Josephus, nicht mehr unter insgesamt 142 Werken, die Beda als Quellen für seine Arbeit dienten.

Zu Beginn des 9. Jahrhunderts war das Griechische in England praktisch verschwunden. In *Irland* gar hatte man im Hochmittelalter so gut wie keine Kenntnis des Griechischen, und die Wörter liturgischen oder patristischen Ursprungs, die Buchstaben des Alphabets sowie die Ethymologie einiger gebräuchlicher Begriffe wurden den enzyklopädischen Werken eines Isidor von Sevilla, Cassiodor oder Beda entlehnt.

In *Deutschland* wurde die byzantinische Kultur durch den karolingischen Hof vermittelt; allerdings waren die Bücher griechischer Autoren, welche die Benediktinerabtei Reichenau im Jahre 822 besaß, wahrscheinlich Übersetzungen. Wir wissen, daß die Bibliotheken von Sankt Gallen, Fulda und Würzburg griechische Manuskripte der Evangelien und des Psalters besaßen, jedoch erst im 10. Jahrhundert, zu Zeit der Ottonen, als griechische Mönche aus dem Osten und aus Süditalien die großen deutschen Abteien aufsuchten.

Zum Abschluß dieser chronologischen Skizze über den Einfluß des byzantinischen Ostens auf die Schriftkultur des Abendlandes im Hochmittelalter

sei folgendes angemerkt: Als der Okzident sich vom Mittelalter löste und eine lebhafte Nostalgie für das Denken der Antike entwickelte, wandte man sich nicht nur dem lateinischen Gedankengut zu, sondern – mit Petrarca und Boccaccio – auch der griechischen Geisteswelt. Und wiederum war es zunächst Byzanz, vermittelt durch die provinzielle Kultur eines Barlaam von Kalabrien und Leo Pilatus, dann vor allem durch die Tradition Konstantinopels mit Chrysoloras, Argyropoulos, Chalcocondylos und Georgios Gemistos Plethon, die in den Westen fliehen mußten und hier die Verbindung mit der Kultur des griechischen Altertums knüpften.

Zeugen der nicht-schriftlichen Kultur – Die Künste

Eusebius rühmte das Ende der Verfolgungen und die Rückkehr des Friedens für die Christen unter der Herrschaft Konstantins mit den Worten: »Eine unsägliche Freude, eine göttliches Glück breiteten sich in den Gebäuden aus, die kurz zuvor noch durch die Gottlosigkeit der Tyrannen verwüstet worden waren und die nun wiedererstanden, wie nach einer langen und tödlichen Heimsuchung. Man sah die Kirchen sich aus ihren Ruinen zu unendlicher Höhe erheben und in einem Glanze erstrahlen, der den der zerstörten Kirchen weit übertraf... Überdies bot sich uns ein Schauspiel dem alle beiwohnten: Weihefeste in jeder Stadt, Konsekrationen neu errichteter Kirchen, Zusammenkünfte von Bischöfen zu diesem Zweck; Gläubige strömten von weither und von überall zusammen.« Dieser Baueifer setzte sich bis ins 6. Jahrhundert hinein fort, und der Reichtum baulicher Lösungen ist überraschend, der dank des lebendigen Erbes der griechisch-römischen Antike verwirklicht wurde.

Der Typus der *Basilika*, den die Römer der Antike für Versammlungshallen kannten, wurde wie selbstverständlich durch die Kirche übernommen, und er breitete sich im 4. und 5. Jahrhundert allenthalben

156, 157

120

58. *Istanbul, Museum türkisch-islamischer Kunst.* Miniatur, Begegnung Mohammeds mit einem monotheistischen Hirten.

صو بذ ايچدى كوردىكم اول صو قاردن صووق شكردن شرندن اول اوغلان
ايتدى يا محمّد شمدى بلدمكه سنك قتند الله تعالى قتندن قرىك واردر

منزلك عظيم ايمش دعاك مستجاب ايمش ايا محمّد بنم ايكى درلو حاجتم
دخى واردر اكر اول ايكى درلو حاجتمى روا قلورسك اول ايكى اكسوكم

59. *Istanbul, Hagia Sofia.* Die Apsidenzone.
60. *Istanbul, Hagia Sofia.* Die Loggia des Sultans.

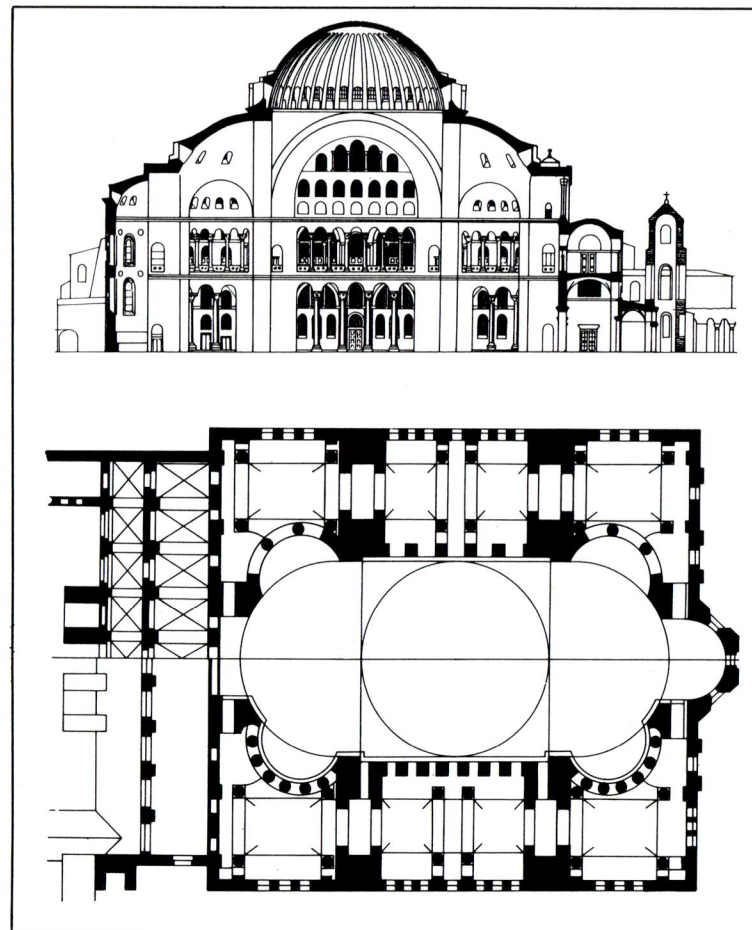

61. *Istanbul, Hagia Sofia.*
Grundriß und Aufriß, nach Schug-Wille.
62. *Istanbul, Hagia Sofia.* Mimbar (Predigtkanzel).
63. *Istanbul, Hagia Sofia.* Innenansicht.

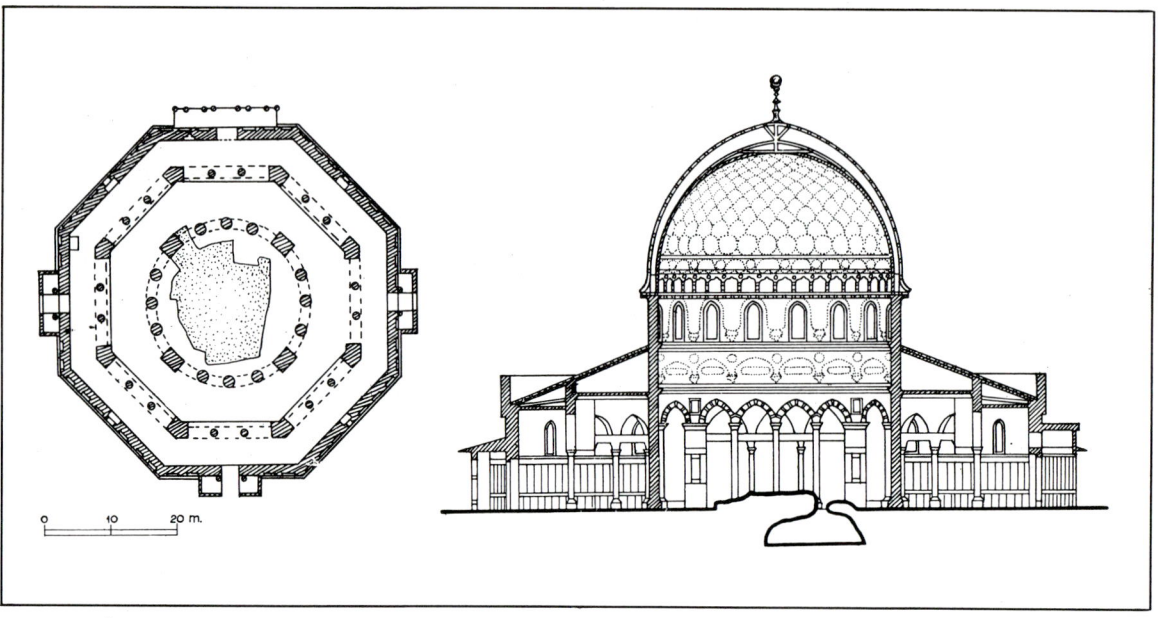

64. *Jerusalem, Felsendom.* Außenansicht.
65. *Jerusalem, Felsendom.* Grundriß und Schnitt, nach Dimand.

6. *Jerusalem, Felsendom*. Innenansicht der Kuppel.

Folgende Doppelseite:
67. *Khirbat al Mafjar (Israel)*. Der Saal des Palastes.

68. *Jerusalem, Rockefeller Museum* Stuckrosette
mit Frauenköpfen, aus Khirbat al Mafjar.
69. *Jerusalem, Rockefeller Museum.* Frauenfigur aus
polychromem Stuck, aus Khirbat al Mafjar.
70. *Khirbat al Mafjar.* Mosaik des Bades.

71. *Kairouan (Tunesien).* Die große
Moschee.
72. *Kairouan (Tunesien).* Der Hof der
großen Moschee.

73. *Kairouan (Tunesien).* Außenansicht der
Mauer der großen Moschee.
74. *Kairouan (Tunesien).* Der Betsaal der
großen Moschee.

Folgende Seiten:
75. *Paris, Bibliothèque Nationale.*
Ms. Arabe 5847, f. 19.
Mohammedanische Reiter.
76. *Paris, Bibliothèque Nationale.*
Ms.Sup.Turc. 1907, f. 49ᵛ.
Die Himmelfahrt Mohammeds.

وتحل القفص والحبالة والقبس والبلة انها لفعت على الله فانضاعت من رزقها

فنشد مذ جهامًا لما دانى قربة دينار وقطعة وقلت لها ان رغبت في المستوفى المعلم

واشرت الى الدرهم فوجى بالبشر المذهب وان است ان تنزحي فخذي القطعة واسرحي

انت الى استنهاض البدر بالنظم والابلغ الهم وقالت دع جدالك فيما ينفعك بذلك فاسقط

طلع الشيخ وبلده والشعر والبيح بردته فقالت ان الشيخ من اهل سروج وهو الذي وشى

77. *Cordoba*. Baukomplex der Großen Moschee.
78. *Cordoba, Große Moschee*. Ostseite.
79. *Cordoba, Große Moschee*. Kuppel des Mihrab (Gebetsnische).

Vorhergehende Seiten:
80. *Cordoba, Große Moschee.* Schiff Abd-er-Rahmans I.
81. *Saragossa, Aljaferia.* Innenansicht des Oratoriums.
82. *Saragossa, Aljaferia.* Eingangsportal.

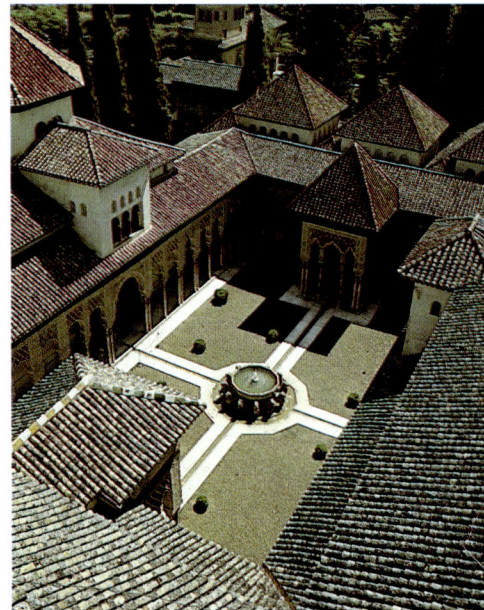

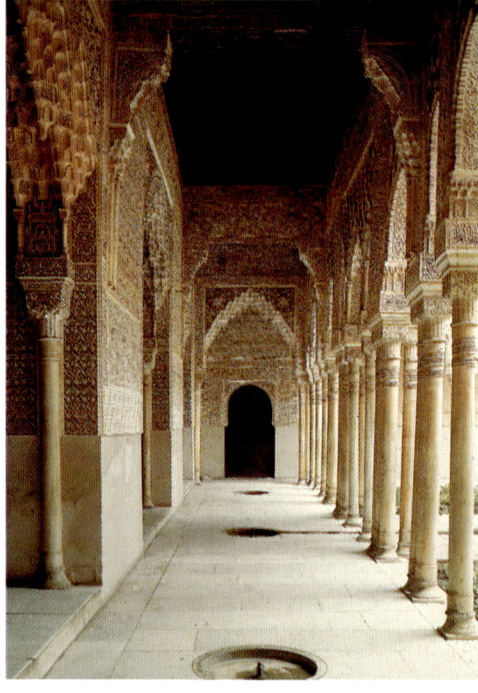

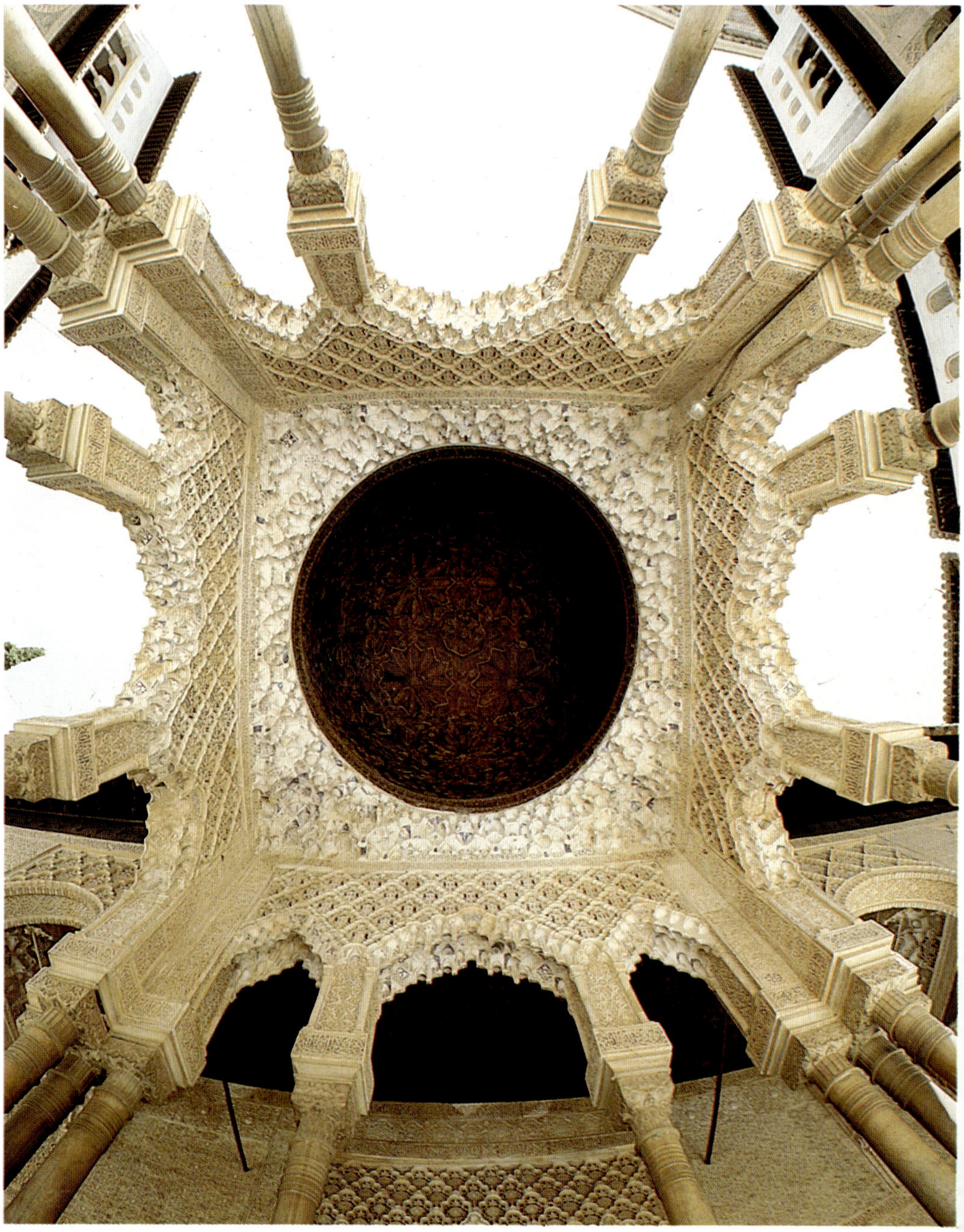

83. *Granada, Alhambra.*
Ansicht des Löwenhofes vom Palast Karls V. aus.
84. *Granada, Alhambra.*
Wandelgang im Löwenhof.

85. *Granada, Alhambra.*
Kuppel des Ostpavillons im Löwenhof.
86. *Granada, Alhambra.*
Detail der Deckenmalerei im Saal der Könige. Damen und Ritter.

87. *Granada, Alhambra.*
Detail der Deckenmalerei im Saal
der Könige. Mitglieder der Nasriden-Dynastie.
88. *Granada, Alhambra.* Detail der Deckenmalerei
im Saal der Könige.
89. *Granada, Alhambra.* Saal der Könige.

Folgende Sei
90. *Toledo, Synagoge.* Deckenkonstrukt
91. *Ravello, Villa Ruffolo.* Hauptgale

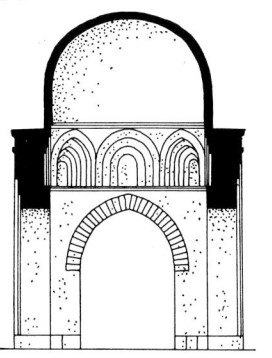

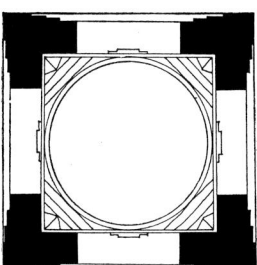

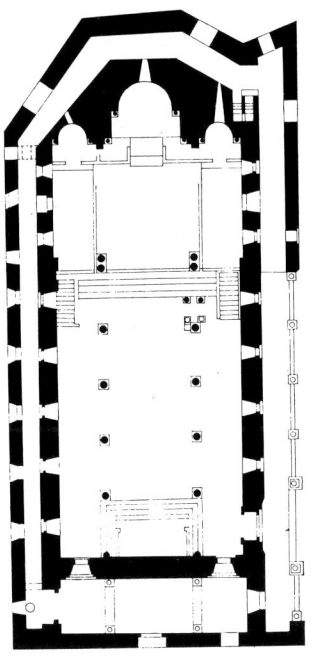

Vorhergehende Doppelseiten:
92. *Lucera, Kastell.*
93. *Amalfi, Paradieskreuzgang beim Dom.* (Chiostro del Paradiso).

Linke Seite:
94. *Palermo, Die Cubula.* (Piccolo Cuba).

95. *Palermo, Die Cubula.*
Grundriß und Aufriß.
96. *Palermo, Cappella Palatina.*
Mosaiken der Kuppel und der Apsis.
97. *Palermo, Cappella Palatina.* Grundriß.
98. *Palermo, Cappella Palatina.* Holzdecke.

99. *Pisa, Baptisterium.* Kapitell aus dem 10. Jahrhundert
mit arabischer Inschrift.

weit aus, zwischen Spanien und Mesopotamien, Armenien und Ägypten. Im 6. Jahrhundert bekam er eine Konkurrenz, die ihn im östlichen Mittelmeerraum allmählich durch Kuppelbauten ersetzte, ohne ihn jedoch völlig zu verdrängen. Der basilikale Typus hielt sich dagegen fast mit Ausschließlichkeit im Okzident, der sich auch auf diese Weise von den östlichen Provinzen unterschied.

Im östlichen Mittelmeergebiet und in Rom errichtete man seit dem Ende des 4. Jahrhunderts die Apsis im Osten, teils auch abweichend im Norden oder Süden. Die Orientierung erlaubte es den Gläubigen in der Himmelsrichtung des Sonnenaufgangs zu beten, wie das bereits in der Antike heidnischer Brauch gewesen war. Mehrere alte Schriften geben dafür Erklärungen, darunter die eine, daß Christus zum Jüngsten Gericht im Osten erscheinen werde. Über dem Altar erhob sich ein Baldachin aus Stein, Holz oder Metall, von vier oder mehr Säulen getragen, und mit einem Abschluß in Form einer Kuppel, einer Wölbung oder einer Pyramide. Das Ziborium hatte seinen Ursprung bei den Monarchien des Nahen Ostens, wo es den Herrscher vor Sonne oder Witterung schützen sollte. In der römischen Epoche brachte man Baldachine über den Kaiserthronen, über Götter- oder Heroenstatuen, Altären, Gräbern, Sarkophagen wie auch Quellen an; das Christentum übernahm diesen Brauch für seine eigenen Bedürfnisse.

Die Architektur

Ravenna besaß zu Beginn keine bedeutende lokale Architekturtradition und stand daher verschiedenen Einflüssen offen. Als Honorius im Jahr 402 seine Residenz hierher verlegte, die bisher in Mailand gewesen war, ließ Bischof Ursus eine fünfschiffige Kathedrale wie S. Giovanni in Laterano in Rom oder Sta. Thecla in Mailand errichten. 424 nach dem Tod des Kaisers, kehrte seine Schwester Galla Placidia, die sich mit ihm entzweit hatte, aus ihrem Exil in

Konstantinopel zurück, um die Regentschaft für den minderjährigen Valentinian III. zu übernehmen. Die Regentin ließ zu Ehren des hl. Johannes Ev., dem sie ihre Rettung aus Seenot anläßlich ihrer Rückkehr verdankte, eine dreischiffige Basilika mit Atrium und einem Narthex nach Vorbildern errichten, die sie in der kaiserlichen Hauptstadt gesehen hatte. Der Chor der Kirche glich syrischen Prototypen mit einer von Sakristeien flankierten Apsis. Diese Chorlösung trat ein Jahrhundert später dank der Stiftungen Justinians in S. Apollinare in classe *1,2* wieder auf; man findet hier Atrium und Narthex wieder. Letzterer war von Türmen flankiert, wie sie an den Westfassaden von Basiliken Griechenlands oder Syriens vorkommen.

In *Rom* selbst wurden mehrfach seit dem Ende des 5. Jahrhunderts Vorbilder aus dem byzantinischen Osten nachgeahmt. S. Giovanni in Porta Latina wurde zwischen 492 und 496 errichtet unter Zugrundelegung der Maßeinheit des byzantinischen Fußes von 31,5 cm und nicht des römischen Fußes von 29,6 cm. Den Chor schließt eine semi-hexagonale Apsis, flankiert von zwei Halbkreisapsiden in einer Anordnung, wie sie auf dem Balkan häufig vorkommt. Die neuen Basiliken von S. Lorenzo fuori le mura und S. Agnese fuori le mura wurden errichtet, nachdem die Stadt im Jahr 533 von den Truppen Justinians wieder eingenommen worden war. Sie hatten einen Narthex und Emporen nach dem Vorbild der großen Kirchen Konstantinopels und Griechenlands. Die Rundbauten des byzantinischen Ostens und besonders die des Heiligen Grabes inspirierten die Kirche S. Stefano Rotondo in Rom, die *8, 9* unter Papst Simplicius (468–483) errichtet wurde, sowie in Frankreich im 11. Jahrhundert die Kirchen von St. Benigne in Dijon, Neuvy-Saint-Sépulcre und Ste Croix in Quimperlé/Bretagne.

S. Vitale zu Ravenna kann als erneuerte und ver- *4-6* besserte Version von Hg. Sergios und Bacchos in Konstantinopel gelten. Es wurde um 520–547 dank großzügiger Stiftungen Justinians errichtet, die ein griechischer Geldwechsler namens Julianus den

Ravennaten übermittelte. Anschließend beabsichtigte der Kaiser, die ortsansässige orthodoxe Bevölkerung gegenüber den arianischen Goten zu stärken, indem er die Mittel zum Bau neuer Kirchen zur Verfügung stellte. Andererseits profitierten die Häretiker von der Gunst Theoderichs und seiner Tochter Amalaswintha. Ravenna wurde von den byzantinischen Truppen im Jahr 540 eingenommen, bevor der Bau von S. Vitale vollendet war.

Das Vorhandensein eines Narthex und von Emporen, die der italienischen Architekturtradition fremd sind, sowie die Mauertechnik mit flachen Zie-14 geln anstatt der dicken Backsteine vom Mausoleum der Galla Placidia oder S. Apollinare Nuovo, verrät 118 konstantinopolitanischen Einfluß, der sich ebenso in der Verwendung von Marmor zeigt, der von den Proconnes-Steinbrüchen am Marmarameer stammt. Von Konstantinopel rührt ebenfalls das Atrium her, das im allgemeinen bei den Kirchen Ravennas im 5. Jahrhundert fehlt. Die kunstvollen Effekte durch geschwungene Exedren mit Säulen hatten bereits Anthemius von Tralles und Isidor von Milet etwa gleichzeitig zwischen 532 und 536 an der Hagia 59, 61, 63 Sophia zu Konstantinopel erprobt. Eine ähnliche Verwendung polychromer Marmorverkleidung läßt die Verwandtschaft der beiden Bauwerke, an denen Justinian besonders gelegen war, noch enger erscheinen. S. Vitale in Ravenna erscheint so als ein Bauwerk konstantinopolitanischen Stils.

4-7 S. Vitale war zweifelsohne das wichtigste Vorbild, von dem Eudes von Metz ausging, als er die Aachener Pfalzkapelle für Karl den Großen erbaute. Dieser Herrscher konzipierte die Hauptstadt seines jungen Imperiums nach dem Vorbild Ravennas, dessen 112, 113 Nachfolge er antrat und wo er den Palast des Theoderich hatte ausplündern lassen.

3 Auch der Plan für S. Lorenzo in Mailand kam aus dem byzantinischen Osten. Die Kirche wurde unter der Herrschaft der Galla Placidia im 2. Viertel des 5. Jahrhunderts errichtet. Mailand war stets empfänglich für Anregungen aus den östlichen Provinzen des Imperiums. Der hl. Ambrosius hat in sei-

ner Liturgie im 4. Jahrhundert den orientalischen, hauptsächlich syrischen Traditionen viel Platz eingeräumt, und von Galla Placidia ist bekannt, daß sie aus dem konstantinopolitanischen Exil mit dem Wunsch zurückkehrte, die Städte ihres Herrschaftsbereiches mit prachtvollen Kirchen zu schmücken, wie sie die Byzantiner zu Hause besaßen.

Der Dreikonchenplan wurde im jungen langobardischen Königreich im Gebiet des Po zu Beginn des 7. Jahrhunderts übernommen. Die Ankunft östlicher Mönche, die Papst Gregor d. Gr. und seine Nachfolger mit der Ausrottung des Arianismus betrauten, brachte erneut östlichen Einfluß mit sich. Jener Grundriß wurde für Sta. Maria in Castelseprio 37 und Sta. Euphemia in Como gewählt.

Die Kontakte zwischen dem Osten und Gallien wurden wie erwähnt durch den Austausch diplomatischer Missionen aufrecht erhalten, doch vor allem durch Pilger unterschiedlichen Ranges sowie die zahlreichen griechischen und syrischen Kaufleute, die sich in Marseille, Arles, Narbonne, Orleans, Paris und an anderen Orten niedergelassen hatten. Sie handelten mit Wein, Öl, Gewürzen, Papyrus, Baumwolle, Elfenbein, Stoffen und sogar Ikonen.

Viele der großen Kirchen *Galliens* aus dem 5. und 6. Jahrhundert waren mit Mosaiken geschmückt, von deren Glanz die Texte berichten. Die Auvergne gehört zu den östlichen Einflüssen besonders aufgeschlossenen Regionen. Sidonius Appolinarius errichtete in Clermont eine dem hl. Georg geweihte Kirche, für die er Reliquien aus Lydda in Palästina erhalten hatte. Eine weitere Kirche wurde in dieser Stadt gegen 470 zu Ehren von St. Cyr errichtet, des Märtyrers aus Kilikien, wie vor ihren Mauern ein dem hl. Antolianus geweihter Bau. Dabei handelte es sich um eine Kuppelbasilika eines im byzantinischen Kaiserreich, vor allem in Anatolien, verbreiteten Typs. Andererseits war die um 470 vollendete Kirche St. Martin zu Tours anscheinend eine fünfschiffige Basilika mit seitlichen Emporen, wie sie in Konstantinopel nach dem Vorbild des Heiligen Grabes zu Jerusalem bekannt war; möglicherweise war dieses Bauwerk ebenfalls von einer Kuppel bekrönt. St. Pierre zu Vienne hatte ursprünglich wohl ebenfalls Emporen, ebenso entsprach hier das Mauerwerk östlicher Art; der Chor hatte eine Apsis, von Prothesis und Diakonikon umgeben, gemäß einem Typus der aus Syrien stammte und sich auf dem westlichen Balkan verbreitet hatte. Die Kathedrale von Nantes, vollendet 567, war im 6. Jahrhundert eine mit Mosaiken geschmückte Kuppelbasilika. In Toulouse wurde im 5. oder 6. Jahrhundert eine Zehneck-Kirche errichtet, die berühmte *Daurade*, die ihren Namen nach den goldgrundigen Mosaiken hatte, die sich über drei Galerien hinweg erstreckten. Das Bauwerk ist leider zerstört, doch kennen wir eine Beschreibung aus dem 17. Jahrhundert, wonach es scheint, als sei die Ikonographie zumindest zum Teil byzantinisch gewesen.

Die Mosaiken

Die Kirchen, in denen Mosaiken als besonders ehrwürdiger Dekor angebracht wurden, stellen in der Gesamtheit der byzantinischen Kunst nur eine Minderheit dar. Überwiegend handelt es sich um Bauwerke, die durch großzügige Zuwendungen von Kaisern, Päpsten, kirchlichen Würdenträgern oder hochgestellten Persönlichkeiten ausgezeichnet wurden. Es ist nicht möglich, mit Sicherheit zu bestimmen, woher die Künstler stammten, die das Mausoleum der Galla Placidia in Ravenna mit Mosaiken ausschmückten. Doch liegt die Vermutung nahe, daß die Auftraggeberin zumindest einige von ihnen aus Konstantinopel kommen ließ. Die Verwandtschaft zwischen dem Kopf des hl. Paulus und dem eines sitzenden Greises vom Mosaik im Großen Palast zu Konstantinopel ist so eng, daß man an Vorlagen denken möchte, die voneinander abhängig sind. Die etwas vage Idealität der Mehrheit der Apostel des Mausoleums der Galla Placidia erinnert eher an Porträts aus dem griechischen Osten als an solche des lateinischen Westens. Vielleicht konnten aus Konstantinopel kommende Meister auch an Ort und Stelle Schüler ausbilden.

14-17

Die Mosaiken von S. Vitale in Ravenna beschränken sich auf den Chorbereich und die Apsis. Vielleicht wurden sie bereits vor der Ankunft der Truppen Belisars in der Stadt im Jahre 540 begonnen. Sie verherrlichen das eucharistische Opfer, das auf dem Altar dargebracht wurde, den sie beherrschten. Justinian in weißer Tunika und mit purpurner Chlamys ist von drei hohen Würdenträgern umgeben, Mitgliedern der Senatorenschaft. Es handelt sich wohl links von dem Kaiser um den Präfekten der Prätorianer und zu seiner Rechten um den Feldherrn Belisar und den Großkämmerer. Justinian scheint den Gläubigen Ravennas ihren neuen Bischof vorzustellen, dessen Namen eine Inschrift festhält, so als gehe sie von dem Imperator aus. Zugrunde liegt die historische Tatsache, daß Bischof Maximian von der örtlichen Gemeinde schlecht aufgenommen wurde, da sie bereits einen anderen Hirten gewählt hatte. Um sich durchzusetzen, mußte Maximian als der Erwählte des Kaisers dastehen, als habe ihn Justinian gewissermaßen der ravennatischen Kirche gestiftet. Maximian war nicht nur der Erste in Ravenna, sondern überhaupt im Osten, der den Titel eines Erzbischofs erhielt, gemäß dem östlichen Brauch der Metropoliten, in Italien kam ihm also der Primat zu. Die Szene, in der er zu Seiten von Justinian auftritt, hat nicht zuletzt propagandistischen Charakter: Die Macht des Kaisers und seines Bundesgenossen, des Erzbischofs, wird demonstriert im wieder in das Byzantinische Imperium eingegliederten *Ravenna*.

6, 7
19-21

Auf der südlichen Darstellung steht Theodora mit goldenem Kelch an der Spitze einer Prozession von sieben Ehrendamen, die vielleicht von Antonina angeführt werden, der Frau Belisars. Der Kaiserin schreiten zwei Würdenträger voran, der eine mit goldener Chlamys; bei der Vase mit sprudelndem Wasser hält er den Vorhang des Kirchenportals empor. Die beiden entsprechen dem Diakon und dem Subdiakon, ihnen nördlich gegenüber auf der Justiniansdarstellung. Der starkfarbigen Gruppe der

Soldaten der Leibgarde des Kaisers mit grünen, roten und weißen Gewändern entspricht im Süden der Zug des Gefolges der Theodora. Hier zeichnen sich die Gewänder durch eine Fülle von Ornamenten aus; die Mäntel und Tuniken sind chromatisch reich abgestuft und setzen sich aus zahllosen Nuancen von Purpur, Gold, Grün, Weiß sowie Grautönen zusammen. Wie die Prozession Justinians, scheint auch Theodoras Zug dem Christus der Apsis entgegenzuschreiten. Die Gesichter Justinians, Theodoras und Maximians wie auch die ihrer wichtigsten Gefolgsleute sind wirkliche Porträts von erstaunlicher Ausdruckskraft. Vielleicht wurden die Kartons dieser Darstellungen in der Hauptstadt Konstantinopel ausgeführt. Jedenfalls scheinen dem Meister offizielle Porträts des Kaisers und der Kaiserin vorgelegen zu haben von jener Art, wie sie anläßlich des Regierungsantritts in den großen Städten vorlagen. Neben den Chor- und Apsismosaiken, die den vollendeten dekorativen Geschmack der hellenistisch-römischen Kunst aufweisen, bringen die beiden monumentalen Figurenfriese eine neue Atmosphäre offizieller Feierlichkeit hinzu; Luxus und Spiritualität vereinen sich hier wie in der Architektur von S. Vitale oder der Hagia Sophia.

5, 6
59, 63
Der griechische Geldwechsler Julianus hat direkt oder indirekt den Bau der beiden ravennatischen Kirchen S. Michele in Africisco (die im 19. Jh. fast *2* völlig abgerissen wurde) und S. Apollinare in classe, beide vom Ende der 1. Hälfte des 6. Jahrhunderts, finanziert. Nach Ikonographie und Stil verdanken sie der Kunst Konstantinopels sehr viel. Sie offenbaren die Veränderungen, die eingetreten waren, als man die aus der römischen Antike überkommenen Elemente einer gründlichen Christianisierung unterwarf: Die byzantinische Gesellschaft hatte sich entscheidend verändert, die Größe Gottes wurde nun ebenso verherrlicht wie die seines Stellvertreters auf Erden, des Kaisers.

Die Wiedergewinnung der italienischen Halbinsel und Istriens durch die Heere Justinians löste in einigen küstennahen Städten an der Adria ein Wie-

deraufleben aus, das zu erhöhter Bautätigkeit führte. Der stolze Maximian ließ in seiner Heimatstadt Pola (heute Pula) eine Kathedrale errichten, die leider im 15. Jahrhundert völlig erneuert wurde.

In Parentium (heute Poreč) baute Bischof Eupharasius um die Mitte des 6. Jahrhunderts anstelle einer 100 Jahre älteren Kirche eine Basilika, die den Einfluß von Konstantinopel durch die Verwendung von prokonnesischen Marmorkapitellen zeigt. Das *10, 11* *47, 48* Atrium mit vier Portalen vor der Nordfassade entspricht sowohl justinianischen Vorbildern Konstantinopels als auch konstantinischen Roms. Die Mosaiken allerdings weisen auf Verbindungen zu Ravenna hin: Das Mosaik der Apsis zeigt die hl. Jungfrau mit dem Jesuskind auf den Knien, flankiert von zwei Engeln (wie der Christus von S. Vitale), dem Stifter und Heiligen; rechts der hl. Maurus, beliebtester Schutzpatron der Stadt, der auf seinen vom Mantel bedeckten Händen die Märtyrerkrone trägt. Er stellt den Bischof Euphrasius vor, der die Kirche der hl. Jungfrau empfiehlt. Euphrasius hat seinen Erzdiakon Claudius im Gefolge, zwischen beiden dessen kleiner Sohn, der ebenfalls Euphrasius heißt, vermutlich weil der Bischof sein Pate war. Links von der hl. Jungfrau drei unbenannte Heilige, der erste und der dritte mit Kronen, während der mittlere das Evangelium trägt. Traditionell werden diese drei Heiligen mit den Schutzpatronen der Stadt identifiziert: Eleutherius, Projectus und Elpidius. Oben erscheint im Himmel die Hand Gottes, die eine Krone über das Haupt Mariens hält.

Der Einfluß Ravennas erstreckte sich auch auf die Inseln der venezianischen Lagune. In *Torcello* gründete im Jahr 639 der byzantinische Exarch von Ravenna, Isaac, eine Basilika und der Bischof von Altinum verlegte seine Residenz hierher, um der Vorherrschaft der Langobarden zu entgehen. An der Wölbung des Diakonikons von Torcello befindet sich noch ein Mosaik, auf dem von Laubwerk umgeben vier Engelskaryatiden ein Medaillon mit dem *13* Lamm halten; das Vorbild findet sich in S. Vitale, Ravenna.

In Rom selbst förderte der Bau stattlicher Kirchen durch Konstantin und seine Nachfolger wie durch die Päpste die Entstehung von Mosaikwerkstätten. In der Apsis der großen Heiligtümer, wie z. B. St. Peter und S. Paolo fuori le mura, wurde der thronende Christus zwischen den Apostelfürsten dargestellt; Vorbild dafür waren Darstellungen in Palästen oder Basiliken, die den Imperator zwischen den Würdenträgern seines Hofes zeigten; entsprechend bildete sich eine ikonographische Tradition, welche für die späteren Kirchen Roms vorbildlich blieb. Die Mosaiken von Sta. Pudentiana (Anfang 5. Jahrhundert) sind typisch römisch durch ihre erhabene Würde und die malerischen Elemente. Rom war stets empfänglich für das, was sich in den östlichen Provinzen des Imperiums ereignete; auch nach dem Triumph des Christentums sollte das so bleiben.

Mitunter nimmt man an, daß z. B. die Mosaiken des Triumphbogens wie auch die der Apsis von Sta. Maria Maggiore, die heute verschwunden sind, zur Zeit der Erneuerung der Kirche unter Papst Sixtus III. (432–440) von einem Mosaizisten aus Konstantinopel und nach entsprechenden Vorlagen geschaffen worden seien. Ebenso hat man vermutet, daß diese Arbeiten einer Stiftung der konstantinopolitanischen Prinzessin Eudoxia, einer Tochter Theodosius' II., zu verdanken seien; sie hat im Jahr 437 ihren Vetter Valentinian III., den Sohn der Galla Placidia, geheiratet. Der gesamte Dekor des Triumphbogens verherrlichte den Triumph der Jungfrau und ihres Sohnes. In der Mitte der ersten Zone befand sich zwischen den Aposteln Petrus und Paulus ein Medaillon mit dem für die Wiederkunft des Herrn bereiteten Thron. Links ist Josephs Traum dargestellt, dem der Engel erscheint und die Verkündigung an Maria. Sie trägt die weiße patrizische Tunika und ist mit Perlen und einem Diadem geschmückt; ebenso reich ist sie rechts bei der Darbringung im Tempel ausgestattet. In der zweiten Zone links wird die Anbetung der Könige wie eine kaiserliche Audienzszene dargeboten: Das Kind sitzt auf einem großen Kaiserthron, dabei eine Ehrengarde von vier

Engeln sowie seine kostbar gekleidete Mutter als Symbol des Neuen Bundes, ferner eine dunkel gekleidete Frau als Sinnbild des Alten Bundes. Rechts auf gleicher Ebene huldigt der heidnische Gouverneur der Stadt Sotis, Aphrodisios, wie ein König gekleidet, der Göttlichkeit Jesu anläßlich der Flucht nach Ägypten. In der dritten Zone sind die Gefahren dargestellt, denen Jesus entging – der Bethlehemitische Kindermord und die Audienz der Weisen aus dem Morgenland bei Herodes. Unten sieht man Jerusalem und Bethlehem über zwei *32, 33* Gruppen von sechs Lämmern, welche die Apostel symbolisieren. Die hohe Feierlichkeit der oberen Szenen, deren Ikonographie an Gepflogenheiten des Kaiserhofes anschließt, wie die gedämpfte Farbgebung, wurden für Merkmale eines konstantinopolitanischen Ursprungs dieser Kunst erklärt.

In *Konstantinopel* fand die neue Neigung zur Verherrlichung der Gottesmutter (griechisch: Theotokos) rasche Verbreitung. Das Konzil von Chalcedon (431) hatte ihr, gegen die Häresie der Nestorianer, den Weg bereitet. Es wurde schon angenommen, der Dekor der im 13. Jahrhundert zerstörten Apsis von Sta. Maria Maggiore in Rom stamme aus Konstantinopel. Auf Rankengrund war die thronende Gottesmutter mit dem Kind zwischen huldigenden Märtyrern dargestellt. Die Mosaiken an den Langhauswänden zeigen links die Geschichte von Abraham und Jakob sowie rechts die von Moses und Josua; anscheinend nahmen sie Anregungen von Miniaturen eines Manuskriptes zum Alten Testament auf, das aufgrund der Fülle und Unterschiedlichkeit seiner Kompositionen wiederum der Ilias der Mailänder Ambrosiana verwandt erscheint. Ikonographische Details lassen darauf schließen, daß auch diese Handschrift in Konstantinopel illuminiert wurde. Jedenfalls sprechen der Glanz und die Feinheit der Farben dieser Mosaiken wie auch die Lebendigkeit der Erzählung und die pastorale Stimmung für das hohe Können der römischen Ateliers.

Ein erneuter Vorstoß byzantinischer Einflüsse in Rom macht sich ein Jahrhundert später, während der ersten Jahre der Regierung Justinians, bemerkbar in den Mosaiken der Apsis der Kirche, die Papst Felix IV. in der Bibliothek auf dem Forum Vespasians zu Ehren der byzantinischen Heiligen Cosmas und Damian, die auf wunderbare Weise den Kaiser geheilt hatten, errichten ließ. Der bärtige Christus hebt sich von einem Wolkengrund ab; seine malerische Haltung entspricht der römischen Tradition der Mosaiken von Sta. Pudentiana. Das Antlitz jedoch ist nicht mehr das des abgeklärten Philosophen der früheren Arbeiten, sondern jetzt des asketischen orientalischen Mönchs, des unfehlbaren, strengen Richters. Zu seiner Rechten präsentiert ihm der hl. Paulus den hl. Damianus, gefolgt von Papst Felix IV., der als Stifter das Modell der Kirche trägt. Zur Linken stellt der hl. Petrus den hl. Cosmas vor, er wird vom hl. Theodor begleitet, dem byzantinischen Kriegerheiligen, den Papst Felix IV. besonders verehrte. Diese Heiligen, deren Körper antike Kraft bewahren, sind mit einer neuen Rauheit geformt. Man könnte meinen, der Mosaizist habe bei der Gestaltung dieser byzantinischen Heiligen ein Vorbild benutzt, das aus dem mittelmeerischen Osten stammte.

Byzantinische Einflüsse lassen sich vor allem für die Zeit feststellen, seit Rom im Jahr 553 durch Narses den Goten wieder abgenommen und für zwei Jahrhunderte in den Rahmen des Byzantinischen Reiches eingegliedert wurde. Während der langen Jahre des Krieges zwischen den Byzantinern und den Goten war die Aktivität der römischen Mosaikkünstler zum Erliegen gekommen, und als günstigere Zeiten kamen, mußte man entweder fremde Künstler heranziehen oder einheimische, denen die technischen Werkstattgeheimnisse nicht mehr bekannt waren, oder die sich bereitwillig fremden Einflüssen ergaben. Vielleicht ist der Mangel an Volumen und die Starrheit der Heiligenfiguren, die den Christus am Triumphbogen von S. Lorenzo fuori le mura umrahmen, byzantinischen Vorbildern zuzuschreiben. Papst Pelagius II. ließ die Kirche am Ende des 6. Jahrhunderts nach der Art konstantinopolita-

nischer Vorbilder mit einem Narthex und Emporen errichten. Allerdings thront gemäß dem römischen Brauch der bärtige Christus auf der Weltkugel, und es umgeben ihn nicht Engel, wie in S. Vitale zu Ravenna, sondern die Heiligen Petrus und Paulus. Der erste präsentiert ihm den hl. Laurentius, über dessen Grab die Kirche errichtet war, sowie Papst Pelagius II., der das Modell der Kirche hält. Der hl. Paulus wiederum wird vom hl. Stephanus begleitet, dessen Reliquien unter der Herrschaft Valentinians I. in das Grab des hl. Laurentius übertragen wurden, sowie des hl. Hippolytus, der das Martyrium erlitt, weil er den Leib des hl. Laurentius geraubt und beigesetzt hatte. Unter byzantinischem Einfluß ist der Wolkenhintergrund verschwunden. Vermutlich befand sich in der unter Papst Honorius III. im Jahr 1218 beseitigten Apsis eine Darstellung des hl. Laurentius.

Das Mosaik, das Papst Honorius I. im 7. Jahrhundert für das Grab der hl. Agnes in Rom errichten ließ, weist eine merklich höhere Qualität auf; die Kirche hat ebenfalls einen Narthex und Emporen nach konstantinopolitanischer Art. Die Mitte der Darstellung beherrscht die Patronin der Kirche, in reiche Gewänder gekleidet, worin sie gemäß der Tradition ihren Angehörigen acht Tage nach ihrem Tode erschien. Sie trägt das Gewand einer byzantinischen Kaiserin mit Pektorale und mit Edelsteinen bestickter Stola, über ihrem linken Arm der weiße Schleier der Jungfrauen. Zu ihren Füßen ein Schwert, sowie zu beiden Seiten eine Flamme, die Zeichen ihres Martyriums. Über ihrem Kopf erscheint die Hand Gottes mit der Krone, in einem Himmel mit weißen und roten Wolken, der von Sternen übersät ist. Zur Rechten offeriert Papst Honorius die Basilika der Heiligen, die er ihr errichten ließ, während links Papst Symmachus (498–514), der die durch Konstantin südlich des Heiligengrabes erbaute Basilika wiederherstellen ließ, vor sich ein geschlossenes Evangeliar hält. Die frontal dargestellten Figuren strahlen – unter dem Einfluß des Hofzeremoniells – feierliche Würde aus.

Ikonographische Gepflogenheiten, wie sie im mittelmeerischen Osten und vor allem in Ägypten üblich waren, haben ebenso den Dekor der Apsis und des Triumphbogens des Oratoriums beeinflußt, das der aus Dalmatien stammende Papst Johannes IV. (640–642) an das Lateran-Baptisterium anbauen ließ. Es war dazu bestimmt, die Reliquien des hl. Maurus, Bischof von Parentium, seiner Heimatstadt, und der neun Märtyrer von Salona aufzunehmen. Er hatte sie nach Rom bringen lassen, um einer möglichen Profanierung durch die heidnischen Awaren zuvorzukommen. Die Kapelle erhielt den Namen eines jener Märtyrer, des hl. Venantius, des Namenspatrons des Vaters von Papst Johannes IV. Die Mosaiken wurden erst unter dem Nachfolger des Papstes, Theodor I. (642–649) ausgeführt. Wie in mehreren ägyptischen Kapellen erscheint die hl. Jungfrau von Heiligen umgeben, unter denen sich diejenigen befinden, deren Reliquien die Kirche bewahrt. Sie steht als Orans unter dem Bildnis Christi, der in diesem Falle nur als Büste erscheint, ebenso wie die beiden Engel, die ihn rahmen. Zur Rechten der Madonna sieht man die hll. Paulus, Johannes den Evangelisten (den Patron des Papstes) und Venantius, gefolgt von Johannes IV. Zu seiner Linken stehen der hl. Petrus sowie sein anderer Namenspatron, der hl. Johannes der Täufer, dann der hl. Demnus, gefolgt von Papst Theodor I. Die weiteren dalmatinischen Schutzheiligen wurden am Triumphbogen dargestellt.

Das Mosaik, das Papst Theodor I. in der Apsis der

9 Kirche S. Stefano Rotondo ausführen ließ, wohin man 648 die Reliquien der Heiligen Primus und Felician übertragen hatte, die das Martyrium unter Diocletian erlitten hatten, gehört zu den am reinsten byzantinischen Mosaiken Roms. Stilistisch steht es den zeitgenössischen Beispielen von Hg. Demetrios in Thessaloniki sehr nahe: Die würdige Haltung der körperlosen Gestalten unter den glockenförmigen Gewändern, wie die kühle Feierlichkeit der Farben tragen zur byzantinischen Gesamtwirkung bei. Ebenso scheint die Ikonographie aus dem Osten zu

stammen: in dieser alten Rundkirche in Nachahmung des Rundbaus der Anastasis in Jerusalem, woher Theodor I. stammte, wurden die Heiligen Primus und Felicianus zu Seiten des Golgatha-Kreuzes dargestellt, über dem die Büste Christi erscheint, gemäß einem Schema, das auf den Ampullen aus dem Heiligen Land vorkommt.

Einem Papst griechischer Herkunft, Johannes VII. (705–707), dem Sohn eines byzantinischen Palastvorstehers vom Palatin namens Platon, ist der Mosaikenschmuck des Oratoriums zu verdanken, das dieser Papst bei St. Peter zu Ehren der hl. Jungfrau errichten ließ, die er besonders verehrte. Diese Mosaiken sind infolge der Abbrucharbeiten der verbliebenen Reste der alten Vatikanbasilika und ihrer Annexbauten zu Beginn des 17. Jahrhunderts fast völlig untergegangen, so daß es davon nur noch vereinzelte Fragmente gibt. Ein Eindruck läßt sich aus den Zeichnungen von J. Grimaldi gewinnen, die dieser kurz vor der Demolierung anfertigte: in der Mitte einer Wand war in riesigen Dimensionen die Madonna als Orans zu sehen, fürstlich gekleidet wie eine byzantinische Kaiserin, wie seit dem Ende des 7. Jahrhunderts die griechischen Künstler in Italien gewöhnlich die Gottesmutter abbildeten, während man sie am östlichen Mittelmeer meist weit schlichter mit Tunika und Mantel bekleidet zeigte. Die genannte Madonna wurde im Jahr 1609 nach S. Marco in Florenz übertragen. Zu ihrer Rechten stand, nur halb so groß, Papst Johannes VII. mit quadratischem Nimbus, um ihr das Gotteshaus zu weihen. Die betreffende Büste ist heute in den Vatikanischen Grotten bewahrt, während sich ein Fragment der Anbetung der Könige in der Sakristei von Sta. Maria in Cosmedin befindet. Die erhaltenen Reste dieser Mosaiken zeichnen sich durch farbige Delikatesse aus, die Zeichnung hat ebenso große Bedeutung. Entsprechend der Entwicklung, die sich in Hg. Demetrios in Thessaloniki feststellen läßt, werden die Formen flach und linienhaft, und die chromatische Dichte der vorhergehenden Mosaiken verliert sich. Den Zeichnungen von Grimaldi zufolge schilderten 14 Szenen, aufgeteilt in 7 Felder, das Leben und die Passion Christi von der Verkündigung bis zum Abstieg in die Vorhölle. Weitere Bilder enthielten verschiedene Episoden aus dem Leben der Heiligen Petrus und Paulus bis zu ihrem Martyrium. Die erzählenden Szenen scheinen lebendiger gewesen zu sein, als die viel feierlicheren Repräsentationen der vorhergehenden Kirchen Roms. Es handelt sich dabei um die letzten uns bekannten Mosaiken vor der ikonoklastischen Krise des byzantinischen Bilderstreits (725–843).

Fresken

Fresken waren im byzantinischen Rom ebenfalls sehr beliebt. Mehrere Darstellungen in feierlichem Stil wurden in den Katakomben angebracht, vor allem in denen der Comodilla, Generosa, des hl. Kalixtus wie des hl. Pontianus. Das reichste Ensemble befand sich in der Kirche Sta. Maria Antiqua, die im 6. Jahrhundert in die Vorhalle des domitianischen Kaiserpalastes zu Füßen des Palatin eingebaut wurde. Sie war mit griechischen und syrischen Mönchen besetzt und Sitz einer Diakonie, die sich der Armenpflege widmete. Sie stand unter dem Protektorat der in Rom residierenden byzantinischen Statthalter. Die Malerei, die Wände und Pfeiler bedeckte, stammte aus dem 6. bis 9. Jahrhundert, wonach die Kirche anscheinend zerstört und verlassen wurde, mit Ausnahme ihres Atriums, das spätere Fresken enthält. Jene Malereien sind großenteils, wie die Mosaiken von Hg. Demetrios in Thessaloniki, Stiftungen verschiedener Donatoren, darunter Päpste des 7. und 8. Jahrhunderts wie Martin I., Johannes VII., Paul I. und Hadrian I. oder hohe Würdenträger wie Theodot, Administrator von Sta. Maria Antiqua unter Papst Zacharias, um die Mitte des 8. Jahrhunderts. Griechische Inschriften kommen hier ebenso vor wie lateinische, Heilige des Ostens sind jedoch häufiger vertreten, als solche des Westens. Einige der Bilder sind im Lauf der Zeit

zugrunde gegangen, auch läßt sich die Überlagerung mehrerer Malschichten feststellen, was die Deutung erschwert. An der Chorwand, rechts von der Apsis, gibt es z. B. unter zwei Schichten neuer Fresken eine majestätische thronende hl. Jungfrau mit dem Kinde vom Ende des 6. Jahrhunderts, wie eine Kaiserin gewandet, entsprechend der in Italien durch die byzantinischen Künstler verbreiteten Mode; sie war von zwei Engeln umgeben.

Eines der am besten erhaltenen Bilder zeigt Salomon, begleitet von seinen sieben Söhnen, den Makkabäern, die im 2. Jahrhundert v. Chr. unter dem Seleukidenkönig Antiochus IV. hingerichtet wurden, weil sie sich weigerten, Schweinefleisch zu essen; die Darstellung wird in die Jahre 630–650 datiert und ist geräumig und frei angelegt. In einem atmosphärischen Raum sind Körper und Draperien kraftvoll modelliert mit Hilfe großer Farbtupfen und gelungener Lichteffekte, unter Vernachlässigung der Zeichnung und Schattierung. Diese Manier weicht von den gleichzeitigen Mosaiken von Hg. Demetrios in Thessaloniki ab; sie zeigt, wie die Freskentechnik die Körperwiedergabe anders als das Mosaik behandelt, welches durch die dafür erforderliche Vereinfachung verstärkt zur Stilisierung und Abflachung der Formen tendierte.

Seit 1944 ist ein weiteres Ensemble bedeutender byzantinischer Fresken in Italien bekannt. Es wurde im ehemaligen Trikonchenchor der Marienkirche von Castelseprio, dem antiken Sibrium, bei der Festung der Langobardenkönige südlich von Varese und nordwestlich von Mailand, entdeckt.

Die zweizonige Bildfolge befindet sich an der östlichen Apsiswand und an der Seitenwand gegen das Schiff und zeigt die Kindheit Christi von der Verkündigung bis zum Tode des Zacharias. Sie wird ins 7. Jahrhundert datiert, in jene Epoche, als die Mönche sich im Lande mit der Ausrottung der arianischen Heräsie befaßten. Der klassische Geist dieser Arbeiten paßt gut zu der antikisierenden Renaissance unter Kaiser Heraclius (610–641), wofür Zeugnisse der Goldschmiedekunst überliefert sind. Die vergeistigte Darstellung und ihre Spontaneität bezeugen Verbindungen zu älteren Kulturtraditionen, ohne die Vergröberung der Formen, die bei den Mosaiken Papst Johannes VII. festzustellen sind. Ebenso ist der Einfluß der Miniaturen eines Manuskripts des apokryphen Protoevangeliums des Jakobus offensichtlich. Entsprechend den Details jener Handschrift führt ein Treiber den Esel auf dem Weg nach Bethlehem. Das Tier scheint unter der Last des Erlösers der Welt, den die Jungfrau trägt, kaum voranzukommen. Joseph, der nachfolgt, unterhält sich lebhaft mit Maria. Das Stadttor von Bethlehem mit dem beigefügten Baum erinnert an Architektur-Landschaften hellenistischer Basreliefs. In der Geburtsszene stützt die Hebamme Salome mit der linken Hand ihren rechten Arm, der gelähmt wurde, als sie sich sträflich nach der Geburt von der Jungfräulichkeit Mariens hatte überzeugen wollen. Sie streckt ihn flehend nach dem Kind in der Krippe aus, um geheilt zu werden. Die Verkündigung an die Hirten weist bukolische Züge auf. Zweifellos schmückten weitere Bildzyklen die nördliche und die südliche Apsis.

Ikonen

Es ist bekannt, welche große Bedeutung die Byzantiner den *Ikonen* beimaßen, Bildern der hl. Jungfrau und von Heiligen, die transportabel oder ortsfest waren. Dieser Brauch geht auf gemalte Porträts zurück, oft auf Holz, wie es sie bereits in der griechisch-römischen Antike gab. Einige Beispiele, die möglicherweise in Italien entstanden, gibt es noch in Rom: Die Madonna des Pantheon, eine Replik der Hodegetria (der Geleiterin) aus Konstantinopel; sie wurde geschaffen, als das Pantheon im Jahr 609 in eine christliche Kirche verwandelt wurde. Die Madonna von Sta. Maria dell' Rosario ahmt die Hagiosoritissa (Wächterin des Heiligen Grabes) von Konstantinopel nach; sie stammt aus einer Kirche nahe den Caracallathermen. Die gnaden-

reiche Madonna von Sta. Maria in Trastevere ist als byzantinische Kaiserin gekleidet; sie thront mit dem Kinde zwischen zwei Engeln, während links von ihr der Stifter kniet, wahrscheinlich Papst Johannes VII.; es scheint sich dabei um die gräzisierende Arbeit eines römischen Ateliers vom Anfang des 8. Jahrhunderts zu handeln.

Bildhauerei

Auch die *Bildhauerei* Konstantinopels gewann Einfluß im Westen. Mehrere Sarkophage aus Ravenna *52, 53* aus dem 5. und 8. Jahrhundert bezeugen das. Diese Verbindung läßt sich vor allem in der Komposition feststellen, welche die Gestalten deutlich von einander trennt, sowie in der Noblesse und Eleganz der Gesten und einer gewissen Weichheit der Modellierung. Sie zeigt sich z. B. an den Säulensarkophagen, wo wir unter Muschelarkaden Christus sehen, der das Gesetz dem hl. Paulus im Beisein des hl. Petrus zu seiner Linken und anderer Apostel übergibt.

Byzanz hat auf dem Gebiet der Bauskulptur eine neuartige Entwicklung zur Reife gebracht, die während der Kaiserzeit in Syrien und Anatolien aufgekommen war, nämlich die tiefe Steinbearbeitung mit Hilfe des *Bohrers*, wodurch die Wirkung durchbrochener weißer Spitzen vor dunklem Grunde entsteht. Die Kapitelle von S. Vitale in Ravenna sind ein Beispiel für die qualitätvolle Anwendung dieser Technik im Westen.

Elfenbein

Elfenbein wurde seit dem frühen Altertum im Nahen Osten, in Ägypten, auf Kreta und in der mykenischen Welt hoch geschätzt. Die Griechen hatten Elfenbein ebenso für Kleinskulpturen und winzige kunsthandwerkliche Objekte wie für große chryselephantine Statuen aus Gold und Elfenbein verwendet. Die Römer schließlich schätzten Elfenbein für den überreichen Dekor von Möbeln, zur Verkleidung von Wänden und Decken kaiserlicher Paläste, als Trophäen ihrer Triumphe. Byzanz, dem große Vorräte aus Indien und Afrika zur Verfügung standen, schätzte das Elfenbein während seiner ganzen Geschichte. Die Chronologie und noch mehr die Lokalisierung der verarbeitenden Werkstätten, aus denen die Elfenbeinarbeiten hervorgingen, bereiten jedoch oft unlösbare Schwierigkeiten. Das Elfenbein wurde nämlich nicht nur im östlichen Mittelmeerraum verarbeitet, in Konstantinopel, Antiochia, Alexandrien und im syrischen oder ägyptischen Hinterland, sondern auch im Westen, in Rom, Mailand, vielleicht auch in Ravenna, in der Provence und in Trier. Da solche Objekte sich leicht transportieren lassen, entspricht der Ort ihrer Auffindung nicht stets dem ihrer Entstehung. Die Unsicherheit der Zuschreibung kann als Beweis dafür gelten, daß gemeinsame Kunstgepflogenheiten in diesen Ateliers herrschten, die einander wohl auch beachteten. Zudem mag es an einem einzigen Ort zur gleichen Zeit unterschiedliche Meister und Stile gegeben haben. Jedenfalls ist damit zu rechnen, daß Konstantinopel auf dem Gebiet der Elfenbeinbearbeitung wie auch sonst ein entscheidendes Zentrum war.

Unter den christlichen Elfenbeinen, die aus dem Osten in den Westen gelangten, verdient die berühmte geschnitzte *Kathedra* für den *Bischof Maximian von Ravenna* besondere Beachtung, sein Monogramm wurde an hervorragender Stelle an dem Bischofsstuhl angebracht. In der unteren Hälfte der Vorderseite ist der hl. Johannes d. T. im Büßergewand dargestellt, der in seiner Linken das Medaillon mit dem Lamm Gottes hält; ihn begleiten die vier Evangelisten, wie jener in Muschelarkaden mit nach antiker Weise gedrehten Säulen. Die Gestalten sind kraftvoll modelliert und weisen realistische Physiognomien auf. Sie wirken rundkörperlich, energisch, fast brutal, an standfeste römische Skulptur erinnernd. Die fünf Tafeln werden von dekorativen Feldern gerahmt, wo Tiere zwischen traubenbehangenen Weinranken erscheinen, die aus Vasen hervor-

49-51

gehen. Am Innern der Rückenlehne sind Szenen aus dem Christusleben dargestellt, die auch außen fortlaufen. Sie reichen von der Verkündigung bis zur Begegnung von Christus mit der Samariterin. Von einer Gesamtzahl von 24 Szenen ist die Hälfte verloren. Auf den erhaltenen mangelt es an Sinn für die räumliche Tiefe, die Figuren drängen sich dicht aneinander, und einige Szenen wie das Wunder der Vermehrung der Brote und Fische nehmen den Charakter von Ikonen an. Die 10 seitlichen Tafeln schildern die Josephsgeschichte. Sie zeigen die lebhafte malerische Erzählfreude, welche die Illustrationen zum Alten Testament der römischen Kunst aus den ersten christlichen Jahrhunderten kennzeichnet. Die stilistischen Unterschiede, die wir an der Maximianskathedra feststellen, resultieren vielleicht eher aus unterschiedlichen Vorbildern, als aus unterschiedlichen Stilen verschiedener Mitarbeiter.

Die Herkunft dieses prunkvollen Thronsitzes gab Anlaß zu verschiedenen Hypothesen. Als Argument wurde auf das Gewicht hingewiesen, das den Josephsszenen zukommt sowie auf die Eigenart mancher Details, um einen Ursprung in Alexandria anzunehmen. Doch ist nicht auszuschließen, daß solche Details Musterbüchern entnommen werden konnten. Zudem sei nicht vergessen, daß die Josephsgeschichte seit dem 4. Jahrhundert in der ganzen christlichen Welt weit verbreitet war, als man in dem Sohn Jakobs eine Präfiguration des Messias sah. Ein Bischof von Ravenna, Petrus Chrysologos, hat z. B. im 5. Jahrhundert auf diese Parallele in einer Predigt zur Geburt Christi hingewiesen; überdies hat der hl. Ambrosius Joseph als Vorbild der Bischöfe dargestellt.

Soweit sich heute erschließen läßt, ist es historisch wahrscheinlich, daß die Maximianskathedra in *Konstantinopel* ausgeführt, und daß sie dem Bischof zweifellos von seinen Protektoren Justinian und Theodora anläßlich seiner Inthronisation im Jahr 545 gestiftet wurde, bevor er den Titel eines Erzbischofs annahm, der auf seinem Monogramm nicht vorkommt.

162

Der Hellenismus und die römische Kaiserzeit hatten, mehr als die griechische Klassik, ein lebhaftes Interesse für Gold und vor allem Silber, das einen geringeren Wert hatte. Man fertigte daraus Prunkgeschirr und Spiegel, mitunter Statuetten, ausnahmsweise auch größere Standbilder. Diese Vorliebe scheint bei den Byzantinern eher noch zugenommen zu haben. Die Herstellungsorte dieser Gegenstände aus Gold oder Silber lassen sich meist genau so wenig fixieren, wie die der Ikonen, Manuskripte oder Elfenbeine. Trotzdem läßt sich für einige mit Sicherheit annehmen, daß sie aus dem Osten in den Westen gelangten. Unter den prunkvoll getriebenen Silberplatten, die man in der römischen Spätzeit *missoria* (Tafelaufsätze) nannte, sei jene von Madrid erwähnt, im Jahr 388 anläßlich der Dezennalien des Kaisers Theodosius ausgeführt, als dieser den zehnten Jahrestag seiner Thronbesteigung in Thessaloniki feierlich beging. Der damals 42jährige Theodosius I. ist thronend dargestellt, rechts neben ihm sein Mit-Kaiser des Westens, Valentinian II., sowie links sein zehnjähriger Sohn Arcadius, der 383 in Konstantinopel zum Augustus ernannt worden war. Theodosius übergibt einem Hofbeamten ein Diptychon; seitlich halten zwei mit Schild und Lanze bewaffnete Soldaten Wache. Der feierliche, fast heilige Charakter der Szene wird durch einen viersäuligen Portikus betont, dessen Giebel Putten schmücken. In der Mittelarkade thront Theodosius; im Diocletianspalast zu Spalato (Split) gibt es eine vergleichbare 4-Säulen-Konstruktion, ein sog. *Tetrakionion*. Ferner ist die Erde, *Terra*, dargestellt, sie hält den linken Arm vor der nackten Brust und ein Füllhorn in der Rechten und ist von Kornähren und Putti umgeben. Die griechische Gewichtsangabe auf der Rückseite der Platte bezeugt, daß sie von Theodosius in seine spanische Heimat geschickt wurde, wo man sie in Almendralejo/Provinz Badajoz wieder auffand, während sie ihren Ursprung im griechischen Teil des Imperiums hatte.

Justinus II. und seine Gattin Sophia stifteten der Stadt Rom ein vergoldetes Silberkreuz mit einer Reliquie des Wahren Kreuzes, wie die lateinische Dedikationsinschrift auf der einen Seite bezeugt. Die andere schmücken stilisierte Laubwerkranken, die fünf Medaillons umgeben. An der Überschneidung der Kreuzarme sind links der Kaiser und rechts die Kaiserin als Figurenbüsten in Orantenhaltung wiedergegeben. Die Medaillons am Stamm des Kreuzes enthalten Büsten des bärtigen Christus. Oben erscheint er segnend mit einem geschlossenen Buch als Pantokrator. Am Fuß des Kreuzes ist Christus mit der rechten Hand vor der Brust dargestellt, während seine Linke ein Kreuz hält, Symbol des die Erde seit der Inkarnation regierenden Herrn. Die Gesichter haben den gleichen schwermütigen Ausdruck gefaßten Ernstes, wie die anderen Arbeiten der Epoche.

In großer Zahl wurden *Ampullen* mit geweihtem Öl hergestellt, die als Andenken von Pilgerfahrten zu den großen Heiligtümern dienten. Die berühmtesten dieser Gefäße befinden sich im Schatz von S. Giovanni in Monza, der einstigen Hauptstadt der Langobarden, sowie in dem der ehrwürdigen Abtei Bobbio, 30 km südlich von Piacenza. Nach glaubwürdiger Tradition handelt es sich bei diesen Ampullen um eine Stiftung der frommen Langobardenkönigin Theodelinde, der 625 verstorbenen Frau des Königs Agilulf. Sie kamen von den heiligen Stätten Jerusalems und Bethlehems; ihre Entstehung in Palästina ist aufgrund ikonographischer Details, die sich auf Bauwerke des Heiligen Landes beziehen, anzunehmen. Es überrascht nicht, als häufigste Darstellungen gleichzeitig die Kreuzigung und die Auferstehung anzutreffen, da dieser wesentlichen Erlösungstaten im Bereich von Golgatha in Jerusalem besonders gedacht wurde. Die Kreuzigung vereint symbolische und historische Elemente. Nach dem Vorbild römischer Triumphdarstellungen, die den Sieger zugleich mit den Besiegten zu seinen Füßen zeigen, krönt den Kreuzesstamm die Büste Christi, wie am Boden zwei Gläubige anbetend knien. Die Christusbüste ist häufig von den Gesichtern von Sonne und Mond umgeben. Die beiden Schächer am Kreuz sind so dargestellt, daß der gute Schächer sein Haupt dem Erlöser zuwendet, während sich der böse abwendet. Die Auferstehung wird durch die Episode der heiligen Frauen vergegenwärtigt, die sich dem leeren Grabe nähern, das der rechts sitzende Engel bewacht. Das Heilige Grab ist als Ädikula dargestellt, mitunter auch als das große Ziborium, das es seit dem 4. Jahrhundert umschloß. Die weiteren Sujets, die man auf den Ampullen aus dem Heiligen Lande antrifft, sind die Auferstehung (meist auf der Rückseite), der ungläubige Thomas, Christus über den Wassern, die Anbetung der Könige und der Hirten, wofür man Anregungen kaiserlicher Audienzszenen aufnahm, wie ein Vergleich mit dem *Missorium* des Theodosius in Madrid belegt. Einige seltenere Ampullen aus dem Heiligen Land zeigen auf der einen Seite sieben Hauptereignisse des Evangeliums. Die Siebenzahl entspricht symbolischen Vorstellungen: Um ein Mittelmedaillon mit der Geburt oder Kreuzigung gliedern sich die weiteren, oben die Himmelfahrt, darunter links die Verkündigung sowie rechts die Heimsuchung. Es folgt rechts und links die Taufe Christi durch Johannes, ganz unten die Auferstehung als Voraussetzung der Himmelfahrt. Diese Ampullen wurden mit Gußformen hergestellt, was die unscharfen Umrisse der Darstellungen erklärt.

Schmuck

Ein weiterer Vermittler kultureller Einflüsse zwischen Byzanz und dem Westen waren *Schmuckstücke* aus Gold oder häufiger aus vergoldeter Bronze oder aus Silber, wie sie bei den vornehmen Byzantinern sehr beliebt waren. Als Herstellungszentrum kommt nicht nur Konstantinopel in Betracht, sondern ebenso die Provinzen; vor allem Syrien hatte auf diesem Gebiet eine lange Tradition. Zur byzantinischen Bijouterie gehörten Ketten verschiedener Art, an denen Kreuze, Amulette oder Medaillons befestigt waren, Armbänder und Ringe, Agraffen und Ohrgehänge. Perlen, Edelsteine in leuchtenden Farben sowie verschiedene Schmucksteine glänzten mit dem Gold um die Wette. Nielloarbeiten waren ebenso beliebt. Ein Beispiel ist der Hochzeitsring, der im Archäologischen Museum von Palermo aufbewahrt wird; seine Mitte zeigt Maria, die ein kaiserliches Paar krönt, vielleicht Heraclius und Eudoxia, umgeben von sieben Szenen aus dem Christusleben, von der Verkündigung bis zur Auferstehung. Dieser seltene Ring wurde in der Nähe der Daphne-Bäder in Syrakus gefunden, wo im Jahre 668 Kaiser Konstantius II., der sich seit einigen Jahren in Sizilien aufhielt, ermordet wurde. Sollte er ihn am Finger getragen haben?

Viele der wertvollen Schmuckstücke wurden auch in Bronze und Eisen imitiert, ebenso wie Tafelgeschirr aus Edelmetall; solche Nachahmungen mag es auch im Westen gegeben haben. In unseren Museen gibt es leider kaum Beispiele, denn die Spezialisten haben sich lange Zeit ausschließlich für kostbare Objekte interessiert und nur diese gesammelt.

Münzen

Münzen waren ein wichtiges Mittel der Propaganda und Kulturvermittlung, wenn ihnen die Byzantiner anscheinend auch keinen hohen künstlerischen Wert beimaßen. Byzantinische Münzen aus Gold, Silber oder Bronze waren im Umlauf und konnten kulturelle Einflüsse vermitteln. Die Münzstätten lagen in Konstantinopel, doch ebenso in bedeutenden Provinzzentren wie Thessaloniki, Nicomedia, Cyzikos, Antiochia, Cypern, Alexandria, Chersonnes auf der Krim, Syrakus, Rom u. a. m. Bis zur Zeit Anastasios' und gar bis ins 6. Jahrhundert hinein unterschied sich die Mehrzahl der Prägungen byzantinischer Münzstätten von denen des römischen

Westens nur durch die Kaisernamen und die Prägeorte. Hier wie dort findet man in der Tradition römischer Münzprägung auf der Vorderseite die nämlichen Kaiserbüsten, wie auf der Rückseite die bekannten stehenden oder sitzenden Viktorien. Nach dem Beispiel der Bilder von Christus, Maria und den Heiligen auf den Medaillons weicht die kaiserliche Profilbüste allmählich der Vorderansicht, um zuerst auf den Münzen geringeren Wertes aus Bronze seit Konstantius II. Pognates (641–668), sodann auf den Silbermünzen unter Tiberius II. Apsimar (698–705), schließlich auf den schönen Goldmünzen nach der Regierungszeit jenes Kaisers, ganz zu verschwinden; ein weiteres Mal blieb man bei der Verarbeitung kostbarer Materialien am längsten den antiken Vorbildern treu. Die Vorderansicht eignete sich besonders für die Wiedergabe der kaiserlichen Insignien: Man konnte das Kaiserbildnis mit dem vom Diadem umgebenen Helm darstellen. Unter Mauritius (582–602) erscheint die von einem Kreuz überhöhte Krone.

Die gängige Münzprägung in *Bronze* war den meisten Modifikationen unterworfen. Anastasius I. ließ das Münzbild ändern: auf dem Revers brachte er einen Buchstaben an, der den Wert in *Nummia* angab (ein Goldsolidus kostete 6 000 Nummia).

Der grundsätzlich imperiale Charakter der byzantinischen Kunst führte zur Darstellung des stehenden Herrschers in Begleitung seiner Frau sowie eines oder mehrerer Söhne. Unter Justinian II. Rinotmetes (685–695) wurde der kaiserliche Ornat außerordentlich prunkvoll, rechteckige Schmuckfelder füllten Perlen und Edelsteincabochons.

Im letzten Viertel des 6. Jahrhunderts ließ Tiberius auf den Revers seiner Goldmünzen einer Vision folgend ein Kreuz prägen. Diese Kreuz auf vier Stufen war vermutlich von jenem inspiriert, das Konstantin auf dem Forum seiner neuen Hauptstadt hatte errichten lassen. Dieser Prägetypus blieb bis zum Ende des 10. Jahrhunderts in Gebrauch. Ein weiteres Mal bezog sich Tiberius auf konstantinische Vorbilder, als er das Christusmonogramm auf dem

Revers anderer Stücke anbringen ließ. Ein gutes Jahrhundert später befahl Justinian II., um den übernatürlichen Ursprung der monarchischen Gewalt zu dokumentieren, die er gegen die Adelsopposition zu verteidigen hatte, auf dem Revers seiner Münzen die Büste Christi, seines Gebieters, anzubringen, den er auf Erden vertrat. Auffallend ist bei den Münzinschriften, daß die Kaisernamen bis zu Theodosius III. (715–717) lateinisch blieben, die ersten griechischen Inschriften (»Unter diesem Zeichen wirst Du siegen«) traten unter Heraclius (610–641) auf.

Mit der *Zellenschmelztechnik* (émail cloisonné) haben die Byzantiner ein geeignetes Mittel gefunden, um ihrer Vorliebe für prachtvoll leuchtende Farben gerecht zu werden. Vielleicht unter dem Einfluß der Steppenvölker, die Farbsteine und Buntglas zwischen Goldstege einsetzten, kombinierten und perfektionierten sie Techniken der Schmuckherstellung, die sie von den Griechen und den Römern geerbt hatten. Die Emailarbeit kam einer Kunstfertigkeit entgegen, die eine Wirkung des Übernatürlichen durch Stilisierung der Formen und Reichtum des Materials zu erreichen suchte.

Solche Objekte gelangten nicht selten auch in den Westen. Als Beispiel sei das Kreuzreliquar angeführt, das nach alter Tradition Justinus II. zwischen 565 und 575 der hl. Frankenkönigin Radegunde sandte, und das in der Abtei Sainte-Croix in Poitiers aufbewahrt wird. Es zeigt Schmuckranken, die denen im Südwesten der Hagia Sophia verwandt sind; sie sind am Mittelteil mit feinem Golddraht auf blauem Emailgrund angebracht. Sicher haben auch byzantinische Vorbilder die Emailarbeiten beeinflußt, welche die Fibeln der Langobardenkönige aus dem 7. Jahrhundert schmücken.

Stoffe

Kostbare *Textilien* trugen ebenfalls wesentlich dazu bei, im Okzident jene Atmosphäre des erlesenen Luxus zu verbreiten, mit dem sich die Byzantiner mit

165

Vorliebe umgaben. Die Urkunden, Mosaiken und Elfenbeine haben die Erinnerung an kostbare Gewänder überliefert, die mit geometrischen Mustern, Blumen, Blattranken, wirklichen oder erfundenen Szenen, Tieren und ganzen Landschaften geschmückt waren; ein Beispiel ist die Anbetung der Könige auf der Purpurchlamys der Theodora in S. Vitale zu Ravenna. Mitunter wurden Stoffe mit weltlichen Motiven geschmückt, vor allem Jagdszenen oder den beliebten Wettrennen im Hippodrom. Justinian ließ mit goldenen Fäden und Edelsteinen auf einem Purpurgewand seinen Triumph über den Vandalen Gelimer abbilden. Textilien konnten ebenso zum Schmuck von Palästen und Kirchen dienen, wo man sie an Wänden zwischen Säulen oder als Türvorhänge aufhängte. Privatleute besaßen kleine Gebetsteppiche; Schleier und Tücher bedeckten die liturgischen Gegenstände und den Altartisch.

Paulus Silentiarius hat ausführlich die Vorhänge zwischen den Säulen des Silberziboriums über dem Altar der Hagia Sophia in Konstantinopel beschrieben. Auf einem derselben war unter drei goldenen Bögen Christus in Purpurtunika und mit goldenem Mantel, mit segnend erhobener Hand und dem Evangelium, zwischen den weiß gekleideten Aposteln Petrus und Paulus zu sehen. Am Saum folgten auf die Wunder Christi die von Justinian und Theodora gegründeten Hospitäler und Kirchen. Auf zwei anderen dieser Vorhänge waren ebenfalls der Kaiser und die Kaiserin zugegen, auf dem einen in Verehrung der Muttergottes, auf dem anderen vor Christus geneigt, der sie segnete.

Um der großen Nachfrage nach Stoffen zu genügen, waren zahlreiche Ateliers in Konstantinopel wie in den Provinzen des Reiches rastlos tätig. Die Werkstätten Ägyptens und Syriens, vor allem Alexandrias und Antiochias hatten bereits in der römischen Kaiserzeit einen hervorragenden Ruf. Seit dem Anfang des »Neuen Rom« bemühte sich Konstantin energisch, hier die Textilfabrikation zu fördern; diesem Zweck diente auch ein Edikt des Jahres

333. Die Werkstätten waren im Außenbereich angesiedelt, näher oder weiter der Hauptstadt. Es gab sie in Heraclea in Thrakien (heute Eregli) wie auch auf der anderen Seite des Marmarameeres in Kyzikos. Einige dieser Ateliers arbeiteten ausschließlich in kaiserlichem Auftrag, andre waren privat. Die kaiserlichen Manufakturen besaßen das Monopol für echten Purpur und Goldstickerei, die dem Kaiser vorbehalten blieben, doch fertigten sie ebenso andere begehrte Stoffe für den Bedarf des Hofes und der Armee. Wolle und Leinen als Rohstoffe, die man am Mittelmeer seit altersher kannte, wurden verarbeitet, wie ebenso die neuerdings eingeführte *Seide*.

Wertvolle Stoffe und Gewänder konnten als bevorzugte Geschenke für fremde Fürstlichkeiten wie für die Päpste dienen, deren Gunst die Kaiser zu erhalten gedachten. Vornehme Reisende begehrten ebenso solche wertvollen Souvenirs, die sich oft nur unter Bestechung der Zöllner über die Grenzen bringen ließen.

Die *Reliquien*, die man aus dem Osten in den Okzident brachte, waren fast ebenso kostbar, wie die Tücher, in die man sie einschlug. Und die Prälaten im merowingischen Gallien waren stolz darauf, in ihren Kirchen edle Stoffe zu besitzen, die zumindest als Nachahmung den berühmten byzantinischen Vorbildern gleichkamen. Im Byzantinischen Reich selbst blühten der Handel und Austausch der begehrten Textilien lebhaft, was heute das Urteil über Herkunft und Ursprung allerdings sehr erschwert, ähnlich steht es mit der Datierung. So schwankt das Urteil über den Seidenstoff aus dem Grab Karls des Großen, in den sich Aachen und das Musée Cluny in Paris teilen, zwischen dem 6. und dem 8. Jahrhundert: Dem Motiv liegt ikonographisch die Triumphdarstellung Alexanders wie die des Dionysos zugrunde. Der siegreiche Wagenlenker im Zirkus steht auf seiner Quadriga zwischen zwei Helfern mit Peitschen, die ihn bekrönen. Unten schütten zwei Begleiter Geldstücke in einen Korb. Die Vorliebe für symmetrische Dekorations-

54, 55

effekte überwiegt hier den Realismus. Dieser Sinn zeigt sich in der überlegten Stilisierung der Pferde wie der Anordnung der Räder; die seitlichen Palmetten und Steinböcke stammen von sassanidischen Vorbildern ab.

Bei anderen Beispielen kommen Medaillons mit religiösen Sujets vor. So besitzt das Museo Cristiano des Vatikans einen berühmten Seidenstoff, mit der Darstellung der *Verkündigung* und der *Geburt Christi*. Er wurde Ägypten oder auch Syrien zugeschrieben, doch spricht der mit gewissen Miniaturen verwandte Sinn für Monumentalität am ehesten für eine Entstehung in Konstantinopel. Die Datierung ist ebenso umstritten und schwankt zwischen dem 6., 7. oder gar 8. Jahrhundert.

Rom – Umschlagsplatz orientalischer Luxusgüter

Lesen wir die Chroniken der Stadt Rom und besonders die Viten der Päpste im Hochmittelalter, so überrascht uns die Zahl der erwähnten Luxusgegenstände, der Seidenstoffe, Manuskripte und Ikonen, die sich in jener Epoche in Rom, der Hauptstadt eines byzantinischen Herzogtums, dann Hauptstadt des Kirchenstaates, angesammelt hatten. Man könnte an eine Museumsstadt denken, doch träfe das nicht zu. Am besten wir prüfen erneut die Texte, in denen von jenen Luxusgütern die Rede ist, um nach Möglichkeit genauer festzustellen, woher sie kamen und wozu sie dienten.

Unter dem Pontifikat des Papstes Hormisdas (514–523) gelangten aus dem griechischen Osten purpurne Mäntel mit goldenen Bändern, die von einer kaiserlichen Chlamys stammten, nach Rom. Ein paar Jahre darauf stiftete Justinian dem Papst Johannes II. vier mit Gold bestickte Purpurmäntel.

Im Jahr 678 begab sich der Gründer des Klosters Wearmouth in England, Benedikt, nach Rom, um dort all das für seinen Konvent aufzuspüren, was er in Gallien vergebens gesucht hatte. Im Jahr darauf kehrte er mit zahlreichen Büchern aller Art wieder heim, mit »Reliquien der gesegneten Apostel und Märtyrer Christi, mit einem Chormeister sowie einem Privileg des Papstes Agathon für sein Kloster gegen fremde Einmischung, mit Ikonen zum Schmuck seiner Kirche, einer der Jungfrau, solchen der Apostel für eine Ikonostase und andren mit Szenen des Evangeliums für die Südwand, weiteren mit Visionen der Apokalypse des Johannes für die Nordwand seiner Kirche.« Drei Jahre später gründete Abt Benedikt am Zusammenfluß von Don und Tyne das Kloster St. Paul in Jarrow und begab sich erneut, zum sechsten Mal, nach Rom, von wo er für seinen neuen Konvent Bücher in großer Zahl, Ikonen der Jungfrau, Szenen des Alten Testaments und die entsprechenden aus dem Neuen zurückbrachte, – z. B. Isaak, der das Opferholz trägt und Christus mit dem Kreuz, die eherne Schlange, die Moses in der Wüste aufrichtete und den gekreuzigten Sohn Gottes – ebenso brachte er aus Rom zwei seidene Mäntel mit.

Der letzte König von Murcia, Aethilwald, berichtet zu Beginn des 8. Jahrhunderts in einem langen, mit klassischen Reminiszenzen gespickten Epos von der Romreise dreier Pilger, darunter ein Mönch, der unterwegs stirbt, ohne sein weit entferntes Vaterland wiederzusehen: »Die beiden Überlebenden begünstigt durch ihre Verdienste, … erreichten schließlich wieder ihr Vaterland … Seht, sie brachten zahlreiche Bücher mit sich, die von geistlichen Kämpfen künden, und solche mit mystischen Glaubensregeln, die erfüllt sind vom Heiligen Geist, der ihren Autoren beistand… Weiterhin trugen sie kostbare Gewänder, die sie in aller Ehrfurcht als wunderwürdige Gaben darbrachten…« Es folgt ein Lob der fleißigen Seidenraupen, die sich vom Maulbeerbaum nähren, um edle Seide zu spinnen: »Dies also ist der Ursprung der *Syrica* (auf griechisch Seidenstoffe), die sie mit sich bringen und deren glänzender Anblick erfreut. Wir sehen einen Garten von Purpur mit roten Rosen, worin Lilien prangen, mit elfenbeinfarbenen Fäden zart umrissen; wahrlich bewundernswert ist der Purpur dieser Seiden, bedeckt mit Schneeweiß und goldenem Gelb; und welch herrliche Ornamente auf diesen Mänteln, mit grünen Blättern, blauen und roten Blüten geschmückt! Sie (die zurückkehrenden Pilger) bringen mit sich höchst feierlich geweihte bedeutende Reliquien mehrerer Heiliger, welche die Gebete der Gläubigen erhören. Ebenso haben sie bei sich ein sehr schönes Geschenk, Ikonen der Gottesmutter, deren Haupt goldene Strahlen umgeben, ein vortrefflicher Schutz!«

Am Ende des 8. Jahrhunderts oder zu Beginn des folgenden stiftete Papst Leo III. (795–816) St. Peter in Rom 30 große Purpurtücher, 47 kleine Schleiertücher mit Goldfäden aus byzantinischem sowie neapolitanischem Purpur. Zu Beginn des 9. Jahrhunderts schenkte Papst Paschalis I. der Kirche Sta. Maria Domnica »einen sehr schönen Mantel aus Seide, geschmückt mit goldenen Fäden und seidengefüttert, einen weiteren Mantel aus byzantinischem Purpur mit vergoldetem Saum und einer gestickten Borte aus Purpur, die das Antlitz der hl. Gottesmutter zeigt sowie anbetende Engel, ferner ein Tuch aus roter Seide, vier rote Schleiertücher für den Altarschmuck, drei Purpurtücher von Tyrus«. Für den Altar der hl. Praxedis stiftete er einen Mantel aus byzantinischem Purpur, einen weiteren mit Goldfäden untermischt, einen kleinen Purpurmantel aus Tyrus mit purpurnem Saum und weiteres mehr. Schließlich gab er der Basilika Sta. Maria Maggiore ein prachtvolles Gewebe aus Alexandria zum Schmuck der Apsis hinter dem päpstlichen Thron.

Einzelne Beispiele solch kostbarer Stoffe sind in den Museen und Schatzkammern des Westens erhalten, ebenso Ikonen; sie stammen aus dem 4.–8. Jahrhundert und aus dem Orient, aus Ägypten, Syrien, Palästina, vielleicht auch Konstantinopel, einer der Kapitalen des Luxus im Frühmittelalter. Der Zeitpunkt ihrer Übertragung steht meist nicht fest. Urkunden und Texte müssen zur näheren Bestimmung dienen; heute auch genaue Materialanalysen.

Fest steht, daß Rom der große Sammel- und Umschlagplatz für solche Luxusgüter war. Seidenstoffe und Ikonen trugen dazu bei, die römischen Kirchenschätze zu bilden und zu vermehren, wie sie von Rom aus ebenso an Kirchen und Klöster des Westens wie selbst an solche des Ostens weitergegeben wurden. Papst Gregor d. Gr. schickte z. B. 6 wertvolle Chorhemden an Eulogius, den Patriarchen von Alexandria, und 2 ebensolche Chorhemden an Narses, den Patriarchen von Konstantinopel, möglicherweise orientalischen Ursprungs. Solche Schenkungen und Wanderungen sind wohlbekannt, doch ist nicht in allen Fällen anzunehmen, daß diese Stoffe ihren Platz endgültig in einem Kirchenschatz fanden: Luxusgüter waren nämlich nicht zuletzt als Objekte für Tausch und Handel äußerst begehrt und geeignet.

Die wirtschaftliche Seite des kulturellen Austauschs zwischen Ost und West verdient vielleicht größere Beachtung, als ihr bisher meist zuteil wurde. Am Ende des 7. Jahrhunderts brachte der erwähnte Gründer von St. Paul in Jarrow u. a. zwei wertvolle Chorgewänder aus Seide mit, doch überließ er sie nicht dem Schatz des Klosters, sondern er gab sie König Alfred von Northumbria in Tausch gegen einen Landbesitz, der drei Familien ernähren konnte. Und Abt Ceolfred des nämlichen Klosters eiferte diesem Vorbild nach, indem er ein sehr schönes Manuskript einer Kosmographie, das ebenfalls aus Rom kam, gegen eine Domäne in Tausch gab, die acht Familien ernähren konnte.

Der Erwerb von Luxusgütern und von wertvollen Stoffen wie auch Ikonen konnte demnach auch eine zeitweilige Investition an Geldes statt sein, die sich entsprechend eintauschen und wie Gold verwenden ließ. Diese Interpretation wird durch die Aussage zeitgenössischer Texte gestützt. Das Gesetz von Rhodos aus dem 7. Jahrhundert maß den Seidengeweben den gleichen Wert wie dem Golde bei: »Mäntel aus Seide gelten wie Gold.« Die Bulgaren, die im 10. Jahrhundert Leinen und Honig nach Konstantinopel brachten, verlangten Purpurgewänder, Bänder und Seide als Bezahlung. Solche Tauschgeschäfte waren sicher keine Ausnahme. Ein wenig später z. B.

erhielten die Petschenegen, welche den Chersonnes gegen die Russen verteidigen sollten, für ihre vereinbarten Dienste an der Nordostküste des Schwarzen Meeres genau festgelegte Mengen von Purpurstoffen, Seide, Goldbrokat, Gewürzen und Fellen. Im Jahr 944 wurde in Konstantinopel ein Vertrag zwischen Russen und Byzantinern geschlossen, der vorsah, daß die Russen für einen entflohenen Sklaven als Gegenwert zwei Seidengewebe erhalten sollten, während sie wiederum einen entwichenen Sklaven gegen die Entrichtung von 10 Goldstücken zurückerhielten. Aufschlußreich ist das Wertäquivalent zwischen Seide und Gold.

In jener Epoche sandte der byzantinische Kaiser wertvolle Gewänder nach Italien, um damit die aufständischen Langobarden zu gewinnen. Der kaiserliche Beauftragte Epiphamos führte auf einer Gesandtschaft in die Lombardei zahlreiche Gewänder als Tausch- und Bestechungsmittel mit sich, um nach beendeter Mission in Konstantinopel Rechenschaft zu geben, was übriggeblieben war. Derartige Tauschgeschäfte scheinen häufig vorgekommen zu sein, da Stoffe und Ornate den Charakter begehrter Ehrengeschenke hatten.

Im 11. Jahrhundert erhielt der armenische Große Gregor Pakourianos von Kaiser Alexios I. Komnenos zum Dank dafür, daß er die Petschenegen besiegt hatte, kaiserliche Ornate, die der Herrscher zum Teil selbst getragen hatte; weitere Staatsgewänder wurden ihm nach dem Sieg über die Kumanen gesandt. Zum Dank stiftete er diese dem von ihm gegründeten Kloster Backovo, zwischen Strymon und Nestos. Die reichen Ehrengaben für die Großen, die ebenso hoch bewertet wurden wie Gold, blieben nicht immer im Schatz der damit beschenkten Persönlichkeiten oder Institutionen, sondern konnten im Bedarfsfall auch als Zahlungsmittel verwendet werden.

Im November 1064 übertrug der Erzbischof von Siponto (Provinz Foggia) dem Marienkloster auf den Tremiti-Inseln beim Monte Gargano das Drittel einer Saline aus seinem Besitz im Tausch gegen eine Hoftunika und eine Ikone. Vier Jahre später überließ er demselben Käufer das Drittel einer anderen Saline im Austausch gegen eine vergoldete Marienikone im Wert von 30 Goldstücken sowie einen seidenen Hofmantel im Wert von weiteren 20 Nomismata. Dabei ist nicht anzunehmen, daß es dem Erzbischof von Siponto an Geld gefehlt hätte, denn etwa zur gleichen Zeit ordnete Kaiser Konstantin IX. und nach ihm Alexis I. an, daß der Erzbischof anläßlich einer von ihm ausgeführten Trauungszeremonie vom Bräutigam 1 Gold-Nomisma zu bekommen habe und von der Braut 12 Maß Tuch; beides konnte zusätzlich zum Unterhalt verwendet werden. Der Brauch der Bezahlung durch Naturalabgaben hielt sich ebenso lange wie das Byzantinische Kaiserreich. Noch im Mai 1375 bezeugt eine im Großen-Lavra-Kloster vom Berg Athos aufbewahrte Urkunde, daß eine wertvolle Ikone des hl. Georg eingetauscht wurde, um die Kosten für die Obsequien des Bischofs von Wodena in Höhe von 24 Dukaten aufzubringen.

Ikonen, Manuskripte, Ornate, Kultgegenstände hatten demnach Goldeswert und wurden stattdessen im Tausch gegeben. Solche Naturalienwährung erscheint dem Kulturhistoriker doppelt wertvoll, einmal aufgrund ihres tatsächlichen Wertes und zum anderen als Mittel des gegenseitigen Kulturaustausches. Rom war im Frühmittelalter jedenfalls das wichtigste Transit-Zentrum für diesen Umschlag zwischen Orient und Okzident.

Zusammenfassung: Das 8. Jahrhundert

Unter dem Einfluß des Bilderstreites in Byzanz, doch vor allem infolge der Langobardeninvasionen und der wachsenden Macht der Dynastie der Pippiniden, entfernte sich Westeuropa zusehends in politischer und religiöser Hinsicht von Byzanz, doch machte es weiterhin dort künstlerische Anleihen.

Die Langobarden hatten nach ihrer Niederlassung auf italienischem Boden wiederholt auf byzantinische Kunst zurückgegriffen, da es ihnen an großen eigenen Traditionen mangelte. Die Bildhauerarbeit des Steinaltars, den Herzog Ratchis (um 737–744) der Kirche S. Giovanni in Cividale stiftete, (jetzt Museo Nazionale) läßt sich nicht ohne byzantinischen Einfluß erklären. Dies gilt ebenso für die gemalte Majestas Domini mit Heiligen in der Pfalzkapelle der Stadt, vor 800.

Die religiöse byzantinische Malerei konnte sich in Italien behaupten, das sich zumindest theoretisch der Autorität der Kaiser in Konstantinopel entzogen hatte. Sie war in Rom seit dem Ende des 6. Jahrhunderts spürbar und hat hier einige ihrer besten Werke unter dem Pontifikat Johannes' VII. zu Beginn des 8. Jahrhunderts hervorgebracht. Die östliche Tradition setzt sich in den Votivbildern fort, die in Sta. Maria Antiqua unter Papst Zacharias gemalt wurden: Theodotus ließ die Kapelle links vom Chor mit kräftigen und ausdrucksvollen Fresken schmücken; die Wandmalerei zeigt ihn und seine Familie samt dem Martyrium der hl. Giulia und ihres Sohnes, des hl. Cyrus. Die Ikonographie einer Kreuzigung östlicher Art auf der Rückwand erinnert an die des Rabula-Evangeliars, ist jedoch schlichter in der Komposition. Späterhin ließ Papst Paul I. die Madonna in der Apsis durch einen segnenden Christus nach griechischer Art ersetzen. Nach 770 führte ein byzantinischer Maler über der Sockelzone der linken Seitenwand mit gemalten Tapisserien einen Fries mit dem thronenden und segnenden Christus, ebenfalls in griechischer Manier aus. Die Lehrer der östlichen wie der lateinischen Kirche umgeben ihn, sie sind sämtlich frontal gesehen und durch griechische Inschriften gekennzeichnet. Die obere Frieszone dagegen ist aufgrund der Anklänge an karolingische Miniaturen einem örtlichen oder zumindest westlichen Maler zuzuschreiben.

Man glaubte die Manier griechischer Künstler zumindest in einem Teil der Fresken wiederzufinden, die unter Hadrian I. (772–795) als Schmuck des Atriums entstanden: Hier ist die thronende Jungfrau dargestellt, das Porträt des Papstes sowie Heiligen-

gestalten byzantinischer Art. Mosaiken traten in Rom seit dem Ende des 8. Jahrhunderts wieder auf, doch griffen sie thematisch auf den Dekor der vorhandenen ältesten frühchristlichen Monumente der Stadt zurück.

Nach der Niederlage der Langobarden bei Pavia durch die Franken verlagerte sich das Zentrum ihrer Macht aus dem nördlichen Italien nach dem Süden, wo Benevent als Hauptstadt eines Herzogtums blühte, wie ebenso Salerno kulturell aktiv war. Hier mischten sich komplexe Traditionen aus dem langobardischen Königreich mit lokalen Überresten des Hellenismus und Einflüssen aus dem byzantinischen Imperium, dem diese Städte näher lagen als etwa Pavia. Die bedeutende, der hl. Sophia geweihte Pfalzkapelle von Benevent, ein Rundbau, ist ein Beispiel dieser Synthese. Die Texte der Zeit bekunden, daß man neben dem Palast, der wie in Konstantinopel ebenfalls geheiligt war, eine Kirche nach dem Vorbild jener Hagia Sophia haben wollte, als Symbol und Garant staatlicher Blüte; mit dieser Idee vereinte sich die Nachahmung der langobardischen Palastkapelle des Erlösers in Pavia. Das südliche Italien war damals der Schnittpunkt der Zivilisations- und Kunstströme, aus denen die Kultur der großen Benediktinerabtei Montecassino ihre Kraft zog.

Die *Merowinger*, deren Skriptorien im Hinblick auf die Bilderverehrung mehr Vorbehalte hatten als etwa die Päpste, nahmen in ihre Manuskripte das Kreuz der byzantinischen Ikonoklasten auf. Im Gelasianischen Sakramentar der Vaticana aus der Mitte des 8. Jahrhunderts erinnert das prachtvolle Kreuz unter einer Arkade an die Kreuze, welche die Byzantiner in die Apsiden ihrer Kirchen malten oder in Stein schlugen und an Metallarbeiten zur Anwendung brachten. Manche Schmuckmotive merowingischer Miniaturen erinnern an byzantinische Textilmuster. Die Vögel mit Bändern um den Hals aus den Gelasianischen Sakramentaren der Vaticana und der Bibliothèque Nationale zu Paris sind eigentlich byzantinische Motive, die dorthin als Stoffmuster aus dem sassanidischen Persien gelangten und vielleicht durch Emailarbeiten in den Westen kamen.

Die *Karolingische Renaissance* mit ihrem Streben nach Renovatio der politischen und kulturellen Bedeutung des Römischen Imperiums brachte ein Aufleben des byzantinischen Einflusses im Westen mit sich. Doch bei ihrer Rückwendung zur Vergangenheit wandte sie sich mehr den gemeinsamen frühchristlichen Vorbildern zu, als den zeitgenössischen Arbeiten aus dem Byzantinischen Reich; Konstantinopel war zudem in jener Epoche relativ arm an Neuerungen. Trotzdem führten die zahlreichen byzantinischen Gesandtschaften zu den Pippiniden als begehrte Geschenke Textilien, Elfenbeine und Goldschmiedearbeiten mit sich: das Musée historique des Tissus in Lyon besitzt einen Seidenstoff, der nach der Tradition im Jahr 758 von Konstantin V. an Pippin den Kurzen geschickt wurde, sieben Jahre nachdem dieser den Merowinger Childerich III. entthront hatte. Pippin wiederum soll diesen Stoff der Abtei Mozac bei Riom (Puy-de-Dôme) gestiftet haben, als Umhüllung der Reliquien von St. Austremoine. Das Stoffmuster ist sassanidischen Ursprungs: in einem großen Medaillon sind zwei reich gekleidete Imperatoren zu Pferde symmetrisch neben einem Lebensbaum dargestellt; sie stoßen ihre Lanzen Löwen in den Rachen, die von Hunden attackiert werden. Zweifellos stammen aus eben dieser Quelle – der Schenkung Konstantins V. an Pippin den Kurzen – die Seidenstoffe, die im Grab der Viventia gefunden wurden, der Tochter Pippins und Schwester Karls d. Gr. Sie gelangten aus der Kirche der hl. Ursula in Köln ins Museum of Fine Arts in Boston/USA: Inmitten großer Ovalmedaillons wiederholt sich alternierend das Muster eines Greifen, der einen Stier anfällt.

Die Krone der karolingischen Kaiser war der der byzantinischen Herrscher nachgebildet, am Hof Karls des Großen und seiner Nachfolger trug man Gewänder aus Purpur und Seide. Die Königsempore mit einem Altar im Westwerk der Kirchen öffnete sich zum Schiff gegenüber dem Chor; zweifel-

los folgte diese Anordnung dem Vorbild konstantinopolitanischer Emporen, von denen aus der Kaiser mit seinem Gefolge dem Gottesdienst beiwohnen konnte. Die oktogonale Aachener Pfalzkapelle, ebenfalls mit Emporen, hängt wiederum von S. Vitale in Ravenna ab, jener Stadt, die Karl der Große geplündert hatte, um mit ihren Schätzen seine Residenz zu schmücken.

Auf dem Gebiet der Buchmalerei dienten den karolingischen Miniaturmalern geheiligte, jahrhundertealte Modelle als Vorbilder. Sie griffen im Gebrauch goldener Unzialen auf Purpurgrund auf frühchristliche Traditionen zurück, bei Manuskripten, die für den Kaiser selbst oder Mitglieder seiner Familie bestimmt waren. Dies war der Fall bei dem Evangeliar, das Godescalc zwischen 781 und 783 für Karl d. Gr. und seine Gemahlin Hildegard ausführte, jetzt in der Bibliothèque Nationale zu Paris. Auf dem Frontispiz kommt das im byzantinischen Osten weit verbreitete Motiv des Lebensbrunnens als Ziborium vor, es ähnelt Mosaiken in der Großen Moschee von Damaskus, die ebenfalls mit byzantinischer Kunst in Verbindung stehen.

Die Kenntnis alter frühchristlicher Manuskripte, deren Miniaturen mit feinen farbigen Strichen auf Purpurgrund ausgeführt sind, wie bei der Wiener Genesis oder dem Sinope-Evangeliar, rief in einigen karolingischen Ateliers des frühen 9. Jahrhunderts erneut einen illusionistischen und malerischen Stil hervor. Es ist möglich, die Anteile der byzantinischen Elemente an dieser Erneuerung genau zu bestimmen, welche die karolingischen Künstler in Italien kennenlernen konnten wie diejenigen, die direktem byzantinischem Einfluß zu verdanken sind. Das Vorhandensein des griechischen Namens Demetrios am Beginn des Lukas-Textes im Wiener Krönungsevangeliar scheint auf Kontakte zu Byzanz hinzudeuten und legt die Vermutung nahe, daß es auch griechische Künstler in den großen karolingischen Kunstzentren gab. Wahrscheinlich war auch jener Bischof Georg von Amiens, der am Ende des 8. Jahrhunderts die griechische alexandrinische

Chronik, deren Manuskript sich heute in der Bibliothèque Nationale zu Paris befindet, in Latein übersetzen ließ, ein Grieche.

Zweifellos ist es erforderlich, die Untersuchungen über die zahlreichen Einflüsse aus dem Orient, die in den Okzident gelangten, wie deren Übermittlung noch weiter zu vertiefen. Als ein Beispiel sei schließlich noch das Oratorium genannt, das der Spanier Theodulph, Bischof von Orleans, sich in Verbindung mit seiner Villa bei Saint-Benoît-sur-Loire errichten ließ. Die Architektur, wie deren Mosaikenschmuck stammten nicht aus Byzanz sondern aus Spanien, und die byzantinischen Elemente, die sich hier erkennen lassen, kamen – verbunden mit islamischen – von der Iberischen Halbinsel.

Die Verbreitung der byzantinischen Kultur im Okzident erfolgte insgesamt auf unterschiedlichen Wegen: Es gab als Vermittler Wanderungen von Mönchen und Geistlichen oder Zivil- und Militärbeauftragten, von Flüchtlingen und Pilgern, ebenso direkten politischen und wirtschaftlichen Austausch sowie religiöse und kulturelle Beziehungen. Die Einwirkungen erfolgten zudem nicht überall konstant und gleichzeitig.

Die Aspekte des östlichen Einflusses sind mannigfaltig: politisch-wirtschaftlich, religiös-liturgisch, literarisch-künstlerisch, juristisch, sprachlich, insgesamt kulturell-zivilisatorisch. Einige dieser Einflüsse hatten mehr bewahrenden Charakter und weniger kreativen, doch war diese Einwirkung entschieden befruchtend für die Kultur des Westens. *Byzanz* hat in diesem Hinblick eine zweifache historische Mission erfüllt: Es hat Europa gegen den Orient verteidigt und zugleich neue Kräfte, wie die slawische Welt, an sich gezogen. Byzanz hat vor allem für die Völker des Westens das geistige und künstlerische Erbe der Antike bewahrt und weitergegeben. Diese bedeutende Mittlerrolle für die Entstehung der kulturellen Einheit Europas verdient entschieden verstärkte Beachtung.

Francesco Gabrieli

Die Bedeutung des Islam für das westliche Europa

75, 76 Der Islam wurde in einer der primitivsten und rückständigsten Regionen der Alten Welt geboren, drang jedoch rasch über deren Grenzen hinaus vor. Er wandelte sich von einem begrenzten Phänomen und einer inneren Angelegenheit des Lebens der Araber zu einer Religion von universeller Bedeutung, gewissermaßen zur Weltmacht; ein Prozeß, der noch immer die Historiker beschäftigt.

Wer sich mit der geheimen Dynamik dieses Prozesses befaßt, wird bald erkennen, daß es dabei nicht um eine Festlegung nach Ost oder West, um geographische oder kulturelle Unterscheidungen geht. Die ungeheure Strahlkraft des neuen Glaubens und des von ihm begründeten Staates breitete sich vielmehr nach allen Richtungen hin aus, um eine überraschend einheitliche Kultur hervorzubringen, ungeachtet der unterschiedlichen örtlichen und zivilisatorischen Voraussetzungen. Die Aufgabe dieses Kapitels ist es daher nicht, die islamische Zivilisation insgesamt zu untersuchen und darzustellen, sondern deren Einfluß und Wirkung auf die westliche Welt und vor allem auf den mediterranen Okzident. Die Länder Europas rings um das *mare nostrum* der Römer hatten kurz vor dem Erscheinen des Islam infolge der Völkerwanderung der »Barbaren« eingreifende Umwälzungen durchgemacht. Einige dieser Länder wie Spanien und Sizilien wurden dann für unterschiedliche Dauer zu islamischem Territorium (Dar al-Islam); der Islam hat daher in ihrer Geschichte bleibende Spuren hinterlassen. Andere Gebiete Europas, und wir sprechen hier vor allem von Westeuropa, haben zu keiner Zeit innerhalb ihrer Grenzen eine dauerhafte Niederlassung des Islam erfahren, auch sie haben sich jedoch mit dem Islam auseinandergesetzt. Islamisierte Länder waren ihnen benachbart, ferner gab es wirtschaftliche, militärische und geistige Auseinandersetzungen, die zu mehr oder minder bleibenden Beziehungen mit der islamischen Zivilisation führten.

Um den geographischen Rahmen abzustecken, unsere Untersuchung behandelt vor allem die Iberische Halbinsel, Gallien und Frankreich und die gesamte Apenninenhalbinsel sowie »Mitteleuropa«, während der Balkan und Osteuropa im allgemeinen ausgeschlossen bleiben. In jenem Bereich hat allerdings – durch den Zerfall des Oströmischen Imperiums und das Vordringen der Osmanen – der Islam zwischen dem 15. und dem 19. Jahrhundert außerordentliche Bedeutung für die Politik, die Gesellschaft und die Kultur gehabt und tiefe Spuren hinterlassen.

Über die geographischen Unterschiede hinaus ist der osteuropäische Bereich, auf den der Islam einwirkte, von dem Westen, mit dem wir uns hier vor allem beschäftigen, deutlich zu unterscheiden. Die

Einwirkung des Islam auf Westeuropa fällt nämlich bereits in die Jahrhunderte des ersten Auftretens und der frühen Entwicklung der islamischen Kultur. Sie nahm Elemente älterer orientalischer Zivilisationen sowie des Hellenismus wie allgemein der Spätantike auf und konnte diese nach eigener Assimilation und Umwandlung zum Teil an die Völker des Westens weitergeben, mit denen der Islam in Kontakt geriet.

Jene ruhmreiche Frühzeit der Auseinandersetzung zwischen Islam und Europa – im Frühmittelalter – bedeutete nicht nur wechselvolle Kämpfe, Invasionen, Siege und Niederlagen, sondern der Okzident erhielt damals durch die Vermittlung des Islam entscheidende Elemente des Kulturerbes der Antike, was sich auf seine eigene spätere Entwicklung nachhaltig auswirkte.

Der spätere Kontakt mit den osmanischen Türken, seit den Jahrhunderten der europäischen Renaissance, hat einen anderen Charakter: Der Westen war in seiner Eigenart bereits gefestigt, er hatte ein eigenes Selbstbewußtsein gefunden und mit neuer Energie eine moderne Zivilisation entwickelt, während der islamische Osten, mit dessen Drohung man sich auseinanderzusetzen hatte, entsprechende Fortschritte nicht aufweisen konnte: Der neuere, türkische Islam, der seinerseits seine Grundlagen in der arabisch-persischen Kultur des Goldenen Zeitalters hatte, erwies sich als minder fruchtbarer Kulturträger für die Gebiete des östlichen Europa, die er besetzt hielt oder beeinflußte.

Unsere Untersuchung wird sich also wesentlich auf den Westen beziehen und das Gebiet des westlichen Mittelmeeres mit Spanien und Frankreich, wie auf das zentrale Mittelmeer mit Italien bis Griechenland, wobei die Beziehungen zum Byzantinischen Reich nicht außer acht gelassen werden sollen, die im Hinblick auf den arabisch-islamischen Vorstoß gegen Westen eine so entscheidende Rolle gespielt haben.

Im Mittelalter erschien dem Westen die plötzliche Ausbreitung des Islam, so nahe dem Zentrum der christlichen Kirche – nach drei Jahrhunderten kontinuierlicher Siege über das Heidentum – als teuflische Bedrohung durch ein barbarisches Volk. Der fundamentale Charakterzug der Botschaft Mohammeds, die straffe Betonung des Monotheismus gegenüber der Vielgötterei der arabischen Tradition, erschien dem christlichen Westen zweitrangig gegenüber der antitrinitarischen Polemik des Islam, wie vor allem dem ausdrücklichen prophetischen und messianischen Anspruch des Gründers des neuen Glaubens. Das unaufhaltsame Vordringen der Araber im Mittelmeerraum, der Angriff auf das Byzantinische Reich, das rasche Schwinden der christlichen Latinität in Nordafrika erschienen den mittelalterlichen Zeitgenossen insgesamt als religiöse Katastrophe. Die religiöse Auseinandersetzung zwischen Dogma und Sekten wurde stark beachtet, die historische Bedeutung der Ereignisse dagegen wenig. Erst aus größerem geschichtlichen Abstand vermag die moderne Geschichtsschreibung das Ausmaß jener Umwälzungen im Hinblick auf die Bevölkerung, auf Politik, Wirtschaft und Gesellschaft, wie auch auf die Religion umfassender und exakter zu beurteilen.

In der explosionsartigen Ausbreitung des Islam haben Historiker wie Wellhausen, Becker und Caetani insgesamt das Hervortreten der Araber – bis dahin zum ersten und einzigen Male in einer für die Weltgeschichte bestimmenden Funktion – gesehen. Der Triumph des Islam in dieser originären Phase sei kennzeichnend für *Das arabische Reich*, wie Wellhausen sein bekanntes Buch nannte. Es handelt sich demnach um die Expansion eines Volkes, mit unerhörter Energie und ebensolchem Glück über zwei Kontinente hinweg, das sich bisher auf seine abgelegenen Niederlassungen in der Wüste beschränkt hatte. Eine solche Interpretation läßt aber die Kürze der rein arabischen Anfangsphase dieser Diaspora außer acht, wie die immanenten Keime eines islamischen Universalismus sowie die Fähigkeit des neuen Glaubens, ethnische Elemente ganz unterschiedlicher Art in sich aufzunehmen und zur religiösen und kulturellen Einheit zu verschmelzen.

Diese religiös-kulturelle Einheit überlebte bei

weitem die anfängliche kurze politische Hegemonie der Araber. Sie wurde zu einem Grundelement der tausendjährigen mohammedanischen Zivilisation. Andererseits läßt sich nicht leugnen, daß die Araber ihre Sprache wie auch ihre nationalen Traditionen einer tausendjährigen Kultur verdanken, die sich in der Offenbarung Mohammeds verkörperte. Auch nach der Auflösung des einheitlichen Kalifats hinterließen die Araber der islamischen Zivilisation eine ethnisch-kulturelle Grundlage, die es noch den großen Staaten des mohammedanischen Mittelalters ermöglichte, sich als »arabisch« zu bezeichnen, wie den Fatimiden Ägyptens oder Omaijaden Spaniens; dies gilt auch, wenn auch unter merklicher Beimischung des Berber-Elementes für die Almorawiden und die Almohaden. Die Beispiele entstammen alle dem Mittelmeerraum; sie bezeugen, daß das Arabertum in den verschiedenen Richtungen seiner Ausbreitung an den Küsten des antiken *mare nostrum* besonders günstige Bedingungen vorfand. Entstanden auf der ausgebrannten arabischen Halbinsel, vermochte es im milderen Klima Syriens, an der nordafrikanischen Küste, in Sizilien und Spanien vortrefflich zu gedeihen.

Der ursprünglich mehr oder minder rein arabische Islam breitete sich im 7. bis 8. Jahrhundert siegreich an den Süd- und Ostküsten des Mittelmeers aus, und es ist unsere Aufgabe, die Konsequenzen dieses Vorstoßes für das politische Gleichgewicht am Mittelmeer jener Zeit abzuwägen. Henri Pirenne hat mit seiner berühmten Darstellung *Mohammed und Karl der Große* bereits in den späten 30er Jahren eine seither nicht mehr erloschene Diskussion über die Bedeutung und Auswirkung des islamischen Vorstoßes für das Abendland ausgelöst. Wenn auch einige seiner Thesen nicht anerkannt wurden, bleibt seine Darstellung doch äußerst anregend und fruchtbar: Nach Meinung des belgischen Historikers bedeutete das 7. Jahrhundert mit dem plötzlichen Auftreten des Islam im Mittelmeerraum das eigentliche Ende der Antike, und nicht bereits die Völkerwanderung der Germanen oder der

Gegensatz zwischen dem Imperium des byzantinischen Ostens und des lateinischen Westens.

Unter wirtschaftlichen Gesichtspunkten – Pirenne stützte seine Thesen vor allem auf die Wirtschaftsgeschichte – trat der Gegensatz zwischen Okzident und Orient, den es zuvor nicht gab, erst dann deutlich hervor, als die Araber die Sicherheit der Verbindungen am Mittelmeer zerstörten und auf diese Weise den endgültigen Bruch zwischen dem Abendland und dem Morgenland besiegelten. Der von geregelten Verbindungen mit Konstantinopel und dem Byzantinischen Imperium abgeschnittene Westen wurde auf sich selbst beschränkt und entwickelte anstelle der auf der Seefahrt basierenden Wirtschaft der Merowingerzeit die auf den Kontinent und die Landwirtschaft bezogene Ökonomie der Karolinger. In gewisser Weise bedeutete dies zeitweilig einen Rückgang, der den einstigen Wüstenräubern zuzuschreiben war, die nun am Mittelmeer zu Piraten und Korsaren wurden. *»Ohne Mohammed kein Karl der Große«* (Sans Mahomet pas de Charlemagne) lautet eine These Pirennes, wonach die Wiederherstellung des Reiches im Westen nicht so sehr das Symbol wiedererstandener Größe, als vielmehr einer zwangsläufigen Beschränkung ist, die für das künftige Schicksal des Westens allerdings von entscheidender Bedeutung war.

Diese These wird heute in ihrer Substanz von den Mediävisten des Ostens wie des Westens angezweifelt, da die Prämisse Pirennes, die völlige Abschließung und Trennung des Mittelmeerraumes infolge der arabischen Invasion, letztlich nicht zwingend den Austausch zwischen Ost und West erschwerte; läßt sich doch der Schluß, daß sie zu einem völligen Erliegen des Handelsaustausches und Verkehrs geführt habe, aufgrund der nachweisbaren Tatsachen nicht aufrecht erhalten.

Die Araber konnten nie eine absolute Seeherrschaft über das Mittelmeer behaupten, auch nicht am östlichen Mittelmeer, das man reichlich übersteigert als »arabischen See« bezeichnen wollte. Und die lange Rivalität zwischen Arabern und Byzanz führte tische Abneigung gegen die Darstellung von Lebewesen beachteten.

Auch auf literarischem Gebiet vermittelten die Grenzkriege und Begegnungen des 8. bis 10. Jahrhunderts der byzantinischen Dichtung gewiß Anregungen, soweit es sich um Lobgesänge von Hofdichtern und die volkstümlichen arabischen Erzählungen des al-Battal und Omar an-Nu'man handelte. Eine Osmose von Motiven sowie die Durchdringung verschiedener Formen der Lyrik und Erzählkunst sind anzunehmen, wobei die Art und Richtung der Einflüsse sich oft nicht mit Sicherheit feststellen läßt. Volkstümliche Elemente der erzählenden Dichtung altorientalischer Abstammung gelangten jedenfalls von den Arabern zu den Byzantinern, wie es die märchenhaften Geschichten von *Kalila und Dimna* und *Sindbad* beweisen, die zweifellos vom Orient in den Westen gelangten.

Auf dem Gebiet der hohen Literatur, der höfischen und religiösen Kunst wie der Wissenschaft ist die Schuld des Islam gegenüber Byzanz größer. Byzanz hatte das Erbe der Griechen und Syrer angetreten und konnte auf diesem Gebiet dem Islam gewiß mehr geben als umgekehrt. Es gibt Spuren einer arabischen Diaspora auf griechischem Boden, der nur zeitweilig von den Arabern besetzt war, so in jenem Kernbereich, der einst die Wiege der antiken hellenischen Kultur gewesen, und der dann unter byzantinischer Herrschaft zu provinzieller Bedeutungslosigkeit abgesunken war. Die gründlichen Studien von Miles konnten solche Spuren ans Licht bringen und einen gewissen arabischen Einfluß in der Ägäis sowie selbst auf dem griechischen Festland nachweisen.

Kreta war über ein Jahrhundert lang (827–961) Sitz eines islamischen Emirates, die Araber Spaniens unterhielten über das Mittelmeer hinweg ebenfalls östliche Beziehungen. Spuren arabischen Einflusses sind für Attika und Euböa, Athen und Korinth anzunehmen, wie Münzfunde und vereinzelte mittelalterliche Inschriften bezeugen, welche hier auf die Anwesenheit oder den Durchzug von Arabern hin-

deuten. Eine zeitlang gab es sogar eine arabische Moschee am Ufer des Bosporus dicht bei Konstantinopel – vermutlich ein Andenken an die gescheiterte Belagerung des Jahres 717/18 von Maslama. Eine weitere Moschee ist für Reggio Calabria auf dem umkämpften italienischen Festland bezeugt. In Athen selbst wurde anscheinend zu Füßen der Akropolis der semitische Allah verehrt, wie sich aus einer kufischen Inschrift erschließen läßt, die bei Ausgrabungen auf der Agora zum Vorschein gekommen ist. Wenn es auch auf Kreta an inschriftlichen oder architektonischen Zeugen der arabischen Herrschaft mangelt, gibt es doch in Griechenland verschiedentlich ein Echo dieser Zeit, wie Miles gezeigt hat, und sei es nur in Form islamischer Ornamentmotive. In Athen und Attika, Korinth, Phokis und Lakonien sind, wenn auch nur geringfügige Reste einer archaisch islamischen Kunst nachweisbar, die sich sehr wohl von späteren türkisch-osmanischen Überlagerungen unterscheiden läßt. Beachtlich sind ebenso die Münzfunde, welche die Prägungen der Emire von Kreta bezeugen. Jedenfalls ist mit einem lebhaften Austausch im weiteren Umkreis des arabisch besetzten Kreta zu rechnen, bis später die Kreuzzüge veränderte Bedingungen hervorriefen.

Für den Bereich des östlichen Mittelmeeres lassen sich die Beziehungen zwischen dem Islam und dem Okzident wie folgt umreißen: Die Eroberung geschah rasch und gewaltsam unter Besetzung einiger Gebiete, wobei gewisse Kulturelemente der Besiegten in den Besitz der Sieger übergingen. Es gab ferner unmittelbaren Austausch im ungesicherten Grenzbereich in beiden Richtungen, oft eher in Art von Raubzügen. Die volkstümliche Überlieferung scheint ferner auf die Dichtung Einfluß gewonnen zu haben.

Das christliche Imperium des Ostens stellte sich nach den anfänglichen Überraschungserfolgen der Mohammedaner klug auf elastische Verteidigung ein, so daß sich etwa ein Gleichgewicht der Kräfte ergab. In der langen Periode kriegerischer Auseinandersetzungen zu Lande und zur See konnte sich – im

Gegensatz zu der von Henri Pirenne angenommenen völligen Lähmung – ein lebhafter Handelsaustausch entwickeln, während die kulturellen Beziehungen anscheinend geringer blieben, soweit sich aus den erhaltenen Resten erschließen läßt. Ein beachtliches Niveau erreichte dieser Austausch jedoch offensichtlich im Zentrum des Mittelmeerraumes, in Sizilien und Süditalien. Hier geschah die Festsetzung der Mohammedaner im Hochmittelalter nur teilweise und für kürzere Zeit, als etwa auf der Iberischen Halbinsel, doch wiederum länger und fruchtbarer als auf den isolierten Inseln der Ägäis oder in Griechenland.

Vor allem gilt es zwischen dem *italienischen Festland* zu unterscheiden, wo es – mit Ausnahme der zeitweiligen Emirate von Bari und Tarent in der 2. Hälfte des 9. Jahrhunderts – nie eine dauerhafte islamische Herrschaft gab, und *Sizilien*, wo die politische und religiöse Vorherrschaft der Araber zwei Jahrhunderte lang währte, oder gar drei, wenn man die Zeit der Normannenherrschaft mit einbezieht.

Die Araber brauchten über 70 Jahre, von 827–902, um sich zu den Herren Siziliens zu machen und zwei Jahrhunderte später weitere 30 Jahre, von 1060–1090 für die Wiedereroberung. In den 150 Jahren ihrer unbestrittenen Herrschaft und natürlich in den zwei langen Perioden der Conquista und des Niederganges hatten sie Zeit, die Insel völlig zu *Dar al-Islam*, zu islamischem Territorium, zu machen, was nicht bedeutet, daß sie damals ausschließlich von Mohammedanern bewohnt gewesen wäre. Das Christentum wurde in Sizilien nie gänzlich unterdrückt, sondern nach islamischem Recht als ein Kult von *Dhimmi* oder Tributpflichtigen geduldet.

Die Mohammedaner stellten die herrschende Klasse von Kriegern und Grundbesitzern, Kaufleuten und Kunsthandwerkern. Wenn auch über das Leben der Insel unter arabischer Herrschaft mit Ausnahme von Palermo wenig bekannt ist, läßt sich doch ihre Islamisierung erschließen. Sie erfolgte umfassend im westlichen Bereich und geringer im östlichen, wo das griechisch-christliche Element sich

nachhaltiger behaupten konnte. Ein analoger Prozeß spielte sich nach der normannischen Eroberung ab, als der Islam im östlichen Bereich Siziliens rascher zurückging als im westlichen, wo er im 12. Jahrhundert erhalten blieb, um insgesamt in den ersten Dezennien des 13. Jahrhunderts mit den Deportationen unter Friedrich II. zu erlöschen.

Das ethnische Element, das mit der Expedition des Asad Ibn al-Furat und den folgenden nach Sizilien gelangte, waren Araber des Westens. Sie stammten aus dem heutigen Tunis, unter deutlicher Beimischung von Berbern, was ganz allgemein typisch für das islamisierte Nordafrika ist. Die ethnische Grundlage der islamischen Eroberer war demnach araboberberisch. Sie überlagerte frühere Schichten der Inselbevölkerung eingeborener, punischer, griechischer und lateinischer Art. Diese ethnische Komponente läßt sich, im Abstand von 1000 Jahren, noch heute in Sizilien ausmachen, wenn auch durch spätere Überlagerungen verändert.

Will man die arabisch-islamische Herrschaft in Sizilien charakterisieren, so war sie nicht allzu tiefgreifend, sondern eine Ausprägung des maghrebinischen Arabertums, das die arabischen Reisenden aus dem Orient wie Ibn Hawqal im 10. Jahrhundert als Kosmopoliten mit einer gewissen Geringschätzung als provinziell einstuften. Mit westlichen, italienischen Augen betrachtet, wie es etwa für den großen Historiker Michele Amari gilt, erscheint die arabische Herrschaft auf Sizilien positiv und nützlich, durch die Zufuhr neuen Blutes in die dürftige ethnische Substanz des byzantinischen Siziliens. Vor allem die Verbesserungen der wirtschaftlichen und landwirtschaftlichen Verhältnisse, die Ablösung der Latifundienwirtschaft und die Schaffung kleiner und mittlerer Güter, wie die Einführung neuer Anbaumethoden und Pflanzen muß unter solchen Aspekten als Fortschritt gelten.

Die arabische Periode hat auf diesen Gebieten im Wortschatz ihre Spuren hinterlassen, die im Sizilianischen wie im Italienischen zu bemerken sind. Es handelt sich vor allem um Begriffe aus der Landwirtschaft und der Bewässerung, um Werkzeuge und Agrarprodukte. Geschichtsschreiber und arabische Reisende jener Zeit beschreiben die Insel als reich an Wasser und Ernten und Wald, der das Holz für die arabische Flotte im zentralen Mittelmeer lieferte. Wein und Oliven waren dagegen hier knapp (Sizilien importierte traditionsgemäß sein Öl aus Nordafrika), doch gab es Baumwolle, Hanf und Gemüse im Überfluß. Vermutlich unter arabischer Herrschaft begann hier bereits der Anbau von Agrumen, noch heute ein Eckpfeiler der sizilianischen Wirtschaft, von Zuckerrohr, Dattelpalmen und Maulbeerbäumen. Der Anbau der Baumwolle in Sizilien dauerte anscheinend hier ebensolange wie der arabische Einfluß, um im 14. Jahrhundert zu verschwinden, während er sich auf Malta, Stromboli und Pantelleria erhalten hat.

Die berühmtesten Beschreibungen des arabischen Sizilien, aus denen wir zahlreiche Tatsachen über jene Kultur entnehmen, stammen erst aus der Normannenzeit (*Idrisi* und *Ibn Giubair*), sie spiegeln aber die Zustände während der vorhergehenden Araberherrschaft. Andererseits war für die Normannen die Wiederherstellung des landwirtschaftlichen Großgrundbesitzes auf der Insel typisch. Es handelte sich vor allem um den Kirchenbesitz, den die Könige großzügig förderten, sowie um den der Feudalherrschaft, was sich in den folgenden Jahrhunderten für die Wirtschaft und Gesellschaft der Insel als verhängnisvoll erweisen sollte. Aus der arabisch-normannischen Zeit stammt die älteste erhaltene Dokumentation zweisprachiger arabisch-griechischer Kartularien, aus denen die Mühsal der moslemischen Bauern hervorgeht, unter einem Landwirtschaftssystem, das auf überholte Bedingungen zurückgefallen war. Insgesamt stellte die arabische Herrschaft Siziliens für die Insel eine begrenzte Blütezeit unter sinnvollem Einsatz aller Ressourcen dar, die im weiteren keine Nachfolge fand.

Die Nachrichten über das geistige Leben, die Kultur und die Kunst des rein islamischen Sizilien sind leider sehr spärlich oder nur indirekt, denn so gut wie alle zeitgenössischen Dokumente und Urkunden sind verloren; alles was erhalten blieb, stammt aus der glanzvollen Normannenzeit.

Sicherlich nahm das islamische Sizilien am geistigen Leben des Islam teil, wenn wir leider auch nicht mehr genug über die regionalen Bedingungen wissen, vor allem handelte es sich um Beziehungen zum Islam des Maghreb. Das Recht, die Theologie, die Philologie und die Grammatik wurden hier gewiß nicht weniger gepflegt als in anderen Regionen der islamischen Welt. Die Dichtung blühte am Hof der Kalbiten von Palermo und im Umkreis der kleineren lokalen Emire. Ein Zeugnis dafür ist die wertvolle, nur lückenhaft überlieferte Anthologie arabisch-sizilianischer Poesie des einheimischen Philologen Ibn al-Qatta, der dann nach Ägypten übersiedelte, wo er starb. Soweit sich aus der Überlieferung des 11. Jahrhunderts erschließen läßt, handelte es sich um eine Dichtung, die klassisch nach Sprache, Metrik und Form war, doch sind leider keine Zeugnisse jener Volksdichtung überliefert, wie sie sich zur gleichen Zeit im moslemischen Spanien entwickelte, was nicht bedeuten muß, daß es sie in Sizilien nicht gab.

Der bedeutende arabisch-sizilianische Dichter, der 1133 gestorbene Ibn Hamdis, stellt eine Verbindung seiner Heimatinsel mit Andalusien dar, jenem Brennpunkt arabischer Poesie im Westen, deren Vorbild auch nach Sizilien ausstrahlte. Hier vollzog sich die letzte Blüte arabischer Sprache und Dichtung erst unter der Herrschaft der Normannenkönige, deren aufgeklärte Politik und religiöser Synkretismus wohlbekannt sind.

Mit dem Regierungsantritt der Stauferdynastie erlitt das Arabertum einen raschen Niedergang, der den Geist von Alcamo und der sizilianischen Dichterschule durch die Volkssprache des italienischen *Volgare* ersetzte. Man hat schon die unbewiesene Hypothese aufgestellt, es habe unterirdische Verbindungen zwischen jenen letzten Manifestationen des arabisch-islamischen geistigen Lebens auf der Insel und den Anfängen der romanischen Lyrik auf italienischem Boden gegeben. Und noch immer ist umstritten, ob von einem völligen Abbruch der überlieferten islamischen Kultur in jener Zeit oder von einem Weiterleben unter neuer Gestalt die Rede sein sollte.

Die Überreste der Bildenden Kunst des Islam auf Sizilien sind dagegen hervorragend und kostbar, wenn sie auch aus einer Epoche stammen, die nicht mehr als rein mohammedanisch gelten kann. Aus rein islamischer Zeit datieren anscheinend nur noch die zerfallenen Bäder von Cefalù bei Palermo sowie ein paar Münzfunde und Grabinschriften. Die weltberühmten arabisch-normannischen Monumente, 96-98 wie die *Cappella Palatina* in Palermo, mit ihren ganz und gar von mohammedanischen Künstlern (vielleicht aus Ägypten) geschaffenen Decken, wie die 94, 95 palermitanischen Schlösser *Zisa* und *Cuba* und weitere architektonische Reste hier und an anderen Orten, bezeugen unzweifelhaft die einstigen Verbindungen zur arabischen Kunst des Orients.

Den kursorischen Überblick über das Erbe des Islam in Sizilien können wir nicht ohne Hinweis auf jene Nachwirkung der islamischen Zeit beschließen, die in den zahlreichen Namens- und Ortsbezeichnungen fortlebt. Eine umfassende Untersuchung der Sitten und der Wesensart wie der Individual- und Kollektivpsyche der heutigen Bevölkerung Siziliens könnte zu aufschlußreichen Schlüssen führen. Das arabisch-islamische Erbe ist jedenfalls auf der Mittelmeerinsel noch immer spürbar, selbst mit seinen negativen Aspekten. Doch ist die Bilanz der arabischen Epoche auf den Gebieten der Wirtschaft, der Gesellschaft, wie der Kultur entschieden positiv.

Auf dem italienischen Festland herrschten andere Bedingungen, da jener Bereich die Ausbreitung des Islam im Mittelmeerraum in unterschiedlicher Weise erfuhr. Hier konnten sich arabische Niederlassungen nie auf Dauer festsetzen, mit Ausnahme der beiden erwähnten kleinen und kurzlebigen Emirate in Apulien. Die Meerenge von Messina wurde allerdings wiederholt von den Arabern Siziliens überschritten, wie alle Küsten Italiens im 9. und 10. Jahrhundert den Überfällen islamischer Korsaren ausgesetzt waren. Es sei nur an die Plünderung der Basilika San Paolo in Rom (846) erinnert oder an die Schlacht von Ostia des Jahres 849; wie auch in Frankreich waren aber die moslemischen Raubzüge nie die Grundlage für eine dauerhafte Niederlassung.

Für den Mezzogiorno Italiens waren die »Sarazenen« während zwei Jahrhunderten eine Quelle fortwährender Beunruhigung, Heimsuchung und Plünderung, was sich ebenso hinderlich für die innere Stabilität des Südens auswirkte. Die Langobarden, Byzantiner und die Seerepubliken schlossen in jener Epoche untereinander und mit den Moslems wiederholt Bündnisse, bei denen es um Vorteil und Beute ging. Oft genug wurde der negative Einfluß der Sarazenen für die Geschichte Italiens durch Historiker wie Amari und Schipa betont, während neuerdings ein andrer Gelehrter, Musca, eine Revision dieses traditionellen Urteils versuchte. Es ging ihm darum, die einseitige Bewertung aus der Sicht des italienischen »Risorgimento« durch eine positivere Sicht des arabischen Elementes innerhalb der Auseinandersetzungen im südlichen Italien zu ersetzen. Selbst unter veränderten Kriterien bleibt die Tatsache bestehen, daß der arabische Einfluß auf dem italienischen Festland zu allen Zeiten weit unbedeutender war als etwa die Araberherrschaft Siziliens.

In Süditalien konnten die Araber nie eine feste, geregelte Ordnung entwickeln, sie beschränkten sich hier vielmehr auf Krieg und Raub wie etwa die Sarazenenscharen im Sold langobardischer Fürsten oder die Kolonie auf dem Garigliano. Im Mittelalter hatte die italienische Terraferma immer wieder unter den Folgen des islamischen Glaubenskrieges, Gihad, zu leiden, der unablässige Raubzüge einschloß.

Für Gesittung und Kultur, Künste und Wissenschaften waren diese barbarischen Raubzüge, die den Süden Italiens immer wieder heimsuchten und beunruhigten, gewiß kein günstiger Nährboden, da es nicht gelang, sie zu unterbinden. Diese zweite Welle räuberischer mohammedanischer Eindringlinge konnte im 10. Jahrhundert keine Kulturimpulse nach Italien hineintragen. Sie kam sowohl über das Meer, als im Norden auch über die Alpen, wo sie wiederholt Piemont und Ligurien bis hin zur Po-Ebene heimsuchte und verwüstete.

Trotzdem empfing das mittelalterliche Italien speziell im Süden Impulse der islamischen Kultur, Wissenschaft und Kunst, wenn auch auf anderen Wegen: die fortwährenden Beutezüge schlossen nicht unbedingt Handelsbeziehungen aus (das gleichzeitige Bestehen von Raubzügen und Handelsaustausch ist, im Gegensatz zu den Thesen Pirennes, wahrscheinlich, wenn auch für die Epoche nicht mit letzter Sicherheit zu beweisen). Ebenso gab es vermutlich immer vereinzelt Reisen von Pilgern, Geographen und Gelehrten, sowie die beträchtliche kulturelle Ausstrahlung des islamischen Spaniens.

Reisende wie Ibn Hawqal bezeugen den mittelalterlichen Handelsaustausch zwischen den islamischen Gebieten und den campanischen Seerepubliken, ebenso gibt es Nachrichten über italienische Handelsniederlassungen im Orient, wie den *Fondaco* der Amalfitaner im fatimidischen Ägypten. Zahlreiche Beispiele für arabische Einflüsse in der Kunst sind in Süditalien überliefert, wie in Amalfi, Salerno, Ravello, Canosa/Apulien, ebenso läßt sich entsprechendes Kunsthandwerk nicht nur im Mezzogiorno, sondern auch anderwärts in Mittelitalien aufspüren, in Latium, den Marken und der Toskana.

Nicht unterschätzt sei schließlich die Tätigkeit der Übersetzer, unter denen der geheimnisvolle *Constantinus Africanus* herausragt, der um 1015 in Karthago zur Welt kam und 1087 als Mönch im Kloster Montecassino starb. Durch das Können der Übersetzer wurden der lateinischen Kultur Italiens die Früchte der arabischen Medizin und Pharmakologie übermittelt, wobei seit der 2. Hälfte des 11. Jahrhunderts für das Abendland vor allem auch die Vermitt-

lung über Spanien Beachtung verdient. Über diesen Weg kamen die arabische Wissenschaft und Philosophie (nach neueren Erkenntnissen auch Einblicke in die islamische Eschatologie und Volksfrömmigkeit) über die Pyrenäen, um sich in Frankreich und Italien zu verbreiten und vielleicht auch das europäische Geistesgut zu beeinflussen, wie man das etwa selbst für Dantes *Divina Commedia* vermutet hat. Inzwischen besteht Klarheit darüber, daß das Geistesgut, das seit dem Jahr 1000 nach Italien gelangte, nicht unmittelbar aus dem arabischen Osten hierherkam, sondern über den Brückenkopf der Kultur auf der Iberischen Halbinsel, daß also der Einfluß des arabischen Erbes diesen westlichen Weg fand.

Glaubwürdige Beispiele für jene Einwirkung auf die italienische Kultur des Mittelalters bieten linguistische Untersuchungen zu den arabischen Elementen im Italienischen. Die betreffenden Untersuchungen lagen früher vorwiegend in den Händen gebildeter Dilettanten und haben erst neuerdings wissenschaftliche Vertiefung erfahren. Die systematische Erfassung dieses linguistischen Materials gründet sich nach Aussage des qualifiziertesten neueren Spezialisten, G. B. Pellegrini, vor allem auf »Quellen aus der Handelssprache und des Zolls sowie auf Bezeichnungen für Importgüter aus dem Maghreb und dem Orient«.

Italienische Begriffe wie *dogana* (Zoll), *magazzino maona* (eine Art Handelsgesellschaft) oder *moatra* (Darlehen gegen Zins) sowie Münzbezeichnungen (*tari*), Maße (*rubbio*), Gefäße (*caraffa, giara, ziro*), Stoffe und Kleidungsstücke (*giubba, caffetano, borzacchino*) sind einige Beispiele dieser Art. Darüber hinaus gibt es in der Welt der Wirtschaft und des Handels zahlreiche Lehnwörter aus dem Arabischen, vor allem auch in den Wissenschaften wie Astronomie, Astrologie, Mathematik, Philosophie, Chemie, Arzneikunde und Medizin, ferner im Kunsthandwerk. Eine Fülle solcher Fremdwörter islamischer Herkunft ist vor allem in den Mittelmeerländern zu finden; sie ist vermutlich kaum mit den räuberischen Aktivitäten der Araber im italienischen Süden in Verbindung zu bringen, sondern weit eher mit einer Abstammung aus dem arabisch-sizilianischen Gebiet. Die beiden Ströme von Wörtern gelehrter Art wie solchen des Handels und der Alltagssprache entsprechen genau den beiden Aspekten des italienischen Kontakts mit der islamisch-mittelmeerischen Welt: zum einen waren Wissenschaft und Literatur die wesentlichen Vermittler, zum anderen das praktische Leben. Beide hatten eine befruchtende Wirkung, die in ihrer Bedeutung allerdings nicht mit dem des arabisch-andalusischen Bereichs vergleichbar ist.

Auf der Iberischen Halbinsel haben sich über 7 Jahrhunderte hinweg die wichtigsten und fruchtbarsten Kontakte zwischen dem Islam und der Zivilisation des werdenden Abendlandes entwickelt. Hier hatte die Festsetzung der Araber und die Vorherrschaft ihres Glaubens mehr als in jedem anderen Lande genügend Zeit, um nachhaltig auf die ethnische Struktur und das gesellschaftliche und kulturelle Gefüge einzuwirken, so daß die eingetretenen Veränderungen auch nach deren Abzug spürbar blieben. Während die Gegenwart der Araber in der Ägäis nur eine flüchtige Episode war und auf Sizilien ein Zwischenspiel in der langen griechisch-lateinischen Geschichte, war in Spanien dagegen das arabische Element grundlegend für die Entwicklung und das Schicksal des Landes, weit über die rein faktische Präsenz der Araber und des Islams in diesem Gebiet hinaus. Die Abschätzung und Bewertung dieser Tatsachen stellt noch immer eine wichtige Aufgabe der neueren spanischen Geschichtsschreibung dar. Die beiden bekannten Spezialisten A. Castro und C. Sánchez Albornoz vertreten entgegengesetzte Meinungen. Der erste entwickelte ein mit Einschränkungen positives Bild, der andre neigte zu negativer Bewertung, doch stimmten beide in der Annahme überein, daß jener Periode entscheidende Bedeutung für die Entwicklung ihres Heimatlandes zukommt.

Castro hält die Westgotenherrschaft für fremd und der authentischen Tradition aufgezwungen, die spanische Nation sei aus der Kreuzung von Arabern (und Juden) mit einheimischen Elementen entstanden und die Geschichte, die Sitten, die Psychologie und der Glaube des künftigen Spaniens seien allesamt aus diesen Tatsachen erklärbar. Sánchez Albornoz vertrat dagegen die abweichende Meinung, die Araber und der Islam seine für Spaniens Entwicklung Störfaktoren gewesen, sie hätten das Land aus den Verbindungen mit der romanischen Tradition herausgelöst, die für die anderen neu-lateinischen Nationen entscheidend waren und zugleich dem spanischen Charakter nachteilige Wesenszüge aufgeprägt, wie religiösen Fanatismus und Intoleranz, übertriebene Kirchenherrschaft und staatlichen Absolutismus sowie insgesamt die Isolation vom übrigen Europa; Auswirkungen, die bis heute noch spürbar seien. 121-148

Man mag den arabo-islamischen Einfluß in Spanien für positiv oder negativ halten, jedenfalls steht seine ungeheure Bedeutung für Spanien wie für ganz Westeuropa fest. Die Araber Spaniens selbst waren sich in ihrer Blütezeit der Bedeutung ihrer Präsenz auf andalusischem Boden wohl bewußt. Bei ihrer Rechenschaft verglichen sie sich üblicherweise mit anderen Regionen des islamischen Kulturbereichs und nicht, wie wir es voraussetzen würden, mit dem christlichen Europa. Das »Loblied auf den spanischen Islam«, wie Garcia Gomez die *Risala* des Ash-Shaqundi zu Ehren Andalusiens im 13. Jahrhundert genannt hat, enthält jedoch auch Ansätze für einen weiteren Vergleich: das anmutige Werk hebt u. a. die frühere Macht der Omaijaden-Kalifen hervor und den Heiligen Krieg, den sie unermüdlich gegen die Ungläubigen führten, das glanzvolle Mäzenatentum der *Reyes de Taifas* (Souveräne der Kleinstaaten, in welche das spanische Kalifat zerfiel), die literarische Blüte und das gesellschaftliche Leben ihrer Höfe. Der Dichter rühmt ebenso den natürlichen Reichtum des Landes und dessen umsichtige landwirtschaftliche Nutzung, einen Hauptvorteil der arabischen Herrschaft in Spanien, wie schließlich die 77-80 83-89

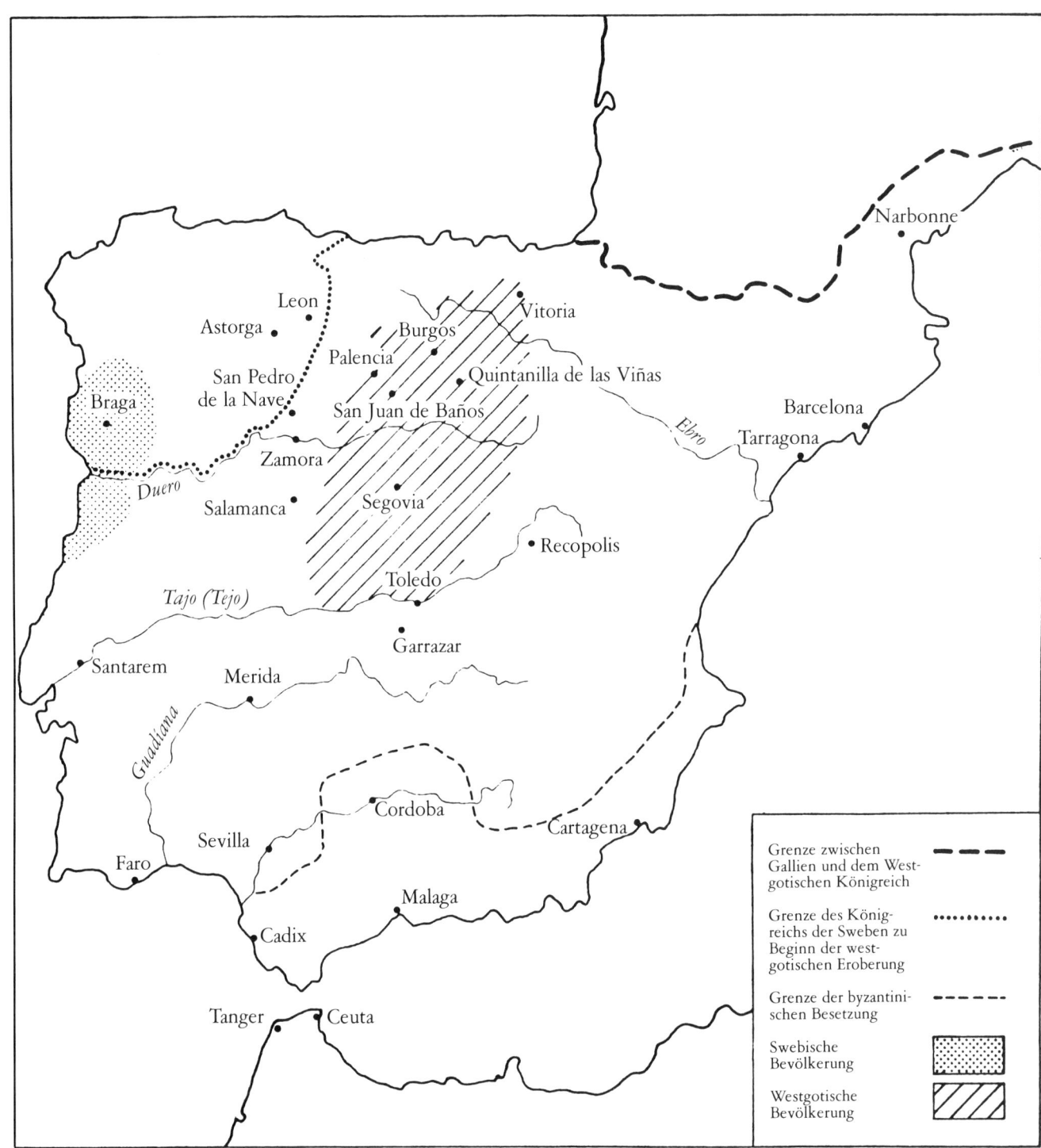

Die Westgoten in Spanien (nach Bennasar)

Map labels:
Narbonne
Leon
Astorga
Burgos
Vitoria
Palencia
San Pedro de la Nave
Quintanilla de las Viñas
Braga
San Juan de Baños
Barcelona
Tarragona
Zamora
Duero
Segovia
Ebro
Salamanca
Recopolis
Tajo (Tejo)
Toledo
Santarem
Garrazar
Merida
Guadiana
Cordoba
Cartagena
Sevilla
Faro
Malaga
Cadix
Tanger
Ceuta

Legend:
Grenze zwischen Gallien und dem Westgotischen Königreich
Grenze des Königreichs der Sweben zu Beginn der westgotischen Eroberung
Grenze der byzantinischen Besetzung
Swebische Bevölkerung
Westgotische Bevölkerung

100. *Cividale (Friaul), Museo Nazionale.*
Ratchis-Altar, Anbetung der Könige.

101. *Cividale (Friaul), Langobardischer Tempietto.*
Detail einer Heiligenfigur in der oberen Galerie.
102. *Cividale (Friaul), Museo Nazionale.*
Baptisterium des Kalixtus, Reliefdarstellung,
Symbol des Evangelisten Johannes.

Folgende Seiten:
103. *Monza, Domschatz.* Votivkreuz des Agilulf,
Gold mit Edelsteinen und Perlen.
104. *Rom, Museo dell'Alto Medioevo.* Schwert mit Ringknauf
aus der Nekropole von Nocera Umbra.
105. *Trezzo sull'Adda.* Goldener Siegelring
des Rodchis aus Grab 2.

106. *Brescia, Museo di San Salvatore.* Fragment
einer Schranke mit Pfau in dekorativem Flechtwerk.
107. *Florenz, Museo del Bargello.* Platte mit
Darstellung des thronenden Königs Agilulf
aus Valdinievole.

108. *Paris, Bibliothèque Nationale.*
Langobardische Fibel aus Capua.

109. *Oxford, Ashmolean Museum.* Langobardische Fibel
aus Benevent.

imposanten Leistungen der Wissenschaft. Der arabische Autor ließ dabei eine Tatsache außer acht, die uns besonders wichtig erscheint, nämlich die Bewahrung und Verbreitung des Wissens der Antike, wenn er auch Vermittler wie Ibn Hasm, Ibn Zuhr, Averroës und andre rühmend hervorhob.

Ash-Shaqundi entwarf sein glanzvolles Bild zu einer Zeit, als der arabische Islam in Spanien sich bereits im Niedergang befand, zuerst unter der Vorherrschaft der Berber wie sodann seit der christlichen *Reconquista*. (Der Dichter starb 1232 in Sevilla, 16 Jahre bevor Ferdinand III. die Stadt dem Islam entriß).

Unter dem Aspekt der folgenden geschichtlichen Entwicklung klingt das Loblied Ash-Shaqundis eher wie ein Schwanengesang oder Nachruf auf eine zu Ende gehende Epoche und nicht als Ankündigung kommender Größe. Ehe wir uns jedoch dieser Zukunft zuwenden und dem Echo oder den Nachwirkungen des arabischen Erbes in Spanien beim Rückgang der politischen, religiösen und kulturellen Präsenz des Islam in jenem Bereich, müssen wir uns über die Tatsache klar werden, daß es sich dabei um den am weitesten vorgeschobenen Ausläufer und Vorposten des Arabertums im Okzident handelt. Er war zeitweilig durch ein Klima relativer Toleranz und kultureller Osmose auf dem verbliebenen Nährboden der iberischen Latinität nach dem Untergang der Westgotenherrschaft begünstigt. Später, seit dem 13. Jahrhundert, setzte der Niedergang des Islam in weiten Gebieten der Iberischen Halbinsel ein, mit jenem langen Epilog, dessen letzte islamische Bastion nur noch Granada blieb. Am Schluß stand der Abschied für immer, die »Klage des Mohren« (Pianto del Moro), das Kreuz auf der Alhambra und die Agonie der Mauren bis zu deren endgültiger Vertreibung im Jahre 1609.

Wollen wir im großen und ganzen einige Hauptzüge jener Epoche zusammenfassen, so sind vor allem zwei oder drei Hauptpunkte für die Bewertung der Bedeutung der arabo-islamischen Präsenz in diesem Bereich Westeuropas hervorzuheben. Vor allem ist auf die Schnelligkeit und Vollständigkeit der islamischen Eroberung von al-Andalus hinzuweisen: unter Tarik und Musa erreichten die ersten Invasoren in knapp drei Jahren die nördlichsten Grenzen der bleibenden arabischen Niederlassung, wenn sie auch kaum und nur vereinzelt über das Kantabrische Gebirge vordrangen. Den nördlichsten Bereich konnten die Araber aber nie auf Dauer behaupten, so daß die Grenze zwischen dem moslemischen und dem christlichen Spanien weiter im Süden, zwischen Douro und Ebro verlief, bis sie im 11. Jahrhundert allmählich durch die Reconquista durchbrochen wurde. Es ist eine offene Frage, was die Araber am weiteren Vordringen und an der vollständigen Kontrolle der Iberischen Halbinsel hinderte. Ähnliches gilt für die weitere arabische Expansion in Europa über die Kette der Pyrenäen hinaus, ins Roussilon und die Provence hinein, wie über die Alpen in die Schweiz oder nach Norditalien. Eine Erklärung mag in der Tatsache liegen, daß die Araber nicht über ausreichende militärische und ethnische Kräfte verfügten, um aus vorübergehenden Feldzügen dauerhafte Niederlassungen zu machen. Die allzu großen Entfernungen und Nachschublinien zwischen den iberischen und nordafrikanischen Ausgangsbasen verhinderten schließlich in entscheidender Weise ein weiteres Vordringen. Die Initiative blieb häufig dem Elan einzelner Scharen waghalsiger Räuber überlassen, denen die Voraussetzungen zu dauerhafter Niederlassung fehlten. In dieser Hinsicht sind die Schlachten von Covadonga (722) und Poitiers (732) nur Ausläufer jener Woge, welche in den ersten Jahren des 9. Jahrhunderts die Araber dazu zwang, die Territorien jenseits Duoro und Ebro an die christlichen Königreiche – Asturien und Leon, Navarra und Katalonien – herauszugeben, die so heiß umkämpft, doch zuvor nie fest unterworfen worden waren.

In festen Grenzen entwickelte sich im 9. und 10. Jahrhundert der Staat der Omaijaden als größter Zusammenschluß der Araber im Westen und zugleich entscheidender Faktor des Gleichgewichtes am westlichen Mittelmeer. Die Omaijaden Spaniens verzichteten darauf, über das Kantabrische Gebirge oder die Pyrenäen hinaus vorzustoßen und konzentrierten sich vielmehr auf ihre Hegemonie an den Küsten Nordafrikas und die Herrschaft zur See. Sie waren ein Vorposten des Islam gegen die Christenheit, hielten die Kriegführung des *Gihad* am Leben und beschränkten sich auf die Beherrschung bereits fest für den Islam gewonnener Gebiete. Der lange Zweikampf mit den Fatimiden Ägyptens über die Vorherrschaft im Mittelmeer war ein hervorstechender Wesenszug der omaijadischen Politik. Zugleich bemühte sie sich um das Bündnis mit der Seemacht im östlichen Mittelmeer, Byzanz, für den Kampf gegen den gemeinsamen Feind, die Abbasiden.

Alle großen Pläne zerbrachen mit der unvermuteten inneren Krise des Kalifats von Cordoba, bald nach der Periode des höchsten Glanzes im 11. Jahrhundert. Seitdem verlagerte sich der Schwerpunkt der islamischen Macht im Westen von Spanien nach Nordafrika und gelang es den dort aufkommenden Herrschern – den Almoraviden und Almohaden – jenes Andalusien als Vasallenstaat zu unterwerfen, das zu Zeiten davon geträumt hatte, die afrikanische Küste selbst zu beherrschen. Nachdem die kurzlebige Seeherrschaft der Omaijaden vergangen war, blieb dem islamischen Andalusien nur noch ein bescheidener Beitrag zum Korsarenkrieg im westlichen Mittelmeer, denn um nichts andres handelte es sich bei den späten Unternehmungen gegen die Balearen oder Sardinien.

Im weiteren Verlauf des Mittelalters beschränkten sich die politischen und militärischen Kontakte zwischen Islam und Christentum überwiegend auf begrenzte Scharmützel im Tyrrhenischen Meer zwischen den italienischen Seerepubliken (im 12. Jahrhundert kamen noch die Normannen auf Sizilien hinzu) und den moslemischen Dynastien Nordafrikas (Ziriten, Almohaden und deren Nachfolger). Auf der Iberischen Halbinsel dagegen ließ der Elan des Islam unter dem Druck der vordringenden Christen merklich nach. Zwischen dem 13. und 15. Jahr-

hundert wurde das lange Überleben des Königreichs von Granada zu einer inneren Angelegenheit des christlichen Spanien, während jener letzte Rückhalt des arabischen Islam in Europa seinen zähen, aussichtslosen Endkampf durchzustehen hatte.

Ziehen wir in Erwägung, daß der Islam und das Arabertum während vieler Jahrhunderte nahezu drei Viertel der Iberischen Halbinsel besetzt hielten, so überrascht die Tatsache tiefgründiger Verwurzelung nicht. Doch konnten auch hier wie im weit entfernten Sizilien weder der Glaube noch das Volkstum noch die Sprache der Eroberer gänzlich die Besiegten überlagern, sondern es ergab sich aus den mannigfachen Wechselbeziehungen der vielfältig komplizierte Charakter der arabischen Zivilisation Spaniens. In ethnischer Hinsicht überfluteten im Laufe des 8. Jahrhunderts mehrere Wellen von Arabern und Berbern al-Andalus, doch vermischten sie sich bald mit der einheimischen, westgotischen und ibero-lateinischen Bevölkerung. Ihre ethnische Reinheit (wobei es sich um zwei deutlich getrennte Rassen, nämlich Araber und Berber handelte) verschwand rasch, was der physische Aspekt ebenso wie die Beschreibungen der Chronisten bezeugen. Selbst einige der Führer der Omaijaden-Dynastie entsprachen nicht dem rein arabischen Typus. Es gab im arabischen Spanien Blutmischungen lateinischer und germanischer Art mit solchen afrikanischer und arabischer Herkunft, und dadurch eine Mischrasse, die orientalische, afrikanische und europäische Züge aufwies. Die Religion Arabiens, die von den Eroberern auf die Iberische Halbinsel gebracht wurde, breitete sich hier – wie in allen anderen Gebieten der arabischen Diaspora – rasch aus und wurde bald prädominant, wenn auch nicht alleinbestimmend. Neben dem Islam der fremden Eroberer und dem der zu ihm bekehrten Einheimischen, der *Muwalladun*, gab es in Spanien ein Christentum mit eigenen Riten, eigenen Schriften und eigenen Heiligen. Es wurde von den Siegern als inferior, doch mit vollem Rechtsstatus geduldet. Das christliche Element wurde nach Sprache und Kultur rasch arabisiert, wie ein arabisches Vokabular die Mozaraber, jene Spanier kennzeichnete, die dem Glauben ihrer Väter unter islamischer Herrschaft treu blieben, um entweder die arabische Sprache anzunehmen oder zweisprachig zu werden; die Zweisprachigkeit oder auch Mehrsprachigkeit ist ein weiterer Charakterzug des arabischen Spanien.

Es gilt heute als erwiesen, daß das Arabisch der führenden Oberschicht in seiner Reinheit neben dem mehr oder minder barbarisierten Kirchenlatein der Christen und der Urkunden wie den gerade entstehenden romanischen Dialekten in Gebrauch war. Diese sprachliche Variationsbreite ist bereits seit den ersten Jahrhunderten der Araberherrschaft bezeugt und fand zunehmend ihren Niederschlag auch in der Literatur.

Auf kulturellem Gebiet dokumentierte sich die Überlegenheit der neuen Herren rasch. Das verarmte Latein der Iberischen Halbinsel beugte sich voll Bewunderung der Wissenschaft, Literatur und Lyrik der Eroberer. Als Zeuge des 9. Jahrhunderts läßt sich Alvaro de Cordoba beiziehen, der sich über die eingerissene arabisierende Mode der christlichen Intellektuellen seiner Zeit bitter beklagte, die eifrig die arabische Literatur studierten, unter Vernachlässigung der Heiligen Schriften und der ehrwürdigen lateinischen Autoren.

Die arabische Kultur Spaniens gelangte großenteils aus dem Orient nach Andalusien, als im 9. und 10. Jahrhundert die große Kultur der Abbasiden im Irak blühte. Man stand in Andalusien zwar politisch im Gegensatz zu den Abbasiden, anerkannte jedoch deren literarisches Vorbild. Zudem sollte es nicht lange dauern, bis auch spezifisch maghrebinische Einflüsse neben der einheimischen Überlieferung stärker zur Geltung kamen, um schließlich selbst bis in den romanischen Bereich vorzudringen.

Vor allem auf dem Gebiet des Wortschatzes hat bis heute die Anwesenheit der Araber während sieben Jahrhunderten auf der Iberischen Halbinsel bleibende Spuren hinterlassen; sie hatte die verschiedenen Lebensbereiche durchdrungen, von der Land-

wirtschaft bis zu Handwerk und Künsten, vom Handel bis zur Verwaltung, vom Kriegswesen bis zu den Wissenschaften. Aus den Bereichen Religion, Administration und Kunsthandwerk stammen Wörter wie *mezquita, almirante, alcalde, alguacíl, almojarife, zalmedina, zabazoque, almotacén, alfaquí* (arabisch: *al-faqih*), *alfaquím* (arabisch: *al-hakim*), *alhagib, alatat, alcahuete* u. a. m. Auch militärische Begriffe fanden infolge des andauernden Kriegszustandes zwischen Mohammedanern und Christen weite Verbreitung: *aceifa, algarada, adalid, arraez, alcaide, rehen, atalaya, alarde, rebate, alcazar, alcazaba, añafil, arriaz, alfarez, jinete, almofre, adarga* und viele mehr. Manche dieser Ausdrücke sind in Vergessenheit geraten, andre leben noch heute fort. Aus der Sprache des Handels stammen: *aduana, almacen, tarifa, zoco, almoneda, atijara*. Auf Gewichte, Maße und Währung weisen hin: *arroba, cahíz, fanega, almud, adarme, arrelde, ceca, maravedí, letical*, usw. Ebenso häufig kommen Namen für Mineralien und Produkte arabischen Ursprungs vor, wie *azogue, albayalde, marfil, alcanfor, alkohol, annofaz, rejalgar, algalia, almizque, azeche* oder solche für Kleidungsstücke und Stoffe orientalischer Herkunft: *aljuba, albornoz, zaraguelles, alquinal*, wie auch der Schneider selbst *alfayate* genannt wird.

Vor allem auf dem Gebiet der Agrikultur und der Bewässerung hat das Arabische einen reichen Wortschatz hinterlassen: *acequia, noria, azud, aljibe, alberca, arcaduz, aceña, tahona, almazara, almunia*, der z. T. auch auf Sizilien bekannt ist. Er spricht für das hohe Niveau, das die Araber auf diesem Gebiet erreicht hatten und ebenso für die besondere Bedeutung der Landwirtschaft im Leben jener Regionen. Im Spanischen gibt es noch immer zahlreiche Namen für Pflanzen und Früchte arabischen Ursprungs wie *alcachofa, arróz, naranja, limón, azafrán, azucar, aceite, toronja, berengena, albricoque, arrayán, azucena, alhucema, adelfa*, und viele mehr. Unter den Tieren gibt es z. B. *adive, alcotán, alforre* und *alacrán*. Im Haushalt kommen die Gebrauchsgegenstände *jarra, taza, alcuza, alcolla, alfombra, alifafe, almadra-*

que, azote, alhaja usw. vor. Reich an solchen Begriffen sind vor allem auch Wohnung und Bauwesen: *aldea, arrabal, barrio, albañil, alarife, alfoz, azotea, alcoba, zaguán, azulejo, adobe,* wie vereinzelt auch Lehnwörter im Bereich des Spiels, *aljedrez,* und der Musikinstrumente vorkommen, *laúd, atabal, adofe,* die aus dem höfischen Bereich stammen.

Beachtlich sind ferner die iberischen Ortsnamen, die häufig arabische Elemente enthalten, wobei es sich oft um Zusammensetzungen mit gängigen arabischen Begriffen wie *qal'a, wadi, manzil, qasr, rabad, rabita* handelt. Beispiele dafür sind: *Alcalá, Alcolea, Calatayud, Calatrava, Guadalquivir, Guadarrama, Alcazar, Arrabal, Rabida* u. a. m. In anderen Fällen sind die Zusammenhänge nicht ebenso klar ersichtlich, soweit das arabische Vokabular und die Regeln der ibero-arabischen Phonetik wie sie Lopez und Steiger wissenschaftlich begründet haben, beeinträchtigt erscheinen. Hier mag abschließend der Hinweis auf die Forschungen von Dozy und Engelmann über die arabischen Wörter, die in die iberische Sprache Eingang gefunden haben, genügen; Asín hat zudem ein Buch über die arabisch-spanischen Wortbildungen herausgebracht, das über 1 000 Begriffe samt Erklärungen enthält, sowie ein paar Hundert ungeklärter Bedeutung.

Außer den direkt ableitbaren Wörtern und Begriffen ist das Arabische bekanntlich außerordentlich reich an Umschreibungen, die direkt oder auf Umwegen ihren Eingang in den romanischen Wortschatz gefunden haben, wobei die ursprünglichen Vorstellungen spürbar blieben. Als typisches, wenn auch nicht völlig gesichertes Beispiel sei der bekannten Begriff *Hidalgo* genannt, der möglicherweise vom arabischen *ibn* (oder sahib) *mal,* im Sinne von »begüterter« Mann, reicher Mann« herkommt. Castro hat andere Beispiele beigebracht wie *poridad,* was semantisch mit dem arabischen *ikhlas* im Sinne von »Geheimnis, Vertrauen, Integrität« zusammenhängt, oder *verguenza* in Verbindung mit dem arabischen *ar* als Bezeichnung für ein bestimmtes Ehrgefühl. Auf diesem Gebiet lassen sich aber infolge der

Wanderung, Abschleifung und Sinnänderung von Wörtern und Begriffen definitive und absolute Festlegungen oft nicht finden.

Der spanische Historiker Castro, der selbst kein Arabist war, ist den arabischen Einflüssen und Hinterlassenschaften in seinem Lande mit größtem Eifer nachgegangen und hat ihre Bedeutung vielleicht mitunter überschätzt. Er wies auf zahlreiche Phänomene des geistigen wie des täglichen Lebens hin, in denen sich der Einfluß des Islam offenbart, in den Sitten und religiösen Gebräuchen, wie z. B. in den öffentlichen Bädern, die noch im christlichen Spanien des 13. Jahrhunderts weit verbreitet waren und erst dann aus moralischen und religiösen Gründen verboten wurden. Auf arabisches Brauchtum scheint ebenso die rituelle Waschung Verstorbener zurückzugehen, wie die Sitte der Gesichtsverschleierung der Frauen oder die Gewohnheit, sich auf Teppiche und Kissen auf den Boden zu setzen. Unzweifelhaft mit orientalischen Gepflogenheiten stehen manche spanische Höflichkeitsformeln in Beziehung, wie der Brauch, dem Gast das eigene Haus pro forma zur Verfügung zu stellen, anderen Speisen anzubieten, die man selber verzehrt, oder der Handkuß. Die Einbeziehung des Namens Gottes in den Gruß oder Segenswunsch, in die Bitte um Almosen oder in eine Entschuldigung weisen ebenfalls auf islamische Bräuche hin. Die weibliche Tracht nach Maurenart hielt sich in Spanien in den höchsten Kreisen zäh bis ins 15. Jahrhundert, bis die *Reconquista* tatsächlich vollendet war. All die arabisch-islamischen Elemente blieben in Spanien mehr oder minder bis weit über das Ende der Araberherrschaft auf der Halbinsel hinaus spürbar.

Weit schwerer fällt das Urteil über den islamischen Einfluß und die Nachwirkungen auf das geistige Leben wie die individuelle und kollektive Psyche der Nation. Unlösbar ist damit die Frage nach der Beeinflussung und dem latenten Austausch zwischen Islam und Christentum im iberischen Bereich verbunden. Beide Religionen standen über Jahrhunderte hinweg im Glaubenskampf miteinander, der mit den politischen und militärischen Auseinandersetzungen eng verflochten war. Es gab generationenlange Kämpfe, wechselnde Siege und Niederlagen, bis schließlich der Islam auf der Iberischen Halbinsel durch die Reconquista vollends überwunden und zurückgedrängt war.

Letztlich bleibt die Frage offen, inwieweit die eine Religion während dieser langen Auseinandersetzung Spuren innerhalb der anderen hinterlassen hat.

Daß es sich bei dem spanischen Katholizismus um ein Christentum *sui generis* handelt, ist allgemein unbestritten. Castro vertrat die Auffassung, daß die Geschichte Spaniens im wesentlichen die eines religiösen Glaubens sei und in Verbindung mit der Größe, dem Elend und der durch diesen hervorgerufenen Lähmung des Landes zu verstehen sei. Und doch gilt es, auch die lange Auseinandersetzung dieses Glaubens mit seinem großen Rivalen als konstituierendes Element seiner Evolution und Festigung zu sehen. Die wichtige Rolle, welche der Glaube in der spanischen Seele einnimmt, sowohl in der individuellen als auch in der kollektiven, läßt sich nur mit der des Islam beim Individuum wie in der Gesellschaft vergleichen.

Aus der zentralen Stellung beider Religionen lassen sich entsprechende Folgerungen ziehen. Das Weltbild des *homo islamicus* ist durchaus theozentrisch, wie ebenso das des *homo hispanicus*. Selbstverständlich ist hier vom traditionellen Islam und vom traditionellen Spanien die Rede, *vor* den Umwälzungen der Neuzeit.

Setzen wir also voraus, daß der *homo hispanicus* aus der Auseinandersetzung mit dem *homo islamicus* hervorgegangen ist, so ergibt sich damit eine Übereinstimmung mit Castro in der Annahme, daß vom 9. bis zum 17. Jahrhundert das Zentrum der spanischen Geschichte wie all dessen, was sie an Positivem, Originalem und Großem hervorbrachte, ein metaphysischer begeisterter Glaube, zugleich die heroische Antwort auf einen anderen, feindlichen Glauben war.

Von den Zusammenhängen, von Ursache und Wirkung zwischen dem Islam und der Geschichte Spaniens, gehen auch diejenigen wie Sánchez Albornoz aus, die in ihrer Darstellung zu abweichenden Ergebnissen gelangten. Im folgenden sei auf einige Tatsachen hingewiesen: Der Apostel Jakobus und sein Heiligtum in Galizien (Santiago de Compostela) hatten für das spanische Christentum des Mittelalters eine besondere, hervorragende Bedeutung. Es steht nicht mit Sicherheit fest, ob dieser Kult vor der islamischen Invasion ähnliche Grundlagen hatte, doch gab ihm diese gewaltigen Auftrieb, da Jakobus seither zum Schutzherrn und Vorkämpfer des christlichen Glaubens auf der Iberischen Halbinsel wurde. Wie zu Zeiten im alten Rom die Dioskuren, sah man in Spanien den Gefährten des Herrn visionär auf weißem Pferde als Anführer der Gläubigen im Kampf und Sieg. Den Mohammedanern dagegen erschien das abgelegene Heiligtum in jenem Winkel der Halbinsel als eigentliches Sinnbild des christlichen Widerstandes. Vielleicht geht Castro in seiner Intuition zu weit, wenn er annimmt, daß die Gestalt des hl. Jakobus und die Funktion, welche ihm zweifellos für die Ausbildung der mittelalterlichen spanischen Religiosität zukam, in gewisser Weise ein Gegenstück zu der Rolle des Propheten Mohammed für die Moslems gewesen wäre. Bedenkt man jedoch, daß die Vorstellungskraft der Individuen und Völker für Verehrung und Kult der konkreten Verkörperung bedarf und nicht nur der abstrakten theologischen Konzeptionen, so erscheint die Parallele und vielleicht auch Abhängigkeit der beiden Phänomene suggestiv und möglich.

Ebenso liegt der Einfluß des islamischen *Gihad* oder Heiligen Krieges in Idee und Praxis nahe. Zu beachten sind dabei Organisationsformen dieses Glaubenskrieges, wie die Institutionen des *Ribat* oder späterhin jener Bewegungen, die mit den Almorawiden in Verbindung standen. Einige Aspekte des christlichen Heiligen Krieges wie die Ritterorden von Santiago, Calatrava und Alcantara, die für die Geschichte der Reconquista so bedeutend waren, verdienen in diesem Hinblick Beachtung.

Wenden wir uns nun dem Phänomen der mystischen Kontemplation zu, so interessiert vor allem der moslemische *Sufismus*. Die *Mystik* nimmt bekanntlich innerhalb des spanischen Katholizismus einen hervorragenden Platz ein, und so hat Asín mit wissenschaftlicher Methodik mögliche Einflüsse des islamischen Sufismus auf ihn untersucht. Das spanische Christentum hat von dem gegnerischen Glauben offensichtlich Ideen, Organisationsformen und psychische Komponenten aufgenommen, ebenso wurde die unerbittliche Ausschließlichkeit in Glaubensdingen möglicherweise durch islamische Vorbilder gefördert. Eine Eigentümlichkeit des Islam war es, daß er den »Religionen der Schrift«, also dem Christentum und dem Judentum, einen gewissen, wenn auch untergeordneten Platz innerhalb des islamischen Staates zugestand, der nur in Perioden offener Gefahr oder Spannung durch Verfolgung bedroht war. Der christliche Glaube andererseits ließ keine Toleranz gegenüber einem fremden Gesetz zu. Nach seinem Sieg entwickelte er logischerweise sehr rasch rigorose Intoleranz und Verfolgung, welche die Geschichte der Religion in Spanien vom 16. bis zum 19. Jahrhundert und noch darüber hinaus, in einer so bedauernswerten Weise kennzeichnen.

Wenn der Islam als Religion auf das Schicksal Spaniens einen Einfluß, den man kaum als positiv bezeichnen kann, hatte, kommen wir bei der Untersuchung der kulturellen Wirkung und Bedeutung zu ganz anderen Ergebnissen, soweit sie sich auf Literatur und Kunst Spaniens seit dem Mittelalter bis zur Neuzeit beziehen. Das arabisch-islamische Erbe Spaniens hat in diesem Bereich ganz Westeuropa fruchtbare Kulturimpulse hinterlassen. Auf literarischem Gebiet erfolgten die Einflüsse der arabischen Kultur auf den Okzident fast ausschließlich via Spanien, soweit es die Lyrik und die Erzählung betrifft. Dem mittelalterlichen Europa blieb insgesamt die prä-islamische Dichtung verschlossen. Im 9. Jahrhundert genoß sie bereits innerhalb der mozarabischen Gesellschaft großes Ansehen und im 10. Jahrhundert

ergaben sich dann sprachliche und kulturelle Kontakte zwischen der ibero-arabischen und der romanischen Kultursphäre. Zu einem Zeitpunkt, der sich nicht mehr genau festlegen läßt, hat ein Dichter namens Mohammed de Cabra in die Dichtung Andalusiens die metrische Neuerung des *muwàshshaha* eingeführt. Die strophische Dichtung war dem Orient nicht völlig unbekannt, doch jene Neuerung sollte zum Ruhme Spaniens und des Maghreb werden. Die poetische Form in vollkommener literarischer Sprache brachte auch den *zagial*, eine strophische Komposition in Volksarabisch hervor, mit der sich Ibn Quzman hervortat. Die große formale Neuerung der arabo-andalusischen Poesie gab der wissenschaftlichen Diskussion unerschöpfliche Anregungen zu Spekulationen über die Wechselwirkungen von arabischer und europäischer Dichtung. Wir können hier nicht auf die Hypothesen eines Barbieri aus dem 16. Jahrhundert eingehen, die in der Folge im 17. Jahrhundert von Andrés und Tiraboschi wieder aufgenommen wurden, wobei es sich um die Wanderungen der Verskunst von den Arabern zu den Provenzalen und schließlich zu den Dichtern Spaniens, Frankreichs und Italiens handelte. Vielmehr steht noch heute die Frage der Metrik in ihrer europäischen Filiation zu Debatte, die einer »arabischen« These gemäß in der volkstümlichen strophischen Metrik Andalusiens ein Echo fand. Eine große Zahl von Gelehrten, darunter Ribera und Menendez Pidal, Le Gentil und Li Gotti, García Gómez und Stern haben mit Eifer und Scharfsinn diese Fragen diskutiert, welche ein besonderes Anliegen der spanischen Arabistik wie der romanischen Sprachforschung sind. Während der Auseinandersetzungen über die Fragen des arabischen Ursprungs oder der Parallelen und eventuellen Unabhängigkeit zwischen Versen und Dichtung der entstehenden Lyrik romanischer Sprache, ergaben sich zu Ende der vierziger und während der fünfziger Jahre unseres Jahrhunderts weitere Erkenntnisse: Stern und García Gómez entdeckten innerhalb der arabo-andalusischen wie der jüdischen Dichtung Andalusiens, die diese nachahmt, die *kharge* oder Endungen in gemischter, arabischer bzw. protoromanisch-iberischer Sprache. Daraus ergaben sich neue Grundlagen und Folgerungen über den Rapport zwischen Arabertum und Romania. Die Araber erwiesen sich als Assimilatoren einer uralt überlieferten einheimisch-iberischen Liebeslyrik, sind doch die genannten *kharge* fast allesamt Liebeslyrik und vorwiegend Klagen von Frauen um den Geliebten, gewissermaßen *cantigas de amigo*, avant la lettre. Die Hypothese von García Gómez über die Koexistenz arabisch-romanischer Dichtung auf iberischem Boden wird dadurch erhärtet, so daß ein gemeinsames Erbe an Themen und Formen der Dichtung anzunehmen ist, das gemeinsam von Arabern und Mozarabern entwickelt und an die romanische Welt weitergegeben wurde.

Fassen wir die Schlußfolgerungen zusammen, die uns am glaubwürdigsten erscheinen: dem früh verstorbenen Gelehrten Stern kommt dabei das Verdienst bahnbrechender Forschungen auf dem sprachwissenschaftlichen Gebiet der arabo-romanischen Beziehungen zu. Er neigte in vielen Fällen zu der Annahme einer Polygenese ähnlicher Phänomene. Beachtung verdient die Tatsache, daß die arabo-romanische Lyrik Andalusiens schon einige Jahrzehnte vor der strophischen Dichtung des eigentlichen Spanien eine Blütezeit erlebte, was ebenso im Hinblick auf die Provence, Frankreich und Italien zutrifft. Chronologische Priorität muß nicht unbedingt Abhängigkeit bedeuten, sie spricht jedoch eher dafür.

In dem weiten Bereich der Sprache und Dichtung auf der Iberischen Halbinsel verdienen jedenfalls die arabische Versdichtung der *zejelesca*, wie die *muwàshshaha* als Mutterform des *zagial* besondere Beachtung, aufgrund ihrer Relationen zu späteren iberischen Formen wie *villancico* und *cantiga*.

Genau so interessant und aufschlußreich sind die Beziehungen zur Troubadourdichtung, zu den franziskanischen Laudes und zur ältesten Lyrik in der südfranzösischen Langue d'oil. Besonders möchten

wir auf die Möglichkeiten mündlicher Überlieferung hinweisen.

Roncaglia hat auch die Juden als Übermittler genannt, die häufig als Reisende und Händler unterwegs waren, sodann ist an die *Giullari* als Vermittler zu denken, fahrendes Volk und Gaukler, die als Kolporteure von Lied und Dichtung in Betracht kommen. Sie können die Verbindung zwischen den arabischen und jüdischen Dichtern der *muwàshshaha* Andalusiens und Wilhelm IX. von Poitiers und den anderen Minnesängern der Provence hergestellt haben, die dann nach allen Seiten ein weiteres Echo gefunden haben, eine Frage, der vor einigen Jahren Menendez Pidal weiter nachging. Seine Thesen sind im Grunde noch immer gültig, doch gilt es immer wieder, auf die eigentlichen Ursprünge im arabo-andalusischen Bereich und auf die Metrik der *zejelesca* zurückzukommen. Als Fazit ergibt sich, daß die Araber Andalusiens, die ihrerseits vielleicht Keime einer inzwischen verlorenen protoromanischen Lyrik aufnahmen, der Iberischen Halbinsel und der romanischen Welt lyrische Grundelemente von erstaunlicher Fruchtbarkeit übermittelten.

Bisher war von den formativen Grundelementen die Rede, während die Frage der Inhalte ebensolche Beachtung verdient. Das andalusische *muwàshshaha* ist allgemein maghrebinisch als Lob- oder Liebeslied, wie sich ebenso die zweisprachigen *kharge* ausnahmslos auf die Liebe beziehen; das *zagial* wendet sich eben diesem Themenkreis in der Volkssprache zu. Bei Ibn Quzman gewinnt es realistischen, polemischen, persönlichen Ausdruck. Die vergeistigte »höfische Liebe«, die von den Troubadours besungen wurde, hat auch im klassischen arabischen, höfischen Bereich ihre Vorläufer, z. B. im »Halsband der Taube« von Ibn Hasm aus dem 11. Jahrhundert.

Pérès ist den verschlungenen Wegen und Beziehungen dieses Austausches sorgfältig nachgegangen, um sowohl die Ausbreitung über die Pyrenäen hinweg zu verfolgen, als auch die Vorstufen im moslemischen Orient aufzuspüren.

Bei der Untersuchung der Inhalte stoßen wir häufig auf weit abgelegene Konzepte und Vorbilder. Die platonische Liebe oder *udhrita* wurde in Bagdad im 9. Jahrhundert von dem Abbasidendichter Abbas Ibn al-Ahnaf und einer ganzen Dichterschule besungen, doch ist nicht in allen Fällen erwiesen, inwieweit es sich um zwingende oder eher zufällige Parallelen bei der Verwandtschaft arabo-islamischer und romanischer Dichtung handelt. Inwieweit die Troubadourdichtung oder die franziskanischen Bußlieder von islamischen Vorbildern beeinflußt waren oder inwieweit es sich um den Ausdruck einer verwandten Seelenlage handelt, läßt sich nicht in allen Fällen mit absoluter Sicherheit entscheiden.

Islamische Jenseitsvorstellungen fanden vermutlich zum Teil auch Zugang ins Abendland, bis in die Toskana und ins 13. Jahrhundert hinein; das »Libro della Scala« in seinen alfonsinischen Fassungen kommt dabei als Vermittler in Betracht. Für die höfische Liebesdichtung gilt, daß die arabisch-andalusischen Dichter, darunter auch Ibn Hasm, der romanischen Welt direkt oder indirekt bekannt waren. Zahlreiche Gelehrte, darunter Lévi-Provençal, sind diesen Fragen nachgegangen, bis hin zu dem Versuch, bei Dante Verbindungen zu arabischen Vorbildern festzustellen.

Im äußersten Westen Europas hat also die arabische Dichtung des Orients ein Echo gefunden, wie zugleich die Poesie des werdenden Abendlandes befruchtet. Das arabische Element konnte sodann als Grundelement zur weiteren Entwicklung der kastilischen Literatur werden und zur Blüte der *romances (romances fronterizos)* beitragen, wie sich mit dem iberischen Geist verbinden. Damaso Alonso hat thematische und technische Beziehungen zwischen der arabo-andalusischen Dichtung und der klassischen Anthologie des *al-Màghribi (Rayàt al-mubarrizìn)* festgestellt und García Gómez hat auf die Nachwirkungen in der Poesie Gongoras hingewiesen. Spanien erscheint in diesem Hinblick als die wichtigste Drehscheibe zweier geistiger Kulturen, der arabisch-islamischen wie der abendländischen Welt. Am entgegengesetzten Punkt der Über-

schneidungen, in Sizilien, sind wie gesagt die Kontakte auf literarischem Gebiet infolge des Fehlens einer schriftlichen arabo-siculischen Überlieferung kaum mehr nachzuweisen und ist die Nachwirkung der möglichen orientalischen poetischen Metaphorik im überlieferten Volkslied nicht unbestritten.

Von beiden »Inseln« (arab. *giazirte*) – Andalusien und Sizilien – wirkte sich der Einfluß der arabischen Dichtung auf das Abendland unmittelbar aus, während einer Periode, die vom 10.–13. Jahrhundert währte. Im Spätmittelalter dagegen ließ diese Verbindung nach, als der europäische Geist sich seiner selbst immer stärker bewußt wurde und die fremde arabisch-moslemische Geisteswelt ablehnte. Aufschlußreich ist die ablehnende Haltung Petrarcas, der sich seiner Kenntnis arabischer Dichtung rühmte, die ihm auf unbekanntem Wege zugekommen war, jedoch nur, um sie als »weich, schmachtend und schwächlich« abzutun. In unserem Zusammenhang erscheint wichtig, daß vom 12. bis ins 18. Jahrhundert die Stimme der arabischen Dichtung im Abendland nicht mehr vernommen wurde. Erst mit der Aufklärung und der Romantik setzte das Interesse für die »Stimmen der Völker« wieder ein, wie sie Herder, Goethe und Victor Hugo sammelten und verstanden.

Im Unterschied zu der Lyrik, die in ihrem Ursprung wie in ihrer Entwicklung ganz autochthon erscheint, enthält die arabische Erzählkunst häufig in ihrem sprachlichen Bestand fremde Elemente, vorwiegend persische und indische, doch hat die Gestalt, die diese im Arabischen annahmen, auf den Okzident eingewirkt, wo man jene Vorbilder begierig aufnahm, abwandelte und weitergab. Die Araber besaßen unzweifelhaft eigene Erzählungen, deren älteste Überlieferung sich nur schwer unterscheiden läßt. Es ging dabei vorwiegend um Krieg, menschliche Tugenden und Laster sowie märchenhafte Abenteuer. Die reiche Überlieferung an Erzählungen und Fabeln aus dem Alten Orient wurde gewiß immer wieder aufgegriffen und konnte durch Vermittlung arabischer Versionen in ganz Europa bekannt und beliebt werden. Aufschlußreich sind in dieser Hinsicht sowohl das durch die Araber überlieferte Material wie ebenso die Phasen und Wege der Übermittlung.

Es liegt nahe, in Spanien zu beginnen, das fünf Jahrhunderte lang großenteils arabisch war, zusätzlich der zwei Jahrhunderte einer schwächer werdenden Herrschaft in Granada. Betrachten wir hier nur die *Erzählung* innerhalb der Kulturvermittlung des Arabertums auf der Iberischen Halbinsel, so darf dabei der Anteil der Juden nicht unterschätzt werden. Sie steuerten zu dem von den Arabern übernommenen Kulturgut ihr eigenes Talent und die eigene Mentalität bei. Einem bekehrten Juden des 12. Jahrhunderts, Petrus Alfonsi – zuvor Rabbi Moses Sefardita –, verdanken wir das erste spanische Echo auf eine arabische Erzählung. Es handelt sich um ein kleines Werk, das vermutlich zunächst in arabischer Sprache geschrieben wurde, jedoch nur in der lateinischen Fassung auf uns gekommen ist, *Disciplina clericalis* (Belehrung für Geistliche oder auch weltliche Personen). Darin sind zahlreiche Exempla unverkennbar arabisch-orientalischer Herkunft enthalten, unter anderem die »Weisheiten antiker Philosophen«, welche im 9. Jahrhundert Hunain Ibn Ishaq zusammenstellte, sowie das gnomische Material des Ägypters Mubashir Ibn Fatik aus dem 10. Jahrhundert, *Mukhtar al-hikam*, das in Spanien in der Version *Bocados de oro* bekannt wurde. Die großen Erzählungen von *Sindibad* und *Kalila und Dimna*, zu denen später noch jene aus Tausendundeiner Nacht hinzukamen, waren ebenfalls bereits bekannt. Diese erfolgreichen Kompilationen orientalischer Erzählkunst – eigentlich entfernten indischen Ursprungs – können arabisches Heimatrecht beanspruchen, aufgrund der Tatsache ihrer frühen arabischen Redaktion und Verbreitung. Die Romanze von *Sindibad* (der nicht mit dem gleichnamigen Reisenden verwechselt werden sollte, obwohl beide in Tausendundeiner Nacht vorkommen), ist ein Klassiker misogyner Motive. Im Rahmen der Errzählung werden die Geschichten hervorgehoben, die in einer späteren alfonsinischen Version als *Los engaños y esamientos de las mujeres* bekannt sind, sowie die Geschichte der Sieben Weisen, die später als *Sette saggi di Roma* Verbreitung fanden. Einige der orientalischen Erzählungen machten lange Wanderungen und Wandlungen durch, so *Kalila und Dimna*, die arabische Version des ursprünglich indischen *Pancatantra*; nach Europa gelangte die klassische, mittelpersische Fassung des Ibn al-Muqaffa aus dem 8. Jahrhundert. Die hebräische Fassung steuerte Rabbi Joël bei, auf ihr basierte wiederum die lateinische Übersetzung des Giovanni da Capua, *Directorium humanae vitae*, wovon wiederum kastilianische, französische und italienische Varianten abstammen.

Zu Tausendundeiner Nacht, wovon noch die Rede sein wird, steuerte das arabisch-jüdische Spanien die Erzählung von der klugen Jungfrau Tawaddud bei (aus der im Kastilianischen dann Theodor wurde), wenn sich auch nicht bis ins letzte nachweisen läßt, welche Verbreitung das berühmte Märchen insgesamt im mittelalterlichen Spanien fand. Eine frühe Fassung des bekannten Gleichnisses von den drei Ringen läßt sich in einem arabisch-jüdischen Text des 12. Jahrhunderts feststellen, der zwar nur noch aus späteren jüdischen Handschriften Spaniens zu erschließen ist; ebenso geben die italienischen Fassungen von *Novellino* und *Decameron* Aufschluß.

Dem Vorläufer Petrus Alfonsi folgte mit dem 13. Jahrhundert die große Zeit der alfonsinischen Übersetzungen sowie im 14. Jahrhundert der *Conde Lucanor* des Juan Manuel unter starker Aufnahme orientalischer Elemente, dann im 16. Jahrhundert *Patrañas* von Timoneda, worin ebenfalls orientalische Quellen unter Rückgriff auf die italienische Erzählkunst enthalten sind.

Bei diesem kurzen Überblick verdient auch in der kastilianischen Literatur das berühmte Motiv des *Philosophus autodidactus* Erwähnung – Hayy Ibn Yaqzan in der philosophischen Romanze des Ibn Tufail. Als Vorlage kommt hierfür der Prolog des *Criticón*

Gratians in Betracht, während ein arabischer Text, den García Gómez entdeckte, als noch ältere mögliche Quelle erwähnt sei. Das Thema dieser Erzählung ist die Selbsterziehung des Menschen, der in der Darstellung des arabischen Philosophen auf rationalem Wege zur Gotterkenntnis führt.

Auf diese Weise hat das christliche Spanien mit Petrus Alfonsi, Juan Manuel, Timoneda und Gratian die erzählerische Tradition des Arabertums, die sich auf spanischem Boden in den langen Jahrhunderten der moslemischen Herrschaft entwickelt hatte, für sich selbst genutzt. Zweifellos drang dieses Kulturgut auch über die Pyrenäen vor, um die Dichtung der übrigen Romania in Frankreich und Italien zu befruchten. Diese Wirkung bezeugen nachweisen Spuren seit den Anfängen bis zur Hochrenaissance, die Auswirkungen auf das gesamte neuere Europa hatten.

Leider fehlt eine umfassende moderne Untersuchung über den Charakter und die Wirkung des orientalischen und vor allem des arabischen Einflusses auf die frühe italienische Erzählkunst. Die Epoche Saladins und der Kreuzzüge stand unter dem Eindruck des *Novellino*, und sie nahm offensichtlich arabische Elemente auf, doch war sie ebenso westlichen Vorstellungen verhaftet. Das Bild des mohammedanischen Sultans, das sich der christliche Okzident schuf, entsprach nur zum Teil der historischen Wirklichkeit.

Wie erwähnt, ist das Motiv der drei Ringe, das Lessing später aufnahm, arabisch-jüdischer Herkunft. Das arabische Spanien war weit mehr als etwa der lateinische Osten der eigentliche Vermittler orientalischer Motive, welche Aufnahme in italienischen Erzählungen fanden, wenn diese Vermittlung auch häufig über französische Zwischenstufen erfolgte: ein typisches Beispiel ist die »Geschichte von den Sieben Weisen«, ein Ableger des erwähnten *Sindibad*, wovon zwei Fassungen des 13. Jahrhunderts bekannt sind. Die eine hängt unmittelbar mit dem französischen *Roman des sept sages de Rome* zusammen. Darin sind aus den sieben Weisen der Vorlage sieben

Weise des antiken Roms geworden – ein Rom orientalischer Phantasie. Der außergewöhnliche Erfolg dieser Erzählung sowohl im Orient als im Abendland wäre ohne die anonyme arabische Version des 9. Jahrhunderts nicht möglich gewesen, einer wesentlichen Vermittlungsstufe des ursprünglich indo-persischen Originals.

Boccaccio (1313–1375) verarbeitete in seinem Werk unterschiedliche Elemente orientalischen Ursprungs. Sein *Decameron* enthält sowohl Züge der Saladins-Legende (I, 3; X, 9) als auch travestierte Anspielungen auf einige Novellen aus dem moslemischen Maghreb (Alatiel II, 7; Gerberino und der König von Tunis IV, 4; Constanza in Tunis V, 2), worin sich tatsächliche geschichtliche Ereignisse einigermaßen verzerrt spiegeln. Sicher beherrschte der Dichter das Arabische selbst nicht, auch hat er sich – im Gegensatz zu seinem großen Freund Petrarca – nie dazu geäußert.

Das Problem der Quellen und Ursprünge hat für das gesamte 14. bis 16. Jahrhundert sowohl für die einzelnen Autoren als auch für die Gesamtheit der dichterischen Überlieferung Bedeutung. Die Frage ist jedoch, inwieweit es sich um rein arabische Quellen oder um welche Art und Weise der arabischen Vermittlung für das Abendland handelte; sie betrifft vor allem die romanische Literatur.

Ein ähnliches Schicksal wie Sindibad erlebte im Italien der Renaissance der Zyklus von *Kalila und Dimna*. Im *Discorso degli animali* von 1548 ist dieses Vorbild zu spüren, wenn auch die orientalische Quelle nicht erwähnt wird. Die beiden Bücher von A. F. Doni *Moral filosofia, tratta dagli antichi filosofi* und *Trattati diversi di Sendebar indiano* von 1552 folgen offensichtlich dem Vorbild von *Kalila und Dimna*, was ebenfalls den Weg des Originals vom Orient in den Okzident unterstreicht.

Der berühmteste Zyklus orientalischer Erzählungen, *Tausendundeine Nacht*, der in seiner Gesamtheit in Europa erst zu Beginn des 18. Jahrhunderts bekannt wurde, enthält Elemente, die bereits Jahrhunderte früher dichterisch aufgenommen und umgesetzt wurden, wie etwa die misogyne Geschichte der Giocondo-Novelle im 18. Gesang des *Rasenden Roland* von Ariost. Sercambi hat sie bereits im 15. Jahrhundert verwendet. Rajna nimmt daher an, daß es eine lang schon bekannte orientalische Version gegeben haben muß. Nachweislich hat eine andere Novelle aus Tausendundeine Nacht, die von Omar an-Numan und der Prinzessin Budur, der italienischen Dichtung des Quattrocento, *Ottinello e Giulia*, als Modell gedient. Sie wirkte weiterhin auf die italienische Novellistik ein (Sabatino degli Arienti), auf die spanische (Timoneda) sowie die französische (La belle Maguelonne).

Insgesamt lassen sich zahlreiche orientalische Motive feststellen, die im Lauf der Zeiten auf unterschiedlichen Wegen und in unterschiedlichen Fassungen und Einkleidungen ihren Weg in die europäische Dichtung fanden. In den meisten Fällen jedoch fällt es schwer, die weit entfernte arabische Urfassung nachzuweisen, da allzu viele Zwischenstufen und Imponderabilien möglich erscheinen. Grunebaum hat für Tausendundeine Nacht selbst auf hellenistische Vorbilder hingewiesen, doch liegen diese Wurzeln zwangsläufig außerhalb unserer Betrachtung.

Einzelne Motive sind jedenfalls in ihren Verflechtungen sehr weit zurückzuverfolgen. Das gilt z. B. für Isabella und Rodomonte im *Orlando Furioso*, eine Episode, die Rajna bis auf *De re uxoria* des Humanisten Francesco Barbaro (frühes 15. Jahrhundert) zurückführte. Inzwischen ist eine weit längere Ahnenreihe nachgewiesen, wonach das Motiv über byzantinische und arabische, christliche und moslemische Vermittlung auf eine griechische Erzählung von der persischen Einnahme Jerusalems im Jahr 614 zurückgeht; dort ist von einer wunderbaren Arznei die Rede, welche eine fromme Jungfrau vor den Nachstellungen der Feinde errettete. Das Arabische war in diesem Fall, wie so oft, nur der Vermittler in der Reihe dieser Überlieferung, die im islamischen Bereich, wie Levi della Vida nachweisen konnte, spezifisch moslemische Züge angenommen hat.

Cerulli ist einem weiteren Novellenthema nachgegangen, dem »Fiato del re« mit der Bestrafung eines Verleumders im feurigen Ofen. Dieses Motiv tritt im arabischen Bereich häufig auf und ist bei Ibn Abi Hagiala (1356) und al-Ibshaihi (1430) wie andererseits in der Novelle *Ecatonmiti* des Italieners Giraldi Cinzio und einer *patraña* oder Phantasiegeschichte von Timoneda zu finden. Wenden wir uns schließlich dem Zyklus der *Marienwunder* zu, so sind hier seltsame Wege der Überlieferung zwischen Orient und Okzident feststellbar. Es handelt sich dabei um eine Sammlung erbaulicher Marienlegenden. Bekannt ist eine französische Fassung des 12. Jahrhunderts, die im lateinischen Osten in der zweiten Hälfte des 13. Jahrhunderts ins Arabische und dann daraus im 15. Jahrhundert ins Äthiopische übersetzt wurde; ebenso ist eine quattrocentesce italienische Fassung dieses *Libro dei miracoli di Maria* bekannt, außer den entsprechenden Novellen des Cinquecento. Als weiteres Beispiel der komplizierten Wanderungen literarischer Motive nannte Cerulli eine weitere Novelle von Timoneda, *La borsa perduta e la donna incinta*, die indirekt auf das maurische Spanien und die *Disciplina clericalis* des Petrus Alfonsi und dessen arabische Quellen zurückgeht.

Auch auf diesem Gebiet ist im 18. Jahrhundert wie für die Poesie eine neue Zuwendung des Abendlandes zur Welt des Orients feststellbar. Wissenschaftliches Interesse und die kosmopolitische Gesinnung der Aufklärung trugen jetzt zu einer neuen Auseinandersetzung Europas mit der Kultur des Islam bei. Das Mittelalter und die Renaissance hatten die reiche Welt der arabischen Dichtung andauernd, jedoch ohne historische Reflexion ausgebeutet, während nun mit Galland und seinen Nachfolgern eine Legion von Interessierten daranging, die arabische Literatur dem Westen systematisch nahezubringen. *Tausendundeine Nacht* wurde als zusammenhängende Sammlung von Erzählungen entdeckt und begeistert als Fundgrube orientalischer Erzählkunst begrüßt. Unter philologischen und völkerkundlichen Gesichtspunkten hat man seither die einzelnen Schichten dieser großen Überlieferung untersucht und aufgedeckt, wobei die ursprünglichen indo-persischen Elemente von denen der Abbasidenzeit oder der Harun ar-Raschids zu unterscheiden sind; ebenso verdienen die ägyptischen Elemente Beachtung wie die europäischen Umsetzungen, bis zurück zu den vermutlich indo-europäischen Wurzeln. All die wissenschaftlichen Kriterien, die der modernen Forschung zur Verfügung stehen, gab es natürlich im 17. Jahrhundert oder im frühen 18. Jahrhundert noch nicht, als die geistige Öffnung zum Orient hin einsetzte. Uns erscheint heute die erzählerische Überlieferung der arabo-islamischen Welt, wie sie sich etwa in Tausendundeine Nacht wiederspiegelt, als ein für die Dichtung des Abendlandes wesentliches Element fruchtbarer Anregung.

Wenden wir uns schließlich einem weiteren großen Verdienst der arabischen Zivilisation Spaniens, nämlich den Wissenschaften und der Philosophie zu, so tritt dabei die Bedeutung des Islam für die Überlieferung des Wissens der Antike deutlich hervor. Wenn es auch eine Übertreibung wäre, der arabischen Vermittlung für das Abendland auf diesem Gebiet eine ausschließliche Rolle beizumessen, steht doch das Ausmaß dieser Mittlerfunktion fest. Griechisches Erbe wurde zwar weitgehend von Byzanz übernommen und weitergegeben, doch bestanden auch zwischen Byzanz, der arabischen Welt und dem Erbe der Antike Möglichkeiten des wechselseitigen Austausches und der Rückwirkung, die noch weiterer Erforschung bedürfen.

Im 12. und 13. Jahrhundert waren Barcelona, Toledo und Sevilla wichtige Zentren, die bereits nicht mehr unter der Herrschaft des Islam standen, die aber zahlreiche spanische und jüdische Übersetzer und Vermittler beherbergten, wie ebenso Angehörige anderer christlicher Nationen Europas. Sie teilten das gemeinsame Interesse an dem inzwischen arabisierten griechischen Geistesgut. Es war im 8. bis 10. Jahrhundert in der Blütezeit des abbasidischen Irak vom Islam assimiliert worden, wobei den

Syrern als Vermittler der hellenistischen Wissenschaft und Philosophie eine beachtliche Rolle zukam. Jene Epoche des Übergangs griechischer Kultur im Mittelalter läßt sich übrigens mit der Vermittlung islamischen Kulturgutes an die westliche Christenheit durch die späteren Übersetzer auf spanischem Boden vergleichen. Diese Übersetzungen kamen häufig durch die Zusammenarbeit zwischen Juden und konvertierten Mohammedanern zustande, welche arabische Texte ins Romanische übertrugen. Ein gelehrter Christ, sei es ein Spanier oder ein Fremder, konnte dann die lateinische Übersetzung anhand der vorliegenden Fassung bewerkstelligen. Andere Arten der übersetzerischen Zusammenarbeit sind ebenso denkbar. Sie war jedenfalls die beste Grundlage für eine rasche internationale Verbreitung des überkommenen Geisteserbes.

In Toledo war um die Mitte des 12. Jahrhunderts unter dem Patronat des Erzbischofs Raimundo (1130–1150) eine Gruppe von Übersetzern unterschiedlicher Nationalität tätig. Außer dem Toledaner Marco gehörten zu diesen Könnern Domenico Gundisalvi und Johannes von Sevilla sowie Robert von Retines, Adelard von Bath, Albert und Daniel Morlay, Michael Scotus, Hermann Dalmata wie auch der Lombarde Gerardo da Cremona. Diese Männer – wie ähnlich ein Jahrhundert später in Sevilla im Umkreis des Königs Alfonso X. (1252–1284) – gingen daran, die Werke des Hippokrates, Euklid, Ptolemäus, Galenus und anderer griechischer Gelehrter zu übersetzen. Grundlage waren für sie die arabischen Fassungen eines al-Khuwarizmi, al-Battani, al-Farghani, Avicenna, ar-Razi, al-Bitrugi, az-Zarqali wodurch die antike griechische Überlieferung via Spanien tatsächlich dem Abendland zugänglich wurde. Auf diese Weise und durch die »arabische« Wissenschaft, die mehr oder minder getreu auf antike Vorbilder zurückging, konnte das klassische und spätantike Wissen das Europa des Spätmittelalters nachhaltig befruchten. Jahrhundertelang hielt seitdem die Wertschätzung des »arabischen« Wissens vor, wie selbst Petrarca bezeugt, so weit es um die Medizin und andere Wissensgebiete ging, wie die Astrologie und die Astronomie, in denen die Araber als absolute Meister galten.

Diese Überlieferung der Wissenschaften der Antike, die ins Abendland über das arabische Spanien vermittelt wurde, betrifft ebenso die nach den Vorstellungen des Mittelalters eng mit ihnen verknüpfte Philosophie. Die jüdisch-christlichen Übersetzer aus dem Arabischen trugen ihrerseits dazu bei, dem Westen einige Komponenten des aristotelischen *Organon* und damit auch neuplatonische Werke bekannt zu machen. An diesem Prozeß waren al-Kindi, al-Farabi, Avicenna und al-Ghazali beteiligt.

Das arabische Spanien schenkte, als es sich bereits zum Niedergang anschickte, dem moslemischen Aristotelismus als bedeutendsten Repräsentanten Averroës (1126–1198), dessen Doktrin, teils mißverstanden, für die mittelalterliche lateinische Philosophie große Bedeutung gewann. Der bereits genannte Ash-Shaqundi sagte im Hinblick auf die Werke des großen Philosophen aus Cordoba, daß Averroës seine eigenen philosophischen Werke verleugnet hätte, als sein Wissen in Andalusien und vor allem bei seinen Gönnern, den Almohaden, in Mißkredit geriet. Darin spiegelt sich, wenn man die Aussage auch nicht wörtlich nehmen darf, der moslemische Versuch zur Versöhnung des philosophischen Rationalismus mit der starren Orthodoxie und dessen Scheitern, da dem strenggläubigen Islam die Werke eines Averroës als totes Wissen erschienen.

Die Bedeutung, die dieser Philosoph für das Denken des Westens gewann, ist jedenfalls seinen jüdisch-christlichen Übersetzern und Kommentatoren zu verdanken, welche die tatsächlichen und angeblichen Lehrsätze des arabischen Philosophen innerhalb der lateinischen Kultur weithin verbreiteten. Selbstverständlich war Averroës kein gottloser Leugner der islamischen Religion, genauso wenig der christlichen, wie von Anhängern des Averroismus wie des Anti-Averroismus schon behauptet wurde, doch glaubte er an die Möglichkeit einer Ver-

söhnung von Ratio und Glauben auf zwei verschiedenen, jedoch konvergenten Ebenen. Im Okzident wurde diese Auffassung mitunter als Theorie von der doppelten Wahrheit verkannt. Im Interesse der Festigkeit des Glaubens hielt der arabische Philosoph an der Notwendigkeit und Würde der vernunftgemäßen Spekulation fest, die er gegen die mystisch-fideistischen Attacken eines anderen großen Gelehrten, al-Ghazali, verteidigen mußte. Insgesamt war Averroës die letzte bedeutende Stimme der moslemischen Geistigkeit im Okzident, – der Orient ignorierte ihn gewissermaßen, während er im christlichen Abendland eine nachhaltige Resonanz fand.

Wir wollen diese kurze Übersicht des islamischen Einflusses im westlichen Europa, wobei der Autor absichtlich die künstlerische Einwirkung auf die Architektur, die Dekorationskunst und das Kunsthandwerk außer acht gelassen hat, da diese nicht zu seinem Fachgebiet gehören, nicht ohne einen vergleichenden Blick auf die *Eschatologie* (Lehre von den Letzten Dingen) beschließen. Eine Konfrontation offenbart wesentliche Tatsachen, die meist nicht gewürdigt werden: Das bekannte Buch von Asín über die Bedeutung der moslemischen Eschatologie für Dantes *Divina Commedia* hat in den Zwanzigerjahren eine heftige Diskussion ausgelöst, wobei es die Eigenart der islamischen Eschatologie im Hinblick auf die Dichtung Dantes abzuwägen galt. Die Thesen Asíns wurden mit unterschiedlicher Argumentation meist abgelehnt oder mißverstanden, da zwingende Beweise über die eventuelle Vermittlung anscheinend fehlten. 1948 brachte die zweisprachige Veröffentlichung des *Libro della Scala* durch Cerulli, eines arabisch-spanischen Textes eschatologischer Art, dessen Urfassung verloren ist, der jedoch aus der italienischen Version des Bonaventura da Siena bekannt ist, neues Leben in die Debatte. Die Kenntnis dieses eschatologischen arabischen Werkes, das aus dem Bereich der Volksdichtung stammt, wird durch einen Hinweis im *Dittamondo* des Fazio degli Uberti von der Mitte des 13. Jahrhunderts in der Toskana bezeugt. Ob Dante jenes mögliche Vorbild selbst gekannt hat, ist nicht erwiesen, doch nicht ausgeschlossen. Cerulli hat sich mit größter Sorgfalt um diesen Nachweis bemüht, kam aber zu dem Ergebnis, daß die eventuelle Auseinandersetzung Dantes mit islamischen eschatologischen Vorstellungen auf alle Fälle zweitrangig gegenüber seiner prävalent christlich-biblischen dichterischen Vision gewesen ist.

Insgesamt liegt aber die Annahme nahe, daß die Auseinandersetzung zwischen der islamischen Frömmigkeit und dem apologetischen christlichen Glaubenseifer des Mittelalters bis zum Beginn der Renaissance einen enormen gegenseitigen Ansporn bedeutet hat. Asín und Cerulli kommt unter den neueren Gelehrten das Verdienst zu, auf ihrem Gebiet zur Erhellung der Sachverhalte beigetragen zu haben. In dem kulturellen Bereich der Einflüsse und der kulturellen Überlagerungen tritt die Bedeutung der Auseinandersetzung zwischen dem Islam und dem Europa des Mittelalters jedenfalls immer klarer hervor.

Byzantinisches Territorium im Jahr 603

Langobardisches Territorium

Eroberungen von Agilulf (590–616)

Eroberungen von Rothari (636–638)

Exarchat beim Tod Liutprands (744)

Reich der Franken

Austrasien

Como

Mailand

Turin

Neustrien

Emilia

Venedig

EXARCHAT

Ravenna

Genua

Florenz

Pisa

Volterra

Siena

Spoleto

Tuszien

Herzogtum Spoleto

Korsika

Rom

Herzogtum Rom

Montecassino

Benevent

Bari

Brindisi

KALABRIEN

Neapel

Amalfi

Herzogtum Benevent

Sardinien

Cagliari

SIZILIEN

Das langobardische und byzantinische Italien

Heiko Steuer

Die Kultur der Germanen von Theoderich dem Großen bis zu Karl dem Großen

Einleitung

Thesen zur Wirtschafts- und Sozialgeschichte

Geschichte wird immer wieder neu geschrieben. Mit dem Wandel in der Sicht der eigenen Gegenwart wechselt auch die Einsicht in die Geschehnisse der Vergangenheit. Die Interpretationen, warum die Ereignisse so und nicht anders gelaufen sind, bleiben kontrovers. Und gerade scharf formulierte Thesen regen die Diskussion der Historiker zu den umstrittenen Fragen einer Epoche an und vertiefen damit die Einsicht in die Geschichte. H. Pirenne gehört zu den herausragenden Vertretern unter den Historikern, die derartige Thesen finden und diese massiv begründen können. Die Zeit zwischen Spätantike und Mittelalter gehört zu den Epochen, die besonders schwierig zu erklären sind und zu der gerade deshalb eine ständige und schon bald nicht mehr übersehbare Auseinandersetzung der Fachgelehrten gehört; nicht zuletzt deshalb, weil der Niedergang einer hohen Zivilisation für die Menschen des 20. Jahrhunderts eine besondere Faszination ausüben muß.

Übergangsgesellschaften, wie P. Anderson in seinem 1974 erschienenen Werk »Passages from Antiquity to Feudalism« die gesellschaftlichen Strukturen der Zeit zwischen Antike und Mittelalter bezeichnet, lassen sich auch dadurch charakterisieren,

daß schon die Zeitgenossen nicht sicher wissen, wie sie sich einordnen sollen: In einem »Staats«-Brief schrieb Theoderich der Große an den Kaiser Anastasius in Byzanz: »Unser Reich ist Nachahmung des Euren, Nachformung eines guten Musters, Abbild des einzigen Imperiums, wie stark wir Euch folgen, so sehr gehen wir anderen Völkern voran.« Er sah das Imperium Romanum weiter existieren und sich selbst als Vertreter des Kaisers im Westen. Dabei hatte Salvian von Marseille schon vor ihm geschrieben, daß das Römische Reich entweder schon tot sei oder doch in den letzten Zügen läge. Woran knüpfte Karl der Große an und was waren seine Motive, als er im Jahr 801, nach Rückkehr von der Kaiserkrönung in Rom, in Ravenna die Überführung der Theoderich-Statue nach Aachen anordnete? Tat er es, um die Tradition der germanischen Großreichsbildung zu betonen, wie H. Löwe in seinem Aufsatz »Von Theoderich dem Großen zu Karl dem Großen. Das Werden des Abendlandes im Geschichtsbild des frühen Mittelalters« 1951 meinte, oder war es bewußte Anknüpfung an die Rolle des Amtsträgers Theoderich an der Spitze des ewigen Römischen Reiches, wie K. Hauck in seinem Aufsatz von 1967 »Von einer spätantiken Randkultur zum karolingischen Europa« mit ebenso guten Gründen vermutet? Man wird nicht fehl gehen, wenn man behauptet, daß auch jeweils unter den Zeitgenossen das Ziel umstritten war: Entweder war es hohes Ziel, das Römische Reich zu bewahren, oder es war bedeutende Aufgabe, ein neues Reich – auf christlicher Basis – zu begründen.

Umstritten war damals und ist es heute, ob Kontinuität oder Abbruch den Weg von der antiken Zivilisation zur mittelalterlichen Gesellschaft bestimmt. Der österreichische Historiker A. Dopsch hat in seinem monumentalen Werk »Die wirtschaftlichen und sozialen Grundlagen der europäischen Kulturentwicklung aus der Zeit von Cäsar bis auf Karl den Großen« (1918–1920) vehement mit einer Fülle von Belegen aus den schriftlichen Quellen die kontinuierliche Entwicklung, den stetigen Wandel beschrieben, während H. Aubin 1948 einleuchtend »Vom Absterben antiken Lebens im Frühmittelalter« handeln konnte.

Dabei ist ebenso umstritten, wenn man sich für einen Bruch in der Entwicklung entscheidet, wann dieser eigentlich anzusetzen ist. Haben ihn die Germanen herbeigeführt als Ergebnis der Stürme der Völkerwanderungszeit und ihrer Reichsbildungen auf dem Boden des Weströmischen Reiches im 5. Jahrhundert? Oder sind – diese These formulierte H. Pirenne – die arabischen Eroberungen im westlichen Mittelmeergebiet im 7. und 8. Jahrhundert der Auslöser für den Abbruch antiken wirtschaftlichen und gesellschaftlichen Daseins? Karl der Große ist mit seinen Leistungen ohne Mohammed nicht denkbar, das ist die kurzgefaßte Begründung Pirennes. Die reiche Diskussion über Pirennes Arbeiten hat heute zu der Ansicht geführt, daß eher beide, nämlich Mohammed und das islamische Weltreich sowie das Großreich Karl des Großen, Ergebnis des Zusammenbruchs Roms, des Untergangs der antiken Zivilisation gewesen sind. Die immer wieder neue Durchsicht der überlieferten historischen Nachrichten gestattet durch Schwerpunktverlagerung die Begründung dieser oder jener These, weil die Überlieferung so knapp und auch unzureichend bleibt. Erst durch die Einbeziehung der archäologi-

schen Wissenschaften, die in den letzten Jahrzehnten nach Pirenne und auch durch diesen angeregt eine Fülle von neuen Quellen erschlossen haben, kann – ausgehend von Realitäten – eindeutiger geantwortet werden. Dies soll im folgenden geschehen. Der Beitrag ist von einem Archäologen geschrieben, der vor dem Hintergrund der Ausgrabungsergebnisse die Entwicklung von Wirtschaft und Gesellschaft verfolgt.

Dabei kristallisiert sich eine neue These heraus, die auch durch die schriftliche Überlieferung gestützt wird: Die Frage nach dem Jahrhundert, in dem der Bruch zwischen Antike und Mittelalter zu suchen ist, scheint danach einseitig gestellt zu sein. Vielmehr gibt es zwei entscheidende Entwicklungsphasen, nämlich die Krise des Römischen Reichs im 3./4. Jahrhundert mit der Folge der germanischen Überformung der antiken Welt einerseits und die Begründung des karolingischen Staats im 8. Jahrhundert andererseits, mit dem die Geschichte des eigentlichen Feudalismus beginnt. Zwischen diesen beiden Epochen liegt ein halbes Jahrtausend, das bisher viel zu wenig als eigener Geschichtsabschnitt herausgestellt worden ist. Wirtschaft und Gesellschaftsordnung auf dem Gebiet des ehemaligen Weströmischen Reichs sind eine Alternative zur antiken und zur mittelalterlichen Zivilisation und haben ihre eigene Daseinsberechtigung. Dabei hatten die Zeitgenossen natürlich die vorangegangene Geschichte nicht vergessen und übersahen sie auch nicht.

Die Struktur einer alternativen Gesellschaftsordnung

»Krieger und Bauern« nennt G. Duby seine Schrift über Wirtschaft und Gesellschaft der Karolingerzeit und des hohen Mittelalters, um damit die Besonderheit der sozialen Struktur jener Jahrhunderte zu charakterisieren und um die tragenden Kräfte zu betonen. Als alternative Lebensform zwischen Spät-

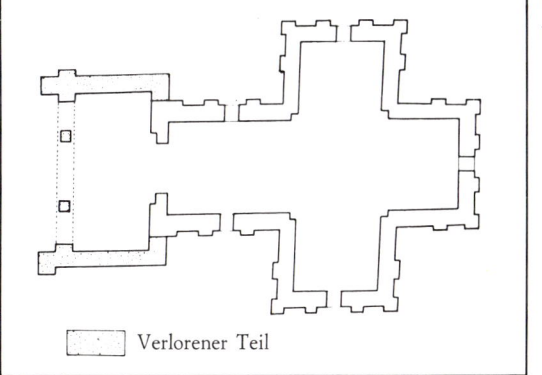

Verlorener Teil

110. *Ravenna, Mausoleum der Galla Placidia.*
111. *Ravenna, Mausoleum der Galla Placidia.* Grundriß.

112. *Ravenna, Palast des Theoderich.* Fassade.
113. *Ravenna, Palast des Theoderich.* Seitenansicht.

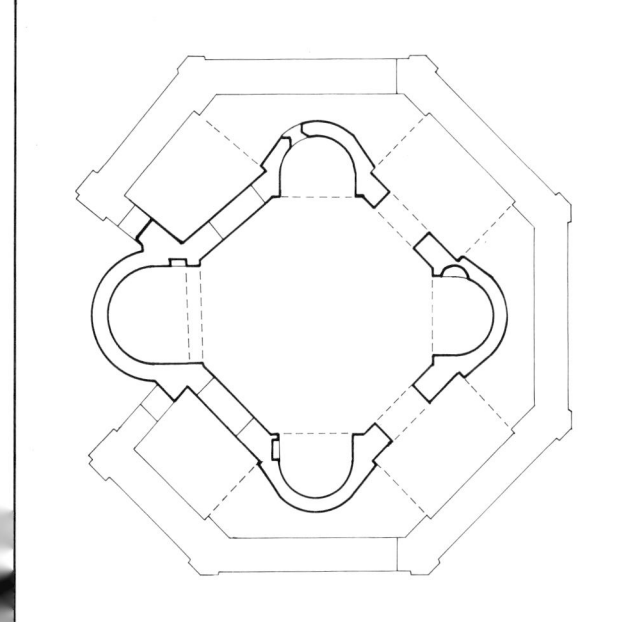

114. *Ravenna, Baptisterium der Arianer.* Außenansicht.
115. *Ravenna, Baptisterium der Arianer.* Grundriß.

116. *Ravenna, Grabmal des Theoderich.*
117. *Ravenna, Grabmal des Theoderich.*
Inneres der Kuppel, die aus einem einzigen
Steinblock besteht.

118. *Ravenna, Sant'Apollinare nuovo*. Innenansicht.
Rechte Seite:

119. *Ravenna, Sant'Apollinare nuovo*. Detail der Mosaiken
an der rechten Wand des Hauptschiffes.

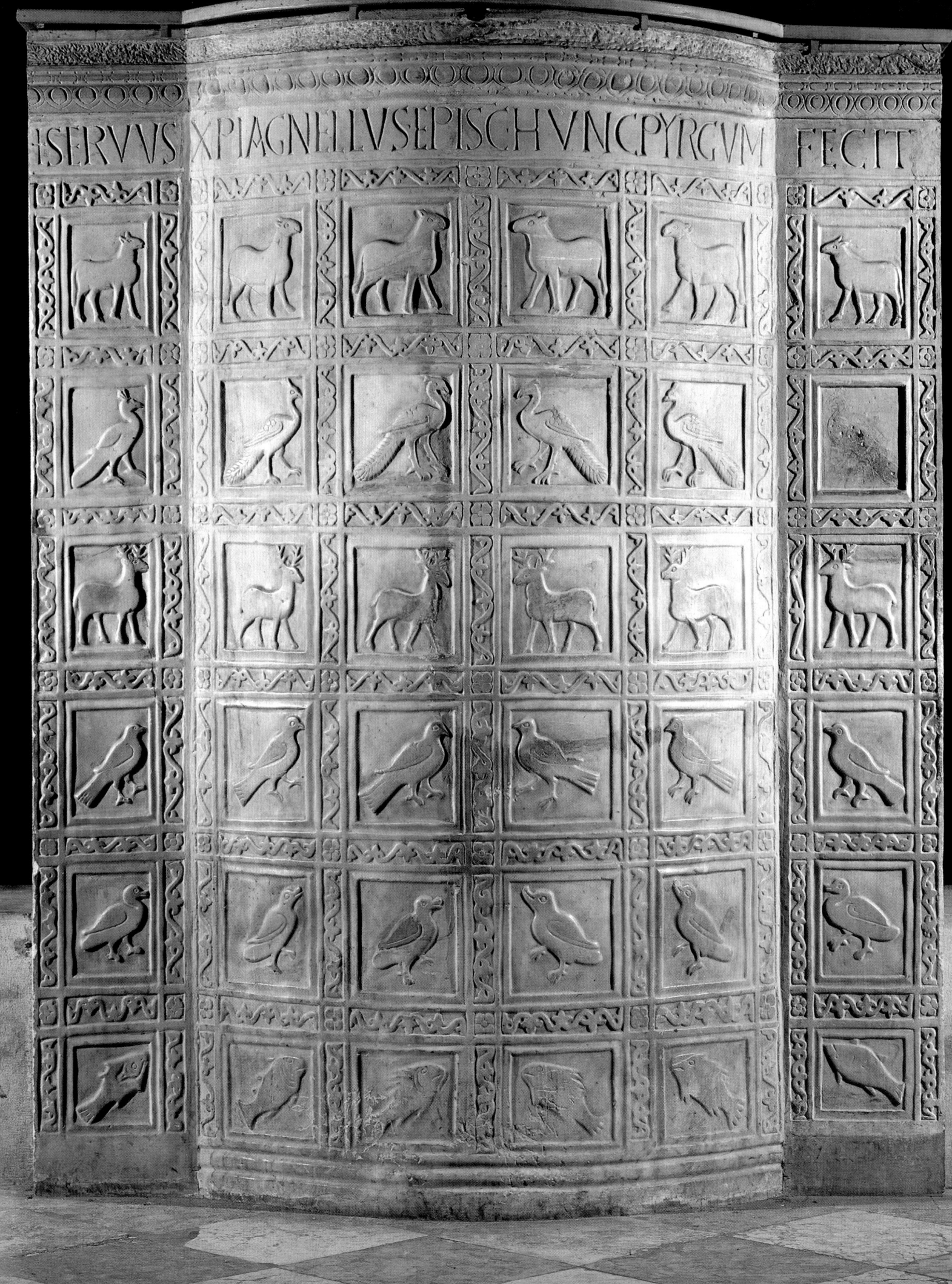

SERVVS XPIAGNELLVSEPISCHVNCPYRGVM FECIT

120. *Ravenna, Dom.* Ambo (Lesepult).

Folgende Seiten:
124. *Santa Maria de Naranco (Spanien)*. Osthof,
links vorn die Kopie des Altares (vergleiche Abb. 128).
125. *Santa Maria de Naranco (Spanien)*.
Detail der Reliefs im Osthof.
126. *Santa Maria de Naranco (Spanien)*. Rundmedaillon.
127. *Santa Maria de Naranco (Spanien)*. Kapitell.
128. *Santa Maria de Naranco (Spanien)*. Archäologisches Museum. Altar.

121. *Santa Maria de Naranco (Spanien)*.
Ansicht der Kirche von Nordwesten.
122. *Santa Maria de Naranco (Spanien)*.
Ansicht der Kirche von Südosten.
123. *Santa Maria de Naranco (Spanien)*.
Grundriß.

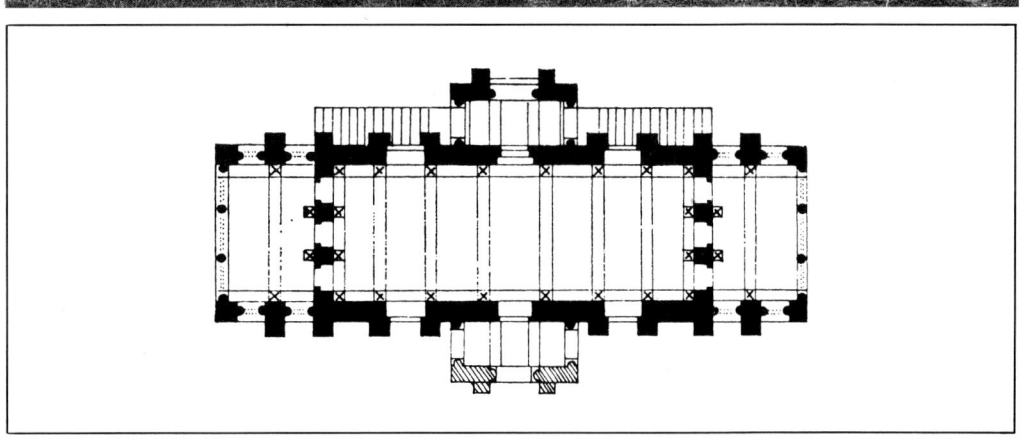

129. *San Juan de Baños (Spanien)*.
Ansicht der Kirche von Südwesten.
130. *San Juan de Baños (Spanien)*.
Westportal.
131. *San Juan de Baños (Spanien)*. Giebel.
132. *San Juan de Baños (Spanien)*. Grundriß.
133. *San Juan de Baños (Spanien)*.
Bogenfenster.
134. *San Juan de Baños (Spanien)*.
Innenansicht vom Südschiff aus.

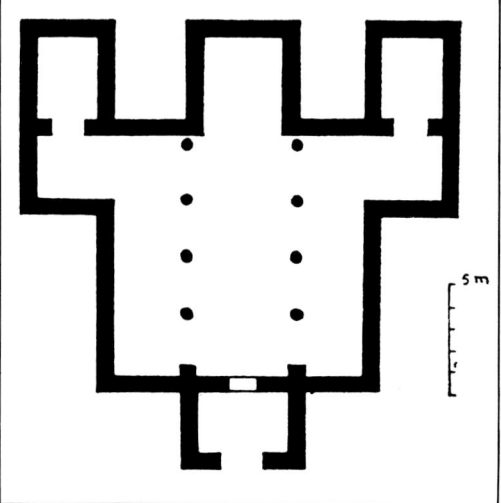

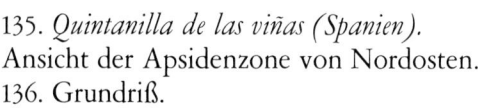

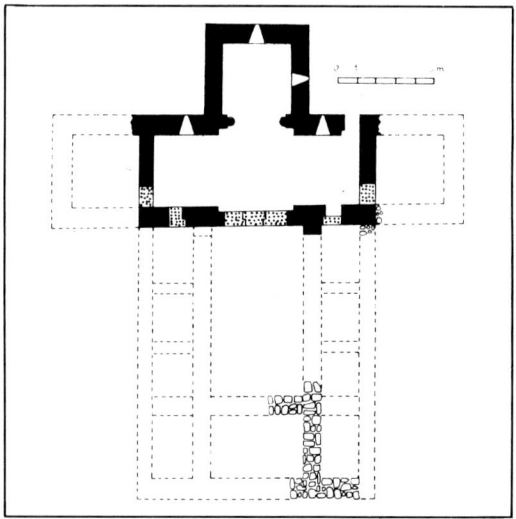

135. *Quintanilla de las viñas (Spanien)*. Ansicht der Apsidenzone von Nordosten.
136. Grundriß.
137. Detail eines Frieses mit Flechtwerkdekoration.
138. Detail des Hauptfrieses, rechts vermutlich das Monogramm des Stifters.
139. Darstellung rechts vom Triumphbogen, Christus als Sol (Sonne) in einer Mandorla mit zwei Engeln.
140. Darstellung links am Triumphbogen, die Kirche als Luna (Mond), ebenfalls in einer Mandorla und zwei Engel.

141. *Quintanilla de las viñas (Spanien)*.
Reliefs in der Apsis, Christus von zwei
Engeln flankiert, darüber zwei Apostel
oder Evangelisten.
142. *Quintanilla de las viñas (Spanien)*.
Detail der Südwand der Apsis.

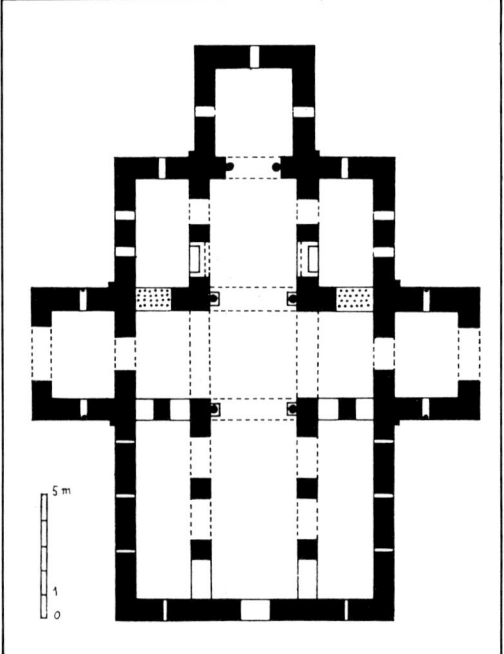

143. *San Pedro de la nave (Spanien)*.
Ansicht der Kirche von Südosten.
144. Grundriß.
145. Detail des Kapitells an der Nordost-
ecke des Schiffes, Apostel Thomas.
146. Detail desselben Kapitells, Apostel
Philippus.
147. Kapitell mit geometrischem und
Pflanzendekor.
148. Kapitell mit traubenpickenden
Tauben.

antike und Frühmittelalter entwickelte sich – und dies eben ausschließlich – das ländlich lebende Kriegertum: das Eindringen einer Lebensform in römisches Reichsgebiet, wie sie bei den Germanen außerhalb des Reiches herrschte und wie es bezeichnend ist für viele Epochen vor Entstehung der römischen Hochzivilisation.

Wie sehr alternative Lebensformen die Zeit zwischen den entscheidenden Umbrüchen bestimmt haben, zeigen – als etwas völlig Neues – Mönchtum und klösterliche Wirtschaft, die seit dem frühen 5. Jahrhundert auch im Westen erscheinen und dann sich rasch ausdehnen. Mönch und Krieger, jeweils lebend in einer selbstversorgenden, autarken Gemeinschaft, bilden die Gesellschaft. Stadt und Staat, Kennzeichen römischer und wieder hochmittelalterlicher Zivilisation, sind verschwunden oder zu rudimentärer Struktur rückentwickelt worden. Handel gibt es kaum noch; allein in Form eines Fernhandels mit Luxusgütern dient er den Spitzen der Gesellschaft neben dem an den Hof gebundenen Handwerk zur Vergrößerung der eigenen Mittel. Verwaltung, Steuerwesen und »polizeiartige« Ordnungsorgane fehlen weitgehend. Der eigene Landbesitz, die aus eigenem Schatz besoldete Gefolgschaft aus Kriegern bestimmen neben vornehmer Abstammung, kriegerischer Tüchtigkeit und Charisma die Machtgrundlagen der Könige, aber auch anderer Großer der germanischen Reiche.

Hinzu kommt ein weiteres entscheidendes Faktum, dessen Ursachen im einzelnen noch nicht zu erkennen sind, das aber großräumig beschrieben werden kann, nämlich der starke Rückgang der Bevölkerung, nicht nur in den sich auflösenden Städten, sondern auch auf dem Lande, nicht nur in den nördlichen Provinzen des ehemaligen Römerreiches, sondern auch in Italien und Griechenland.

Die Skizze der andersartigen Lebensrealität und Lebensauffassung sei im folgenden etwas ausführlicher umrissen. Im Jahre 476 setzte der Skire Odoaker als Heerführer germanischer Söldnertruppen Romulus Augustulus als Kaiser ab, und der römische Senat erklärte unter Druck Odoakers, daß das lateinische Abendland eines eigenen Kaisers nicht mehr bedürfe. Im Jahr 800 wird Karl der Große in Rom zum Kaiser gekrönt. Das Siegel trägt die Umschrift »Renovatio Romani Imperii«. Die beiden Daten begrenzen einen Zeitraum von etwa 12 Generationen, in dem europäische Geschichte eine exzentrische Lösung fand, gewissermaßen in der »folgerichtigen« Entwicklung eine Pause machte und einen alternativen Weg wählte. Der Weg vom antiken Staat zur mittelalterlichen Feudalgesellschaft verläuft nicht gerade, sondern bricht ab und setzt wieder ein, und die Überbrückung geschieht auf einem unerwarteten Umweg.

Erkennt man dies, dann findet man Spuren der alternativen Lebensweise schon vor dem Jahr 476 und noch lange nach dem Jahr 800, so daß mit der Entwicklungsphase hin zur anderen Lebensform, ihrer Blütezeit in den drei Jahrhunderten und im Nachwirken eine Zeitspanne von einem halben Jahrtausend und mehr erahnbar wird. Die Menschen – nicht nur die Germanen – wählten eine andere Zivilisation. Sie wollten nicht mehr den durchorganisierten Staat, der inzwischen in der Spätantike die Form eines Zwangsstaates angenommen hatte, sie lehnten das Leben in der Stadt ab und verließen die Städte. Für mehr als ein halbes Jahrtausend war die uns heute als einzig denkbare moderne Lebensform, die Stadt, nicht mehr da. Karl der Große erst griff wieder auf das alte Vorbild des Römischen Imperiums zurück, erneuerte den Staat, konnte aber erst die Wurzeln für eine zaghafte Neuentwicklung der Stadt legen, die nördlich der Alpen beispielsweise erst unter den ottonischen Kaisern im 10. Jahrhundert wieder ihre alte Bedeutung gewinnen konnte.

Leben fand nicht mehr in einem festgefügten System von Staat, Recht und Verwaltung statt, sondern die Menschen probierten das Leben in persönlichem Rahmen auf dem Lande als Bauern, Krieger und Mönche aus. Das hatte nebenher, aber zwangsläufig einen Niedergang in technischen Kenntnissen zur Folge, weil man vieles nicht mehr brauchte.

Stattdessen gab es Entwicklungen in anderen, nun wichtig gewordenen Bereichen des Lebens, die es noch zu schildern gilt.

Die antike Zivilisation hatte sich überlebt, denn sie konnte die Probleme der Wirtschaft und Gesellschaft trotz aller Reformversuche unter Diokletian und Konstantin nicht mehr lösen. Man wendete sich von ihr ab. Das geschah zu dem Zeitpunkt, als die Germanen mit ihrer alteuropäischen Gesellschaftsordnung in das Römische Reich eindrangen, nicht um es zu zerschlagen, sondern sogar auf der Suche nach einer Welt, die schon nicht mehr Wirklichkeit und trotz aller Versuche der germanischen Könige auch nicht wiederzugewinnen war.

Dieses Zusammentreffen von aufgegebener Gesellschaftsorganisation in Staat und Stadt, von individualistisch-persönlicher Lebensauffassung der germanischen Stammesführer und den umwälzenden Ideen des Christentums erlaubte eine völlig andersartige Zivilisation, mit eigener Daseinsberechtigung, nicht nur als Vorstufe zum mittelalterlichen Europa.

Im alltäglichen Bereich häuslichen Lebensstandards wird die Pause in der zivilisatorischen Entwicklung vielleicht am unmittelbarsten greifbar. Das Niveau, was Menge und Qualität betrifft, an wertvollem Metall- und Glasgeschirr eines mittleren oder gehobenen römerzeitlichen Haushalts wurde erst tausend Jahre später in Mitteleuropa wieder erreicht. Erst im 13. Jahrhundert verfügten Handwerker in den Städten oder der Adel auf seinen ländlichen Burgen wieder über einen Umfang an derartigen Alltagsgütern wie Bronzegeschirr, Silberservice oder Glasbecher, schließlich Metallgerät allgemein, wie es zur römischen Zeit üblich war. Noch vom hohen zum späten Mittelalter sprang die Menge an metallenem Hausgerät von wenigen Kilogramm auf über 50 bis 100 Kilogramm pro Haushalt und belegt, wie spät diese Entwicklung erst einsetzte. Zivilisatorischer Luxus wie fließendes Wasser und Zentralheizung – für die Römer eine Selbstverständlichkeit – erarbeitete man sich auch erst wieder im hohen Mit-

telalter. Die höfische Kultur des Mittelalters entstand auf der ländlichen Burg des Adels, die Stadt drängte sich erst später wieder in den Vordergrund.

Germanische Könige lebten wie schon tausend Jahre vorher die frühgeschichtlichen »Fürsten«. Was Mittelpunkt ihrer Lebensauffassung war, ist an den kostbaren Grabbeigaben abzulesen: Qualitätvolle mit Edelmetall verzierte Waffen, kostbares Eß- und Trinkgeschirr, der Bratspieß für das Festgelage, das Musikinstrument für den Sänger der Heldenlieder sowie kostbarer Schmuck, all das findet man auch in den Gräbern der »Fürsten« der Bronze- und der Eisenzeit ebenso wie bei den germanischen »Fürsten« in Mittel-, West- und Nordeuropa.

Es gibt als Kennzeichen der intensiv von Germanen besiedelten Gebiete des ehemaligen Römischen Reichs gerade die besondere Grabsitte mit dem auffallenden Beigabenreichtum, wobei besonders die Waffen eine zentrale Rolle spielen, ganz anders als bei den Römern. Als »Reihengräbersitte« zur Zeit der ersten Frankenkönige Childerich und Chlodwig entstanden, wird dieses Totenbrauchtum – wie in frühgeschichtlichen Zeiten – typisch für den Bereich des fränkischen Großreiches mit Ausstrahlungen nach Italien und Spanien. Von den Archäologen überbetont, wird deshalb für diesen Zeitabschnitt sogar von Reihengräber-»Zivilisation« gesprochen, weil der größte Teil aller kulturgeschichtlichen Aussagen zur Lebensweise jener Jahre gerade aus dem Totenbrauchtum abzulesen ist.

Einen größeren Gegensatz als zwischen den römischen Kolonen, die kraft Gesetz an die Scholle gebunden waren, weder Berufswahl noch Freizügigkeit kannten, und den germanischen Kriegern, die nur aus freier Entscheidung ihrem Heerkönig oder General oder Gefolgschaftsführer folgten und in ganz Europa zu Hause waren, gibt es kaum. Freiheit und Individualismus wurden zum Kennzeichen der Epoche. Die Gesellschaft hatte einen von Landwirtschaft und Naturaltausch bestimmten Aufbau. Die großen Familien lebten auf ihren Landgütern, waren autark und unabhängig, ebenso wie die Mönchsgemeinschaften, die in gleicher Weise von der Landwirtschaft lebten und dabei unabhängig wurden. Beide Gruppen brauchten die anderen nicht, brauchten keine Urbanität. Der Krieger rüstete sich selbst aus und führte ständig die Waffen bei sich, die ihm nicht von einer Armee-Verwaltung gestellt wurden. Und die Waffen blieben sein wichtigster persönlicher Besitz. Er verpflegte sich selbst und entschied frei, ob er einem Heeresaufgebot folgen wollte. Es gab keine Polizei zum Schutz der öffentlichen Ordnung. Störungen wie Diebstahl und Mord sowie andere Verbrechen sühnte und rächte man selbst. Erst mühsam gelang es später der fränkischen Zentralmacht, gewisse rechtliche Übereinkünfte zu treffen, Richtlinie nur für den eigenen Stammesverband der Westgoten, Alemannen oder Franken, die in den sogenannten Stammesrechten codifiziert wurden.

Antike Bildung, gar die lateinische Sprache verloren weitgehend ihre Bedeutung. Steinbau und monumentale Kunst verschwanden. Das Ende markiert etwa der gewaltige Grabbau Theoderichs in Ravenna und den Beginn die Pfalzenbauten wie Ingelheim und Aachen durch Karl den Großen. Dafür blieb und verfeinerte sich die Technik der Waffenschmiede und die hohe Kunst der Goldschmiede für den persönlichen Schmuck.

116, 117

W. von den Steinen urteilte: »Verfall der geistigen Kultur im Abendland gibt sich in den Quellen und fast mehr noch im Versiegen der Quellen vom 6. bis weit ins 8. Jahrhundert hinein vielfältig zu erkennen ... Die damaligen Autoren und Urkunden bieten sprachlich meist einen hilflos verworrenen Zwitter zwischen dem Latein des römischen Spätreichs und dem dazumal gesprochenen Romanisch: also weder Schrift- noch Volkssprache. Die Schulen verkamen sogar in Italien und dem westgotischen Spanien, viel mehr noch in Frankreich ... Die erhaltenen Kunstwerke wirken roh, unbeholfen, abergläubisch.« Er zeigt aber damit, daß Maßstab immer noch die Antike bleibt und er nicht die Eigenständigkeit der Epoche sieht, der es eben um ganz andere Werte

ging. Den schön gemeißelten Grabstein ahmten hilflos nur die nach, die antike Lebensweise retten wollten; andere schufen stattdessen tief durchdachte Ornamentformen sogar auf Waffenteilen und Gürtelzierat, die sog. germanische Tierornamentik, die volle Beherrschung des Sinngehalts sowie der verschiedenen verbundenen Materialien forderte. Verlagerung der Schwergewichte ist das Entscheidende.

Die seit dem späten 4. und frühen 5. Jahrhundert sich entwickelnden Mönchsgemeinschaften sind ebenso Zeichen individueller Lebensweise, diesmal in der kleinen Gruppe, die für sich und für Gott allein sein will. Einsiedeleien und Klöster lagen auf dem Lande, in der Einsamkeit. Und erst die neuen Orden des hohen Mittelalters gingen wieder zurück in die Städte.

Der Staat als alle Menschen erfassendes Imperium, die Einheit der Länder um das Mittelmeer, die Konzentration der Menschen in Städten werden ersetzt durch die individuelle Entscheidung des Einzelnen; die Landschaften zeigen wieder den Hang zum Sonderleben. »Die Gesellschaft ist nicht mehr eingespannt in den Dienst und das Leben eines Staates von der hohen Ausgestaltung des römischen«, meint H. Aubin, und noch nicht wieder von der geregelten Organisation des mittelalterlichen Reiches der Karolinger.

Bauern und Krieger und Mönche lebten ihr eigenes Leben und bestimmten über alle regionalen Unterschiede und Überreste aus der Antike hinaus das Bild der Epoche. Man könnte von einer revolutionären Entscheidung für Individualität, Unabhängigkeit und auch Einsamkeit sprechen.

Nicht nur die Romanen zog es in die Klöster, etwa ranghohe Mitglieder des gallischen senatorischen Adels, sondern einen nicht unerheblichen Prozentsatz stellten bald im 6. Jahrhundert auch die Barbaren. Das 6. Jahrhundert sah eine Verzehnfachung der Zahl von Klöstern beispielsweise in Gallien. Wenn bisweilen mit bis zu 50 000 Mönchen und Nonnen gerechnet wird, dann gewinnt die Zahl erst ihr eigentliches Gewicht im Vergleich zu den 80 000

Vandalen, ein ganzes Volk und Heerhaufen, die nach Afrika mit Geiserich im Jahr 429 übersetzten, das gesamte Volk aus Alten und Jungen, Kriegern und Sklaven. Die Zahl der Franken wird nach längerer Seßhaftigkeit und Eingliederung auch fremder Germanengruppen insgesamt gerade auf 500 000 bis 800 000 Menschen gezählt. Das Gebiet der nördlichen Germanenreiche auf ehemals römischem Boden wird vielleicht von 2 bis 4 Millionen Menschen bewohnt.

Ein wesentliches Kennzeichen der Epoche war die begrenzte Bevölkerungszahl. Das westliche Europa war deutlich menschenleerer geworden. Der Abstand zum Nächsten wurde schon aus diesem Grunde größer. Detailuntersuchungen haben für das römische Rheinland ebenso wie für die Gebiete nördlich von Rom ergeben, daß zur Römerzeit offene, vollständig landwirtschaftlich genutzte Landschaften wieder unter Wald und Gestrüpp verschwanden. Bis zu vier Fünftel der Landschaft wurde vom Menschen wieder aufgegeben. Erst im hohen Mittelalter wurden im Zuge von Binnenkolonisationen alte römische Siedlungsgebiete im Rheinland neu gerodet. Bis zum 7./8. Jahrhundert scheint die Bevölkerung Europas immer weiter abgenommen bzw. stagniert zu haben, ehe dann erneut ein rascher Anstieg erfolgte.

Der Untergang Roms wird manchmal auf Menschenmangel zurückgeführt. Nicht die Germanen vertrieben Romanen und ließen diese sich im Süden am Mittelmeer sammeln; denn auch dort ging die Bevölkerungszahl zurück. Ein Phänomen, das Rätsel aufgibt; denn die verschiedenen Einbrüche der Pest haben zwar das ihre dazu beigetragen, können aber Rückgang und Wandel des Lebensstils nicht erklären. Auch die Pest des hohen Mittelalters konnte dies nicht bewirken.

Grundsätzlich unterschiedlich war die Auffassung vom Staat und Reich. Die abstrakte Idee des Römischen Staates mit Staatsbürgerschaft und Territorium wurde abgelöst von der persönlichen Bindung des einzelnen an einen anerkannten Herrn, der für Waffenhilfe Schutz und Lebensunterhalt versprach. Der Personenverband trat an Stelle des Staates, konstituiert durch Verabredung, unabhängig von einem Gebiet. Das germanische Reich war gewissermaßen beweglich: Es war immer dort, wo König und Gefolgschaftskrieger gerade waren, heute in Frankreich, dann in Spanien und später in Afrika. Statt in fester Residenz herrschte der König durch Reisen. Dies blieb so von den Merowinger- und Karolingerkönigen an bis zu den Herrschern des hohen Mittelalters.

Das Bild einer eigenständigen Geschichtsepoche zwischen Theoderich und Karl beruht darauf, daß römische Zivilisation schon früh im 4./5. Jahrhundert verschwunden ist, wobei viele Einzelzüge schrittweise abgelöst werden und der Tiefpunkt im 8. Jahrhundert erst erreicht wird. Während H. Pirenne die Ursache in der islamischen Eroberung des Mittelmeers und im Abbruch der alten Handels- und Kulturverbindungen sieht, meinen wir, daß aufgrund der eigenen inneren Entwicklung viele Einrichtungen der antiken Kultur abgestorben sind.

Die neue Gesellschaft brauchte weder Staat noch Stadt, weder Repräsentationsbau noch ein dichtes Netz von Markt und Handel. Die Nachfrage nach gewissen Arten von Luxusgegenständen sinkt bzw. die technischen Kenntnisse gehen verloren. So geht zum Beispiel auf technischem Gebiet auch die Produktion von Glasgefäßen, was Qualität und Umfang angeht, ständig zurück. Noch zur frühen Merowingerzeit werden Gläser hergestellt, die fast römische Qualität erkennen lassen. In der späten Merowinger- und frühen Karolingerzeit ist die Qualität abgesunken, das Typenspektrum hat sich auf wenige Trinkgefäßformen eingeschränkt und auch der Umfang scheint spärlich geworden zu sein. Doch kennen wir karolingerzeitliche Trinkgläser überwiegend nur aus den Gräbern reicher schwedischer Leute und als Scherben aus dem Handelsplatz Dorestad (Wijk bij Duurstede) am Niederrhein. Dann wird Glas überhaupt nicht mehr hergestellt, und erst im 13. Jahrhundert beginnt wieder eine eigene Tradition der Glasbläserei nördlich der Alpen.

Befestigungsanlagen, von hoher fortifikatorischer Stärke noch in der Spätantike von den Römern als letzte Bastionen am Rhein und an der Donau errichtet, spielen später keinerlei Rolle mehr. Die Herrschaftsmittelpunkte, die merowingischen Pfalzen, sind große ländliche Anwesen, Herrenhöfe, vielleicht mit Palisaden bewehrt, aber im übrigen nicht mit einer Festungsanlage römischer Zeit zu vergleichen. Mauerringe werden erst wieder in karolingischer Zeit gebaut, obwohl die Mauern römischer Städte weiterhin existieren. Doch dienen diese meist nur als Steinbruch; oder irgendwo innerhalb des Mauerrings hat sich – wie in einem zu weit gewordenen Kleid – ein Bischof niedergelassen.

Die römische Zivilisation, die sich im Zuge der Eroberungen über Gesellschaften ursprünglicherer Organisation erstreckt hatte, löste sich auf und ließ diese älteren Lebensformen wieder Boden gewinnen. Neuanfänge der Städte, des Handels, auch der Baukunst im 8. Jahrhundert legen den Grundstein für einen neuen Schub zivilisatorischer Entwicklung nach einer langen Atempause. Bewußt wird auf die alte Zeit zurückgegriffen. Die Pfalzen Karls des Großen sind Paläste im antiken Sinne. Kirchenschmuck des 8. Jahrhunderts wie die Stuckdekorationen an der Eingangswand des sog. »tempietto« in der Kirche Santa Maria in Valle in Cividale sind eine oberitalienische Parallelerscheinung zur karolingischen Renovatio, wie italienische Gelehrte überzeugend nachgewiesen haben (C. Cecchelli, G. Panazza, A. Peroni).

Der neu einsetzende Handel mit Mühlsteinen, Keramik, Glas und Eisen im 8./9. Jahrhundert aber – nicht mehr nur der Handel mit Luxusgütern – erwächst aus der pragmatischen Nutzung eigener Rohstoffquellen und der Bedürfnisse größerer Siedlungen und neuer Städte, die sowohl Produzenten- als auch Konsumentenzentren sind, auf dem Hintergrund steigender Bevölkerungszahlen und wachsender Mobilität. Doch kann eine »moderne Gesellschaft« mit einem wieder weitgreifenden Wirtschaftssystem und steigender Bevölkerungszahl und vor allem auch unter ständiger Bedrohung von außen – durch Wikinger, Awaren, bald Ungarn – nicht im Zustande der offenen, beweglichen Völkerschaften der Wanderzeiten verharren, sondern braucht eine Verfassung, die staatliche zentrale Organisation kennt und damit in manchen Strukturen auf die römische Hochzivilisation zurückgreifen muß. Mit bemerkenswerter Aufmerksamkeit wurde registriert, daß sich der Kern des fränkischen Reichs immer mehr in den Nordosten verlagerte; hier bildeten sich die entscheidenden Macht- und Wirtschaftszentren heraus. Als eine Ursache wurde – neben der Unterbrechung des Mittelmeerhandels und dem Aufbau einer nördlichen Handelsroute zum Osten – die Konzentration des karolingischen Hausgutes in diesem Bereich, in Austrien, angesehen; und der Norden um Soissons und Paris war schon Kern des Chlodwig-Reiches, weil Chlodwig hier durch Ablösung des letzten Römers Syagrius dessen Reichsgebiet in seinen königlichen Besitz überführen konnte.

Inzwischen schält sich eine neue Argumentation heraus, maßgebend beeinflußt durch die Ergebnisse der Archäologie: Der zivilisatorische Stand und die gesellschaftlichen Strukturen waren seit dem 4./5. Jahrhundert in allen früher von Germanen besiedelten Ländern bis nach Skandinavien und in den eroberten Gebieten im wesentlichen gleich. Was die technische Höhe der landwirtschaftlichen Produktion oder den Umfang des Fernhandels anbetrifft, so läßt sich kein Gefälle von den Ländern auf ehemaligem römischen Reichsboden zu den ferner liegenden Gebieten in Mitteleuropa und in Skandinavien mehr feststellen. In einer weitgehend einheitlichen Welt germanischer oder barbarischer Lebens- und Wirtschaftsweise und gleichartigen Lebensstandards bilden die neu besiedelten Länder keine Ausnahme, und die politischen Reichsbildungen umfaßten nur unterschiedlich umfangreiche Teilausschnitte, wobei zur Zeit Karls des Großen dann der

Höhepunkt einer erneuten politischen Zusammenfassung erreicht wurde.

Sicherlich geht es zu weit, dem Norden gar einen Vorsprung, was landwirtschaftliche Produktionsmethoden anbetrifft, gegenüber den Kerngebieten des fränkischen Reichs zuzusprechen – dies wäre die entgegengesetzte Auffassung zur bisherigen landläufigen Sicht – doch gleicher Stand läßt sich belegen. Jan Dondt etwa sieht aufgrund der Überlegenheit des Nordens auf dem wirtschaftlichen Felde eine Ursache für die im späten 8. Jahrhundert einsetzenden Wikingerzüge: Diese Überlegenheit hätte zu Übervölkerung und zu den Wikingerzügen geführt.

Die Führungsschicht der Stämme am Rhein oder in England oder in Schweden lebte im 6. Jahrhundert auf identische Weise. Auch die Bestattungssitte, auffällig durch ihre repräsentativen Beigaben, die einen bestimmten Lebensstil charakterisierten, war gleichartig.

Die Verwandlung der Gebiete des ehemaligen Weströmischen Reichs und die Anpassung an eine ältere Lebensweise war seit dem späten 5. Jahrhundert vollzogen, überall dort, wo eine intensive germanische Besiedlung einsetzte, also auch in manchen Gebieten Italiens und Spaniens. Doch hielten sich hier ebenso wie an der südfranzösischen Mittelmeerküste antike Lebensformen länger.

Die Verlagerung des Zentrums der merowingisch-karolingischen Reichsbildung in den Norden ist nur auf diesem Hintergrund zu verstehen. Innerhalb eines großen Gebietes mit einer einheitlichen Lebensform liegen diese Zentren inzwischen wesentlich günstiger, gleichsam in der Mitte, als die älteren wirtschaftlichen Kerngebiete im Süden. Vom neuen Zentrum aus überspannten überregionale Verbindungen und ein Netz von Fernhandelslinien West-, Mittel- und Nordeuropa, der Rhein wurde wieder, wie die südliche Nordsee, zu einer verbindenden Verkehrsachse. Der Weg von dort über Schweden, Rußland in den islamischen Osten war nicht weiter als der alte Weg in den Orient über das Mittelmeer.

Die Geschichtsepoche zwischen Theoderich und Karl wird durch eine Sozialstruktur eigener Prägung getragen, die als offene Ranggesellschaft ohne strenge Standes- oder Klasseneinteilung zu verstehen ist. Zwar gibt es Freie und Unfreie, aber die gesellschaftlichen Grenzen sind durchlässig. Adel als Geburtsstand verschwindet und macht einem Adel Platz, der kraft Königsnähe, Amtsführung und persönlicher Tüchtigkeit die Spitzenränge der Gesellschaft einnimmt. Die Entstehung des Karolingerreiches ist mit der Entstehung einer neuen geschlossenen Gesellschaft mit Ständen und einem Adel mit vererbbaren Privilegien verbunden. Bald gibt es nur noch Adlige und Abhängige. Die Zeit der offenen Rangstrukturen ist wieder vorbei.

Der zeitlich-politische Rahmen

Die Herausbildung einer anderen Welt anstelle der antiken auf dem Boden des Weströmischen Reichs spiegelt sich am besten in den verschiedenen Phasen der Gründung von germanischen Königreichen. Dann wird auch überzeugend deutlich, daß zwar Mohammed und Karl der Große beide ein Ergebnis von Entwicklungsmöglichkeiten nach dem Niedergang Westroms waren, daß aber in einer ersten Welle seit dem 5. Jahrhundert die Germanen eine alternative Möglichkeit entwickelten und erst in einer zweiten Welle seit dem 7. und 8. Jahrhundert die Araber ihre islamische Bewegung.

Die erste Phase der Verwandlung der Mittelmeerwelt setzt mit den ältesten Nachrichten über fränkische und alemannische Überfälle auf Reichsgebiet in der ersten Hälfte des 3. Jahrhunderts ein und endet mit Föderatenansiedlungen auf Reichsboden sowie der Übernahme hoher Verwaltungs- und Militärämter durch Germanen im späten 4. Jahrhundert. Der Umfang der Aktionen reicht von kurzen Überfällen durch Räuberbanden bis zu politisch entscheidenden Auseinandersetzungen ganzer Stammesgruppen mit den Mächten des Reiches wie die

Schlacht von Adrianopel 378, in der die Westgoten den römischen Kaiser Valens schlugen und töteten.

Die zweite Phase zeichnet sich durch erste Reichsbildungen auf römischem Boden aus. Sie endet mit der Absetzung des letzten weströmischen Kaisers Romulus Augustulus im Jahre 476 durch den germanischen Heerführer Odoaker, einen ranghohen Skiren. Gefolgschaftsheere und Stammesgruppen sind die Träger dieser Auseinandersetzungen mit Rom, wobei die Existenzsicherung, die Beschaffung des Lebensunterhalts für diese frei schweifenden Germanengruppen auslösender Faktor gewesen zu sein scheint, was durch Ansiedlung oder durch massive Tributzahlungen zu erreichen ist. Ziel ist die Eingliederung in die römische Reichsorganisation, verbunden mit der Übernahme militärischer Führungsaufgaben. Da ist das pannonische Ostgotenreich (456/57-473), das Burgunderreich im späteren Burgund (443-534), das Westgotenreich um Toulouse (418-507), das Reich der Sweben in Nordwestspanien (409-585) und das Reich der Vandalen in Nordafrika (429-534). Diesen Schritt zur Reichsbildung hatten die fränkischen Teilstämme noch nicht vollzogen, obwohl beispielsweise um 470 im Raum Köln der rheinfränkische König Sigibert eine Reichsgründung versuchte. Andere ranghohe Franken dienten mit ihrem Gefolgschaftsheer noch im römischen Staatsverband, so der General und König Childerich oder der Franke Arbogast. Letzterer regierte als Comes in Trier, Childerich war römischer General und Föderatenführer und kämpfte als Verbündeter des römischen Feldherrn Aegidius gegen die Westgoten, war später auch Bundesgenosse des Syagrius, Sohn des Aegidius, der um Soissons das letzte römische Herrschaftsgebiet etablierte. In Italien rief das dort operierende Föderatenheer Odoaker zum König aus. Er setzte Romulus Augustulus als Weströmischen Kaiser ab und wurde schließlich widerwillig von Byzanz als »patricius« und Reichsverweser im Westen anerkannt.

Die dritte Phase wird von den Versuchen germanischer Heerkönige bestimmt, Großreiche zu bilden und die Suprematie über die Rivalen zu erlangen, wobei nie außer Zweifel gestellt wurde, daß dies innerhalb des Reichsverbandes geschähe und der jeweilige König als Stellvertreter des Kaisers in Konstantinopel regiere.

Die Vandalen griffen in den Mittelmeerraum aus, besetzten die großen Inseln und faßten auch Fuß auf Sizilien. Die Reichsbildung fand ihr Ende in den Rückeroberungen unter Justinian im Jahr 534. Der Westgotenkönig Eurich (+ 484) verschaffte sich für seine Reichsbildung um Toulouse mit den Grenzen Loire, Rhône und Durance die Anerkennung durch Odoaker, den Vertreter des Kaisers, was gewissermaßen einer Aufgabe Galliens durch das Römische Reich gleichkam. Weitere Ausdehnungsversuche, vielleicht gar in Richtung Italien, unterblieben nach seinem Tod, und bald wurde die Bedrohung durch den Franken Chlodwig so stark, daß an Ausweitung nicht mehr zu denken war. Im Jahr 507 beseitigte Chlodwig dieses Westgotenreich und eroberte dabei den Großteil des Königsschatzes. Dauerhafter – bis zur Eroberung durch die Araber – blieb dann die westgotische Reichsbildung in Spanien (507-711). Eindeutige Großreichsbestrebungen kennzeichnen die politischen und militärischen Unternehmungen Theoderichs des Großen, der nach der Ermordung Odoakers 493 erneut vom Gotenheer zum König ausgerufen, in Italien und Teilen Illyriens das Reich des Ostgoten begründete. Doch auch er strebte und erlangte schließlich die Anerkennung durch den Oströmischen Kaiser als erster Repräsentant des östlichen Kaisers im lateinischen Abendland, ein Ziel, das Odoaker vor ihm und der Frankenkönig Chlodwig bald neben ihm verfolgte. Das Ostgotenreich wurde 553 von Feldherrn Justinians zerschlagen und endgültig beseitigt. In das entstehende Vakuum stießen bald die Langobarden (568), deren Reich schließlich von Karl dem Großen 774 übernommen werden sollte.

In Frankreich schuf sich Chlodwig durch Eroberung des Reiches des Römerkönigs Syagrius 486 oder 487 die Ausgangsbasis für seine geplante Großreichsbildung, die zielstrebig durch Beseitigung seiner Konkurrenten aus der Merowingersippe und durch Eroberung der Nachbarreiche erweitert wurde. Das tolosanische Westgotenreich wurde 507 erobert, vorher war schon das Gebiet der Alemannen, die es noch nicht zu einer geschlossenen Reichsbildung gebracht hatten, gewonnen. Entscheidender Schachzug war die Annahme des katholischen Christentums 496, das ihm gegenüber den arianischen Westgoten, Burgundern und Ostgoten, auch Vandalen die ideologische Vormacht einbrachte, denn es verschaffte ihm größere Kaisernähe und gute Beziehungen zu den römischen und gallischen Senatoren. Der Sieg über die Westgoten war Befreiung von Ketzerherrschaft, Kaiser Anastasius schickte ihm königliche Würdezeichen, und er wurde Ehrenkonsul. Bischof Remigius von Reims schrieb 482 schon: »Der mächtig tosende Beifall darüber, daß Ihr die Verwaltung der Secunda Belgica übernommen habt, erreicht uns.« Bewußt wurde Chlodwig und wurden nach ihm die anderen Merowingerkönige Statthalter des katholischen Kaisers im Westen. Sie übernahmen das Zeremoniell für die beamteten Kaiserstellvertreter.

Nach seinem Tod 511 setzten die Nachfolger die Ausdehnungspolitik erfolgreich fort. Weitere Gebiete in Südfrankreich wurden erobert, das Burgunderreich 532/34 einbezogen, und die entstehenden germanischen Reichsbildungen außerhalb des ehemaligen Imperiums wurden unterworfen, so das Thüringerreich 531 und die Bajuwaren 535.

Damit ist die vierte Phase erreicht, nämlich das eindeutige Übergewicht des Frankenreiches über die anderen Germanenreiche wie das der Westgoten, später der Langobarden oder auch über die inzwischen entstandenen sieben englischen Königreiche. Die Kultur und ebenso die wirtschaftlichen Bestrebungen dieses Frankenreiches beeinflussen auch die Stammesgebiete und vorstaatlichen Häuptlingtümer in Sachsen, Dänemark und Schweden und lassen eine germanische Ökumene entstehen.

Die fünfte Phase der geschichtlichen Entwicklung beginnt mit der zweiten fränkischen Dynastie, mit den Karolingern. Denn jetzt vollzieht sich die Lösung vom römisch-byzantinischen Kaisertum. Im Jahr 754 ist erreicht, daß der Papst an Pippin, Karlmann und Karl an Stelle des Kaisers den Titel Patricius Romanorum verleiht. Die Kaiserkrönung Karls des Großen 800 in Rom schließt diese Entwicklung ab. Nun gibt es zwei Oberhäupter im christlichen Abendland, wobei Karl wohl nur die Gleichstellung mit dem byzantinischen Kaiser angestrebt hat und kaum eine Suprematie. Zugleich entschloß er sich aber zu einer verstärkten Hinwendung zu den eigenen germanischen Traditionen, und auch die Überführung der Reiterstatue Theoderichs des Großen nach Aachen scheint dieser Betonung der eigenständigen Leistung der Stammesverbände der Germanen bei der Neugestaltung der Herrschaftsverhältnisse gedient zu haben, als Gegengewicht zur Ideologie der Transformierung des Römischen Reiches. Die Einbeziehung des Langobardenreichs im Süden und die mit zäher Zielstrebigkeit verfolgte Eroberung der sächsischen Länder vergrößerten das Reich, während die Zerschlagung des Awarenreichs die Bedrohung aus dem Osten beseitigte und zu einer beträchtlichen Erweiterung des königlichen Schatzes führte.

Nicht ohne Grund wurde der dynamische Prozeß der germanischen Reichsbildungen von Theoderich dem Großen bis zu Karl dem Großen in Phasen zerlegt. Diese lassen nämlich erkennen, daß hinter der Entwicklung fast gesetzmäßige Strukturen zu ahnen sind, die in ähnlicher Situation vergleichbare Veränderungen bringen. Noch unter Karl dem Großen – üblich setzt man das Jahr 793 mit dem Überfall auf das Kloster Lindisfarne (Northumbrien) an den Anfang – beginnen die Kriegszüge der Wikinger gegen den Westen. Anfangs wie in den ersten Zeiten der germanischen Völkerwanderung waren es Räuberbanden, die nur zu kurzen Überfällen der Beute wegen in das Reich einfielen. Später wurden es große Heerhaufen, die ganze Landesteile zeitweilig besetzten und nur durch Tributzahlungen ruhig gehalten werden konnten. Dann setzten Reichsbildungen auf dem Boden des fränkisch-karolingischen Reichs oder in England ein, und auch in den Heimatländern schritt die Reichsbildung fort. Eine vergleichbare Bedeutung wie der Übertritt Chlodwigs zum Christentum hatte auch die Übernahme des neuen Glaubens durch den Dänenkönig Harald, der auf seinem großen Runenstein im Königssitz Jellinge verzeichnet hat, daß er die Länder Dänemark und Norwegen vereinigt und das Christentum – als Herrschaftslegitimation – eingeführt habe (um 985). Kann man viele Einzelzüge der Reichsbildung dieses Harald mit der Reichsbildung Chlodwigs vergleichen, so ist umgekehrt die Großreichsbildung durch Karl den Großen mit der transmaritimen Reichsbildung durch Knut den Großen (1016–1035) zu vergleichen, der – wenn auch nur für kurze Jahrzehnte – Dänemark, Norwegen und England zu einem die Nordsee umspannenden Großreich machte.

Die Stufen dieser Reichsbildungen folgten aus innerer Dynamik aufeinander, und für die Reichsbildung der Franken war die eigene Gesellschaftsstruktur und die eigene Lebensweise entscheidender als der schattenhafte Hintergrund des Römischen Reichs.

Der neue alternative Lebensstil

Königtum und Gefolgschaft, Königsschatz und Kriegertum

Die germanischen Könige kamen als Anführer von Räuberbanden, von Heerhaufen, zusammengesetzt aus Kriegern nicht nur des eigenen Stammes, die gegen Bezahlung als Gefolgsleute dem Heerkönig Kriegsdienste leisteten. Statt Beamtenlaufbahn und durchorganisiertem Ämterwesen war es die persönliche Beziehung zum Gefolgschaftsherrn, die als Grundlage jeder Machtbildung angesehen werden muß. Anführer einer Räuberbande, eines Heerhaufens, General einer Söldnertruppe im römischen Dienst, Heerkönig oder König einer Reichsbildung mit einem festen Territorium, das alles sind nur graduell unterschiedliche Stufen. Der qualitative Umschlag zum politisch weitsichtigen und erfolgreichen König steht am Ende, setzt aber eine entsprechende Persönlichkeit voraus.

Die Macht eines germanischen Königs wie Theoderich oder Chlodwig ruhte auf mehreren Pfeilern. An erster Stelle steht die vornehme Abstammung. Es folgen die tüchtige und zahlenmäßig möglichst große Kriegergefolgschaft und, als Sicherung der materiellen Basis und für die Bezahlung der Gefolgschaft, ein Schatz sowie umfangreicher Grundbesitz. Aus Repräsentationsgründen wählte sich jeder König eine »Hauptstadt« und einen hervorgehobenen Begräbnisplatz für seine Familie, um an einem solchen Ort die Tradition des Herrschaftsrechts sichtbar zu machen. Alle diese Vorteile hielten jedoch den Herrschaftsanspruch nicht aufrecht, wenn nicht Charisma, Erfolg im Kampf und Krieg – reiche Beute – hinzukamen.

Die fränkischen Könige waren alle miteinander verwandt; auch ein Kleinkönig wie der rheinfränkische Sigibert aus Köln war mit dem Merowinger Chlodwig verwandt, wie dieser selbst – nach dem Bericht Gregor von Tours' – betont hat. Damit gehörten wohl alle zur vornehmsten Familiengruppe der Franken, zum Geschlecht der Merowinger. Jeder gründete auf diese Abstammung sein Recht auf ein Königtum. Daß auch enge Verwandtschaft nicht hinderte, sich gegenseitig umzubringen, spiegelt die Tagespolitik der gesamten Merowingerzeit, auch bei allen anderen Stämmen und Königssippen. Gerade die Konkurrenz aus der eigenen Familie war die entscheidende Bedrohung, denn einem fremden Usurpator würde die zur Herrschaftsgründung notwendige Abstammung fehlen. Wer es versuchte, wie zur Zeit des Theoderich I. (511–533) ein Munderich, der mit dem Anspruch auftrat, ein Sohn Clothars I. zu sein, oder ein Gundowald, der sich rühmte, ein Verwandter des Königshauses zu sein, der rekonstruierte eine erfundene, über viele Ecken gehende Verwandtschaft.

Unmittelbare Macht übte jeder König durch seine Kriegergefolgschaft aus, die er ernährte, bewaffnete und belohnte. Die Völkerwanderungszeit ist im eigentlichen Sinne eine Zeit ununterbrochener Kriegszüge von Gefolgschaften. Wie groß diese Gefolgschaften gewesen sind, ist selten überliefert. Kaiser Julian hatte beispielsweise bei Köln gewichtige militärische Probleme mit einer Kriegerschar von nur 600 Mann: Der spätere Kaiser Julian (361–363) war im Jahr 355, nachdem Köln von Franken erobert und niedergebrannt worden war, als Heerführer in die gallischen und germanischen Provinzen geschickt worden, um die überall herumziehenden Räuberbanden der Franken und Alemannen zu vertreiben oder anzusiedeln. Ammianus Marcellinus beschreibt einen solchen germanischen Gefolgschafts-Heerhaufen: »Auf seinem Marsch nach Reims über Köln und Jülich stieß der Befehlshaber der Reiter, Severus, auf stärkste Scharen von Franken. Mit etwa 600 Leichtbewaffneten ... verwüsteten sie die von Besatzungen freien Landstriche. Die günstige Gelegenheit steigerte ihre Verwegenheit ins Verbrecherische, weil sie glaubten, reiche Beute machen zu können.« Die fränkische Schar hatte zwei längst verlassene, halb verfallene Kastelle besetzt. Fast zwei Monate belagerte Julian schließlich diese kleine Heerschar der Franken, ehe sie besiegt und gefangengenommen werden konnte.

Nach der siegreichen Schlacht gegen die Alemannen ließ sich König Chlodwig 497 mit seiner Gefolgschaft, dem Kern des Heeres, nämlich 5000 Kriegern (in den Quellen werden mal 3000 und mal 6000 Krieger genannt) taufen.

Die Größe der Gefolgschaft richtete sich nach der charismatischen Kraft eines Anführers und schlichtweg nach seinen finanziellen Möglichkeiten, nach der Größe seines Schatzes. Um diesen wieder auffüllen zu können, waren laufend Beutekriege notwendig. Um siegreich zu sein, brauchte der König eine schlagkräftige Gefolgschaft; um diese anwerben zu können, brauchte er Gold: Eine Kette ohne Ende, eine gesellschaftliche Organisationsform, die den Krieg zur ständigen Notwendigkeit machte und somit zum Motor der Völkerwanderungen wurde.

Theoderich der Große nahm mit 6000 Kriegern Singidunum ein, eine Stammesabteilung von drei der Amalerbrüder Walamer, Theodemer und Widimer, so daß mit einem Gesamtheerhaufen von etwa 18 000 Kriegern der pannonischen Ostgoten gerechnet werden kann. Theoderich zahlte dann später in Italien den Kriegern seines niedergelassenen Heeres jährlich 5 Goldsolidi, die der Krieger persönlich in Ravenna abholen mußte, Hinweis auf den persönlichen Führungsstil Theoderichs, der die Verbindung zum einzelnen Gefolgschaftskrieger aufrecht erhielt. Für einen Solidus bekam man damals sechzig Maß Getreide oder dreißig Einheiten Öl. Die Soldzahlung von 5 Solidi entsprach damit der Versorgung für acht bis zehn Menschen im Jahr. Leider sind Größe des Heeres und Höhe der jährlichen Gesamtzahlung nicht bekannt. Bei einem Heer von 10 000 Mann müßte Theoderich pro Jahr 50 000 Goldsolidi ausgegeben haben, das sind bei einem Gewicht von 4,55 g pro Solidus, immerhin 227,5 kg Gold, die jährlich dem Schatz entnommen werden mußten.

Das Reich eines germanischen Königs war sein Schatz und seine Kriegergefolgschaft. Die schrittweise Machterweiterung Chlodwigs ist unmittelbar mit Schatzeroberung verbunden. Der in Paris residierende Chlodwig inszenierte einen hinterhältigen Mordanschlag gegen den Frankenkönig Sigibert in Köln, der ihm seinerzeit in der Schlacht bei Zülpich 497 gegen die Alemannen zur Seite gestanden hatte, indem er den Sohn gegen den Vater aufhetzte. Der Sohn Chloderich ließ seinen Vater durch gedungene Mörder während einer Jagd weitab in den Bergwäldern im Schlaf erschlagen. Er meldete dann dem König Chlodwig: Mein Vater ist tot, und sein Reich und seine Schätze sind mein. Chlodwig ließ anschließend den Vatermörder beseitigen, kam nach Köln, zog die alte Kriegergefolgschaft des Sigibert auf seine Seite, die ihn daraufhin auch in Köln zum König ausrief. Der Geschichtsschreiber Gregor von Tours vermeldet: »So empfing er Sigiberts Reich und seine Schätze.« In der Sicht der fränkischen Krieger war dieses Handeln kein Verrat und nicht verwerflich, denn eigentlich war Sigibert der Lahme, der kaum ein Pferd besteigen konnte, gar nicht mehr in der Lage, eine Kriegergefolgschaft in den Kampf zu führen. Er hatte abzutreten. In ähnlicher Weise hatte Chlodwig schon andere rivalisierende Frankenkönige beseitigt. Als erste mußten ein König Chararich und sein Sohn daran glauben. Chlodwig nahm beide mit List gefangen, ließ ihnen die Haare scheren, die das Zeichen der königlichen Franken waren, und zu Priestern weihen. Beide schworen Rache, wenn ihre Haare wieder gewachsen seien. Das hörte Chlodwig, und er ließ sie umbringen: »Nach ihrem Tod gewann er ihr Reich, ihren Schatz und ihre Gefolgschaft an Kriegern (regnum, thesaurus, populus)«, berichtet Gregor von Tours. Der nächste Gegner war der fränkische König Ragnachar, der in Cambrai herrschte und ein liederliches Leben führte. Dieses ausschweifende Leben stieß bei seiner eigenen Gefolgschaft auf Unruhe und Kritik, denn er nahm zwar Geschenke von seinen Leuten an, gab selbst aber keine. Dafür schickte Chlodwig ihnen goldene Armspangen und Wehrgehänge – sie sahen freilich nur aus wie Gold, denn es war künstlich vergoldete Bronze –, um sie gegen Ragnachar aufzubringen. Chlodwig kaufte mit dem Gold aus seinem Schatz dem Gegner die Gefolgschaft ab. Das war keine Bestechung, sondern einfach bessere Bezahlung. Doch den »Verrätern«, die inzwischen gemerkt hatten, daß der Bestechungsschmuck nur vergoldet war, sagte er: »Wie gerecht empfängt der solches falsche Gold, der seinen Gefolgsherrn bewußt ins Verderben lockt.« Gregor von Tours schließt seinen Bericht:

»Als sie so alle getötet waren (noch ein weiterer Bruder Ragnachars wird beseitigt), gewann Chlodwig ihr ganzes Reich und alle ihre Schätze.«

Je größer das eroberte Reich, desto größer auch der Schatz, den es zu gewinnen galt. Als Chlodwig 507 in der Schlacht von Vouillé den Westgotenkönig Alarich II. schlug und tötete, gelang es ihm, einen beachtlichen Teil des Königsschatzes des tolosanischen Reiches zu gewinnen. Aber es war Theoderich dem Großen zu verdanken, daß der westgotische Königsschatz größtenteils gerettet und damit eine neue Reichsbildung möglich wurde. Chlodwig opferte einem Gelübde folgend beträchtliches Gold aus diesem erbeuteten Westgotenschatz der Kirche in Poitiers, aber das war so einfach, weil in einem Königsschatz auch liturgisches Gerät aufbewahrt wurde. Auch die Schatzkammer des westgotischen Theoderich-Enkels Amalarich fiel 531/32 in die Hände der Franken und ihres Königs Childebert I. Unter dem Beutegut waren ein großes Goldkreuz, 30 oder gar 60 Kelche, 15 Patenen und 20 kostbare Behältnisse für Evangelien.

Ungeheuer soll die Beute gewesen sein, die Karl der Große beim Sieg über die Awaren 795/96 gewonnen hatte. Die Quellen berichten, daß zum Abtransport des Awarenschatzes 15 vierspännige Ochsenwagen notwendig gewesen seien. Freigebig schenkte Karl, wie es in Einhards Karlsvita heißt, aus diesem übergroßen Schatz an die Großen seines Reiches, an Kirche und Papst. Viel hatte sich beim Awarenherrscher angesammelt, seit noch im 7. Jahrhundert jährlich bis zu 120 000 Goldsolidi an Tributen vom Byzantinischen Kaiser gezahlt worden waren.

Die germanischen Königsschätze als Machtgrundlage waren von außerordentlichem Wert. Ein Schatz enthielt alles, was wertvoll war und womit man Gefolgschaften erkaufen konnte. Das waren nicht nur Münzgeld und Gold, sondern Edelmetall in jeder Form als Schmuck oder auch als Gefäße und liturgische Geräte. Ein Schatz enthielt kostbare Stoffe, Gewänder, Möbel, kirchliches Gerät wie

Reliquiare und auch Bücher. Die Krieger wurden vom König mit goldenen Armringen, mit prunkvollen Waffen und Pferden mit prächtigem Zaumzeug beschenkt. Will man sich eine Vorstellung vom Wert der Schätze verschaffen, so muß man von der Grundeinheit des damaligen Währungssystems ausgehen, dem spätrömischen Goldsolidus von rund 4,55 g Gewicht. Im spätrömischen Reich genügte 1 Solidus, um Lebensmittel für ein Jahr zu kaufen, 4 bis 5 Solidi waren der Jahreslohn eines Soldaten. Die Lebenshaltungskosten insgesamt betrugen im Jahr etwa 6 bis 7 Solidi. Es wurde schon erwähnt, daß Theoderich seiner Kriegergefolgschaft 5 Solidi im Jahr zahlte. In der Lex Ribvaria, dem jüngeren Recht der Franken am Rhein aus dem 7. Jahrhundert, werden Preise genannt: Ein Helm hatte danach den Wert von 6 Solidi, ein Schwert mit Scheide von 7 Solidi, Schild und Lanze von 2 Solidi, ein gutes Reitpferd etwa von 10 Solidi und eine Kuh von 2 Solidi. Eine volle Waffenausrüstung, bestehend aus Schwert, Lanze und Schild, hatte demnach einen Wert von 9 Solidi, vielleicht also von 5 Kühen, aber auch des doppelten Jahreslohns eines Kriegers und von mehr als den Lebenshaltungskosten eines Jahres, wenn man die älteren Preisangaben berücksichtigt.

Die Zahlen geben nur grobe Anhaltspunkte, lassen aber doch die Größenordnungen erkennen. Die über 100 Goldmünzen aus dem Grab des Frankenkönigs Childerich (gest. 482) reichen ungefähr, um eine kleine Gefolgschaft von 10 Kriegern, eine persönliche Leibwache, auszurüsten. Im englischen Königsgrab von Sutton Hoo lag eine massive goldene Gürtelschnalle, die über 400 g wiegt. Mit dieser Schnalle konnten ebenfalls 10 Krieger, eine kleine Gefolgschaft, ausgerüstet und unterhalten werden. In manchen Gräbern wie dem reichen Frauengrab unter dem Kölner Dom fand man schwere goldene Armringe. Der Kölner wiegt 66 g und entspricht demnach 15 Solidi. Der Ring hat den gleichen Wert wie eine volle Waffenausrüstung aus Schwert, Lanze, Schild und Reitpferd. Diese Wertangaben beziehen

sich nur auf einzelne Stücke aus königlichen Gräbern. Demgegenüber haben alle Waffen und Schmucksachen aus den Reihengräberfeldern nur einen begrenzten Wert; z. B. die Beigaben aus dem fränkischen Gräberfeld von Köln-Müngersdorf mit 150 Gräbern aus 200 Jahren insgesamt rund 250–300 Solidi, also gerade das Doppelte bis Dreifache der Schnalle von Sutton Hoo.

Dabei stellen die kostbaren Beigaben aus Prunk- *156-161* gräbern wiederum nur einen kleinen willkürlichen Ausschnitt aus dem tatsächlichen Besitz der führenden Familien dar. Im Königsschatz war das Vielfache angesammelt worden, der königliche Beuteanteil, Geschenke, Tribute, auch Steuern, dann Zölle, Strafgelder und Einkünfte aus der Münzprägung. Im Königsschatz war also in mehrfacher Weise der Besitz eines ranghohen Germanen versammelt, und aus einem Schatz hätte man zahlreiche Gräber fürstlich ausstatten können. Indirekt ist das auch tatsächlich geschehen, da der König die Krieger seiner Gefolgschaft mit Gold, wertvollen Waffen und Pferden beschenkte und diesen Kriegern dann die geschenkten Ausrüstungen oftmals mit ins Grab gelegt wurden. So ist es auch zu erklären, daß in zahlreichen prächtig ausgestatteten Gräbern sehr ähnliche Schwerter, Helme und Pferdegeschirre gefunden worden sind. All diese Dinge stammen aus der königlichen Werkstatt, die für die Gefolgschaftskrieger gearbeitet hatte. Faßt man nun alle Beigaben der reichsten Gräber zusammen, so bekommt man ungefähr eine Vorstellung vom Inhalt eines germanischen Königsschatzes. So ist überliefert, daß König Childebert I. den Theudebert I. zu seinem Erben erklärte und diesem aus gegebenem Anlaß schon im voraus einen ganz kleinen Teil seines Schatzes vermachte, darunter 6 Schwerter, 6 Helme und 6 Waffenausrüstungen. Das reichte schon für eine kleine Leibwache und entspricht den Grabbeigaben von 6 sogenannten Fürstengräbern. Die schriftliche Überlieferung läßt bruchstückhaft auch erkennen, wie die Schätze aufgefüllt wurden und welchen Umfang sie haben konnten. Gregor von Tours berichtet von

Gold-Medaillons, die Kaiser Tiberius Constantin (578–582) dem Frankenkönig Chilperich geschickt habe und von denen jedes 1 Pfund, also 72 Goldsolidi, schwer gewesen sein soll. Im Schatz dieses Frankenkönigs befand sich auch ein mit Edelsteinen besetztes goldenes Becken, dessen Platte ein Gewicht von 500 römischen Pfund gehabt haben soll. Das wären gleichsam 36 400 Solidi, eine Goldmenge, die ausreichen würde, um 1000 Krieger, ein Heer, auszurüsten. Alarich soll für die Aufgabe der Belagerung von Rom angeblich 5000 Pfund Gold und rund 30 000 Pfund Silber bekommen haben. Der byzantinische Kaiser Maurikios bezahlte den Franken für ihre Hilfe gegen die Langobarden 50 000 Solidi, das sind mehr als 225 kg Gold. Aber auch fränkische Große hatten eigene Schätze, um sich eine private Gefolgschaft zu halten. Der fränkische Feldherr mit Namen Mummolus, der in internen Machtkämpfen sein Leben verlor, hinterließ einen Schatz von 250 Pfund Silber und 30 Pfund Gold sowie 15 große Silberschüsseln, die einzeln bis zu 170 Pfund schwer gewesen sein sollen. Dieser Schatz wird eingezogen und landet im Königshort. Im königlichen Grab von Sutton Hoo in Suffolk (England) wurde ein Schatz von 10 ineinandergestellten Silberschalen gefunden, alle um 300 g schwer, eine weitere als Anastasius-Schale bekannte Silberschüssel von 5,64 kg Gewicht und eine gehenkelte Schüssel mit einem Frauenkopf von 2,246 kg Gewicht, insgesamt also über 10 kg Silber in Form von Gefäßen.

Im gewaltigen Schatz von Pietroasa, aus dem späten 4. Jahrhundert, gefunden 1837 und nur teilweise ins Museum gelangt, befand sich eine goldene Platte von 56 cm Durchmesser und 7,13 kg Gewicht, schon geviertelt für die Vergabe an die Gefolgschaft. Noch einige weitere Zahlen seien genannt: Die Gürtelschnalle aus dem Grab von Sutton Hoo aus Gold wiegt 414,6 g (also rund 100 Solidi), der goldene Armring aus dem Grab des Königs Childerich 300 g (also 66 Solidi) – dazu kommen rund 100 Solidi als Münzen –, im zweiten Fürstengrab von Apahida aus der Zeit um 450, in Rumänien, lagen etwa 3 kg Gold,

also ein Wert von 650 bis 700 Solidi; im berühmten ostgotischen Fund von Domagnano, Republik San Marino, wiegen die Schmucksachen, Adlerfibeln, Zikadenfibeln, Ohrringe und goldener Fingerring zusammen etwa 250 g, also 44 Solidi. Daß es aber beim Schatzinhalt nicht nur um Gold und Silber ging, geht aus den Zahlungen an Alarich hervor, mit denen man ihn von der Belagerung Roms abbrachte. Neben dem Edelmetall ließ er sich 4000 seidene Gewänder und 3000 purpurne Felle geben.

Eine der größten Zahlungen sind 200 000 Goldsolidi, die König Dagobert I. von den Westgoten erhalten haben soll; das wären 910 kg Gold, bald eine Tonne. Die Zahlen mögen im einzelnen übertreiben, aber insgesamt ist den Nachrichten zu entnehmen, daß Edelmetall, auch Gold für die Münzwährung im ausreichenden Maße vorhanden war; für die allgemeinen wirtschaftlichen Verhältnisse ist das aufschlußreich.

Neben dem Schatz gehörte Grundbesitz zur Machtgrundlage der germanischen Könige. Als Chlodwig das letzte römische Teilherrschaftsgebiet in Gallien, das Reich des Syagrius eroberte, machte er das öffentliche, das Reichsgebiet, zu seinem Besitz und sicherte damit auf Dauer für seine Dynastie um Paris und Soissons die wirtschaftliche Grundlage. Außerdem verfügte er über genug Land, um damit auch Gefolgsleute zu bezahlen. Königsgut bestand also aus einer großen Zahl von Landgütern. Es ist überliefert, daß die Araber den Erben des letzten Westgotenkönigs das Eigentum an 3000 Höfen zugesichert hätten. Im übrigen wurden die Germanen, Westgoten oder Ostgoten, nach dem römischen Quartierlastengesetz, der *Hospitalitas*, angesiedelt. Die neuen Herren erhielten jeweils ein Drittel aller Häuser und der Grundstücke von ihren römischen Mitbesitzern, wobei die vornehmen Germanen mit reichen Römern teilten, die rangniederen mit ärmeren. Der König aber sicherte sich überall die alten kaiserlichen Domänen und wurde somit der größte Grundherr im Land. Zu vergessen ist nicht, daß auch nicht unerhebliche Areale wüst lagen, d. h. von ihren ehemaligen Besitzern aufgegeben worden waren. Über diesen Siedlungsrückgang wird später noch gesprochen werden. Auch sei erwähnt, daß gerade in Südfrankreich römische Senatoren über unvorstellbar große Ländereien verfügten, die in zeitgenössischen Quellen als »Königreiche« bezeichnet wurden. Es war ihnen gar möglich, Privatarmeen von mehreren tausend Mann aufzustellen, eine Gefolgschaft wie bei den germanischen Großen. Die Angleichung der Lebensweise ist erstaunlich.

Schließlich gehörte es sich für einen germanischen König, eine Hauptstadt, einen Königssitz zu haben, auch wenn er sonst ständig in seinem Machtbereich unterwegs war und dabei den gesamten Hof mitnahm. Das waren seine Gefolgschaft, die wenigen Berater und Beamten, der königliche Schatz, die Kapelle. Theoderich residierte und baute in Ravenna, der westgotische König Leovigild gründete die nach seinem Sohn benannte Residenzstadt Reccopolis, die entscheidend nur aus Palast (Pfalz) und Hofkirche bestand.

Oft wurden anfänglich römische Repräsentationsbauten dazu auserwählt, wie beispielsweise das Praetorium in Köln für den lokalen König der Franken Sigibert. Ein solider Steinbau gestattete es denn auch, den Schatz einigermaßen gesichert unterzubringen. Nach der Teilung des fränkischen Reichs gab es daher für vier Könige auch vier Hauptstädte, Paris, Soissons, Reims, Orléans. Sie lagen relativ dicht beieinander, damit die gegenseitige Kontrolle leichter war. Rund um die »Hauptstadt« siedelte die entscheidende Gefolgschaft, damit sie sich schnell versammeln konnte. Das Reich war immer dort, wo in einer »Hauptstadt« mit Palast sich Schatz und Gefolge konzentrierten. Wurde ein König getötet und sein Schatz abtransportiert, wie Alarich II. oder Sigibert von Köln und die anderen genannten Beispiele, dann wurde gewissermaßen auch das Reich weggeschafft an einen anderen Ort, oder einem anderen Reich zusätzlich einverleibt. Damit verlor der alte Platz auch schnell den Charakter einer Hauptstadt.

Noch ein letzter Aspekt gehört zur Machtgrundlage und Machtdarstellung eines germanischen Königs. Das ist der Begräbnisplatz für die königliche Familie im Bereich einer wichtigen Kirche. Während Theoderichs Grabmal in Ravenna Nachahmung spätantiker Anlagen von kaiserlichem Format erkennen läßt, wollen die Grabkirchen der ersten christlichen Germanenherrscher durch die Verbindung mit dem Christentum Legitimität ihrer Herrschaft betonen. Prunkbestattungen noch nach heidnischer Sitte wie sie für Childerich in Tournai von Chlodwig oder für den ostanglischen König Redwald in Sutton Hoo ausgerichtet worden sind, werden rasch abgelöst von Bestattungen in der Kirche der Dynastie, was im übrigen reiche Beigabenausstattung nicht ausschließt, wie das Grab der Königin Arnegundis in St. Denis bei Paris oder auch der ranghohen christlichen Dame unter dem Kölner Dom zeigen. K. H. Krüger, der die Königsgrabkirchen der Franken, Angelsachsen und Langobarden bis zur Mitte des 8. Jahrhunderts analysiert hat, unterscheidet zwischen Reichs-Grablegen und dynastischen Grablegen. Mindestens 9 Gräber gibt es in der Königsnekropole in Saint-Germain des Prés in Paris und mehr noch in der Grablege der Könige von Kent in St. Augustine's vor Canterbury. Chlodwigs Grabkirche Sainte-Geneviève in Paris, oder St. Denis bei Paris für fränkische Dynastien oder S. Salvatore in Pavia für die Langobarden gehören zu den dynastischen Grablegen, wo Kontinuität der Herrschaft betont werden soll. Die Bedeutung der Grabkirchen wird noch dadurch erhöht, daß wichtige Heiligen-Translationen erfolgen. Vom Grabmal Theoderichs, einem Monumentalbau antiken Zuschnitts über die christlichen Grabkirchen bis zum Aachener Dom Karls des Großen, wo sein Grab in der Pfalzkapelle angelegt wurde, verläuft eine Linie, die vom reinen Repräsentationscharakter, von der politischen Bedeutung zur Vertiefung des religiösen Anliegens führt. Damit stimmt überein, daß Karl der Große – sichtbar anders als Theoderich – keine Bestimmung zu Lebzeiten für seine

116, 117

238

Bestattung getroffen hat, daß man ihn aber in der von ihm erbauten und finanzierten Kirche beisetzte.

Eine zeitgenössische Quelle (Anonymus Valesianus) berichtet: »Ein Grabmal aus Quadern baute er sich, ein Werk von wunderbarer Größe, und ließ nach einem ungeheuren Felsblock suchen, der als Bekrönung dienen sollte.« Theoderich der Große ließ einen 470 Tonnen schweren Block aus istrischem Kalkstein heranschaffen, sichtbares Zeichen, daß er seinen Grabbau in die Reihe kaiserlicher Sepulkralbauten einfügen und damit seinen kaiserlichen Anspruch manifestieren wollte. Karl der Große holte die Reiterstatue Theoderichs nach Aachen, aber auch Marmorsäulen vom sog. Palast des Theoderich brachte er nach Aachen und fügte sie in die oberen Bogenöffnungen des Oktogons seiner Pfalzkapelle ein, und so wurde sie Mausoleum und Grabeskirche mit dem Thronsitz des Kaisers, schließlich zentrale Reichs- und Staatskirche des erneuerten Römischen Reichs; Herrschaftslegitimation für ihn und ferne Nachfahren, so Otto I. den Großen.

Grabkult: Vom Prunkgrab zur Grabkirche

Was für die herausragenden Herrscher Theoderich und Karl d. Gr. Monumentalgrab oder Grabkirche war, das galt in gestaffeltem Maßstab auch für die Großen der Reiche.

Die Germanen brachten im Zuge ihrer Wanderungen von den heimischen Ländern ihre Grabsitte mit, den Toten mit Beigaben, Tracht und Körperschmuck zu bestatten. Manche Erscheinungen im Totenbrauchtum entwickelten sich aber erst während der Wanderungen. Das betrifft vor allem die Waffenbeigabe. Der Wandel der Grabsitte läßt zudem deutlich den Einfluß des bodenständigen Totenbrauchtums der einheimischen Bevölkerung erkennen. Während Vandalen, Ost- und Westgoten, auf eigenen Gräberfeldern bestattend, zwischen der zahlenmäßig viel größeren örtlichen Bevölke-

rung durch ihre Tracht- und Schmuckbeigaben in den ersten Jahrzehnten noch zu identifizieren sind, gehen sie später in der Menge unter. Dagegen entwickeln die Franken ein auffälliges eigenes Totenbrauchtum, Kennzeichen u. a. die Beigabe der Bewaffnung, und beeinflussen damit auch alle in ihrem unmittelbaren Machtbereich lebenden Stämme wie Thüringer, Alemannen und Bajuwaren und auch angelsächsische und teils skandinavische Bevölkerungsgruppen; zuletzt sind noch die Sachsen betroffen. Die ersten Gräber mit Waffenbeigabe im 4. und 5. Jahrhundert in Nordostfrankreich und in Norddeutschland werden germanischen Menschengruppen zugeschrieben, die als Laeten oder Föderaten auf römischem Reichsboden angesiedelt worden waren und zugleich auf ihre Heimatgebiete zurückwirkten, was vor allem auch an der eigenen Tracht und den speziellen Schmuckformen ablesbar ist. Der persönliche Besitz, gerade der Waffen, wird damit über den Tod hinaus angezeigt und damit auch eine besondere Vorstellung von Freiheit und persönlicher Unabhängigkeit als Krieger, während der römische Soldat seine Waffen vom Staat bekam und nach dem Ausscheiden aus der Armee auch wieder abgeben mußte. Der Germane trug ständig die Waffe bei sich, während der Römer in der Regel unbewaffnet war. Kennzeichen einer grundsätzlich unterschiedlichen Lebensauffassung und einer andersartigen Staats- oder Gesellschaftsstruktur.

Die eigentliche fränkische Grabsitte, die – weil Gräberfelder in großer Anzahl untersucht und diese eine Fülle von Beigaben erbracht haben – zur Bezeichnung *Reihengräberzivilisation* für das fränkische Kulturgebiet geführt hat, entsteht im Zuge der Herausbildung fränkischer Macht und mit dem Wachsen des fränkischen Reiches. Vorbild sind die Könige und ranghöchsten Krieger jener Gesellschaft, die den kriegerisch anmutenden Grabkult, der neben Waffen auch Reichtum in jeder Hinsicht einschließt, als Ausdruck ihres Status brauchen. Das *Prunkgrab* wird Statussymbol, wird von den Hinterbliebenen ausgerichtet, wirkt auf alle, die der Bestattung beiwohnen und scheint nur wenig mit Jenseits-vorstellungen zu tun zu haben. Denn der Ursprung der Waffenbeigabensitte und manch anderer Züge im Grabkult liegt in der Wanderzeit und in Vorbildern im östlichen, südrussischen Bereich, bei Hunnen und Goten.

155 Am Anfang steht das Grab des Frankenkönigs Childerich. Zur Ausstattung gehören ein prächtig mit Gold und Almandin verziertes Langschwert, die Spatha, ein ähnlich geschmücktes einschneidiges Hiebschwert, der Sax, goldene Schnalle vom Wehrgehänge, eine Lanze und eine Wurfaxt, eine Franziska, weiterhin goldener Gürtelschmuck, eine goldene Zwiebelknopffibel, Rangabzeichen hoher römischer Offiziere, der Siegelring mit der Inschrift CHILDERICI REGIS, ein unverzierter goldener Fingerring, ein schwerer goldener Armring, goldene Schuhschnallen, vermutlich ebenfalls auf die Amtstracht hoher römischer Beamt er zurückzuführen, eine Tasche mit Verzierung aus Gold und Almandin, darin mehr als 100 Goldmünzen und über 200 Silbermünzen; außerdem gehören zu den Beigaben Pferdegeschirr mit zahlreichen Beschlägen aus Gold und Almandin, darunter mehr als 300 bienengestaltige Beschläge. Hervorzuheben sind die kostbaren Waffen und das reich geschmückte Zaumzeug, zu dem Rangabzeichen aus dem Umfeld römischer Kultur kommen, denn Childerich war zugleich germanischer Gefolgschaftsführer und König sowie römischer General.

Ähnliche Bestattungen gibt es weit verstreut im germanischen Europa jener Zeit. Da sind die beiden Fürstengräber von Apahida in Rumänien zu nennen, die zum Siedlungsraum der Gepiden gehören, und die vergleichbare Beigaben enthalten haben, so der Almandin-Gold-Schmuck der Schnallen und der reiche Beschlag des Pferdezaumzeugs, außerdem der schwere goldene Handgelenkring und die Zwiebelknopffibel. Im ersten Grab fand sich ein Paar silberner Krüge mit bacchischen Szenen und Pflanzenornamenten, das wohl in Byzanz gefertigt worden ist. Im zweiten Grab fanden sich ein Glaspokal mit Goldbelag am Becherrand und zu Füßen des Toten eine eisenbeschlagene Truhe, die drei Trensen, das Sattelzeug und den Sattel enthielt, während eine weitere, ebenfalls goldverzierte Trense und Zaumzeugbeschläge im oberen Teil des Grabes lagen. Waffen, so in diesem zweiten Grab, prunkvolles Reitzeug und Trinkgeschirr umgeben also den Toten. Nach dem mit einem Kreuz geschmückten Namensring Omharus im ersten Grab scheint es sich um einen Christen zu handeln.

Östliche Einflüsse, so bei der Waffe und dem Pferdezaumzeug, sowie römisch-byzantinische, so bei den Geschirrbeigaben und der Zwiebelknopffibel, kommen zusammen. Derartige Gräber sind weiterhin aus Thüringen (Großörner-Molmeck) und aus dem fränkischen Rheinland bekannt, eine Schnalle vom Ailenberg bei Rüdern in Süddeutschland belegt derartige Bestattung auch für das alemannische Gebiet. Diesem Zeitabschnitt gehören weitere reiche Gräber an, die Schwerter mit goldverziertem Griff, sog. Goldgriffspathas enthalten, die auch die nächste Generation bis in den Anfang des 6. Jahrhunderts charakterisieren. Dann folgt eine Zeitphase, in der die ranghöchsten Krieger durch sog. Ringschwerter, die sie mit ins Grab bekommen haben, ausgezeichnet sind. Schwere goldene Ringe, von denen jeweils zwei ineinandergehängt den Schwertknauf zieren, heben die Träger dieser Waffen von den übrigen Kriegern ab. Sie kommen europaweit von Italien bis nach Skandinavien vor und sind zeitlich bis ins 7. Jahrhundert nachgewiesen. Da es zeitgleiche Bilddarstellungen gibt, die Krieger mit derartigen Ringschwertern zeigen, manchmal als Anführer einer Kriegergruppe, spricht vieles dafür, daß diese Schwertform Abzeichen von Gefolgsleuten hohen Ranges gewesen ist, die die Schwerter von königlichen Herren verliehen bekommen haben könnten. Die Bilddarstellungen waren in Form von Preßblechen auf einer Schwertscheide (Gutenstein in Süddeutschland) oder auf Helmen (so in Sutton Hoo in England und in Valsgärde und Vendel in Mittelschweden) montiert. Helme gehören, wie schon

149. *Marseille, Basilika Saint-Victor.*
Pfeiler der merowingischen Krypta.
150. *Venasque (Frankreich), Baptisterium.*
Merowingischer Pfeiler mit Kapitell.
151. *Köln, Römisch-Germanisches Museum.*
Steininschrift aus dem 5. Jahrhundert mit Erwähnung
der Kämpfe am Limes zwischen Franken und Barbaren.

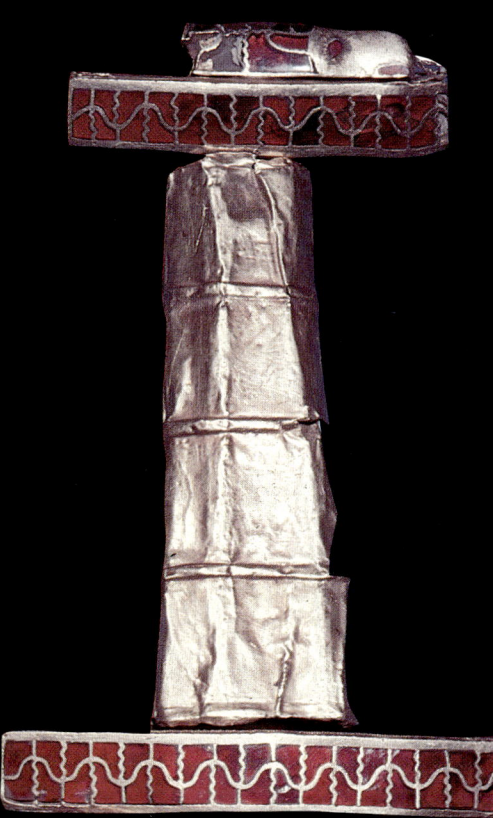

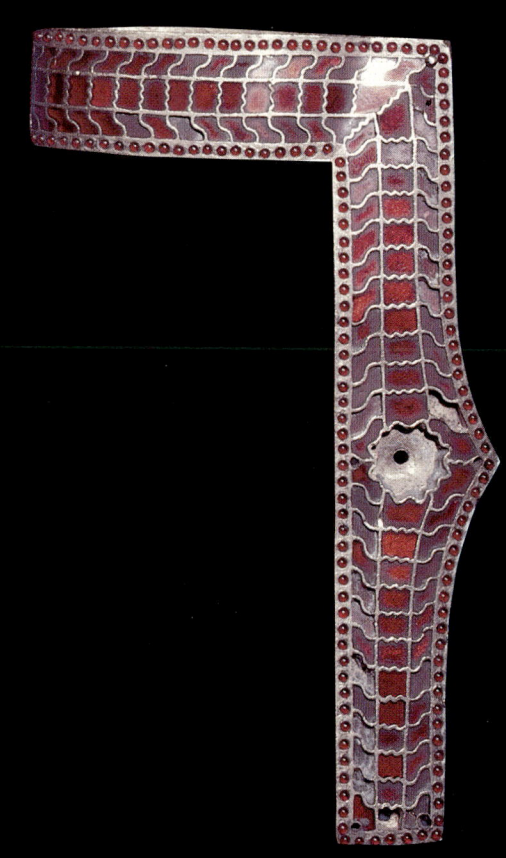

152. *Grenoble, Musée Dauphinois.*
Helm von Vezenonce aus dem 6. Jahrhundert,
Eisen und Leder.
153. *Rouen, Musée Departemental.*
Merowingische Gewandnadel aus Douvrend.
154. *Rouen, Musée Departemental.*
Merowingische Fibel aus Douvrend.
155. *Paris, Bibliothèque Nationale,*
Cabinet des médailles.
Dekorationselemente eines Schwertes,
aus dem Schatz des Königs Childerich I.

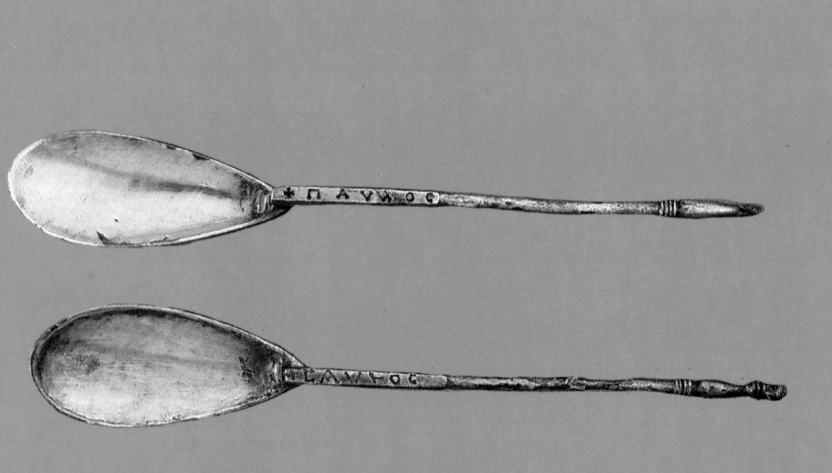

156. *London, British Museum.*
Schatzfund von Sutton Hoo,
Silberplatte mediterraner Herkunft.
157. *London, British Museum.*
Schatzfund von Sutton Hoo, zwei Löffel,
auf dem einen die Inschrift SAULOS.
Diese Objekte wurden vermutlich
im christlichen Kult verwendet.
158. *London, British Museum.*
Schatzfund von Sutton Hoo, Schulterschließe.
159. *London, British Museum.*
Schatzfund von Sutton Hoo, Helm und
Gesichtsmaske aus Eisen, Bronze und Silber.

160. *London, British Museum.*
Schatzfund von Sutton Hoo. Goldene Fibel.

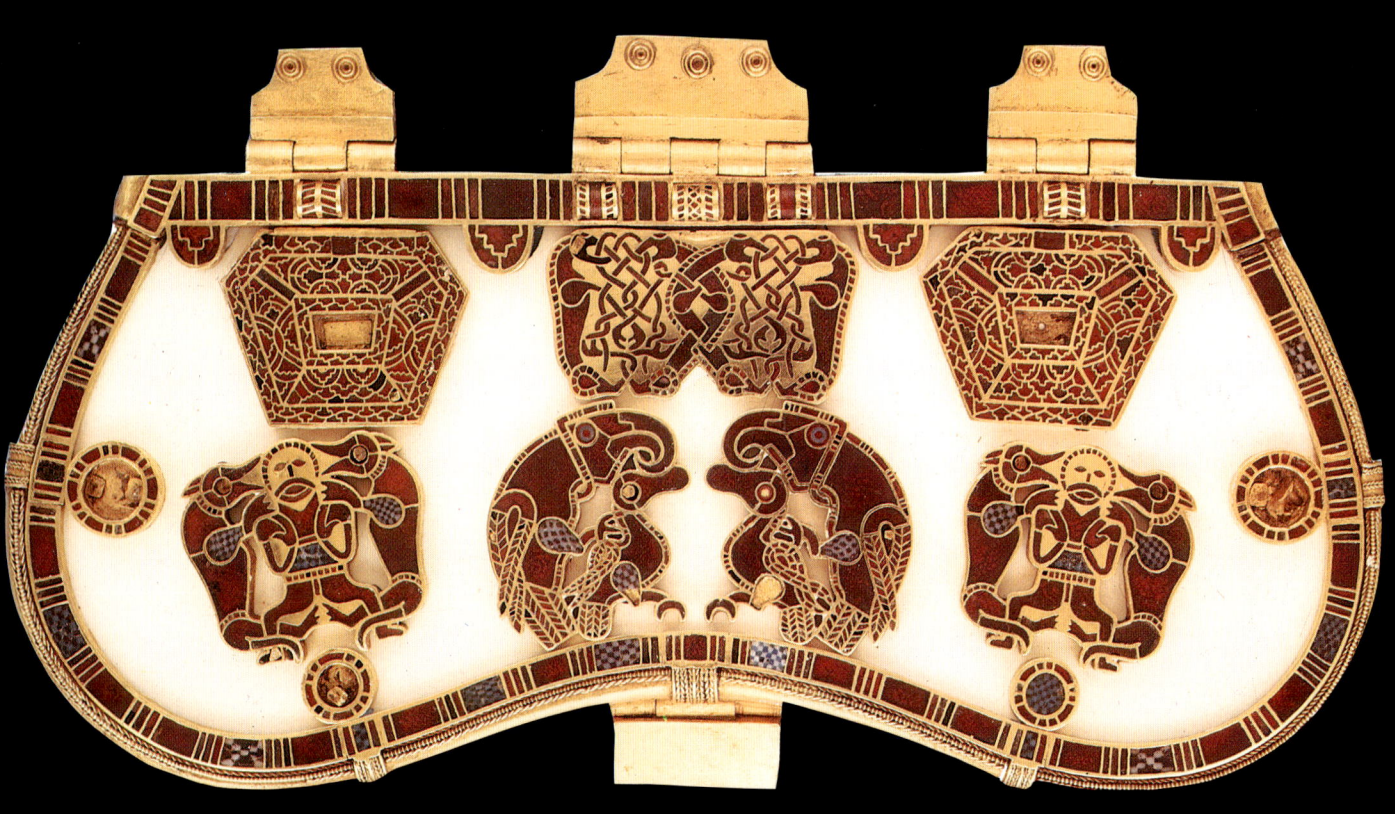

161. *London, British Museum.*
Schatzfund von Sutton Hoo,
Dekor einer Tasche.

162. *Poitiers, Bibliothèque Municipale.*
Ms. 17, f. 31. Evangeliar von Sainte-Croix de Poitiers
(Amiens, 8. Jahrhundert), Christus und die vier Evangelisten.

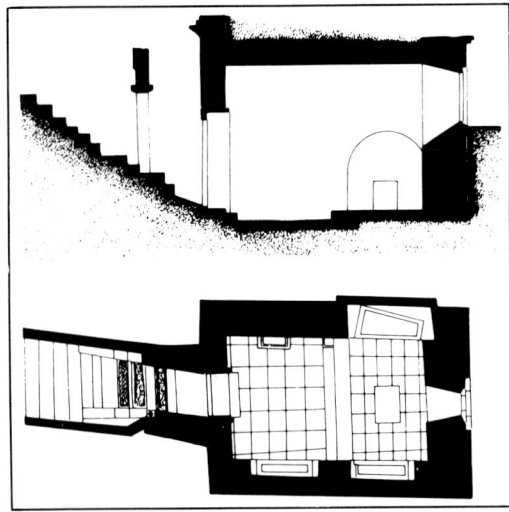

163. *Poitiers, Hypogäum (Grabstätte).*
Grundriß und Schnitt.
164. *Poitiers, Hypogäum.* Zugang.
165. *Poitiers, Hypogäum.*
Relief mit Engelsfiguren.
166. *Poitiers, Hypogäum.*
Stufen am Eingang.
167. *Poitiers, Hypogäum.*
Relief mit Evangelistenfiguren.

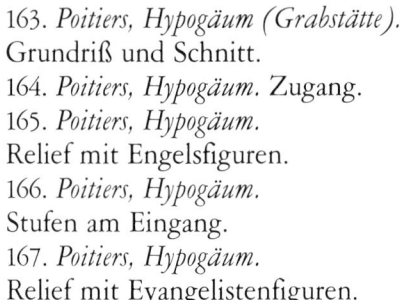

168. *Poitiers, Hypogäum.* Relief mit Figuren der beiden Schächer.

169. *Poitiers, Kloster Sante-Croix.*
Lesepult der hl. Radegunde.
170. *Jouarre, Krypta der Abtei.*
Sarkophag der hl. Theodechilde.
171. *Jouarre, Krypta der Abtei.*
Sarkophag des hl. Agilbertus.

IN HOC MEMBRANO POST VLTIM(?) TEGVNT VRNATA SEPVLCHRO(?) ...

THEODLECHEILDIS INTEMERATAE VIRGINIS GENERE NOBILIS MERI ...

FVLGENS STRINVAMOREVS HIC RAVIL NEPOTVM ...

172. *Jouarre, Krypta der Abtei.*
Sarkophag des hl. Agilbertus, Detail der Stirnseite.

173. *Auxerre, Saint-Germain.* Krypta.

174. *Germigny-des Près, Oratorium des Theodulf.*
Ostansicht.
175. *Germigny-des Près.* Innenansicht.
176. *Germigny-des Près.*
Mosaik in der Halbkuppel der Apsis.

177. *Mals (Malles Venosta, Italien)*.
Ansicht der Kirche von Südosten.
178. *Mals (Malles Venosta, Italien)*.
Fresko der Ostwand: Karolingischer
Würdenträger.
179. *Mals (Malles Venosta, Italien)*.
Fresko der Ostwand.
180. *Mals (Malles Venosta, Italien)*.
Fresko der Ostwand: Geistlicher Würden-
träger als Stifter der Kirche.

Rechte Seite:
181. *Mals (Malles Venosta, Italien)*.
Fresko der Hauptapsis: Segnender Christus.

182. *Lorsch, Karolingische Kaiserpfalz.* Torhalle.

183. *Paris, Bibliothèque Nationale.* Cabinet des médailles. Diptychon des Konsuls Anastasius.

184. *Florenz, Museo del Bargello.* Gold-Elfenbeinrelief
mit dem thronenden David.

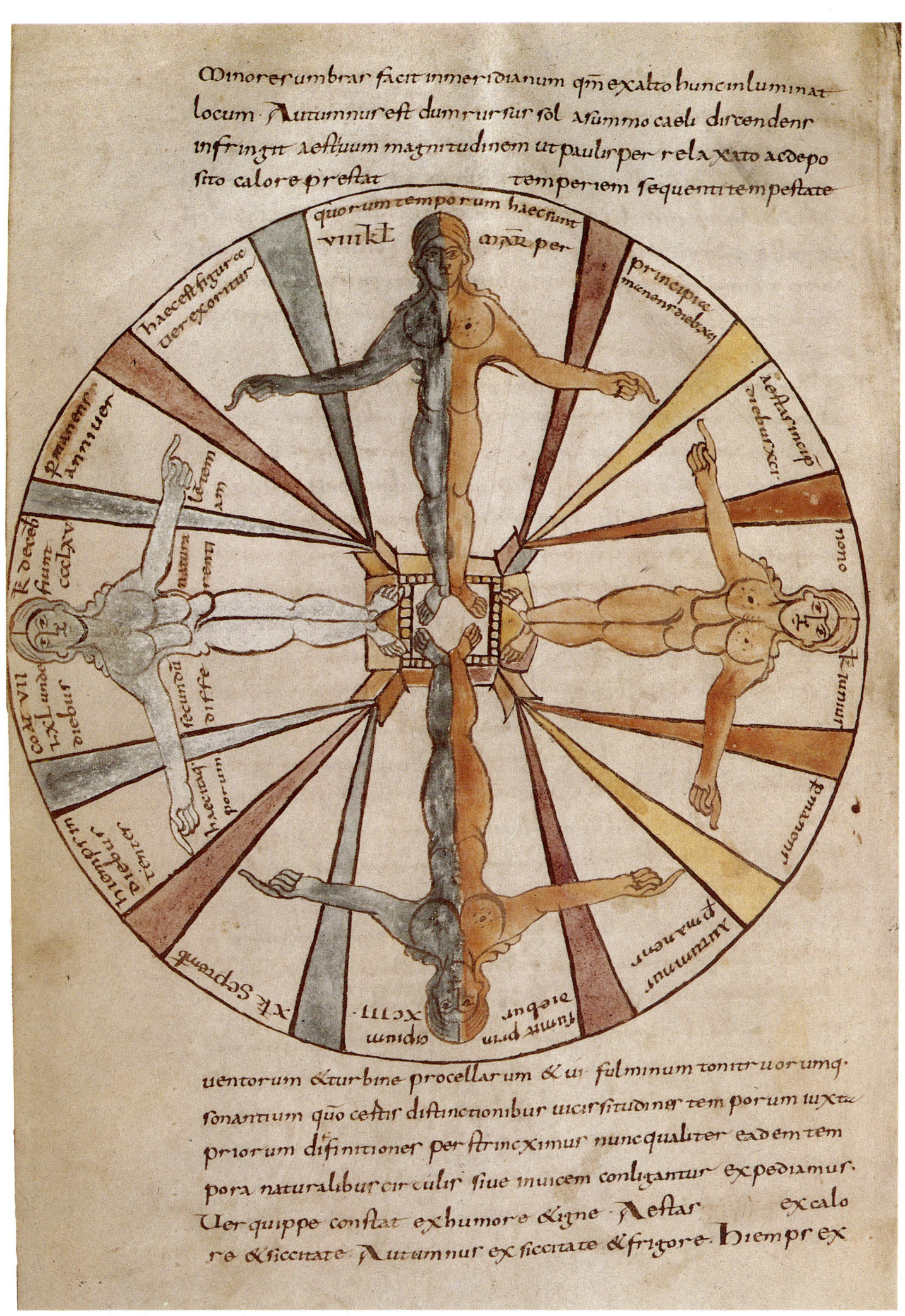

185. *Laon, Bibliothèque Municipale.* Ms. 422, f. 6ᵛ.
Isidor von Sevilla, De natura rerum, Rad der Jahreszeiten und Monate.

186. *Amiens, Biliothèque Municipale*. Ms. 18, f. 1ᵛ.
Psalter von Corbie, Schmuckinitiale.

187. *Paris, Louvre.* Sog. Schwert Karls des Großen.

188. *Paris, Louvre.* Bronzestatuette Karls des Großen.

189. *Saint Maurice (Schweiz).* Schatz der Abtei. Sog. Aquamanile Karls des Großen.

ihre geringe Zahl von wenig mehr als zwanzig belegt, zur standesgemäßen Kennzeichnung ranghöchster Krieger, und diese Schutzwaffen, die zugleich den Charakter einer Krone oder einer Paraderüstung haben, wurden ebenfalls sicherlich geschenkt oder verliehen von königlichen Gefolgschaftsführern. Die Gruppe der Spangenhelme ist im ostgotischen Italien, vielleicht auch in byzantinischen Werkstätten angefertigt worden, trägt christliche Symbole und ist dann durch Schenkung und Vererbung zeitlich und räumlich weiter verbreitet worden.

Zum höfischen Lebensstil, der sich in den Grabbeigaben spiegelt, gehören neben Gold, Waffen und Reitzeug bei ranghohen Germanen Beigaben aus dem Umfeld des Festgelages, so Bratspieß, Getränkeeimer, Kannen und Schalen aus Silber oder Bronze sowie Trinkgläser. Nicht selten handelt es sich bei Silberschalen, bronzenen Kannen oder Gläsern um antike Stücke oder Importgegenstände aus dem byzantinischen Reich. Im königlichen Palast oder in der Halle des vornehmen Kriegers gab es weiteren Schmuck für die Ausgestaltung des Festgelages, der in den schriftlichen Quellen genannt, aber im archäologischen Material nicht erhalten geblieben ist, obgleich er sicherlich öfter auch als Grabbeigabe mit in die Erde wanderte; das sind vor allem kostbare Stoffe, Kleider und Decken, aber auch Möbelstücke wie Stühle und Bänke.

Von der königlichen Spitzengruppe über die ranghohen Krieger bis zu den einfachen ländlich lebenden Bauern staffeln sich Wert und Umfang der Beigaben, ohne jedoch dabei grundsätzlich den Charakter zu ändern. Reicher Schmuck oder Waffen finden sich auch in den Bestattungen weit abgelegener Siedlungen ebenso wie Geschirrbeigaben für Speise und Trank. Der Lebensstil bleibt, wenn auch bescheidener, der gleiche. Dies ist das Kennzeichen der Reihengräberzivilisation bis zum Ende der Sitte, die Toten mit Beigaben auszustatten, die von West nach Ost fortschreitend im Fränkischen Reich im späten 7. oder 8. Jahrhundert erlischt.

Das Christentum der meisten Germanenstämme verhinderte nicht die Ausstattung der Toten mit mehr oder weniger wertvollen Beigaben. Im Gegenteil, die Reihengräbersitte ist erst mit Beginn des 5. Jahrhunderts, als Chlodwig mit seinem Gefolgschaftsheer schon zum Christentum übergetreten war, entwickelt worden, fast als Kennzeichen des Fränkischen Reichs, vor allem aber als Darstellung des Lebensstils. Alle die fürstlich bestatteten Krieger oder Frauen des Frankenreichs waren Christen. Schon der Ring im Grab des Gepiden in Apahida zeigt christliche Symbole, die Helme tragen christliche Zeichen, auch die reiche Frau unter dem Kölner Dom hat das christliche Kreuz auf ihren Beigaben, und von der mit reichem Schmuck bestatteten Königin Arnegundis wissen wir dies aus den Schriftquellen. All das hinderte also nicht, einen Lebensstil, der sich in Waffen, glänzendem Pferdegeschirr, Jagd- und Festgelage sowie bei den Frauen in oft übertrieben prächtigem Schmuck über den Tod hinaus äußerte, darzustellen. Pflegten auch die Ostgermanen, also die Ostgoten und auch die Westgoten gerade nicht den Brauch, die Waffe mit ins Grab zu nehmen, so unterscheiden sie sich im übrigen nicht von den anderen Germanenstämmen. In Nachbarschaft des Grabmals des Theoderich wurden schon im vergangenen Jahrhundert aus einem Grab kostbare Beschläge geborgen, einst gar als Reste des Panzers des Odoaker bezeichnet, bei denen es sich um Sattelzierat aus Gold und Almandin handelt, so wie der Fürst von Apahida oder auch der ranghohe Gefolgschaftskrieger von Krefeld-Gellep am Niederrhein derartige Sattelbeschläge mit ins Grab bekommen hatten. Vornehme Damen haben demgegenüber ihren Rang durch die Mitgabe eines sportlichen Reisewagens unterstrichen, wie der Fund aus dem Grab in Thüringen von Erfurt-Gispersleben gezeigt hat.

Unsere Kenntnisse über diese Auffassung germanischer Völker von standesgemäßer Lebensführung und Lebensstil sind trotz der Nachrichten in der schriftlichen Überlieferung in erster Linie durch die archäologischen Funde der letzten Jahrzehnte erschlossen worden, zumal auf diese Weise unmittelbar das Ergebnis vergangener Handlungsweisen auf uns gekommen ist.

Als der Westgotenkönig Alarich noch im selben Jahr 410 starb, in dem er Rom erobert hatte, da bestattete ihn seine Gefolgschaft im Fluß Busento, nachdem vorher das Wasser umgeleitet worden war; eine Grabsitte, die die Goten aus ihrer Heimat in Südrußland mitgebracht hatten. Nach Jordanis' Gotengeschichte wurde ein Grab gegraben, in das Alarich »mit vielen Schätzen« gelegt wurde. Spuren davon sind nicht auf uns gekommen. Das Grab des Childerich wurde zwar schon 1653 entdeckt, das erste Grab von Apahida 1889, aber die meisten Prunkgräber erst in jüngerer Zeit, was eine genaue wissenschaftliche Erforschung sicherstellte. Das zweite Grab von Apahida wurde 1968 gefunden, das Grab der Königin Arnegundis 1959, die Gräber unter dem Kölner Dom ebenfalls im Jahr 1959, das reiche Grab von Krefeld-Gellep 1962, das Grab des fränkischen Herrn von Morken am Niederrhein 1955, das sächsische Fürstengrab von Beckum 1959/62, das thüringische Frauengrab von Erfurt-Gispersleben erst 1978.

156-161 Das Schiffsgrab von Sutton Hoo ist zwar schon 1939 entdeckt und ausgegraben worden, aber die endgültige Veröffentlichung ist erst in diesen Jahren erschienen. Parallel dazu ist auch die Ausgrabung vollständiger Gräberfelder auf den Gebieten der verschiedenen germanischen Stämme fortgeschritten, und die Publikationen dieser Friedhöfe gestatten umfassende Analysen unter sozial-, wirtschafts- und kulturgeschichtlichen Fragestellungen wie das noch vor dem Zweiten Weltkrieg nicht möglich war. Dabei zeigt sich in der ranghohen Sphäre, wie römische Einflüsse germanische Sitten bestimmen: Eine Zwiebelknopffibel als Rangabzeichen des hohen Offiziers trägt auch der vandalische Magister militum des weströmischen Reiches Stilicho (ermordet 408 in Ravenna); derartige Fibeln trugen aber auch der Krieger aus dem Grab von Apahida,

Childerich und ein ostgotischer Fürst, der bei Reggio Emilia in Italien bestattet worden sein muß. Über die zweite Hälfte des 5. bis ins frühe 6. Jahrhundert blieb dieser goldene Fibeltyp Kennzeichen hoher Gefolgschaftsführer, von denen manch einer früher römischer Offizier war. Als germanisches Rangabzeichen dient parallel dazu, oft in den gleichen Bestattungen, der bis zu 200 g und mehr schwere goldene Handgelenkring.

Der germanische Herrscher, auch der ranghohe Adlige ist Krieger, Reiter und Jäger, liebt das Festgelage und den Heldensang – Leiern sind in mehreren reich ausgestatteten Gräbern, so auch in Sutton Hoo gefunden worden. Er will über Schätze aus Gold und edlen Steinen verfügen und schätzt Prunkgerät und Prunkgefäße. Waffen, Gefäße und Schmuck sind daher oft nicht nur Zeichen von Reichtum, sondern immer zugleich auch Rangabzeichen und Widerspiegelung von Lebensstil. Viele der kostbaren Güter wurden als Beute oder Tribut, gewonnen, vom Gefolgschaftsherrn an die Gefolgsleute weitergegeben; anderes wurde am Königs- oder Herrenhof hergestellt und wieder andere Güter als Luxuswaren aus dem Fernhandel bezogen. Darauf wird noch einzugehen sein. Als Beispiel mag genügen, daß *Almandin*, der rote Halbedelstein aus dem Orient und aus Nordafrika – wo Werkstattfunde entdeckt werden konnten – für die einheimischen Handwerker importiert werden mußte, damit sie Waffen, Schmuck und Pferdezaumzeug damit besetzen konnten. Ebenso wurden aus Ägypten koptische Stoffe und Bronzegefäße, diese auch aus Syrien, importiert und belegen damit einen nicht ganz geringen Fernhandel. Denn die heute rund 100 000 ausgegrabenen Bestattungen der Jahrhunderte zwischen Theoderich und Karl d. Gr. haben über ihre Beigabenausstattung dafür den Beweis geliefert.

Die Anzahl der inzwischen insgesamt gefundenen Gegenstände ist indirekt ein Maß für ihren Wert. Vergoldete Bronzehelme sind gerade in zwei Dutzend Exemplaren bekannt, Goldgriffspathas und Ringschwerter auch nicht in größerer Anzahl – obwohl sie in vergleichbarer Ausfertigung zwischen Nocera Umbra in Italien und Vallstenarum in Schweden zu Anfang des 7. Jahrhunderts verbreitet sind –, aber Bronzegefäße erreichen schon Zahlen von mehr als hundert und Almandin findet sich sicherlich in einigen tausend Bestattungen.

War anfänglich das Prunkgrab integraler Bestandteil im Lebensstil der Führungsschichten und war dies notwendig, um Rang und Bedeutung zur Schau zu stellen, so geben die königlichen Familien zuerst diesen Brauch auf. Das kostbare Gerät bleibt im *Schatz* oder wird der Kirche gestiftet. Anstelle des Prunkgrabes wird die *Grabkirche* errichtet, da über diese Verbindung mit christlichem Gedankengut auf neue Weise Anspruch auf Herrschaft gerechtfertigt werden kann, und zwar für die Dynastie. Dagegen brauchen die neuen Adligen, hervorgegangen aus der Rangerhöhung durch Königsdienst, und andere zu hohen Rängen aufgestiegene Krieger in erster Linie für sich, dann aber auch für ihre Familie die Bestätigung dieses neuen Ranges durch *Prunkbestattungen*. Aus diesem Grunde entstehen noch überall im Lande Prunkgräber, nämlich dort, wohin die Erhöhten mit militärischen Aufgaben gesetzt oder wo sie für Dienste mit Land belohnt worden waren. Gerade im östlichen Fränkischen Reich ist diese Erscheinung zu beobachten. In dem Maße wie die neue Position der Familien sich festigt, geben auch diese die aufwendige Bestattungssitte auf, ahmen den König nach, indem auch sie in ihrem engeren Machtbereich auf den Friedhöfen Kirchen errichten. Am längsten kann und will die breite Schicht der freien Krieger und Bauern ihre Unabhängigkeit durch den extensiven Grabbrauch, der Familienvermögen ständig in der Erde verschwinden läßt, zur Schau stellen, schon der anderen, der Nachbarn wegen. Erst mit dem Verlust ihrer Freiheit, mit dem grundsätzlichen Wandel der gesellschaftlichen Ordnung mit Beginn der Karolingerzeit geben auch sie diese Grabsitte auf, bestatten nicht mehr in der Nähe ihrer Vorfahren, sondern bringen ihre Toten zu den Eigenkirchen des adligen Herrn. Damit endet nicht nur eine Grabsitte, sondern zugleich auch der eigenständige Lebensstil.

Seit der Zeit um 600 sind Kirchenbauten auch außerhalb des ehemaligen römischen Reichsgebietes bei Alemannen und Franken nachzuweisen, zuerst als schlichte Pfostenbauten aus Holz, bald aber auch schon mit Steinfundament und dem Aufgehenden aus Fachwerk. Doch werden diese kleinen Kirchen dort, wo römische Bautradition nachwirken konnte, bald ganz aus Stein errichtet. Nicht selten fanden sich in diesen Kirchen die Gräber der adligen Stifter: inzwischen war an die Stelle des germanischen Prunkgrabes eine neue Idee getreten.

Nach dem Verschwinden städtischen Lebens: Grundherrschaft und bäuerliche Lebensweise

Die germanischen Krieger lebten – mit Ausnahme der kleinen, ständig in der Nähe des Königs sich aufhaltenden Gefolgschaft – auf dem Lande. Sie mieden die Städte, heißt es bei einem Schriftsteller der Völkerwanderungszeit. Das taten sie aber nicht nur, weil ihr Lebensstil ein anderer war, sondern weil zum einen die Städte zu Restsiedlungen zusammengeschmolzen waren, die keinen besonderen Anreiz mehr boten, und zum anderen, weil die Ruinenstätten zwar Rohstoffquelle, aber nur ein ungemütlicher Aufenthaltsort sein konnten. Die Germanen bezogen zumeist auch nicht die römischen Villae, entweder weil dort noch die Romanen wohnten, auf deren Land sie einquartiert wurden, oder weil die Bauten verfallen waren und die Wiederherstellung der germanischen Bauweise widersprach.

Siedlungen jener Zeit sind archäologisch selten erforscht. Doch wo Ausgrabungen in größerem Umfang stattgefunden haben, bei den Alemannen in Süddeutschland, auch bei den Franken und dann in den Randgebieten bei den Sachsen und den dänischen Stämmen, da zeigt sich ein weitgehend einheitliches Siedlungsbild, dem die wenigen Erwähnungen in der schriftlichen Überlieferung auch entsprechen: In der Zone nördlich der Alpen lebten die germanischen Krieger mit ihren Familien und dem weiteren Anhang – durchaus bis zu 50 Leuten – auf großen *Bauernhöfen*. Diese bestanden aus mehreren Gebäuden, die alle aus Holz, Flechtwerk und Lehm errichtet worden sind. Zu einem Hof gehört das große Wohnstallhaus mit bis zu 30 m und mehr Länge, bei dem unter einem Dach das Großvieh aufgestallt wurde und die Familie lebte. An weiteren Gebäuden gab es sog. *Grubenhäuser*, eingetiefte Hütten von 2 mal 3 oder 3 mal 4 m Größe, die als Webe-, Back-, Schmiede- oder Werkstatthäuser gedient haben. Außerdem kamen noch Getreidespeicher hinzu. Das ganze Anwesen war von einer Umzäunung eingefaßt, die an das Nachbargrundstück grenzte; denn zumeist bildeten mehrere derartige große bäuerliche Anwesen eine dörfliche Siedlung, aufgeschlossen durch Wege und parzelliert durch Zaunfluchten. Das Erstaunliche ist, daß diese Anwesen und die gesamten Dörfer kaum länger als 30 Jahre Bestand hatten. Dann wurden sie nämlich aufgegeben und in gleicher oder leicht veränderter Grundrißgestaltung neben dem alten Dorf neu aufgebaut. Dies geschah immer wieder, so daß der ausgegrabene Plan eines Dorfes der Germanen zwischen dem 4./5. und dem 8./9. Jahrhundert aus vielen Einzelgrundplänen besteht, die auf einem größeren Gebiet hin und her wandern und sich dadurch auch überlagern. Warum Häuser und Grundrisse so oft erneuert worden sind, ist nicht sicher zu erklären. Wahrscheinlich haben die Bauten, deren tragende Pfosten einfach in die Erde eingegraben waren und so leicht verwittern konnten, nicht länger Bestand gehabt, oder Ungeziefer und Schmutz hatten sich zu sehr angesammelt, Krankheiten, Epidemien, Aberglaube und andere Gründe mögen zusätzlich hineingespielt haben. Eines ist jedoch sicher, nämlich daß die großen Hallenbauten mit dem Sitz des Hofherrn sehr komfortabel, repräsentativ und geräumig waren.

Aus der Merowinger- und frühen Karolingerzeit ist bei München jüngst die Siedlung Kirchheim ausgegraben worden, aus dem sächsischen Gebiet ist die Siedlung Warendorf vom 6. bis 9. Jahrhundert bekannt; aus den älteren Jahrhunderten bis zum 4./5. Jahrhundert reichend sind die Siedlungen Wijster in den Niederlanden, Flögeln, Kr. Wesermünde in Niedersachsen oder Vorbasse in Westjütland mit eindrucksvollen Plänen publiziert worden. Die Grundstrukturen sind vom 4. bis zum 8./9. Jahrhundert gleich. Dabei zeichnet sich ab, daß nicht alle Anwesen gleich groß und von der Zahl des aufzustallenden Viehs auch nicht gleich wohlhabend gewesen sind, sondern daß Unterschiede entstehen und sich im Laufe der Jahrzehnte verstärken können. Die Herausentwicklung eines örtlichen Adels oder einer dominierenden Grundherrschaft könnte sich in diesen Dorfplänen widerspiegeln, zumal gerade auf dem Gelände der größeren Anwesen besondere Spuren von handwerklicher Tätigkeit zu beobachten gewesen sind. Eisenverarbeitung in kleinen Ausheizherden oder auch Buntmetallguß gehören zu den wichtigen Handwerkszweigen, die sich auf den größeren Höfen konzentrieren.

Auf dem Gebiet des fränkischen Reichs der Merowinger sind bisher derartige Siedlungen nur unzureichend ausgegraben worden. Immerhin gibt es zwei Siedlungen in Nordfrankreich und Belgien, nämlich Brebières (Pas-de-Calais) und Huy (Provinz Lüttich), die einige Hinweise erbracht haben zu handwerklichen Tätigkeiten auf den Höfen der Dörfer. Teile der Siedlung in Huy haben insgesamt handwerklichen Charakter: Töpferöfen wurden gefunden, Reste von Knochenschnitzereien für Kämme und Bruchstücke für Gußformen zu fränkischen Bügelfibeln. Bei der Behandlung der frühen Formen der mittelalterlichen Stadt wird darauf zurückzukommen sein.

Die archäologisch erforschten Dorfpläne geben natürlich keine Auskunft über den Rang der Bewohner und die Größe ihres landwirtschaftlichen Gesamtbesitzes. Während der freie Bauer und Krieger über einen derartigen großen Hof verfügt haben wird, gibt es beim entstehenden Adel vermögende Herren, die über mehrere Höfe geboten, die manchmal in einem Dorf beieinander, aber häufiger als »Streubesitz« über weite Gebiete verteilt gelegen haben. Der König und auch seine Amtsträger, die *comites*, haben eine große Zahl von Höfen, die wie ein Netz das Reich oder einen Landesteil überspannen und dort den »reisenden Aufenthalt« des Herrschers ermöglichten. Eine kompakte und auch eine verstreute Lage von Höfen kennzeichnet die Grundherrschaft, die wirtschaftliche Basis und damit auch die Machtgrundlage des Königs oder des hohen Adels, die diese landwirtschaftlichen Großbetriebe dann von ihrer Gefolgschaft, Freie und Unfreie, bewirtschaften ließen. Die Formen der Abhängigkeit dieser Bauern wandelten sich im Zuge der Entstehung des mittelalterlichen feudalen Staates, des Lehnsstaates, aber die Lebensweise der einfachen Bauern und die des Adels und der politischen Führung war im Grundsatz gleich. Dieser Lebenszuschnitt ist es, den die archäologischen Ausgrabungen großer Siedlungen der Merowinger- und frühen Karolingerzeit unmittelbar erkennen lassen. In den Ländern am Mittelmeer wird nur teilweise diese im Fränkischen Reich herrschende, auf alte Traditionen zurückgehende germanische Lebens- und Wirtschaftsweise mehr als wenige Jahrzehnte bestanden haben. Klima und Umwelt sowie der geringe Anteil an Germanen im Rahmen der Gesamtbevölkerung brachten diese eher dazu, sich mittelmeerischen Lebensformen anzupassen, so daß ihre Spuren archäologisch schwer faßbar sind. Doch das Leben außerhalb der Stadt auf großen Gütern ist auch Grundlage für Ost- und Westgoten sowie Langobarden.

Vom Heidentum zum Christentum – germanische Tierornamentik und christliche Symbolik

Archäologische Ausgrabungen haben aus den Gräbern aller Germanenstämme auf dem Boden des ehemaligen Römischen Reiches und östlich davon Schmuck und Waffen, auch andere Gegenstände ans Tageslicht gefördert, die bedeckt sind mit einer kompliziert konstruierten Verzierungsweise aus schlichten Ornamenten und eng ineinandergeschlungenen Tier- oder auch Menschenfiguren. Diese *germanische Tierornamentik*, die sich im 4./5. Jahrhundert entwickelt und über zahlreiche Entwicklungsstufen und Stilphasen bis in die Zeit der Romanik verfolgen läßt, haben alle Kunsthandwerker der Germanen beherrscht und in den verschiedensten Feinschmiedetechniken auf Waffenteilen, Griffstangen und Knäufen, auf die Scheide, auf die Gürtelbeschläge, auf Schmuckstücke wie Bügelfibeln und auch auf Gegenständen wie Trinkeimer angebracht – und sicher auch auf Holzschnitzwerken, die nicht erhalten geblieben sind –. Durch diesen kunsthandwerklichen Stil heben sich die Germanen eindeutig vom römischen Kunstempfinden ab, wenn auch Anregungen aus spätrömischer Kleinkunst-Industrie gekommen sind, ebenso wie aus dem östlichen Bereich der südrussischen Völker und der iranischen Sassaniden die Liebe für den farbigen Stil, nämlich die Verwendung von Edel- und Halbedelsteinen, schließlich vor allem von Almandin in Verbindung mit Gold angeregt worden ist.

Es ist eine offene Frage, wie weit Vorstellungen der germanischen Religion sich in diesem Tierstil wiedererkennen lassen. Jedenfalls sollte man heute keinen Gegensatz zwischen dieser »heidnischen« Tierornamentik und christlichen Symbolen vermuten. Denn die Oberschicht fast aller germanischen Stämme war schon frühzeitig zum Christentum übergetreten, die meisten zum arianischen Glauben und die Franken zum katholischen. Und die Oberschicht war es, die die Kunsthandwerker beschäftigte, ihnen die Aufträge gab und damit auch den Inhalt der dargestellten Kunst bestimmte. Zwar wird man durchaus mit einer Vermischung von heidnischen und christlichen Gedanken und damit auch Symbolen rechnen können, aber im Kern war die leitende Ideologie das Christentum, als sich die Tierornamentik zu entwickeln begann. Wie der christliche Symbolgehalt in der hochmittelalterlichen romanischen Kunst, was z. B. die Motive der Kapitellgestaltung mit oft symmetrisch angeordneten Tier- und Fabelfiguren angeht, außer Zweifel steht, so wird man auch in der germanischen Tierornamentik der Völker- und Merowingerzeit christliches Gedankengut und zumindest christliche Umformung älterer Symbole erkennen können, so wie die überaus vielfältige Tierornamentik in der frühen christlichen Buchkunst der Iren und Angelsachsen das schlagend beweist.

Die Abbildungen zum germanischen Schmuck und zur Kleinkunst ist diesem Band geben genügend Beispiele. Hinzugefügt sind Stücke, die zentrale christliche Motive wie das Kreuz tragen, und später liturgische Geräte, die umgekehrt mit germanischer Tierstilornamentik verziert sind.

161 Die Verschlußplatte der Tasche aus dem Grab von Sutton Hoo trägt zweimal das Motiv eines Menschen, der von zwei Ungeheuern bedroht wird. Sind es Wölfe, dann schlägt sich der Bogen zu ähnlichen szenischen Darstellungen auf Zierblechen in Schweden, England und Süddeutschland, die Menschen und wolfsgestaltige Krieger aufeinander bezogen zeigen. Im hohen Norden werden damit kaum christliche Gedanken festgehalten worden sein. Sind es dagegen Löwen, so gibt es eine Beziehung zu Darstellungen auf Gürtelschnallen der Burgunder, darunter beweisbar auch von Klerikern, die Daniel in der Löwengrube wiedergeben.

Überzeugend ist germanische Tierornamentik mit christlichem Glaubensinhalt bei frühen Kirchenbauten verbunden. Die Memoria des Mellebaudus in Poitiers aus dem 7. Jahrhundert ist auf den Treppenstufen und Türgewänden mit reichem Reliefschmuck versehen. Auf den Treppenstufen gibt es ineinandergeflochtene Tierfiguren, zumeist Schlangen, die auch auf Chorschranken aus einer Kirche in Metz erscheinen. Aus etwa der gleichen Zeit, dem frühen 7. Jahrhundert, sind aus einem Gebiet, wo spätantike Traditionen keinesfalls weiterwirken konnten, ähnliche Darstellungen be-

kannt. Der Reiterstein von Hornhausen, Kr. Oschersleben bei Halle an der Saale, sowie Fragmente von gleichartigen Steinen tragen als flaches Relief die Darstellung eines mit Schild und Lanze sowie Schwert bewaffneten Reiters und darunter zwei ineinandergeflochtene Schlangen. Die Ornamentik im sog. Tierstil II erlaubt eine Datierung der Steine ins frühe 7. Jahrhundert. Sie wurden im Bereich eines Gräberfeldes gefunden, werden aber nach der überzeugenden Deutung durch K. Böhner einst als Chorschranken in einer Kirche bei diesem Friedhof gedient haben.

Bei dem Krieger handelt es sich nicht etwa um den reitenden Odin, sondern um einen christlichen Reiterheiligen, auch wenn es gerade in der Ornamentik Beziehungen nach Skandinavien, vor allem nach Vendel gibt. Man stößt also wieder auf eine Stileinheitlichkeit, die im christlichen Frankenreich und im sicher noch heidnischen Skandinavien eine gleichartige Kunstauffassung erkennbar macht, eine Vergleichbarkeit, die sich aus Lebensstil und Lebensauffassung ergibt. K. Hauck sprach in diesem Zusammenhang von einer überregionalen Adelskultur durchaus als gemeinsames Dach über christlicher und heidnischer Religionsauffassung. Dabei gibt es für ähnliche Motive in spätantikem, christlichgermanischem und heidnisch-germanischem Milieu unterschiedliche Interpretationen, die zu entschlüsseln K. Hauck zahlreiche grundlegende Abhandlungen gewidmet hat.

In aristokratischer Lebensumwelt, in erster Linie auf Waffen, Schwertern und vor allem Helmen, erscheinen kriegerisch-kämpferische Bildmotive, die Mittelengland, Mittelschweden und auch Süddeutschland dadurch weiträumig in diesem gehobenen Milieu verbinden. Da ist die Reiterdarstellung mit Speerwurf und »Sieghelfer«, die auf einer Zierscheibe von Pliezhausen in Süddeutschland, auf dem Helm des Fürsten aus dem Grab von Sutton Hoo, auf den schwedischen Helmen aus Grab 7 und 8 von Valsgärde und aus Grab I von Vendel erscheint, alle ins 7. Jahrhundert datiert. Wolfsgestaltige Krieger zeigen – in sekundärer Verwendung – das Zierblech auf der Schwertscheide von Gutenstein in Süddeutschland und ein Preßmodel, wohl für einen Helm, aus Torslunda in Schweden. Ein Mann oder bewaffneter Krieger zwischen zwei Wölfen oder auch zwei Bären erscheint auf dem Modeln von Torslunda, auf dem Helm aus Grab 7 von Valsgärde und auf der Tasche im Grab von Sutton Hoo. Kriegerprozessionen, wobei die Krieger mit Ebern bekrönte Helme tragen, findet man auf einem Model von Torslunda, in Valsgärde Grab 7 und Vendel Grab XIV. Waffentänzer mit Helmen, die von 2 Schlangen bekrönt sind, tragen Zierbleche der Helme aus Sutton Hoo und Valsgärde 7 sowie ein Preßmodel von Torslunda, aber auch andere Fundstücke in England (Finglesham) und Schweden (Altuppsala Osthügel, Ekhammar bei Stockholm). Die weiträumigen Verknüpfungen durch Motivgruppen, diese Beispiele stammen alle aus dem 7. Jahrhundert, ließen sich vermehren.

Daß Helme als Hoheitszeichen und Schutzwaffe mit religiösen Symbolen geschmückt sind, beweisen nicht nur die Spangenhelme aus ostgotisch-italischen Werkstätten, von denen das Exemplar aus Stößen in Thüringen ein Kreuz und andere Helme gar verschiedene liturgische Geräte zeigen, sondern auch der Neufund eines Helmes aus York, der aufgrund der Tierornamentik in das 8. Jahrhundert datiert wird, während die italischen wohl zur Zeit Theoderichs hergestellt worden sind. Der neue Fund aus York trägt eine christliche Inschrift: IN. NOMINE. DNI. NOSTRI. IHV. SCS. D.(?) ET. OMNIBVS. DECEMVS. AMEN. OSHERE. XPI.

Die überregionale Adelskultur, Nord- und Ostseeanrainer mit einschließend, die gleichartige Lebens- und Wirtschaftsweise haben mit dazu geführt, daß sich das Zentrum des fränkisch-karolingischen Reiches nach Nordosten verlagert hat, näher zur »Mitte« der Gruppe germanischer Reiche. Dies belegen Verwandtschaft in den Ziermotiven von Kleinkunst und Waffen und unmittelbar auch die Verbreitung der Ringschwerter, sichtbare Manifestationen des gemeinsam und weiträumig geltenden Gefolgschaftswesens. Daß auch handfeste wirtschaftliche Gründe dahinterstehen, gilt es im folgenden zu zeigen.

Die Entstehung der mittelalterlichen Gesellschaft

Die neue Entstehung von Handelsplätzen und Städten im Mittelalter

Städtische Zivilisation ist Kennzeichen der Welt von heute, schon der Welt des Mittelalters, und auch das Imperium Romanum war eine städtische Zivilisation.

Aus dieser Kenntnis heraus war es kaum vorstellbar, daß die Stadt in der abendländischen Geschichte für Jahrhunderte keine Rolle gespielt hat, auch gar nicht mehr vorhanden war. Eine Kontinuität in der Entwicklung von der antiken Stadt zur Stadt des Mittelalters wurde vorausgesetzt und in den schriftlichen Quellen wie in der archäologischen Überlieferung immer wieder entdeckt. Doch haben gerade die modernen archäologischen Untersuchungen in alten römischen Städten gezeigt, daß dem nicht so ist. Theoderich der Große kannte *noch* Städte, aber sie waren schon nur noch die Schatten ihrer selbst, Reste städtischer Lebensweise. Karl der Große meinte, *schon* wieder über Städte zu herrschen. Aber diese Bevölkerungsansammlungen von Handwerkern und Händlern zu Füßen oder in einer Burg oder im Schutz eines Bischofssitzes waren erst auf dem Wege, wieder städtische Zivilisation entstehen zu lassen.

Rom, Hauptstadt des Römischen Reichs und später Sitz des Papstes, spiegelt ebenso den Niedergang

ANGELSÄCHSISCHE
KÖNIGREICHE

WENDEN

FRIESEN

Hamburg
Bremen
SACHSEN

Duurstede
Köln
Aachen
Fulda
THÜRINGEN

BÖHMEN

AUSTRASIEN

Beauvais
Trier
Mainz
Würzburg
Reims
Metz
Lorsch

NEUSTRIEN

Regensburg

BRETAGNE
Rennes
Paris
Toul
Strassburg
BAYERN

AWAREN

BRETONISCHE
MARK
Tours
BURGUND
ALEMANNEN
Salzburg
St. Gallen
Reichenau
Chur

AQUITANIEN
Lyon
LOMBARDEI
Aquileia
Venedig

LIBURNIEN

Clermont
Vienne
Mailand
Pavia
Pola
Ravenna

PROVENCE

DALMATIEN
Salona

Toulouse
Arles
Genua
GASCOGNE
Aix
Nizza

HERZOGTUM SPOLETO

Pamplona
NAVARRA
Narbonne
SEPTIMANIEN
KIRCHEN
STAAT
Spoleto

SPANISCHE MARK
Rom
HERZOGTUM
BENEVENT

Barcelona
Gaeta
Brindisi
Neapel
Benevent
Salerno

EMIRAT

VON

CORDOBA

Messina
Palermo

Syrakus

Das Karolingerreich

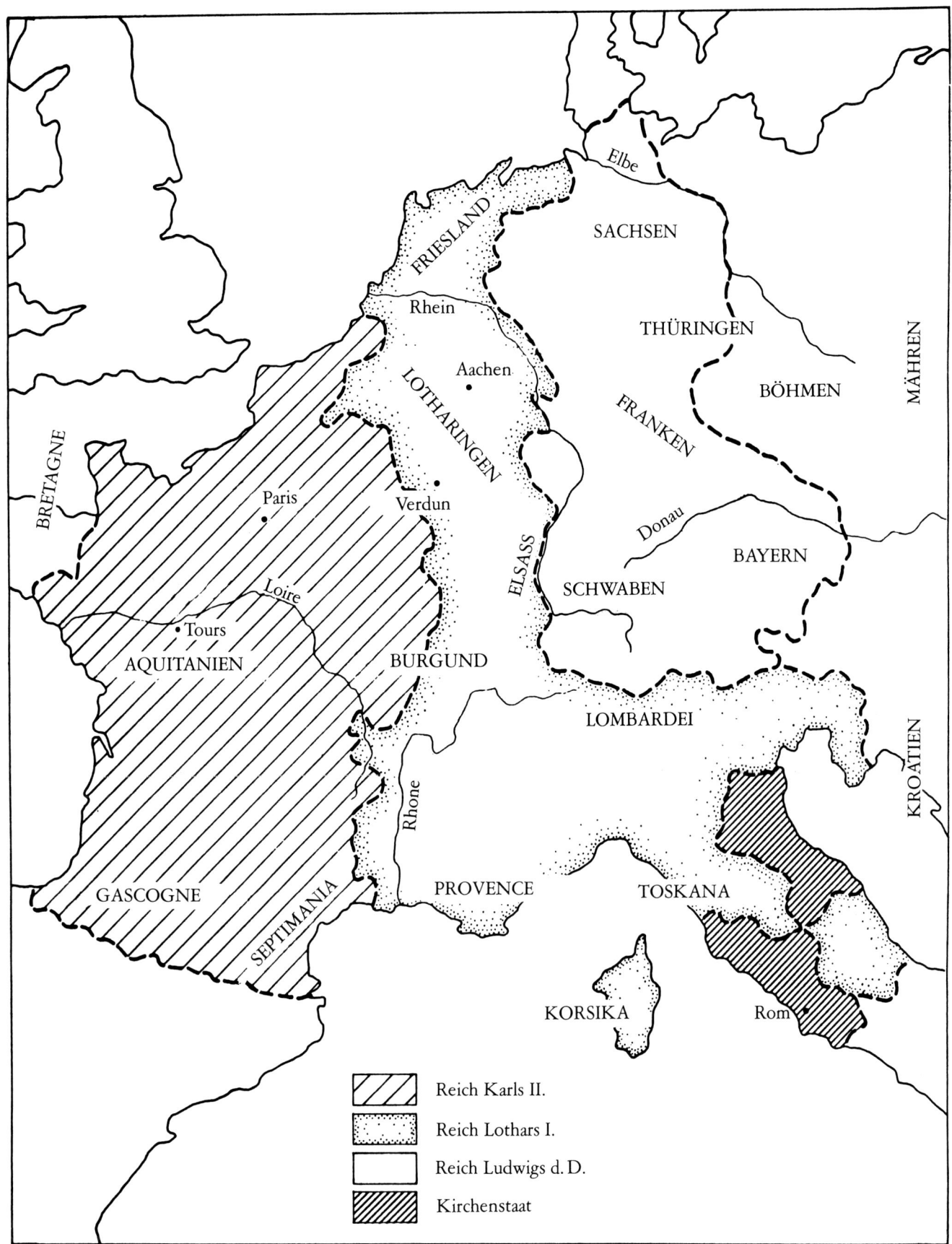

FRIESLAND

SACHSEN

Elbe

Rhein

THÜRINGEN

MÄHREN

Aachen

LOTHARINGEN

BÖHMEN

FRANKEN

BRETAGNE

Paris

Verdun

ELSASS

Donau

BAYERN

Loire

SCHWABEN

Tours

AQUITANIEN

BURGUND

LOMBARDEI

KROATIEN

Rhone

GASCOGNE

SEPTIMANIA

PROVENCE

TOSKANA

KORSIKA

Rom

▨	Reich Karls II.
⦂	Reich Lothars I.
▢	Reich Ludwigs d. D.
▩	Kirchenstaat

Die Teilung des Karolingerreichs durch den Vertrag von Verdun (843) des Städtewesens wie jede andere alte Stadt des Reiches; es hatte zur Blütezeit nach G. Rickaman rund 1 Million Einwohner, R. P. Duncan-Jones schätzt sogar 1,2 Millionen. Für das Jahr 452 errechnen R. Hodges und D. Whitehouse noch 400 000 Menschen. In den Jahren 523–527 waren es bereits erheblich weniger, wobei man sich auf Angaben des Cassiodor stützen kann. Zwischen dem 6. und 9. Jahrhundert wird allgemein nur mit wenigen 10 000 Einwohnern gerechnet. J. C. Russell schätzt dann für das 10. Jahrhundert wieder 30 000.

Ferdinand Gregorovius (1821–1891) skizziert eindrucksvoll die Leere in der alten Stadt Rom: »Aber am Anfang des 5. Jahrhunderts waren alle diese erhabenen Bauwerke der Römer nur noch tote Pracht von totem Stein, verlassen, verschlossen, verachtet und ungeehrt. Das Christentum, in den Besitz der ungeheuren Stadt gesetzt, war begreiflicherweise unvermögend, dieses unermeßliche Erbe der Väter in sein neues Leben aufzunehmen.« So sah man die Lage vom Blickpunkt des späten 19. Jahrhunderts. Heute meint man, daß das Christentum durchaus die Stadt verwandelte, für seine Bauten ausbeutete und eine Landschaft aus Kirchen und Klöstern entstehen ließ. Ihre Zusammenballung auf engem Raum, das war die neue Form der Großsiedlung.

Gregorovius schildert Rom am Ende der Ostgotenherrschaft im Jahr 553: »Der Kaiserpalast, noch in seinen Hauptmassen unzerstört, ein riesiges Labyrinth von Hallen und Höfen, von Tempeln und tausend kunstvollen Räumen, die von feinstem Marmor strahlen und noch hie und da mit golddurchwirkten Teppichen bekleidet sind, zerfällt und wird zu einer geisterhaft ausgestorbenen Burg. Nur in einem kleinen Teil des Palatium wohnt der byzantinische Dux... Die Theater und der große Circus Maximus, wo die Wagenspiele, die liebste und letzte Ergötzung der Römer, nicht mehr gefeiert werden, füllen sich mit Schutt und Asche.«

In der fernen Provinzhauptstadt am Niederrhein, in Köln (Colonia Claudia Ara Agrippinensium) sah es nicht viel anders aus. Hatte die Stadt zur Blütezeit

auf 98 ha in einem Mauerviereck von knapp 1 km Seitenlänge bis zu 40 000 Einwohner, so sank diese Zahl ständig ab. Der Schriftsteller Salvian schrieb in »De gubernatione Dei« (6,39) über Köln: »Schauspielvorführungen gibt es jetzt keine mehr, auch da nicht, wo sie vorher üblich waren. Man spielt nicht mehr in der Stadt Mainz – sie ist verwüstet und zerstört; man spielt nicht mehr in Köln – es ist voll von Feinden.« Seit Jahren lebten Franken auf dem ehemaligen Stadtgebiet von Köln. Aus römischer Zeit blieben die Ruinen der Tempel und öffentlichen Bauten, die Wohnhäuser zerfielen und wurden von Gras überwuchert. An der Stelle antiker städtischer Zivilisation entstand auch hier nur eine Verdichtung von Kirchen und Klöstern inmitten des fränkischen Siedellandes, bedeckt mit großen Landgütern. Über Campodunum, Kempten im Allgäu, heißt es in der Vita des hl. Magnus aus der Zeit um 725: Es ist eine »schöne, aber vollkommen verödete Stadt«. Noch im Jahr 973 berichtet der arabische Reisende Ibrahim Ibn Jacub über Mainz: Es »ist eine sehr große Stadt, von der nur ein Teil bewohnt und der Rest Ackerland ist...«

Städtische Zivilisation verschwand, nicht nur im Bereich der ständigen Germanen-Überfälle, sondern überall im ehemaligen Weströmischen Reich. Die Bevölkerung ging stetig zurück. Auf dem flachen Lande war das übrigens nicht anders. Die Zeit der Bedrohungen während der germanischen Wanderzüge führte nur kurzfristig zu einem knappen Wiederanstieg städtischer Bevölkerung, nämlich aufgrund der Flucht vom flachen Land. Aber insgesamt ging die Bevölkerung ständig weiter zurück. R. Hodges und D. Whitehouse haben dies überzeugend für das römische Hinterland im Norden, für Etrurien, und ebenso für den Balkan aufgrund archäologischer Ergebnisse beschrieben. H. Hinz und W. Janssen konnten dies schon vor Jahren für das Hinterland der römischen Provinzhauptstadt Köln aufzeigen.

Schon seit dem 3. Jahrhundert ist ein Rückzug in die großen Städte zu konstatieren, verbunden mit der Aufgabe der großen Landgüter, zahlreicher Villae, eine Tendenz, die sich im 4. Jahrhundert verstärkt. Der spätere Kaiser Julian (361–363) ließ als militärischer Befehlshaber im Jahr 356 eine neue Rheinflotte von 600 Schiffen bauen, um Getreide aus England für die Versorgung des Heeres und der großen Städte wie Köln heranschaffen zu können. Weite Bereiche des Kölner Hinterlandes entvölkerten sich; sogar in den kleinen fruchtbaren Tälern wurde die landwirtschaftliche Produktion eingestellt; entweder blieben die Landgüter unbewohnt und bedeckten sich wieder mit Wald, oder fränkische Bauernkrieger nutzten die Flur für ihren eigenen Ackerbau, lebten aber nicht in den alten Steingebäuden. Im Raum nördlich von Köln ist mehr als die Hälfte des alten Siedlungslandes in nachrömischer, fränkischer Zeit wieder unter Wald verschwunden, und erst im hohen Mittelalter, im 12./13. Jahrhundert hatten Zahl und Größe der Dörfer wieder den Umfang römischer Siedlungsdichte wie ein Jahrtausend früher erreicht. Für das Gebiet nördlich von Rom konnte ein stetiger Rückgang der ländlichen Besiedlung vom 2. bis zum 6. Jahrhundert nachgewiesen werden, der bis auf ein Fünftel hinunterging. Alle alten Siedlungsplätze mit Keramik und anderen Funden dieser Jahrhunderte wurden immer kleiner und schließlich aufgegeben. Parallel zur Aufgabe der Landgüter entstanden kleine Befestigungen auf den Höhen, in denen sich die restliche Bevölkerung sammelte. Der Rückgang ging keinesfalls allein auf die doch nur punktuell wirkenden kriegerischen Ereignisse wie die Bedrohung durch Alarich und die Westgoten im Jahr 410 oder die ostgotisch-byzantinischen Kriege des frühen 6. Jahrhunderts zurück, sondern erfolgte ganz generell. Denn im Oströmischen Reich verlief die Entwicklung nicht anders. In Griechenland konnten Archäologen ebenfalls einen Rückgang der ländlichen Besiedlung und parallel dazu eine Verkleinerung der Städte nachweisen. Die Ursachen für diesen erstaunlichen Bevölkerungsrückgang können hier nicht diskutiert werden; denn es waren nicht Krieg und Pest allein. Aber die Folge

ist offensichtlich, in erster Linie ein Wandel des gesamten Lebensstils. Städte waren keine zentrale Notwendigkeit mehr im wirtschaftlichen und gesellschaftlichen Gefüge der geringer an Zahl gewordenen Bevölkerung, die auf einem schwächer und dünner besiedelten Gebiet leicht auf landwirtschaftlicher Grundlage autonom leben konnte, ein Lebensstil, wie er den Germanen seit jeher eigen war.

Dagegen war das Römiche Reich ein Gebiet von Städten gewesen. Das Areal einer *civitas* – bestehend aus dem eigentlichen dicht bebauten Stadtgebiet und der zugehörigen Landflur mit Landgütern, auf denen die städtische Oberschicht lebte – grenzte an die Areale der nächsten Civitates. Das gesamte Reichsgebiet wurde so ausgefüllt von einem Netz von Civitates, in die kaum einmal kleinere Orte wie Dörfer, vici, eingebettet lagen.

Die germanischen Siedlungsgebiete – politisch ganz anders als Personenverbände organisiert – bestanden demgegenüber aus Gemarkungen von großen Herrenhöfen und Dörfern, eingebettet in Wälder oder andere Naturräume. Städtische Akkumulationen fehlten. Das germanische Siedlungsbild in den alten Wohngebieten jenseits der römischen Reichsgrenzen und die Siedelweise später auf diesem Reichsgebiet waren sich sehr ähnlich. Sie glichen der Besiedlungsstruktur eines Ausschnitts aus dem ländlichen Gebiet einer Civitas: beherrschend war der große Herrenhof, bei den Römern die Villa eines Senators oder anderweitig ranghohen Römers, bei den germanischen Stämmen der Sitz der großen Herrn und Gefolgschaftsführer mit ihrem Kriegergefolge.

Wie die römischen Landgüter neben der agrarischen Produktion auch Konzentrationen von Handwerksbetrieben umfaßten, waren auf dem Hof eines germanischen Herrn Handwerker bzw. Werkstätten angesiedelt. Ranghohe Adlige, Gefolgschaftsherren oder wie immer man die Spitzen der damaligen Gesellschaft nennen will, waren zugleich auch Unternehmer und sahen rechtzeitig, daß auf diesem

Wege mehr Geld zu verdienen war als durch reine agrarische Überproduktion, die mit den damaligen Mitteln bis in karolingische Zeit auch kaum zu erreichen war. Waffen und Schmuck, Werkzeuge und Keramikgefäße wurden gebraucht und mußten irgendwo hergestellt und dann verteilt werden.

Der Archäologe V. Milojčić hat auf dem Runden Berg bei Urach (Württemberg) eine alemannische Höhensiedllung ausgegraben, die etwa gegen Ende des 3. Jahrhunderts gegründet worden ist und zu Anfang des 6. Jahrhunderts, wahrscheinlich bei fränkischen Angriffen, vernichtet wurde. Auf dem 200 m langen und 50 m breiten Plateau trennte eine Palisade, später eine kleine Mauer den 40 x 80 m messenden befestigten von einem 40 x 120 m messenden unbefestigten Teil. Größere Bauten, aus Holz errichtet, gehörten zum Kern der Anlage, während kleine Pfostenbauten und in den Felsen eingetiefte Keller bzw. Grubenhäuser die Werkstätten aufgenommen hatten. Auf dem Areal der Hofhaltung, weniger aus fortifikatorischen Gründen, als vielmehr aus Repräsentationsabsichten extra umzäunt, steht der gewöhnliche Herrensitz jener Zeit, wie er auch im flachen Gelände zu erwarten ist. Auffallend jedoch sind die sich an diesen Hof anlehnenden Werkstattbereiche der Eisen- und Silberschmiede. Derartige Anwesen waren Zentren von Grundherrschaften, von denen aus das Hinterland mit Werkzeug, Gerät und Schmuck versorgt wurde, von wo aus aber auch Luxusstücke wie Edelmetallschmuck für den Fernhandel abgegeben wurden.

Eine größere Zahl vergleichbarer Anlagen sind im Gebiet der Alemannen und Franken bekannt und teilweise untersucht worden. Sie sind jetzt die zentralen Orte jener Zeit und übernehmen teilweise die Rolle, die früher Städte gespielt hatten. Es gibt aber solche befestigten kleinen Höhensiedlungen, auf denen sich Handwerk und Handel konzentrieren, im spätrömischen Zusammenhang jenseits und diesseits der Alpen. Ob Teurnia in Kärnten, der Lorenzberg bei Epfach oder der Moosberg bei Murnau, der Burgberg bei Breisach am Rhein, der Runde Berg

bei Urach, der Glauberg, die Gelbe Bürg, der Lochenstein – alle Plätze liegen in Süddeutschland – oder der Petersberg bei Bonn im Rheinland, alle haben in der Regel schlichte Wohnbebauung aus Holzhäusern und dabei Werkstätten und sind von einer viel kleineren Größenordnung als noch die einfachsten Städte zur Zeit des Römischen Reichs.

Im norddeutschen Küstengebiet hat W. Haarnagel die Wurtensiedlung Feddersen Wierde ausgegraben, fast in ihrer ganzen alten Ausdehnung, und dabei aus einem Zeithorizont rund 25 verschieden große bäuerliche Betriebe freigelegt. Während des 2. bis 4. Jahrhunderts entwickelte sich einer dieser Höfe zu einem Herrensitz mit großem Viehbestand und angeschlossenen Werkstätten für Eisenverarbeitung und Buntmetallguß. Die Grundstruktur des Herrenhofs mit Handwerkern lag also schon zu Beginn der Völkerwanderungszeit vor.

In der Nähe der Fürstengräber der jüngeren römischen Kaiserzeit (spätes 3. Jahrhundert) vom Typ Haßleben-Leuna in Thüringen sind ebenfalls Herrensitze mit Handwerksbetrieben zu vermuten und vielleicht 1984 auch gefunden worden, denn die in diesen Gräbern mitgegebene Gefäßbeigabe aus Keramik, sorgfältig gearbeitete Drehscheibenware, kommt nur hier vor und ist wohl durch römische Anregung oder gar durch römische Handwerker in Werkstätten für die Herrenhöfe produziert worden. Doch hat sowohl die Siedlung Feddersen Wierde als auch das Anwesen auf dem Runden Berg gezeigt, daß sich eine Herrenschicht erst im Laufe der Zeit von der übrigen Bevölkerung abgesondert hat. Hebt sich der Herrenhof mit Handwerksbetrieben im Wurtendorf an der Nordsee im Laufe der Zeit immer stärker von den anderen insgesamt ungefähr gleichartig strukturierten Gehöften ab, so waren auf dem Runden Berg im 4. Jahrhundert Handwerkerbetriebe noch überall auf der Kuppe angesiedelt, und eine Adelsfamilie sonderte sich erst im 5. Jahrhundert ab, zog sich hinter eine leichte Befestigung zurück und begrenzte die Handwerksbetriebe auf das Vorburgareal.

Um es deutlich zu formulieren: Die Geschichte der römischen Stadt läuft seit dem 4./5. Jahrhundert aus. Wurzeln einer neuen Stadtentwicklung setzen auf anderem sozialgeschichtlichem Hintergrund in dieser Zeit ein, brauchen jedoch ein halbes Jahrtausend für den Weg zur eigentlichen mittelalterlichen Stadt. Wie ähnlich die Entwicklung im gesamten europäischen Raum außerhalb des Römischen Reichs schon verlaufen ist und wie sehr eine Verbindung über Fernhandelsströme zwischen diesen kleinen wirtschaftlichen Zentren bestand, zeigt die Siedlung auf der Insel Helgö im Mälarsee in Mittelschweden. W. Holmqvist hat diesen Handwerkerplatz in den Jahren seit 1954 ausgegraben, der zufällig entdeckt und über den es keine schriftliche Überlieferung gibt. Einige Hausgruppen unterhalb einer leicht befestigten Burg, nahe bei einem günstig gelegenen Hafengelände am Mälarufer, haben eine Fülle von Produktionsresten erbracht, Schmelzöfen, Gußtiegel und vor allem hunderte von Gußformreste für prächtige Schmucksachen. Während die wirtschaftliche Blüte dieses Platzes im 6. und 7. Jahrhundert lag und Schmuck über das gesamte nordische Gebiet um die Ostsee, aber auch hinüber nach Norwegen exportiert worden ist, haben schon seit dem 4./5. Jahrhundert Fernhandelsbeziehungen zum Römischen Reich im Westen bestanden, wie Goldmünzen und Glasfragmente bezeugen. Derartige Handelsverbindungen sind dann bis in die Jahre um 800 nachgewiesen, nicht zuletzt durch eine friesische Silbermünze (Sceatta) zum Westen und eine Buddhafigur zum Osten, damit verbunden auch durch arabische Münzen. Auf die Bedeutung im Gefüge des weitausgreifenden Fernhandelsnetzes, in dem Helgö beispielsweise schon die gängigen Beziehungen der Wikingerzeit vorwegnimmt, wird zurückzukommen sein. Hier liegt die Betonung jedoch auf dem Handwerkerzentrum, das im Auftrage und unter direkter Aufsicht des frühen schwedischen Königtums zu arbeiten scheint. Wie derartige Ansiedlungen des 6./7. Jahrhunderts im Westen ausgesehen haben und strukturiert waren, hat die

Archäologie noch kaum erschlossen. Auf die beiden Siedlungen Brebières und Huy wurde schon hingewiesen.

Bilden diese Handwerkerzentren, die zugleich Fernhandelsplätze sind und unter Leitung des »Adels« stehen, die erste Phase einer Siedlungsgeschichte auf dem Weg zur Stadt, so werden die Konturen während der zweiten Phase schon deutlicher, lassen aber den grundsätzlichen Unterschied zu dem, was man allgemein unter Stadt versteht, noch erkennen. An der Nordostgrenze des Fränkischen Reichs wurde als eine Festung im Verlauf der Abwehrlinie gegen die widerspenstigen Sachsen in karolingischer Zeit bei Fritzlar in Hessen die Büraburg errichtet. Ausgrabungen durch N. Wand von 1967 bis 1973 haben die innere Organisation der Burganlage erschlossen, die zugleich Bischofssitz des Bonifatius gewesen ist. In den Jahren 741 oder 742 errichtete Bonifatius hier das Bistum für den nordhessischen Raum. Als Karl der Große im Langobardenkrieg 773 mit seinem Heer in Italien festgehalten wurde, fielen die Sachsen 774 ins Fränkische Reich ein und belagerten auch die Büraburg. Diese Anlage besteht aus einer mehrfach erneuerten starken Mörtelmauerbefestigung und schließt eine Fläche von 340 x 300 m ein, etwa 8 ha. Hinzu kommt noch eine durch mehrere Gräben befestigte Vorburg. An der Innenseite der gesamten 1100 m langen Mauer standen kasemattenartig zweiräumige Bauten von 3 m Breite und 7,5 m Länge. Wenn auch nicht vollständig nachgewiesen, so läßt sich für den gesamten Mauerzug eine Zahl von 300 Häusern errechnen, zu denen noch zahlreiche größere Bauten im Innenraum des Burgplateaus sowie Grubenhäuser in der Vorburg kommen. Vom späten 7. Jahrhundert bis gegen 800 hat die Anlage existiert und eine große Zahl von Bewohnern beherbergt, nicht nur Militär, die verschiedene Handwerksarten betrieben, sondern auch andere Einwohner, die ein »frühstädtisches« Dasein führten.

Einen ganz anderen Eindruck macht dagegen die aus den schriftlichen Quellen als wichtigste Handelsniederlassung im Norden des Karolingischen Reiches bekannte Siedlung Dorestad (Wijk bij Duurstede) am Niederrhein (Niederlande). Nach den bekannten Grabungen von J. H. Holwerda in den 1920er Jahren, die zu einem in die Handbücher eingegangenen Modell einer frühmittelalterlichen Handelsstadt geführt haben, muß nun nach den Untersuchungen von W. A. van Es von 1967 bis 1972 ein ganz anderes, verblüffendes Bild entworfen werden. Historische und numismatische Daten haben überliefert, daß der Platz mit Namen Dorestad schon im 7. Jahrhundert existiert hat, wie die Prägungen des Münzmeisters Madelinus mit der Aufschrift Dorestat beweist. Doch ist die Lage dieser frühen Siedlung bisher nicht bekannt. Dafür wurde der Handelsplatz des 8. und frühen 9. Jahrhunderts großflächig ausgegraben und konnte mit Hilfe der Dendrochronologie in seinen Entwicklungsstufen rekonstruiert werden. Das Dorestad der Karolingerzeit erstreckte sich auf einer Länge von mehr als 1 km, wenn nicht gar von 2 km am Flußufer entlang. Die Breite des besiedelten Areals liegt zwischen 200 und 500 m, so daß eine Fläche von mehr als 200 ha für die Zeit um 800 als Handelsniederlassung in Frage kommt. Kennzeichen dieser Siedlung sind die Uferbefestigungen für die Schiffsanlegeplätze, die im Laufe der Zeit – dem zurückweichenden Fluß folgend – immer weiter zum Wasser hin ausgebaut und zu mehr als 100 m langen Stegen, einer neben dem anderen, wurden. Zu diesen Brücken gehören auf festem Boden Anwesen aus mehreren Bauten, einem Großhaus, schweren Pfostenspeichern und dann und wann Nebengebäuden in Gestalt von Grubenhäusern sowie Brunnen; das ganze war von einem Zaun umgeben. Die Häuser sind etwa 30 m lang und 7 m breit und haben leicht nach außen gebogene Längswände. Damit haben die Häuser mit »schiffsförmigem« Grundriß des Handelsplatzes Dorestad den gleichen Plan und die gleiche Bauweise wie die großen Häuser in zeitgleichen ländlichen Siedlungen wie z. B. Warendorf in Westfalen oder auch Vorbasse in Jütland, eine Siedlung, die in

den letzten Jahren vollständig ausgegraben werden konnte. So erstreckt sich gewissermaßen – auf den ersten Anschein – eine ländliche Siedlung am Strom, mit Häusern in drei oder vier Reihen hintereinander, die sich aber den unerhörten Aufwand der Schiffsbrücken geleistet hat. Sie übernimmt die Rolle eines Handelsplatzes, dessen Aufgabe das Speichern und Umschlagen von Ware war, und ist damit Station auf dem Weg zur Entwicklung der mittelalterlichen Stadt. Wahrscheinlich haben – neben dem König – zahlreiche Grundherren, weltliche Große und geistliche Stifte, in Dorestad ihre Niederlassung gehabt, um hierher die Erzeugnisse der grundherrschaftlichen Betriebe, vom Wein bis zum Eisen und anderen handwerklichen Produkten sowie landwirtschaftliche Güter, zu schaffen, von wo aus sie dem Fernhandel zugeführt werden konnten. In Dorestad selbst sind an Handwerk Weberei, Eisenverarbeitung und Grobschmiede, Buntmetallgießerei, Bernsteinverarbeitung, Kammacherei und andere Knochenschnitzereien, Böttcherei, Glasmacherei und sicherlich auch Schiffsbau nachzuweisen.

Der frühstädtischen Siedlung karolingischer Zeit sind in England der Ort Hamwih bei Southampton, in Dänemark Ribe, in Frankreich wohl Paris und in Norddeutschland Haithabu an die Seite zu stellen, wo Ausgrabungen ähnliche Ergebnisse erbracht haben.

Trotz aller Massierung von Handwerk, so ist doch – sieht man von den Schiffsbrücken oder anderen Hafenanlagen ab – der Unterschied zu gleichzeitigen bäuerlichen Siedlungen noch gering. Nur quantitative Unterschiede heben einen Ort wie Dorestad aus dem üblichen Siedlungsgefüge heraus. Aber auch ein qualitativer Unterschied liegt vor: Die Reste der Keramikgefäße gehören zu 90 % zur Importware aus dem deutschen Rheinland bei Köln, während sonst überall in den Siedlungen die einheimische, selbstgemachte Keramik den Bestand im Haushalt ausmacht. Damit wird kenntlich, daß dieser Handelsplatz des Karolingerreiches auch ein Konsumentenzentrum war, das von außen mit Verbrauchsgütern und Gerät, neben Keramik beispielsweise auch mit den für die häusliche Getreidemühle notwendigen Mühlsteinen aus Mayener Basalt versorgt wurde.

Der frühstädtische Charakter wird aber auch durch die lockere Bebauung zum Ausdruck gebracht, die zu einer besonders großen Ausdehnung der Siedlung führt. Die nächste Phase auf dem Weg zur eigentlichen Stadt wird durch eine vollständige und engräumige Parzellierung des Areals gekennzeichnet, wie Grabungen für Hamwih und Haithabu nachgewiesen haben. In ihrer Frühphase waren auch diese Handelsplätze, die wie Hamwih den Weg nach England und wie Haithabu den Weg nach Skandinavien öffneten, mehr wie agrarische Siedlungen strukturiert: Haithabu erstreckte sich entlang des Noores, einem Seitenarm der Schlei, und Hamwih entlang des River Itchen. In der zweiten Hälfte des 8. Jahrhunderts bedeckte Hamwih denn auch eine Fläche von 46 ha, während später eine Siedlungsverdichtung, trotz steigender Bevölkerungszahl, einsetzte, verbunden am Ende mit einer Befestigung des Platzes.

Diese dritte Phase vom Handelsplatz zur frühstädtischen Siedlung gehört ins frühe 9. und 10. Jahrhundert. Merkmale sind exakte Parzellierung, kleinere Grundstücke und dann vor allem auch kleinere Häuser sowie ein regelmäßiges Straßennetz. Die »städtischen« Häuser dienen jetzt keinen landwirtschaftlichen Zwecken mehr, sondern allein der handwerklichen Produktion oder als Warenlager bzw. Unterkunft für die Kaufleute. Die Zahl der Anwesen steigt und damit auch die Zahl der Bewohner einer solchen Siedlung. Aus den Zahlen der Bestattungen – in Haithabu sind es 12 000 Gräber aus zwei Jahrhunderten – läßt sich die Einwohnerzahl grob schätzen, für Haithabu so etwa 1000 Einwohner auf 24 ha. Die Rolle von Dorestad im Westen übernimmt jetzt eine andere Stadt wie Tiel, Haithabu blüht im 10. Jahrhundert erst richtig und im skandinavischen Norden wird der Handwerkerplatz Helgö von der frühstädtischen Siedlung Birka abgelöst.

Wie im Kern des Fränkischen Reichs oder auch in Italien oder Spanien zentrale Herrschaftsmittelpunkte und die alten auf die Römerzeit zurückgehenden Städte ausgesehen haben, ist weitgehend unbekannt. Doch muß man davon ausgehen, daß Paris oder Köln nicht größer als Haithabu waren und im 9./10. Jahrhundert um wenige tausend Einwohner zählten. Für Köln ergeben die erzbischöfliche Burg und Pfalz mit den entstehenden Suburbien auch nicht mehr als 24 ha Fläche. Doch gilt es zu erinnern, daß an diesen Orten durch kirchliche Tradition – wie für Rom geschildert – Siedlungskerne rund um Kirchen und Klöster in einer verdichteten Zone existierten, was für Köln und Paris in gleichem Maße zutrifft. Der Herrschaftsmittelpunkt selbst, der Sitz der Merowinger- oder Karolingerkönige war noch unabhängig von der Entwicklung früher Handelsplätze zur Stadt. Die reisenden Könige lebten mit ihrem Hofstaat, dem Verwaltungsapparat, dem Schatz des Reiches und der Leibgarde in Pfalzen (palatii), königlichen Großhöfen, die nacheinander aufgesucht wurden, was beispielsweise auch an der dort dann stattfindenden Münzprägung ersichtlich ist. Merowingerzeitliche Pfalzen sind bisher nicht ausgegraben worden. Aber sie werden sich kaum von großen ländlichen Herrenhöfen unterschieden haben, wie sie heute archäologisch mehrfach untersucht worden sind. Nur eine Kirche muß in unmittelbarer Nähe der Pfalz vorhanden gewesen sein, und diese entsteht als erste wieder seit der Antike als Steinbau. Mit Karl dem Großen schließlich wird die *Pfalz* im Sinne eines antiken Palastes, als ein Aspekt der karolingischen Renovatio, prächtig aus Stein errichtet, wie Ingelheim und Aachen zeigen. Diese Pfalzen werden inmitten einer dichten Ansammlung von großen Gehöften gebaut, so daß die Versorgung mit Lebensmitteln gesichert ist, und sie haben neben dem Repräsentations- zugleich auch fortifikatorischen Charakter.

Im Westgotenreich ist Reccopolis, die zum Jahr 578 erwähnte, vom König Leovigild gegründete Residenz und »Stadt« auch archäologisch untersucht worden, wobei aber gerade nur der das Tal weithin überragende Palast und die sich anschließende Kirche erkundet wurden, die durch einen Verbindungsbau zusammengeschlossen werden, schon nach dem gleichen Schema wie bei hochmittelalterlichen Pfalzen.

Kehren wir zurück zu den Handelsplätzen und ihrer Rolle als Münzstätten. Das *Münzwesen* ist zugleich der Bereich, der unmittelbar über Struktur und Umfang des Handels in der Zeit zwischen Theoderich und Karl d. Gr. Aufschluß gibt, zumal entscheidende Wandlungen gerade in diese Phase fallen. Schon die spätantike Wirtschaft war von sich wiederholenden Reformversuchen des Geldwesens belastet. Seit Diocletian (284–305) und seinen Mitkaisern tragen Goldmünzen erstmals wieder nach einem halben Jahrtausend Wertangaben und charakterisieren die Vorrangstellung des Goldes im Geldsystem, auch wenn zugleich das Silbergeld reformiert wurde. Die Währungsreformen, mit denen vergeblich versucht wurde, die wirtschaftlichen Krisen in den Griff zu bekommen, wurden von Kaiser Konstantin beendet, der 317 auf dem Wege der Verordnung die Gleichgewichtigkeit der Goldmünzen festlegte und damit für die Folgezeit den *Solidus* von in der Regel 4,55 g (¹⁄₇₂ des Pfundes) schuf. Nach dem Ende des Weströmischen Reiches wurde hier die Münzprägung eingestellt, doch blieben längere Zeit die alten Gold-, Silber- und Bronzemünzen im Umlauf und dazu Münzgeld aus dem oströmischen Reichsteil. Die germanischen Reiche kopierten das Münzsystem des Römerstaates, beschränkten sich dabei – was die wirtschaftliche Situation widerspiegelt – auf die Ausgabe und Nachahmung von Solidi oder *Trienten* bzw. Tremissis, dem Drittel eines Solidus, während Silbergeld kaum und Bronzemünzen überhaupt nicht mehr geprägt wurden. Für den alltäglichen Wirtschaftsverkehr waren Münzen nicht mehr nötig, man war zum Naturaltausch zurückgekehrt. Denn Goldmünzen hatten schon einzeln einen zu hohen Wert – wofür oben Beispiele gegeben wurden – und dienten zu Propaganda-Zwecken und in erster Linie zur Hortung von Edelmetall.

Ostgoten und Vandalen, die als erste Münzen ausgaben, ahmten unmittelbar die antike Tradition nach. Bei den Westgoten gab es 79 Münzstätten, von denen 3461 Trienten erhalten sind; auch die Langobarden schlugen Goldtrienten nach byzantinischem Muster, kennzeichneten ihre Stücke aber durch einen besonders breiten Rand. König Aripert I. (653–664) schlug als erster Münzen mit seinem eigenen Namen als Herrscher. Bei den Franken war der erste Theudebert I. (534–548), der sein Bild bewußt auf Goldmünzen setzte, was Prokop als unerhörte Anmaßung bezeichnet hat. Einer seiner Solidi trägt sogar seinen germanischen Namen. Nur langsam zeichnet sich also eine Loslösung vom kaiserlichen Vorrecht auf Münzprägung ab, doch beherrschen neben den vielfältigen germanischen Münzen nun auch unmittelbar oströmische Nachprägungen den Spiegel der Münzfunde. Zu Beginn des 6. Jahrhunderts liefen nun Solidi-Arten mit verschiedenen Gewichtsgrößen, die Nachprägungen und Fälschungen um, alles mit einer großen Bandbreite an Gewichtsschwankungen. Die Verwirrung und auch die Wertmessung waren nur dadurch zu lösen, daß die Goldwaage zum notwendigen Instrument aller Kaufleute und all derer wurde, die mit Goldgeld zu tun hatten. Ergänzt durch einen Gold-Probierstein mußte versucht werden, über Gehalt und Gewicht den realen Goldwert zu messen. Gräber des 6. und 7. Jahrhunderts haben daher oftmals als Beigabe die *Münzwaage* sowie einen *Probierstein* enthalten. In den Germanenreichen, vor allem im Fränkischen Reich, löste sich auch diese restliche staatliche Münzprägung auf, das Recht zur Prägung blieb nur noch begrenzt in der Hand des Königs. Im Frankenreich wurde bald im Namen von Bischöfen, von Siedlungsplätzen (»Städten«), von lokalen Machthabern durch *Monetare* Münzgeld geprägt, teilweise sogar nur im Namen der Monetare allein, so daß die Situation völlig unübersichtlich wurde. Geprägt wurde am reisenden Königshof, aber auch an allen nur denkbaren Plätzen, an denen sich ein Großer mit Verfügung über Gold aufhielt. Mehr als 1500

Monetare haben sich über Münzfunde nachweisen lassen (insgesamt rund 900 Münzorte werden genannt, vom Castrum und der Villa bis zur Civitas, und bald 2000 Namen), wobei demgegenüber in den merowingerzeitlichen Schriftquellen nur drei Monetare genannt werden. Man prägte gewissermaßen seine eigenen Münzen. Die Verwirrung in den Gewichtsgrößen, die unsorgfältigen und flüchtigen Stempelschnitte auf den Tremisses, unleserliche und von den Münzmeistern selbst nicht verstandene Münzumschriften, Buchstaben in Spiegelschrift, all dies belegt nicht nur den aufgelösten politischen Rahmen, den Verlust des Königtums am Recht der Münzprägung, sondern auch die nebengeordnete Rolle des Geldwesens, das sich nur noch in hohen Werten manifestierte, zum Zwecke der Anhäufung von Schätzen. Welchen Ausstrahlungs- und umgekehrt welchen Einzugsbereich die merowingerzeitlichen Münzen hatten, mag die Karte der Herkunftsorte für alle Goldmünzen sein, die sich im Münzschatz des Königsgrabes von Sutton Hoo in England gefunden hat.

Dem verwilderten Münzsystem entspricht die ständige Entwertung der Goldmünzen, die nicht nur leichter wurden, sondern immer geringeren Goldgehalt aufweisen und deren Silber- oder Kupfergehalt ständig zunimmt. So wurden schließlich auch die Goldwaagen überflüssig, weil es nicht mehr möglich war, über das Abwiegen auch nur ungefähr den realen Materialwert zu erschließen.

Mangelnde Kontrolle einerseits und das Bedürfnis nach kleineren, geringerwertigen Münzen andererseits sind eine Ursache für die Veränderung der Währungsverhältnisse durch ganz einschneidende Münzreformen. Andere Gründe wurden im ungünstigen Gold-Silber-Verhältnis, beeinflußt durch den byzantinischen und dann auch schon arabischen Osten, im Mangel an Gold im Westen und an ungünstigen Handelsbilanzen gesehen. Welche Gründe maßgebend gewesen sind, kann hier nicht diskutiert werden. Entscheidend ist, daß unter den frühen Karolingern der Wechsel von der Gold- zur Silberwährung durchgeführt und das königliche Münzregal wieder durchgesetzt wurde. Ungefähr zeitlich parallel haben auch die englischen Reiche den Übergang zur Silberwährung vollzogen und kleine Silbermünzen von etwa 1,2 g Gewicht geprägt, die unter dem Namen *Sceattas* zusammengefaßt werden. Als nächstes schlossen die Friesen sich an und schlugen ebenfalls Sceattas. Der germanische Nordwesten hat sich damit anscheinend zuerst von dem auf dem Festland herrschenden byzantinischen Vorbild gelöst, und das nicht erst in karolingischer Zeit und nicht als Nachwirkung arabischer Handelsbegrenzungen. Obwohl in England geprägt, wurden die Sceattas zu einer internationalen Handelsmünze auf Silber-Basis, die sich im ganzen Frankenreich und noch deutlicher in die Länder an der Ostsee verbreitete und damit zum überzeugenden Niederschlag der neuen Fernhandelsstrukturen wurde, was vor allem archäologische Ausgrabungen in Handelsplätzen belegen konnten. Die ersten Münzen vom Typ Sceatta gehören in die Zeit um 680, um 700 kommen schon Prägungen im niederländisch-friesischen Bereich hinzu, und sie bestimmen bis zum Ende des 8. Jahrhunderts, als die karolingische Münzreform zu greifen begann, das Währungsgefüge. Bemerkenswert ist, daß sich in einer zweiten Phase der Sceatta-Prägungen in den 20er bis 40er Jahren des 8. Jahrhunderts regionale Verbreitungsschwerpunkte verschiedener Prägungen gegeneinander abheben, die Wirtschaftsräume und besondere Handelsbeziehungen widerspiegeln. Während die ersten insularen Sceattas königliche Prägungen zu sein scheinen, ausgegeben von einigen Königreichen der sog. Heptarchie – den sieben englischen Königtümern –, lassen sich andere mit englischen Handelszentren wie Hamwih und London verbinden und die drei auf dem Kontinent entstandenen Typen, die sog. friesischen Runen-Sceattas, die Stachelschwein-Sceattas und die Wodan-Monster-Typen als überregionale Geldsorten beschreiben. Sie wurden in großen Stückzahlen geprägt und von den Pyrenäen bis zur Ostsee verwendet, von Nordengland bis zum

Mittelmeer. Während die Stachelschwein-Sceattas über das ganze Gebiet und vor allem im Süden verbreitet sind, also im karolingischen Reich, findet man die Wodan-Monster-Typen im Rhein-Mündungsgebiet sowie nördlich und östlich bis zur Ostsee, und die friesischen Runen-Sceattas gehören ins Rheinland und nach Friesland, aber auch nach Frankreich, besonders nach Aquitanien. »Der aquitanische Handel verwendet friesische Runen-Sceattas, im Rheinland dominieren … die Stachelschwein-Sceattas und im Nordosthandel sind die Wodan-Monster-Sceattas führend«, so urteilt J. Callmer, der sich zuletzt intensiv mit diesen Münzfunden befaßt hat. Offen ist noch, welche Handelsorganisationen dahinter stecken und wie das Münzrecht sich mit den vorherrschenden Handelsströmungen verband.

Im Fränkischen Reich erscheinen seit etwa 640/45 die ersten Silbermünzen, schwere *Denare*, die einen ganz anderen Eindruck machen als die überleichten Silbermünzen aus Reihengräberfunden des 6. und 7. Jahrhunderts, wie man beispielsweise auch Exemplare im reichen Knabengrab unter dem Kölner Dom gefunden hat. Die neuen Silber-Denare wiegen etwa so viel wie die goldenen Tremisses der gleichen Zeit, nämlich 1,20 bis 1,40 g, im Gegensatz zu den federleichten Stücken von 0,08 g, also ungefähr so viel wie die Sceattas. Man spürt, daß der Handel nach solidem Silbergeld verlangt. Dem tragen erst die Karolinger Rechnung, die eine einheitliche Prägung mit festem Gewicht und Münzbild schaffen wollen. Pippin der Kurze (751–768) legte im Edikt von Vernon-sur-Seine aus dem Jahr 755 fest, daß 264 Denare aus einem Pfund Silber zu schlagen seien, 12 Denare als Prägekosten für den Münzer und 252 Denare für den Münzherrn, der bald weitere 12 Denare als Schlagschatz einbehielt, so daß 240 Denare für den Handel überblieben. Noch aber blieb das Prägerecht dezentral. Aus Pippins Regierungszeit sind mehr als 36 Münzstätten bekannt. Auch das Gewicht der Denare sank noch bis zum Beginn der Regierungszeit Karls des Großen ständig, und zahlreiche Edikte waren nötig, damit die

Bevölkerung diese Münzen auch annahm. Im Juni 794, nachdem Karl seine Residenz in Aachen bezogen hatte, kam es dann zur grundlegenden Neuordnung des Währungssystems. Im Rahmen der Renovatio Imperii wurde auch wieder ein kaiserlicher vollgewichtiger Goldsolidus von 4,55 g in Konkurrenz zum byzantinischen Kaiser ausgegeben. Doch Grundlage der Währung blieben die neuen Silberdenare mit dem Monogramm des Kaisers. Endgültig abgeschlossen wurde der Übergang zur reinen Silberwährung, in der Gold als Währungsmetall für 400 Jahre keine Rolle mehr spielte, mit dem Edictum Pistense Karls des Kahlen aus dem Jahr 864, als einem Pfund Gold nur noch 10 Pfund Silber entsprachen gegenüber einem Wertverhältnis von 1 zu 14,5 in den Epochen davor.

Realistisch faßt man den Übergang von der Gold- zur Silberwährung in den Prägungen der wichtigen Handelsstadt Dorestad (Wijk bij Duurstede) am Niederrhein. Die dort geprägten merowingischen Trienten werden nach Eroberung der Stadt durch die Friesen zwar weiter geprägt, enthalten aber immer weniger Gold und immer mehr Silber, bis sie schließlich fast nur noch aus Silber bestehen.

Im Kapitular von Mantua aus dem Jahre 781 wurde die Annahme alter Münzen verboten, auf der Synode von Frankfurt 794 das neue Münzgesetz noch einmal verkündet, worin es heißt, daß an jedem Ort, in jeder »Stadt« und an jedem Handelsplatz die neuen Denare von jedermann zu akzeptieren seien. Im Kapitular von 805 wurde schließlich befohlen, daß Prägungen nur in der königlichen Pfalz stattfinden sollten.

Im Jahr der Kaiserkrönung 800 ließ Karl neue Pfennige mit seinem Brustbild im Geiste der Karolingischen Renaissance schlagen. Die Münzen zeigen das Bildnis des Kaisers mit Lorbeerkranz und der Umschrift »Christiana religio« sowie dem Bild eines Tempels, also einer Kirche auf der Rückseite, womit er sich als Haupt der Christenheit verstanden wissen will. Die Münzen tragen das Bild des Herrschers, und er allein läßt prägen. Damit ist nach jahrhundertelanger Unterbrechung auch im Bereich der Münzprägung die »Renovatio imperii« vollzogen.

Einen überzeugenden Einblick in die gesellschaftliche und wirtschaftliche Struktur der germanischen Länder zwischen Spätantike und hohem Mittelalter ergibt die Frage nach der Versorgung mit Rohstoffen, insbesondere mit *Metall*. Aus den zahlreichen Beigaben der sog. Reihengräberzivilisation ergibt sich, daß der Rohstoff Eisen – für die Waffenproduktion – und die Metalle wie Gold, Silber und Kupferlegierungen in ausreichendem Maße vorhanden gewesen sein müssen, um den wirtschaftlichen Aderlaß, der durch »Vergrabung von umfangreichem Volksvermögen« in Gestalt der Totenausstattung auch verkraften zu können.

Drei Wege boten sich an, um diese Rohstoffversorgung zu sichern. Die Fortführung der zahlreichen und kompliziert ausgestatteten römischen Bergwerke, die Einfuhr auf dem Wege von Handel, Geschenk, Tribut und Raub und drittens die Ausplünderung der antiken Ruinenstädte und auch der römischen Gräber. Rohstoffeinfuhr und Verwendung von Altmetall gehen von einer vorhandenen Substanz aus, die im Laufe der Zeit geringer werden muß und damit zu einer Verteuerung der Metalle geführt haben wird. Nur über Bergbau und Verhüttung ließe sich der Umfang an vorhandenem Rohstoff ständig dem Bedarfe nach ergänzen.

Nun zeigt sich aber gerade, daß zum einen Nachweise für die kontinuierliche Nutzung von *Bergwerken* über das Ende der römischen Reichsbildung hinaus nur in ganz geringem Umfang zu finden sind und zum anderen, daß auch die allgemeinen Produktionsformen sich in derartiger Weise gewandelt hatten, daß allein schon deshalb die Fortführung antiker Zustände nicht mehr möglich war. Staatlich betriebene Bergwerke oder auch Verhüttungsbetriebe gibt es seit dem Ende des Römerreiches nicht mehr; und nur wenige Versuche sind bekannt, auf Veranlassung des Königs Bergwerke weiter zu betreiben oder gar neue einzurichten. Stattdessen verlagert sich die Produktion – wie auch für andere

Handwerkszweige wie Keramikherstellung und Glasbläserei – aus den untergehenden städtischen Zentren in die Zuständigkeit der bäuerlichen Hofwirtschaft. Das führte dazu, kaum mehr als für den eigenen Bedarf zu produzieren.

R. Sprandel hat vor einigen Jahren die schriftlichen Quellen der Zeitspanne 500 bis 900 für die römischen Provinzen, in denen später germanische Reiche entstanden, und auch für die anderen germanischen Gebiete durchgesehen. Dabei wurde eindeutig sichtbar, daß komplizierter Bergbau mit Stollen, Fördermaschinen, durchkonstruierter Wasser- und Luftversorgung nur noch in einigen Gebieten, vielleicht in Spanien unter den Westgoten, kontinuierlich betrieben wurde. Primitiver Bergbau mit kleinen Gruben und Pingen könnte häufiger – dann nämlich auch im Wirkungsbereich nur einzelner Grundherrschaften und bäuerlicher Hofbetriebe – weiter existiert haben, doch fehlen auch dafür die schriftlichen und beim bisherigen Forschungsstand ebenso die archäologischen Quellenbelege.

Damit wird auf dem Boden des Römischen Reiches im Westen der Zustand wieder erreicht, der im übrigen Germanien auch vorher herrschte. Bergbau gab es außerhalb des Römerreiches fast nirgends in Europa. Allein für das polnische Gebiet der Lysa Góra ist Bergbau mit Stollen-Untertagebetrieb für Eisen belegt, wobei vermutet wird, daß römische Prospektoren und Bergleute Organisation und Betrieb in der Hand hatten. Erst jüngst konnte archäologisch nachgewiesen werden, daß auch Erz aus dem Rammelsberg bei Goslar am Harz – Silber und Kupfer – im 4. nachchristlichen Jahrhundert gewonnen und südlich des Harzes in Düna bei Osterode verhüttet worden ist.

Ob der hohe Stand der Eisengewinnung der ersten nachchristlichen Jahrhunderte bei den Germanen – dezentralisiert im dörflichen Milieu betrieben – weiter sich gehalten hat, bleibt teilweise fraglich. Denn auch für die Alpentäler und den dalmatinischen Bereich, für den zu ostgotischer Zeit Quellenbelege, z. B. ein Comes »ad ordinationem ferrariarum«, überliefert sind, reißen die Nachrichten ab. Nicht anders sieht es für die übrigen ehemaligen Provinzen aus. *Eisen*, auch guter Qualität, ist jedoch vorhanden und vielfach durch die Menge der Waffenfunde bezeugt. Es nimmt nicht wunder, daß Nachrichten fehlen; denn gerade für die Eisengewinnung ist der häusliche Betrieb von Verhüttungsöfen sicherlich die Regel geworden, und dieser kann keinen Niederschlag im Quellenbestand gefunden haben, sofern nicht über Abgabepflichten gesprochen wird. Dies ist dann ab karolingischer Zeit der Fall. Im Capitulare de Villis werden für das ausgehende 8. Jahrhundert Eisengruben erwähnt; auch für die oberitalienischen Alpentäler sind Abgabenachrichten zu verschiedenen Krondomänen überliefert, die manchmal sogar die Zahl der mit Abgaben belegten Schachtöfen nennen. Für das frühere Gallien bringen die Abgabenverzeichnisse der Klöster St. Germain des Prés, St. Remi de Reims u. a. entsprechende Nachrichten, die jedoch zeigen, daß ältere Produktionsformen der Römerzeit nicht mehr existieren, sondern daß von einer Kontinuität von Produktionsverhältnissen gesprochen werden muß, die nicht spezifisch sind für die Gebiete des ehemaligen Römerreiches, sondern die es vorher und außerhalb gab, nämlich im Kloster- oder Hofbereich als Kleinproduktion im bäuerlichen Bereich.

In den ehemaligen Provinzen wird auch die Ausbeutung römischer Ruinen, von Monumentalbauten und Festungswerken die Eisen- und Bleiversorgung unterstützt haben.

Blei wurde in größerem Umfang benötigt für die Dachbedeckung von Kirchen und Pfalzen und spielte z. B. auch eine Rolle in der Schmuckindustrie als Rohform der Model, der Prägeformen. Blei läßt sich zudem leicht erschmelzen, und Bleierze bringen parallel auch immer einen entsprechenden Prozentsatz an *Silber*. Die Verhüttung von Blei konnte in kleinen, häuslichen Werkstätten in einem einfachen Ofen erfolgen.

Für Spanien scheint es einige kontinuierlich betriebene Bergwerke zur Bleiglanzgewinnung gege-

ben zu haben, z. B. bei Linares, und deren silberhaltige Bleierze werden eine Silberquelle für die Westgoten gewesen sein. Es wird sogar mit einem fortbestehenden Untertagebetrieb gerechnet, auch wenn unmittelbare Belege fehlen. Doch auch in Spanien wurden die meisten römischen Bergwerke nicht weiter betrieben, und der Import von Edelmetall, darunter Silber ist belegt.

In Italien hat Theoderich d. Gr. versucht, einen neuen Gold- und Silberbergbau in Kalabrien anzuregen, wobei man sich nicht auf alte Bergwerke stützte: Cassiodor schrieb 527 im Auftrage des Königs an einen Domänenverwalter, daß er nachforschen lassen solle, ob *Gold* und *Silber* tatsächlich, wie ein dortiger Artifex behaupten würde, zu finden seien.

Auch für Gallien läßt sich wohl eine Kontinuität im Blei-Silber-Bergbau nachweisen, und zwar im Gebiet von Melle südlich von Poitiers. Die Gesta Dagoberti aus dem 9. Jahrhundert nennen im 40. Kapitel, König Dagobert (623–638/39) hätte dem Kloster St. Denis das Blei, welches ihm als Zins ex metallo (= Melle) in jedem zweiten Jahr geliefert wurde, nämlich 8000 Pfund, für das Kirchendach überwiesen. In Prokops Gotenkrieg wird von Goldgewinnung gesprochen. Der fränkische König Theudebert I. (534–548) habe, so schreibt er als Augenzeuge, von gallischem Gold aus Bergwerken Goldgeld prägen lassen.

Im Gebiet von Limoges oder in den Cevennen werden alte Goldbergwerke weiterbetrieben worden sein.

Die englischen *Zinnbergwerke* scheinen ebenfalls in eingeschränktem Umfang weiter ausgebeutet worden zu sein, denn in schriftlichen Quellen des 7. Jahrhunderts wird Zinn-Export erwähnt.

In größerem Umfang wurde in fränkischer Zeit *Blei* von England auf den Kontinent exportiert.

In den germanischen Provinzen längs des Rheins fehlen ebenfalls überzeugende Beweise für den Fortbetrieb oder frühzeitigen Wiederbeginn von Bergbau.

»Es gibt weder archäologische noch schriftliche Quellen, die auf eine Gewinnung von Edel- und Buntmetallen in den europäischen Gebieten außerhalb des römischen Reichs vor dem Jahr 900 hinweisen«, betont Sprandel.

Noch am Ende des 10. Jahrhunderts heißt es in einem Brief eines Abtes vom Tegernsee an einen Unbekannten: »Wir bitten Dich, uns etwas Kupfer, Zinn und Blei zu schicken, denn von alledem ist in unserem Lande nichts und für keinen Preis zu erhalten.« Nur in sehr bescheidenem Maße haben alte Bergwerke und die verstreute Kleinproduktion in den Jahren zwischen 500 und 900 zur Hinzugewinnung von Rohstoffen, vor allem von Edelmetall und Buntmetall beigetragen. Eine Änderung setzt nach unserer bisherigen Kenntnis erst unter den ottonischen Herrschern im 10. Jahrhundert ein, als mit der Eröffnung der Silberbergwerke im Rammelsberg am Harz und vielleicht auch im Südschwarzwald in der Freiburger Gegend *Silbergewinnung* in großem Stile einsetzte.

Eisenerzbergbau im nördlichen Alpenvorland mit Schächten von bis zu acht Metern Tiefe wurde seit dem 9./10. Jahrhundert betrieben. Eine Urkunde Ludwigs des Frommen, gefälscht im 10. Jahrhundert, nennt auf einem Fiskalgut eine Bleimine, die vom Kaiser an das Kloster Reims geschenkt wurde.

Die Art der Wirtschaftsweise, nämlich die dezentral von den Grundherrschaften ausgehende Produktion, zielgerichtet mehr auf autonome Eigenversorgung denn auf Überschuß für Handel, und die Art der Quellen haben es mit sich gebracht, daß in der schriftlichen Überlieferung Hinweise auf Rohstoffgewinnung so außerordentlich knapp sind.

Die Einführung des *Silbers* als Grundlage der karolingischen Währung oder auch als Basis für die englische Münzprägung in Gestalt der Sceattas beruht auf dem genügenden Vorhandensein von Silber sowie auf einem Wandel des Handels- und Zahlungssystems, das anstelle der hochwertigen Goldmünzen nun gängigere Werte in Silber brachte. Es wird die Frage aufgeworfen, woher dieses Silber

stammt. Berechnungen über Stempelanzahl und Benutzungsdauer haben erstaunliche Mengen an gemünztem Silbergeld für das 8. und 9. Jahrhundert in England und ebenso auf dem Kontinent erbracht. Die mit dem 9. Jahrhundert einsetzenden umfangreichen und zahlreichen Silberschätze in den Ländern des Nordens und Ostens bestätigen dies. Dort besteht seit dem 9. Jahrhundert nördlich und östlich der Grenzen des fränkisch-karolingischen Reiches in Skandinavien und in den Ostseeländern der Slawen ein Währungssystem, das auf gewogenem Silber beruht: Feinwaagen und genormte Gewichtssätze dienten dazu, Silber in Form von Münzen aus den islamischen Ländern, aus England und dem Fränkisch-Karolingischen sowie Deutschen Reich, Schmucksilber und Barren in beliebig gestückelter Form beim Zahlungsvorgang zu wiegen. In Gestalt von Hacksilberschätzen wurden erstaunlich viele Hortfunde entdeckt.

Im Westen basierte das Währungssystem auf gemünztem Silber, wobei aus einem Pfund bzw. einer Mark eine bestimmte Anzahl von Münzen geschlagen wurde. Abweichungen im Gewicht spielten dann bei den Einzelmünzen nur eine nebengeordnete Rolle. Die obrigkeitliche Prägung garantierte den reinen Silbergehalt.

Die große Zahl von arabischen Silbermünzen in nordischen Funden seit dem 8. Jahrhundert rief die These hervor, daß neben den engen Handelsverbindungen, die über den Norden vom Westen zum islamischen Bereich verlaufen sind – neben den unterbrochenen über das Mittelmeer – auch der Einstrom des Silbers selbst auf diesem Weg die Umgestaltung des Währungssystems im Karolingischen Reich von Gold auf Silber verursacht habe, und daß eben das dazu notwendige Silber nicht etwa aus eigenen bergmännisch ausgebeuteten Quellen, sondern durch eine in bezug auf das Währungsmetall passive Handelsbilanz gewonnen worden sei. Sture Bolin hat das Fehlen arabischer Münzen in den westlichen Ländern darauf zurückgeführt, daß diese an den Grenzen schon eingeschmolzen worden seien, eine

Argumentation, die plausibel klingt, da in den entsprechenden englischen Gebieten oder im karolingischen Bereich im Zahlungsverkehr tatsächlich nur westliche, eigene Münzen zählten und angenommen worden sind.

Hodges und Whitehouse sehen nun in der karolingischen Renaissance und dem Wiederaufleben des teuren Steinbaus für Kirchen und Pfalzen einen Vorgang, dessen Finanzierung vor dem Hintergrund der bisher geschilderten rückständigen, auf Eigenversorgung ausgerichteten Gutswirtschaft der Grundherrschaften Rätsel aufgibt. Sie sehen die Lösung in der zwischen 793 und 794 durchgeführten *Münzreform*. König Offa von Mercia und Papst Leo III. folgten dieser Münzreform, die zu höherwichtigen, glaubwürdigeren Münzen führte. Die leichten Denare von etwa 1,3 g der merowingischen Zeit, auf Normung durch »Gerstenkörner« zurückgehend, wurden durch Denare von 1,7 g abgelöst, die einem anderen Gewichtssystem entsprechen müssen, das sich auf »Weizenkörner« stützte. Grierson, dem diese These zu verdanken ist, vermutet die Quelle für mehr Silber in der neuen Inbetriebnahme von Blei-Silber-Minen. Dagegen schließen sich Hodges und Whitehouse der These von Bolin an, daß nämlich das gleichzeitige abbasidische Münz- und Gewichtssystem der Anlaß war und daß über den ausgebauten und intensivierten Ostseehandelsweg und Rußland dieses Silber auch bis zum Karolingischen Reich gelangt sei.

Zur Finanzierung der ehrgeizigen Pläne der karolingischen Renaissance und zum Wiederaufleben des modernen städtischen und staatlichen Lebens im Westen brauchten die westlichen Herrscher das *arabische Silber*, das sie im Tausch gegen die auf den Grundherrschaften, den großen Klöstern und Stiften sowie Königshöfen produzierten Güter eintauschten.

Der erstaunliche Umfang des Handels der skandinavischen Länder mit dem Osten und die verbindende Rolle über Nord- und Ostsee, die jene Völker damit übernommen hatten, ist archäologisch vielfach belegt, nicht zuletzt durch die Ausgrabungen.

Aber gerade die Silberschätze des Nordens mit arabischen, später englischen und westlichen-deutschen Münzen belegen, daß der Norden erst einen wirtschaftlichen Stand erreicht hatte, der einer Investierung allen eingehandelten Silbers Grenzen setzte und zur Hortung als Statussymbol führte. Somit spiegeln die Schatzfunde und die Handelsplätze des Nordens den Aufstieg von Wirtschaft, Produktion und Handel im Westen und im Osten, sind aber weniger Voraussetzung. Wenn im Karolingischen Reich derartig viele begehrte Produkte wie Keramik, Mühlsteine, Waffen erzeugt worden sind, um damit schlicht als Bezahlung über den Norden und auch auf den anderen Wegen Silber zu sammeln, dann wäre diese Wirtschaft auch in der Lage gewesen, im eigenen Land alte Bergwerke wieder in Betrieb zu nehmen und neue zu öffnen, um Silber für das Währungssystem selbst zu gewinnen. Gerade die neue Organisation des Zahlungswesens und die Münzreformen legen die Vermutung nahe, daß neben den anderen neuen Leistungen auch die Gewinnung und Verhüttung von Edelmetall einen neuen Stand erreicht hatte, der in den Schriftquellen nicht ausreichend und durch die archäologischen Quellen noch nicht beleuchtet wird.

Man kann also mit guten Gründen die Meinung vertreten, daß diese Umstellung der Währung auf Silber auch Zeichen veränderter wirtschaftlicher Struktur ist. Gold läßt sich in Europa bergmännisch nur in begrenztem Umfang hinzugewinnen, während Blei-Silber-Lagerstätten wesentlich zahlreicher und leichter auszubeuten sind. Da der eigene Bergbau inzwischen genug Silber lieferte, konnte man dieses Metall als Basis des Währungssystems wählen und wurde unabhängig von der Goldwährung des byzantinischen und frühen arabischen Ostens, wurde aber auch unabhängig vom Silberimport aus dem Orient. In karolingischer Zeit, vielleicht schon in der späten merowingischen Zeit wird auch auf dem Gebiet der Rohstoffversorgung und Metallgewinnung ein neuer Aufschwung sichtbar.

Für die Merowingerzeit ist eine Rohstoffquelle von recht entscheidender Bedeutung gewesen, die ausreichend Material zur Verfügung stellen konnte, auch wenn sie sich einmal erschöpfen mußte: Rohstoffe aus Ruinen.

Für die wirkungsvollen Waffen und den prachtvollen Schmuck brauchten die Handwerker der germanischen Reiche Rohstoffe unterschiedlichster Art. Durch Tribut und Beute, den Raub fremder Königsschätze und auch durch Soldzahlungen wurde zwar von Anfang an der Bedarf an Edelmetall durchaus gedeckt, wobei daneben gerade Geschenke – doch zumeist auf ranghoher Ebene – eine nicht zu gering veranschlagende Rolle gespielt haben, wie Ph. Grierson in seinem überzeugenden Beitrag »Commerce in the Dark Ages« (1959) belegen konnte. Doch all das war im Grundsatz nur eine Umverteilung des vorhandenen Rohstoffs, die die Gesamtmenge nicht erweiterte. Vielmehr hat die Reihengräbersitte mit dem extensiv getriebenen Beigabenbrauch zu einem ständigen Abfluß von Edelmetall und anderen Rohstoffen in die Erde geführt. Es lohnt sich, den Umfang einmal abzuschätzen. Geht man davon aus, daß im Bereich der Reihengräberzivilisation, zu der in Mitteleuropa die Gebiete der Franken, Alemannen, Thüringer, Bajuwaren und im Süden die der frühen West- und Ostgoten und später die der Langobarden gehört haben, nördlich der Alpen etwa 3 Millionen Menschen lebten, die nach ihrem Tod gemäß diesem Brauch begraben worden sind, berücksichtigt man, daß dieser Brauch 200 Jahre lang herrschte – etwa von 500 bis 700 –, bezieht man die geringere Lebenserwartung jener Zeit mit ein und die entsprechende Sterblichkeitsrate, dann sind in jenen beiden Jahrhunderten mindestens 25 bis 30 Millionen Gräber entstanden, von denen bis heute insgesamt höchsten 120 000 ausgegraben worden sind. Der Verlust an »Volksvermögen«, an Waffen und Schmuck, ist ungeheuer, auch wenn manche nur wenig Beigaben mitbekommen haben. Um all diese Gräber standesgemäß mit Beigaben auszustatten, reichten die Tri-

bute aus Byzanz oder die Schätze der Nachbarn kaum aus. Wenn auch nur 10 % der merowingerzeitlichen Damen Fibeln aus Edelmetall oder Bronze mit ins Grab bekommen haben, davon vielleicht die Hälfte aus Silber, so würden insgesamt bei einem Gewicht von nur 50 Gramm pro Schmuckausstattung rund 37 500 kg Metall benötigt werden. Pro Jahr mußte dann allein für die Grabausstattung eine Silbermenge von etwa 180 kg beschafft werden. Das spätantike Silbergeschirr im Grab des angelsächsischen Königs bei Sutton Hoo macht ein Gewicht von 10 kg aus, das zur Herstellung von 100 bis 200 Fibelpaaren ausreichen würde. Der 66 g schwere Goldarmring aus dem Grab der Dame unter dem Kölner Dom, im Grunde ein Metallbarren, entspricht bei einem Wertverhältnis von Gold zu Silber von 1 : 10 rund 660 g Silber, was für 13 Paar Silberfibeln reichen würde.

Waren jedoch die germanischen Krieger nicht unmittelbar an der Verteilung einer großen Beute oder eines Tributs beteiligt, dann mußten sie für die Handwerker nach anderen Rohstoffquellen ausschauen. Viele saßen gewissermaßen unmittelbar auf solchen, das waren die alten römischen Siedlungen und Gräberfelder. Eine römische Stadt wie z. B. Köln, einst von 20 000–40 000 Menschen bewohnt, stellte massenhaft Ruinen aller Größenordnungen und zahllose Gräber zum Ausplündern zur Verfügung, und das für eine wesentlich geringere Bevölkerungsmenge als zur römischen Zeit dort gelebt hatte. Baumaterialien wurden aus römischen Städten – wie beispielsweise Xanten am Niederrhein – noch in der Neuzeit verkauft und standen immer zur Verfügung, wurden aber – was den Stein betraf, von den Germanen nicht benötigt. Was die Germanen aus den Ruinen holten, waren *Metalle*. Eisen und Blei, manchmal auch Bronze, dienten zum Zusammenhalten der Steinblöcke oder zur Verkleidung von Denkmälern. Dieses Metall wurde systematisch herausgebrochen und weiterverarbeitet. Noch unerschöpflicher waren aber die Gräberfelder einer römischen Stadt. Aus drei Jahrhunderten römischer Zeit müssen rund um eine Stadt, die 20 000–40 000 Einwohner hatte, etwa 150 000 Bestattungen vorhanden sein. Vielen Toten gab man zur Römerzeit auch Beigaben mit, und zwar kostbaren Schmuck, vor allem aber Eß- und Trinkgeschirr aus Keramik und Glas. Es war also wesentlich einfacher für die wenigen Germanen, aus diesen Gräbern die Luxusgüter herauszuholen, die Bronzegefäße und Gläser für die eigene Tafel zu benutzen, als teuer über den Fernhandel diese Dinge aus Byzanz zu kaufen oder sie gar selber herzustellen zu versuchen. Die *Gräber* konnten auch systematisch beraubt werden, da sie einem fremden, unterlegenen Volk angehörten. Ein blühender »Handel« mit Kulturgut aus Ruinen und Gräbern muß existiert haben, dafür sprechen die zahlreichen Gegenstände aus römischer Zeit in fränkischen Gräbern, aber auch Nachrichten in der schriftlichen Überlieferung. Kirchliche Segensformeln, die aus dem 8. Jahrhundert überliefert sind, sog. *Benediktionen*, nennen ausdrücklich antike Gefäße, die für den neuen Gebrauch erst geweiht werden müssen. Es gibt die »Benedictio vasorum veterum« (der alten Gefäße) oder die »Benedictio super vasa reperta in antiquis locis« (über Gefäße, die an alten Siedlungsplätzen gefunden worden sind). Die Überreste heidnischer Ansiedlungen, Ruinen von Mauern und Häuser sowie Friedhöfe wurden als Sitz des Teufels betrachtet und gemieden. Damit waren auch alle Dinge aus heidnischen Ruinen und Gräbern unrein, dämonisch und vom Teufel beherrscht und mußten also erst geweiht werden, um sie im kirchlichen und weltlichen Leben wieder verwenden zu können. Das aber ließ sich arrangieren, denn auf die kostbaren Gegenstände wollte man nicht verzichten. Die häufige Aufzeichnung derartiger Segensformeln noch im 8. Jahrhundert spricht für eine entsprechende Grab- und Ruinenplünderung noch in dieser späten Zeit.

Dabei ging es tatsächlich vor allem um alte *Römergräber* und nicht etwa um die Gräber der eigenen germanischen Vorfahren. Diese sind aber seit dem 7. Jahrhundert ebenfalls in großem Umfang ausgeplündert worden. Doch stehen andere Ursachen dahinter, über die noch gesprochen werden soll.

Auch Theoderich des Großen Anordnung, Gräber nach Gold und Silber zu durchsuchen und das dabei gefundene Edelmetall an die Verwaltung abzuliefern, geht auf einen zeitlich begrenzten Notfall zurück, als wegen eines Krieges gegen Franken und Burgunder Geld dringend notwendig war. Doch diese Anordnung wirft ein bezeichnendes Licht auf die Bewertung der *Grabbeigaben*. Es heißt dort: »Es ist ein Gebot der Klugheit, in der Erde verborgene Schätze zum menschlichen Nutzen zurückzuholen und Gebrauchsgegenstände von Lebenden nicht als Besitz von Toten anzusprechen, weil sie, wenn sie vergraben sind, sowohl uns verloren gehen, als auch den Toten in keiner Hinsicht zu künftigem Vorteil belassen werden ... Und deshalb ordnen wir mit wohlüberlegtem Befehl an, daß Du Dich unter amtlichen Zeugen an jenen Ort begibst, wo dem Vernehmen nach besonders viele Schätze verborgen sind; und wenn angebliches Gold oder Silber durch Dein Nachforschen entdeckt sein wird, so sollst Du es getreulich als öffentlichen Gewinn beschlagnahmen, jedoch so, daß ihr die Hände von den Totengebeinen laßt, weil wir nicht wollen, daß man nach Bereicherungen strebt, die nur durch Grabschändungen erreicht werden können. Aufbauten sollen die Gebeine bedecken, Säulen oder Marmor die Gräber schmücken: Schätze sollen die Verstorbenen nicht behalten, weil sie uns damit Gebrauchsgegenstände zum Leben hinterlassen haben. Gold wird nämlich mit Recht denjenigen Gräbern entzogen, zu denen kein Besitzer vorhanden ist. Im Gegenteil, es ist fast schuldhaft, durch nutzlose Verbergung das im Besitz von Toten zurückzulassen, wovon sich der Lebensunterhalt von Lebenden bestreiten läßt. Es ist nämlich keine Habgier, Dinge zu rauben, deren Verlust kein Besitzer beklagen kann.« Grabschändung ist also verboten, aber die Gebrauchsgegenstände aus Bestattungen, die keiner mehr kennt, zu bergen und wieder zu nutzen, das ist erlaubt. In diesem Sinne werden alte römische Gräberfelder mit ihren

Grabdenkmälern willkommene Rohstoffquelle der Germanen gewesen sein.

Im Fürstengrab von Krefeld-Gellep am Niederrhein wurden neben prächtigen Waffen und Reitzeug eine Bronzekanne und zwei römische Gläser, aus dem 4. Jahrhundert stammend und damit schon 200 Jahre alt, gefunden. Auch die vornehme Dame aus dem Grab unter dem Kölner Dom hatte »Altmaterial« bei sich. Sie trug einen prächtigen römischen Fingerring, der für ihre Hand extra enger gemacht worden war. Römische Schmucksteine, Gemmen, zieren sehr häufig fränkische Ringe und Scheibenfibeln. Auch der Herr aus dem Krefelder Fürstengrab trägt eine solche Gemme in prunkvoller Fassung. Ähnlich wie die Germanen kam auch der berühmte Goldschmied der Renaissance Benvenuto Cellini (1500–1571) zu manchem Rohstück für seine Schmuckarbeiten. In Goethes Übersetzung seiner Selbstbiographie heißt es: »Bei dieser Gelegenheit hatte ich auch die Bekanntschaft mit Antiquitätensuchern gemacht, die den lombardischen Bauern aufpaßten, welche zu bestimmten Zeiten nach Rom kamen, um die Weinberge zu bearbeiten, und im Umwenden des Erdreichs immer alte Medaillen, Achate, Prasem, Karniole und Kameen fanden … Ich verhandelte diese Dinge wieder, und so … machte ich mir doch dadurch fast alle Kardinäle zu Freunden.« Aber auch schlichte spätrömische Keramik, vor allem Teller und Kännchen, wanderten aus den Gräbern über den fränkischen Haushalt erneut in jetzt fränkische Bestattungen. Wozu sollte man eigene Keramik herstellen, wenn genug recht einfach auszugraben war? Vor allem für Gläser trifft das natürlich zu. Auch spätrömische Silberlöffel, die nicht selten in germanischen Gräbern gefunden werden, oftmals mit römischer Inschrift, werden auf gleichem Wege vom römischen wieder in ein fränkisches Grab gewandert sein. Auch Kleinkram wie römische Münzen, Spielsteine, Schlüssel, Perlen und Glöckchen findet man in fränkischen Gräbern. Römische Gräberfelder im Rheinland lassen das Verfahren der fränkischen Materialsucher besonders

deutlich werden. Dort räumte man die römischen Sarkophage aus und verwendete sie sekundär für die eigenen Toten. Was man beim Ausräumen fand, wurde weiterverarbeitet. Die Franken brauchten die römische Stadt nicht und lebten nicht in ihr, aber sie nutzten sie. Betrachtet man sich römische Großbauten wie die Porta Nigra in Trier, dann sieht man die zahlreichen eingeschlagenen Suchlöcher, durch die man an das Material Eisen oder Blei der Verklammerungen gekommen ist. Ein solches Bauwerk hat beträchtliche Mengen dieser Rohstoffe geliefert: Daraus ließen sich einige Dutzend Waffen schmieden und fast das Blei gewinnen, um ein Kirchendach zu decken.

Die Vereinfachung des wirtschaftlichen Gefüges in der Zeit zwischen Theoderich und Karl spiegelt sich jedoch auch unmittelbar in der geringer werdenden Vielfalt der Handwerksarten, verbunden mit dem Oberbegriff *artifex* oder *faber*. Ein im Namen Konstantins 337 verkündetes Gesetz unter dem Titel »De excusationibus artificum« (Über die Steuerbefreiung von Handwerkern) nennt 35 Berufsgruppen, während die lateinische Sprache natürlich sogar hunderte von Bezeichnungen kennt, wie H. von Petrikovits zusammengestellt hat.

Die gleiche Zusammenstellung anhand der merowingerzeitlichen Schriftquellen durch D. Claude zeigt eine weit geringere Zahl von Handwerksgruppen, wobei noch berücksichtigt werden muß, daß das kaiserliche Gesetz nur die für öffentliche Belange besonders wichtige Berufe nennt. Für das 4. bis 7. Jahrhundert sind demgegenüber im Osten, für die ägyptische Kleinstadt Oxyrhynchos in einem Papyrus noch 90 verschiedene Berufe belegt.

Für die Merowingerzeit werden im Westen genannt: Bäcker (pistores), Bauhandwerker (caementarii, architecti, structores), Steinmetze (lapidarii), Müller (molendinarius, molinarius), Glasmacher (vitri factores, vitrarii), Kunstmaler (pictores), Glockengießer, Wollweber oder Wollkämmer (lanarius, artifex lanarius), Schneider, Schmiede (fabri), Goldschmiede (aurifex, faber aurifex), Silberschmiede (argentarii), Münzer (monetarii), Schreiner (faber lignarius, lignorum artifices), Stellmacher oder Zimmerleute (carpentarii), weiterhin aus dem Bereich der Landwirtschaft Gärtner (ortolanus, hortulanus), Kuhhirten (vaccarii), Schäfer (pastor ovium, verbecarii), Schweinehirten (custos suillae, custodes porcorum, porcarii), Wächter der königlichen Pferdeherden (custodes iumentorum fiscalium) und Winzer. Bedenkt man dabei noch, daß einige dieser Handwerksarten, vor allem aus dem Bauwesen, auf den romanischen Bereich oder gar den Süden begrenzt vorzukommen scheinen, dann wird die Liste noch kürzer. Andererseits haben aber die Archäologen weitere Handwerksarten nachgewiesen, die in den Quellen nicht genannt werden, z. B. die Kammacher und Knochenschnitzer, die Drechsler, Böttcher, die Töpfer, sogar die Waffenschmiede und auch die Schmuckhersteller, wenn dies nicht in das Gebiet der Argentarii oder Aurifices fällt.

Die Einschränkung der Berufszweige im handwerklichen Bereich läßt sich nicht einfach dadurch erklären, daß tatsächlich viele Handwerksarten verschwunden sind oder daß eine Überlieferungslücke besteht, sondern eher durch die völlig neue gesellschaftliche Einordnung der *Handwerker*. Während in römischer Zeit die Gewerbe überwiegend in den Städten angesiedelt und dort konzentriert waren und nur in geringem Maße auch auf den großen Landgütern, den Villae, so verlagert sich in der Merowingerzeit die handwerkliche Produktion auf das Land und ist eingebettet in die Organisation der großen Höfe und der entstehenden Grundherrschaften von König, Adel und Kirche. Wahrscheinlich gab es auf den großen Höfen auch keine so spezialisierten Handwerker wie im antiken Sinne, sondern Angehörige der Familie der Grundherren betrieben die Handwerksarten, die gebraucht wurden, produzierten das für den Eigenbedarf notwendige Gerät. Dieser »Niedergang« des vielfältig aufgesplitterten Handwerks ist Spiegel des Niederganges der Städte; denn keine städtische Gesellschaft kann ohne Schlachter, Bäcker, Schneider, Gerber, Tisch-

ler, Steinmetze auskommen. Die zunehmende ausschließliche Selbstversorgung der großen Landgüter raubt dem selbständigen Handwerk die Existenzgrundlage. Der größte Teil der merowingerzeitlichen Handwerker war unfrei, und nur in den stark romanisierten Landschaften lebten freie Handwerker in geringer Zahl weiter.

In der Gesellschaft des Frankenreichs galt zudem der Handwerker nur wenig und wurde zum niederen Volk gezählt, sogar die Spezialisten wurden gering geachtet, handwerkliche Tätigkeit »schändete«. Das paßt nicht zum kriegerischen Lebensstil. Dagegen sprechen auch nicht die Goldschmiedeübungen eines Merowingerkönigs oder die Geschichte des Goldschmiedes und späteren Bischofs von Noyon Eligius. Gerade als Ausnahmen werden sie in den Schriftquellen genannt. Denn man vergißt leicht, daß zwar Gold geschätzt wurde, aber nur als Metallgewicht zählte, während noch so kunstfertige Produkte keine neue Wertschöpfung darstellten, sondern bei Bedarf beliebig wieder eingeschmolzen wurden. Allein gute Schwerter wurden immer als besonders wertvolle Erzeugnisse der Waffenschmiede anerkannt und konnten den Rang von Individualität erreichen: Schwerter hatten Namen.

Die gegenüber der Antike noch gestiegene Geringschätzung wurzelt in der neuartigen, aristokratisch geprägten Kultur der Frankenzeit. Bester Beweis ist, daß unter den vielen zehntausend beigabenführenden Männergräbern der Merowingerzeit nur verschwindend wenige Handwerksgeräte enthalten haben. Der Bereich manueller Tätigkeit konnte nicht zur Repräsentation dienen, auch wollte man einer solchen Tätigkeit sicherlich nicht im Jenseits nachgehen. Ganz anders war die Rolle von Waffen und glänzendem Schmuck, die unmittelbar Spiegel der aristokratischen Lebensauffassung jener Zeit waren.

Waren in römischer Zeit die Handwerker in Korporationen, *collegia*, zusammengeschlossen, so fiel mit dem Ende des Weströmischen Reiches der gesetzliche Zwang zur Bildung »solidarisch haftender

Leistungsgemeinschaften« weg. Der Verfall der Collegia in der ersten Hälfte des 5. Jahrhunderts beschleunigte sich zusehends. Erst in karolingischer Zeit leben die Gilden als soziale Gruppierung wieder auf. Sie werden in Quellen des 8./9. Jahrhunderts erstmals wieder faßbar, in erster Linie aber als Kaufmannsgilden, und zwar indirekt bezeugt, da sie als unabhängige örtliche Schwurgemeinschaften im ausgehenden 9. Jahrhundert vom König verboten wurden.

Schon im 3. Jahrhundert begann die langsame Verlagerung des Schwergewichts wirtschaftlicher Tätigkeit von der Stadt auf das Land, zum großen *Grundbesitz*, parallel mit einer Bedeutungszunahme des Agrarsektors überhaupt. F. G. Maier spricht von »graduellem Übergang von der städtischen Zivilisation zur Lebensform der großen Güter«. Die *Güter* zogen denn auch die gewerbliche Produktion direkt an, produzierten in erster Linie für den Eigenbedarf, dann für die Region, denn die »Gutsindustrie sollte zusätzlichen Profit verschaffen«. Damit schließt sich der Kreis: Auch im germanischen Gebiet ist die Grundstruktur seit dem 3. Jahrhundert, wie gezeigt wurde, auf dem gleichen Stand angekommen.

Natürlich gibt es Ausnahmen zu diesem streng gezeichneten Bild, vor allem im Süden am Mittelmeer. Auf die Reste von Bergbau wurde hingewiesen, Salzgewinnung sei noch genannt, dann die Bauindustrie, die durch den auflebenden Kirchenbau die Chance zur Weiterexistenz fand.

Parallel zur Vereinfachung des handwerklichen Produktionssektors ist auch ein massiver Rückgang des *Handels* in jeder Form zu konstatieren. Der Rückgang des Fernhandels, über den besonders H. Pirenne ausführlich geschrieben hat, setzt aber nicht, wie er zu beweisen sucht, durch die arabische Expansion bedingt im 7. Jahrhundert ein, sondern schon in der Krisenzeit des 3. Jahrhunderts und bleibt dann auf einem niederen Niveau über Jahrhunderte gleich. D. Claude erläutert dies am schärfsten. Seit dem 4. Jahrhundert verringert sich die Ladekapazität der Schiffe, wobei nicht sicher ist, ob der allgemeine Bevölkerungsrückgang für geringeres Frachtaufkommen und damit geringere Ladekapazität sorgte, oder ob die technischen Kenntnisse zum Bau großer Handelsschiffe verloren gingen. Während Regelungen noch des 2. Jahrhunderts als Mindestgröße für Getreideschiffe 50 000 Modii vorsahen, wählte Theodosius II. im Jahr 439 den Weg, alle Schiffe von mehr als 2000 Modii zu staatlichen Transportleistungen heranziehen zu lassen, da er nicht den Bau größerer Schiffe erzwingen konnte. Seit dem 5. Jahrhundert belegen die Schriftquellen auch, daß verstärkt reine *Küstenschiffahrt* betrieben wurde und Fahrten über die offene See zurückgingen, vielleicht verursacht durch die kleiner gewordenen, weniger sicheren Segelschiffe. Schiffe, die mehr als 70 oder gar 200 bis 300 Tonnen laden konnten, waren die Ausnahme, und alle stammten aus dem östlichen Mittelmeergebiet. Der Transport der 470 Tonnen schweren Deckplatte für das Grabmal des Theoderich war vielleicht die schwerste Last, die überhaupt noch verschifft werden konnte.

Die *Schiffe* nahmen 15 bis 25 Bewaffnete neben der kleinen Besatzung auf; 44 Mann auf den Schiffen des Vandalenkönigs Gelimer waren schon viel, und der Transport von 100 Sklaven auf einem Schiff während des 7. Jahrhunderts ist nur denkbar, weil menschliche Fracht äußerst dicht gedrängt verladen werden konnte. Im Norden fehlten überhaupt entsprechende Segelschiffe, und Ruderer trieben die Boote voran, was dazu führte, daß eine relativ große Besatzung wenig Leute und Waren transportieren konnte. Seegängige Schiffe wie das Boot von Utrecht brauchten 24 Ruderer, d. h. während römische und byzantinische Schiffe neben dem Händler drei oder vier Seeleute zur Handhabung benötigten, waren für die Ruderschiffe der Nord- und Ostsee bis zu 24 und mehr Seeleute notwendig. Seegängige Schiffe mit hohem Bord und großer Ladekapazität – neben den wendigen wikingerzeitlichen Kriegsschiffen – und starkem Kiel, der einen hohen Mast für Segel aufnehmen konnte, entstanden im Norden erst um die Jahrtausendwende, und auch im Mittelmeer erscheinen erst im 11. Jahrhundert wieder größere Schiffe. Noch im 11. Jahrhundert verfügte Venedig nur über kleine Schiffe mit – den Händlern bewußt – zu kleiner Ladekapazität. Zwangsläufig erklärt sich daraus, daß über das Meer nur *Fernhandel* mit *Luxusgütern*, möglichst von geringem Gewicht betrieben werden konnte.

Da die Gesellschaft in den Jahrhunderten zwischen Theoderich und Karl d. Gr. zur Selbstversorgung übergegangen war, brauchte der Handel über größere Strecken auch nur noch wenige lebensnotwendige Dinge und Luxusgüter, die es zu Hause nicht gab, zu verteilen. Salzhandel ist über mittlere Distanzen immer wichtig gewesen und wird auch weiter organisiert worden sein. Aus mitteleuropäischen Quellen wissen wir, daß noch im 8./9. Jahrhundert auch dieser Salzhandel an die Grundherrschaft gebunden war, d. h. in grundherrschaftlichen Salinen wurde *Salz* für den Eigenbedarf gesotten und dann innerhalb der weit gestreuten Besitzungen einer solchen Grundherrschaft verteilt, und auf dem Gegenweg wurde parallel dazu Keramik von anderem Herstellungsort auf diese Weise verteilt. Luxusgüter waren *Papyrus, Seidenstoffe* oder byzantinischer *Goldbrokat.* Davon konnte man auch auf kleinen Schiffen ausreichende Mengen aus dem Orient heranschaffen. Auf gleiche Weise kamen *Bronzegefäße,* byzantinische *Gläser* und auch der Schmuckedelstein *Almandin* ins Fränkische Reich, wo die Fundverteilung von Bronzegeschirr in Gräbern als Beigaben auf der Karte die Handelswege über die Alpen oder dann über das Rhonetal in den Norden den Rhein entlang nach England markiert.

Seit der spätrömischen Zeit sind Luxusgüter aber auch in den Norden verhandelt worden, wie Gläser und Waffen bezeugen; gerade empfindliches und wertvolles *Glas* ist von der spätrömischen über die fränkische bis in die karolingische Zeit eigentlich kontinuierlich in den Norden exportiert worden. Dagegen setzt der Handel mit schwerem Gut erst in karolingischer Zeit wieder ein, wie archäologisch einwandfrei nachweisbar die Reste schwerer Mühl-

steine aus Mayener Basalt, bei Koblenz in der Nähe des Rheins am Eifelrand gebrochen, in Funden bis England, Mitteldeutschland und Dänemark belegen. Daß der Fernhandel mit Luxusgut das westliche Europa überspannte, geht indirekt auch aus der Verbreitung von *Goldmünzen* hervor: Im Handelsplatz Helgö in Mittelschweden sind aber nicht nur Goldmünzen aus der Prägeanstalt Theoderichs des Großen in Ravenna gefunden worden, sondern auch ein italisches Bronzegefäß.

Goldmünzen können natürlich auch auf ganz anderem Weg, nämlich als Tribut, Beute oder Geschenk ihren Weg zu den Germanen und immer weiter bis in den Norden gefunden haben. Ph. Grierson hat diesen Aspekt des Gütertausches und der Verbreitung von wertvollen Gegenständen als den entscheidenden Faktor, der wesentlich wichtiger war, als jeder Luxusfernhandel, angesehen. Die kostbaren Helme, Ringschwerter und Bronzegefäße mögen tatsächlich auf diesem Weg des *Geschenks,* der Vergabe als Lohn an den Gefolgschaftskrieger ihre weite Verbreitung über das westliche Europa gefunden haben.

Die Schriftquellen deuten es an und die archäologischen Befunde beweisen es, daß der Handel – wie andere Wirtschaftszweige auch – im 4./5. Jahrhundert stark zurückgegangen ist, auf bescheidener Ebene weiter existiert und dann im 8. Jahrhundert mit den Karolingern einen stetigen Aufschwung erfährt, als dessen Folge auch die Stadt wieder entsteht.

Die Wiederentdeckung des Steinbaus – Pfalzen und Kirchen

Die Pause, verbunden mit einer Abkehr von der antiken Zivilisation und Lebensweise, die im geschichtlichen Prozeß unter Vorstellungen von »Fortschritt« zwischen der Zeit Theoderichs des Großen und Karls des Großen eingetreten ist, wird gerade auch auf dem Feld des Steinbaus und der Monumentalbauten sichtbar. Es geht an dieser Stelle nicht darum, die kunstgeschichtliche Entwicklung von der Antike zum Mittelalter nachzuzeichnen – das ist in Handbüchern zur Kunstgeschichte vielfältig nachzulesen –, sondern nur darum, die Sprünge im Entwicklungsgang zu markieren.

Dabei gibt es im Bereich der Mittelmeerländer, vor allem in Italien und auch in Südfrankreich, sehr viel mehr Kontinuitätsstränge als auf dem Boden des späteren Karolinger-Reiches. Doch betrachtet man die Entwicklung von hier aus, so werden die Veränderungen besonders deutlich.

Türmt man nicht in Trockenmauer-Bauweise Steine aufeinander, um eine schlichte Kirche zu errichten, wie das vielfach geschehen ist, sondern versucht man, einen Bau auch ästhetisch zu schmük-ken und als Ganzes zu gestalten, dann ist der Steinmetz notwendiger Handwerker. Aber gerade die Steinmetz-Kenntnisse gehen mit dem Untergang des Römischen Reiches im Westen rasch verloren. Es genügt dabei, auf die über diese Zeit hinaus entstandenen Grabsteine zu blicken. Die Kenntnis des Meißelns von Inschriften geht schon in spätrömischer Zeit in den nördlichen Provinzen zurück. Grabsteine aus dem Kölner Gebiet zeigen, wie ungelenk die einzelnen Buchstaben geschrieben und wie grob über den Stein gestreut die Zeilen erscheinen. Diese Hilflosigkeit bei der Anfertigung von Gedenkinschriften verstärkt sich noch bei den Germanen. Während Ornamentik auf Metallschmuck exakt gearbeitet wird, sehen die Inschriften verwildert und die Darstellung von Menschen wie Strichmännchen-Zeichnungen aus. Der Verlust an Schriftlichkeit zeigt sich auch daran, daß – wie erwähnt – sogar die Münzmeister nicht mehr korrekt die Münzinschriften schneiden konnten; auch die Gürtelschnallenhersteller beherrschten die Schrift nicht mehr, obwohl sie anscheinend in Klosterwerkstätten arbeiteten und christliche Texte in Schnallen gravierten, die beiderseits des Jura im nördlichen Burgundergebiet gefunden worden sind. Schrift erscheint aber auch immer nur in einem spätrömischen und später romanischen Zusammenhang als

vergeblicher Versuch, antike Lebensformen zu tradieren. Die germanischen Stämme scheinen bewußt auf diese Seite von Darstellung zu verzichten.

Der *Steinbau* gehört grundsätzlich nicht zur germanischen Lebensweise, was Wohnhäuser, Befestigungen oder auch technische Einrichtungen angeht. Allein die Kirche baut in antiker Tradition weiter die Gotteshäuser aus Stein. Doch auch darüber wissen wir sehr wenig aus den Jahrhunderten zwischen Theoderich und Karl. E. Lehmann formuliert das in der Gedenkschrift für Karl den Großen kurz so: »Keine merowingische Kathedrale steht noch aufrecht, kein geschlossener Fundamentplan einer größeren merowingischen Kirche ist bisher ergraben. Bekannt sind nur Fundamentreste und literarische Zeugnisse, Quellen also, die ihrem Wesen nach vieldeutig sind.« Die Könige der Germanenreiche bauten *Kirchen*, in Italien, Spanien und auch im Kern des Frankenreiches aus *Stein*. Von Theoderich sind seine Kirche S. Apollinare Nuovo, sein Palast und sein *112, 113* Grabmal in Ravenna eindrucksvolle Bauzeugnisse, die aber in antiker Tradition stehen und vom byzan- *116-119* tinischen Kaiser später umgeformt werden. Im Westgotenreich baute Leovigild Reccopolis mit Palast und Kirche in antiker Tradition. Aus dem 7. Jahrhundert kennen wir dann kleinere Kirchenbauten in Stein, so San Juan de Baños in der Provinz *129-134* Palencia, das Rekkesvinth 661 gestiftet hat, oder San Pedro de la Nave bei Zamora, das um 700 begonnen *143-148* worden sein wird. Säulen wurden aus antiken Bauten geholt und weiterverwendet, aber mit westgotischen Kapitellen versehen, so bei San Juan. Im Frankenreich entstand das Baptisterium Saint-Jean in Poitiers im 5. Jahrhundert, wurde aber im 7. Jahrhundert um- und ausgebaut; die Abtei von Notre Dame in Jouarre überliefert eindrucksvolle Bauelemente der Merowingerzeit; die Merowingerkönige bauten ihre Grabkirchen, von denen jedoch wenig erhalten geblieben ist. Von St. Denis bei Paris sind es Chorschrankenplatten, wie sie sogar weitab im Nordharzgebiet durch die Reitersteine von Hornhausen auch überliefert sind. Erinnert sei auch an die Gruft des

Abtes Mellebaudus in Poitiers, mit den Verzierungen in Tierornamentik. Immer wieder wurden auch römische Bauwerke umgestaltet zu Kirchen, oder Bauelemente wurden entnommen, um Kirchen zu zieren. Es gibt also eine Baukunst der Merowingerzeit, auch eigenständige Schöpfungen zur Kapitell-Gestaltung, den Chorschranken, dem Relief und auch der Plastik. Aber all das ist gebunden an wenige Zentren mit kirchlicher und herrschaftlicher Tradition. Daß Steinbearbeitung in speziellen Bereichen gepflegt wurde, belegen die Sarkophage, ornamental oder figürlich geschmückt, in zahlreichen merowingerzeitlichen Kirchen. Werkstätten in Aquitanien und auch in Lothringen waren auf diese Steinbearbeitung und den Export seit dem 7. Jahrhundert spezialisiert, so wie für den Alltagsbereich Mühlsteine aus Eifel-Steinbrüchen seit der frühen Karolingerzeit verhandelt wurden, gebrochen in Steinbrüchen, die seit der römischen Zeit in Betrieb waren und vielleicht – archäologisch nicht sicher belegt – über alle Jahrhunderte hin in geringem Umfang weiter produziert hatten, ehe in karolingischer Zeit der Aufschwung einsetzte.

Qualitätvoller Steinbau blieb jedoch bis zur Zeit Karls des Großen eine Ausnahme. Auch im weltlichen Bereich, im Befestigungswesen, gibt es keine Mauer- und Torbauten. Römische Stadtmauern waren für die Merowingerzeit zu weit, wurden nicht genutzt und nicht verteidigt und standen nur als Ruinen herum. Krieg spielte sich in anderer Form ab.

Alles änderte sich durch Karl den Großen. Im Osten gegen die Sachsen entstehen Burganlagen, umwehrt mit Mauern, verstärkt durch Türme und aus Stein gebauten Toren. Im Befestigungsbau wird im Karolingerreich der Einsatz von Stein wieder zur Regel. Karl entfacht nicht nur ein vielseitiges Bauprogramm, das sein Biograph Einhard anschaulich bewertet, sondern er knüpft bewußt an die antiken Bauformen an und ahmt sie nach, nicht nur durch Verwendung antiker Bauteile. In seiner Pfalzkapelle in Aachen ahmen die Bronzegitter der Empore antike Vorbilder nach, Porphyrsäulen werden aus Ravenna herangeschafft, die Lorscher Torhalle erscheint nicht nur wie ein römischer Triumphbogen, sondern die Kapitelle am Fassadenschmuck imitieren antike Vorlagen ebenso wie die mosaikartig eingesetzten Steinplatten dieser Fassade. Die Anlage der Pfalzen in Aachen und Ingelheim ist nach antiken Palästen geplant, und auch der Innenschmuck – sei es in der Lorscher Torhalle oder in der Ingelheimer Pfalz – will antike Qualität erreichen. Einhard spricht in seiner Vita Karoli Magni von zwei herrlichen Palästen, die Karl zu bauen beginnt (Inchoavit et palatia operis egregii), und nennt zuerst Ingelheim und dann Nymwegen. Ermoldus Nigellus preist in einem Ludwig dem Frommen gewidmeten Gedicht den Ingelheimer Palast und vor allem die zwei Zyklen von Wandbildern, wobei nicht entschieden ist, ob es sich um Fresken oder Mosaik handelte, sowie die Bauten mit 100 Säulen, 1000 Türen und 1000 Kammern. Ob der Dichter je in Ingelheim war, ist zweifelhaft; aber die Bedeutung der Pfalz hatte er erfaßt.

Einhard schreibt auch, daß Karls Hauptinteresse aber den Kirchen galt: Wenn er in seinem Reich alte, verfallene Kirchen fand, befahl er den verantwortlichen Bischöfen und Priestern, sie zu restaurieren. Mehrere Reichsgesetze, so aus den Jahren 794, 803, 807 und 813 befassen sich mit der Erhaltung und der Wiederherstellung alter Bauwerke. Nach den Zusammenstellungen von A. Mann 1965 sind aus dem Karolingerreich insgesamt bis zum Regierungsantritt Karls 1151 Großbauten bekannt, darunter 285 Kathedralen, 837 Klöster und 29 Königspfalzen. Da gab es also viel zu restaurieren. In Karls Regierungszeit wurden 313 neue Bauten, soweit bekannt, errichtet, nämlich 16 Kathedralen, 232 Klöster und 65 Pfalzen. Pro Jahrzehnt wurden zu Karls Zeiten 50 Klöster und 14 Pfalzen errichtet. Von den alten Kirchen, Klöstern und Pfalzen waren die meisten Bauten nicht aus Stein, sondern aus Holz und Fachwerk errichtet. Zwar bestanden die meisten Kirchen aus Stein, aber alle Klosternebenbauten und auch die Bauten der Pfalzen waren vor Karl dem Großen

Holzbauten, und erst unter Karl griff der Steinbau beispielsweise auf die Pfalz über. Der St. Galler Klosterplan, gegen 820 entstanden, beschreibt – so die neuen Forschungen – nicht den Baugrundriß eines Klosters, wie er in Zukunft zu errichten sei mit Kirche, Kreuzgang und allen Nebengebäuden für zahlreiche handwerkliche Tätigkeiten, sondern den Zustand, wie Klöster gebaut wurden. Ausgrabungen im Klostergebiet Mittelzell auf der Insel Reichenau im Bodensee haben nachgewiesen, daß dort ein Kloster nach jenem Plan errichtet wurde, um die Mitte des 8. Jahrhunderts, aber in erster Bauphase völlig aus Holz, was die Nebenbauten, auch den Kreuzgang betrifft.

Es genügt eine Rechnung, um den Bauaufschwung unter Karl dem Großen zu belegen. Aus dem fast halben Jahrhundert Regierungszeit Karls sind in den Quellen über 300 Neubauten überliefert, während in 300 Jahren Völker- und Merowingerzeit bis zu Karl d. Gr. 1150 Bauten entstanden: In der sechsfachen Zeit ist nicht einmal das Vierfache an Bauten entstanden.

Doch Karl will nicht nur die antike Baukunst wiederbeleben und der Kirche zu vielen prächtigen neuen Gotteshäusern verhelfen, sondern er läßt – neben Befestigungen – auch wirtschaftliche Großbauten planen und bauen. Sein Biograph Einhard berichtet vom Bau einer Rheinbrücke bei Mainz, also in der Nähe seiner Pfalz Ingelheim, von 500 Schritt Länge. Es war der erste Brückenschlag über den Rhein seit der Antike und sollte es für Jahrhunderte auch bleiben. Die Brücke, aus Holz errichtet, verbrannte ein Jahr vor Karls Tod und wurde nicht wieder aufgebaut. Karl hatte noch geplant, den Holzbau durch eine steinerne Brücke zu ersetzen. War dieser Brückenbau schon eine unerhörte Neuerung, so gilt das weit mehr für seinen geplanten Kanal, die *Fossa Karolina*, der die Flußsysteme von Main und Donau verbinden sollte. Spuren der Bauarbeiten sind noch heute im Gelände zu erkennen.

In karolingischer Zeit gewann der *Steinbau* den Rang wieder, den er in der antiken Kunst besessen hatte. Karls Rückgriff auf antike Bauformen war nicht nur Renovatio, sondern zugleich innovativ, wie nicht nur die Pfalzkapelle in Aachen beweist, sondern in seiner Zeit werden auch die Wurzeln gelegt, die den antiken Baugedanken der Basilika umgestalten und mit Krypta und Türmen die monumentalen Westwerke wachsen lassen, von denen die Klosterkirche von Corvey eindrucksvolles Beispiel ist.

Karls Vorbild wirkt im Abendland weiter, steht aber nicht allein. Im langobardischen Italien entsteht in Cividale mit den Reliefs über dem Innenportal der Kirche Santa Maria in Valle, mit dem sogenannten »tempietto« das vielleicht berühmteste Werk kirchlicher Baukunst der Langobarden, wohl um 750, also etwa parallel zum Aufschwung der Baukunst im Frankenreich der frühen Karolinger. In Spanien erblüht im Restgebiet, das nicht von den Arabern erobert worden ist, dem asturischen Königreich, eine eigene Architektur, wovon die Kirche Santa Maria de Naranco, einst Teil des Königspalastes von *121-128* Ramiro I. (842–850), zeugt. In Oviedo, Hauptstadt des Königs Alfonso II. (791–842), wurde die prächtige Basilika San Julian de los Prados errichtet. *101*

Auf der Grenze zwischen der Merowingerzeit und ihrer Weltauffassung und der zum Mittelalter überleitenden Karolingerzeit ist – was den Ausdruck von Lebensgefühl anbetrifft – die Kirche St. Benedict in Mals (Südtirol) angesiedelt, deren Fresken aus dem *177-181* frühen 9. Jahrhundert den hl. Benedict und einen fränkischen aristokratischen Krieger zeigen. Dieser Krieger, vielleicht der Kirchenstifter, hält das Schwert als Zeichen seines Ranges mit beiden Händen vor seinen Körper. Er mag Mitglied einer königsnahen karolingischen ranghohen Adelsgruppe gewesen sein oder gar der königlichen Familie selbst angehören, wie jüngst H. Wolfram annahm, auf jeden Fall symbolisiert das Bild Kriegertum, Herrschaft und Unabhängigkeit.

295

Von der offenen Ranggesellschaft der Merowingerzeit zur Standesordnung des karolingischen Lehnsstaates

Der freie, unabhängige Krieger der Merowingerzeit bekam seine *Waffen* mit ins Grab, auch wenn er Christ war, weil dies zur Charakterisierung seines Ranges und zur Repräsentation in seiner Gemeinschaft notwendig war, vor allem, wenn diese Position des Freien bedroht war. Mit der späten Merowingerzeit und der frühen Karolingerzeit setzt ein Wandel der gesellschaftlichen Struktur ein, die von der offenen Ranggesellschaft zur straff nach Ständen geordneten Hierarchie des *Lehnsstaates* führt. Die Zahl der Freien nimmt rasch ab, die ranghohen Spitzen der Gesellschaft erringen Adelsqualität. Der Stand des *Adels* entwickelt sich, basierend auf der Qualität der Geburt. Nicht mehr allein Leistung im Krieg und Lohn durch den König sichern adligen Rang, sondern Kraft der Geburt gehört man dieser Gruppe an, die sich immer schärfer von der übrigen Gesellschaft abgrenzt und diese auf niedere Ränge verweist. Es ist Aufgabe des Historikers, anhand der schriftlichen Überlieferung diesen Prozeß zu beschreiben. Der Archäologe sieht eine andere Folge der gesellschaftlichen Wandlung. Seit dem späten 6. und dann vor allem im 7. Jahrhundert setzt eine Ausplünderung der Reihengräberfelder ein, in einem Umfang, wie sie aus keiner anderen Epoche der Frühgeschichte bekannt ist. Bis zu 50 oder gar 90 % aller Gräber eines Friedhofes sind beraubt; doch ist dieser Zerstörungsgrad von Landschaft zu Landschaft verschieden. Waffen und vor allem Edelmetallschmuck werden aus den Gräbern geholt, wobei die Skelette gestört und verworfen wurden. Damit liegt ein ganz anderer Befund vor, als durch die Anordnung Theoderichs des Großen – über die schon gesprochen wurde –, Gräbern das Edelmetall zu entnehmen, aber die Ruhe der Toten zu schützen, veranlaßt wird. Mit römischen Grabstellen hatten die Germanen, vor allem die Franken schon immer so verfahren. Aber mit der Beraubung fränkischer Gräber nahm diese Handlungsweise den Charakter eines Verbrechens an, denn man störte die Gräber der eigenen Stammesgenossen. Und es waren nicht nur lichtscheue Abenteurer, die sich heimlich an die Bestattungen heranmachten, um auf bequeme Weise sich zu bereichern. Der Befund macht oftmal den Eindruck, als ob Grabräuber zu sein fast schon ein Beruf gewesen sei und daß viele an dieser ungewöhnlichen Praxis beteiligt waren. Denn Grabberaubung wurde zu einer systematischen Handlung, die gezielt Frauengräber im Bereich des Oberkörpers öffnete, weil dort der Schmuck zu suchen war, und Männergräber dort, wo die wichtigen Waffen lagen. Auch die schriftliche Überlieferung berichtet von der Unsitte des Grabraubes. Gregor von Tours erzählt in seiner Frankengeschichte, daß ein fränkischer Herzog seine Knechte zur Grabberaubung verleitet hat, und zwar hat Herzog Gunthram Boso durch seine Diener eine reiche Verwandte berauben lassen, die in einer Metzer Kirche mit reichem Goldschmuck begraben worden war. Auch der Geschichtsschreiber Paulus Diaconus weiß ähnliches zu berichten, und er schreibt darüber in seiner Geschichte der Langobarden. Der Herzog Gisilbert von Verona beraubt die Gräber der Langobarden-Könige Rothari und Albuin. Grabraub wurde ein so gewöhnliches Verbrechen, daß alle germanischen Territorial- oder Stammesgesetzbücher Paragraphen über diesen Tatbestand enthalten. Die Strafen waren außerordentlich streng. Aber auch harte Gesetze verhindern Straftaten nur selten. In der Lex Ribuaria, dem Gesetz für die ribuarischen Franken, heißt es in beiden Fassungen des 7. Jahrhunderts: Wenn jemand einen toten Menschen, bevor er begraben ist, ausplündert ... werde der mit 60 Solidi bestraft.

Wenn jemand sich unterfängt, einen Toten auszugraben, werde er mit 200 Solidi bestraft.

Diese Strafen waren hoch; anderorts stand zu anderen Zeiten sogar die Todesstrafe darauf. Wenn ein freier Franke aus Ribuarien einen anderen Franken erschlug, mußte er ein Wergeld von 600 Solidi an die Familie des Erschlagenen zahlen. Erinnert sei, daß ein Solidus dem Gewicht von 4,55 Gramm Gold entsprach. Grabraub wurde mit 200 Solidi, also fast einem Kilogramm Gold geahndet. Der Umfang des Strafmaßes ergibt sich aus anderen Abschnitten des Gesetzes, die den Wert von Waffen, Reitpferden und Kühen benennen. Etwa 20 Reitpferde kostete die Strafe für eine Grabberaubung.

Die Ursachen für diese in mitteleuropäischer Frühzeit einmalige Sitte, die Toten des eigenen Stammes zu berauben, werden vielfältig sein. Die Zunahme des Grabraubes und die Aufgabe der Sitte, die Toten mit kostbaren Beigaben auszustatten, sind Parallelerscheinungen und können miteinander zusammenhängen. Gräberfelder und Grabbräuche werden aufgegeben, wenn politische und soziale Veränderungen zu einem tiefgreifenden Wandel der Gesellschaftsordnung führen. Die Reihengräberfelder werden im Verlauf des 7. Jahrhunderts aufgegeben. Man sieht meist die Ausbreitung des Christentums und damit verbunden der Pfarrkirchenorganisation als Grund an für die Verlegung des Bestattungsortes. Inzwischen gibt es archäologisch nachgewiesen genügend Hinweise darauf, daß die Franken und die benachbarten Germanenstämme schon lange christlich waren, daß bei den Reihengräberfeldern kleine Kirchen entstanden. Außerdem ist die Schließung eines Gräberfeldes nie ein Grund dafür gewesen, die Gräber auszuplündern. Auch als die skandinavischen Wikinger christlich geworden waren, kamen sie nicht auf die Idee, die Gräber der Vorfahren nach wertvollen Beigaben zu durchsuchen. Andere Ursachen müssen dazu geführt haben. Es heißt, Edelmetallverknappung habe zur Grabplünderung geführt. Zum einen konnte – wie erläutert wurde – nachgewiesen werden, daß von einer Goldverknappung eigentlich nicht die Rede sein kann, und zum anderen führt Edelmetallverknappung eher zur Aufgabe einer Vermögen verschlingenden Grabsitte als zur Plünderung der Gräber der Vorfahren.

Die Ausplünderung der eigenen Friedhöfe und damit die offenbare Mißachtung der Totenruhe der eigenen Vorfahren, wogegen sich auch die Kirche strikt wandte, spiegelt einen Bruch mit der eigenen Vergangenheit. Wenn mit der Völkerwanderungszeit und dem Entstehen der Reihengräbersitte ein revolutionär wirkender Wandel der älteren gesellschaftlichen Verhältnisse verbunden ist, wofür auch die Schriftquellen sprechen, dann müßten Veränderungen, die zur Aufgabe der Reihengräbersitte und zur Grabberaubung geführt haben, noch stärker gewesen sein, müßten Lebensauffassung und Lebensweise sich einschneidend geändert haben. Die Schriftquellen lassen das nicht so eindeutig erkennen, weil es gerade die Bevölkerungsgruppen betrifft, die auch sonst kaum in den Quellen genannt und deren Leben dort keinen Niederschlag gefunden hat.

Grabraub in diesem Umfang setzt nämlich voraus, daß Familien den Wunsch oder auch das Recht verlieren, die Grabruhe ihrer Vorfahren zu wahren und die Toten an ihren Grabstellen zu ehren. Verwandtschaftsbeziehungen müssen unwichtig werden, abreißen oder nicht aufrechterhalten werden können. Das Recht am Eigentum über die Grabstellen scheint verloren gegangen zu sein. Familien können verstärkt aussterben und dadurch die Gräber herrenlos werden, sie können aber auch mehr oder weniger zwanzgsweise so weit umgesiedelt werden, daß der Besuch der Grabstellen nicht mehr möglich ist.

Bis zu diesem gravierenden Einschnitt in der Gesellschaftsstruktur des Frankenreichs lassen Grabbeigaben gesellschaftliche Rangabstufungen erkennen. In Königsnähe und zu den oberen Rängen gehören die Toten mit Prunkschwertern, kostbarem Reitzeug und anderen besonders wertvollen Beigaben, die sie vom Gefolgschaftsherrn erhalten haben werden. Andere verfügen nur über die Ausstattung des Kriegers an wirksamen Waffen, die damals schon abhängige Bevölkerung mit geringeren wirtschaftlichen Möglichkeiten allein über wenige Liebesgaben. Die ganze Palette gesellschaftlicher Rangunterschiede spiegelt sich auch in den Reihengräberfeldern. Doch zu dieser Zeit basierten die Rangunterschiede auf unterschiedlicher Macht, verschiedenem Reichtum und wechselnder Tüchtigkeit. Schichten, Klassen oder Stände gab es noch nicht. Aber sie beginnen zu entstehen; und das Ende der Reihengräberzeit markiert das Ende der Entwicklung von der offenen Ranggesellschaft zur ständischen Gliederung. Die Territorial- oder Stammesrechte der Germanen beschreiben eine ständisch gegliederte Bevölkerung vom Adel über Freie bis zu den Unfreien und Sklaven. Diese Rechtsaufzeichnungen sind zumeist auch erst im 7. oder gar erst im frühen 8. Jahrhundert entstanden. Andere Schriftquellen des 7. und 8. Jahrhunderts sprechen schon von einer in überwiegender Zahl abhängigen Bevölkerung und einer nur kleinen Adelsschicht. In den ältesten fränkischen Rechtsaufzeichnungen fehlt dieser Adelsstand noch, auch wenn es vom Range her diese Position schon gibt, ohne jedoch damit ein für allemal festgeschrieben zu sein. Das tritt erst ein als Ergebnis der Konsolidierung der politischen und sozialen Verhältnisse im fränkischen Reich. Das Auftreten des Adels als Stand markiert das Ende der Völkerwanderungszeit, die gesellschaftliche Abhängigkeiten für die Phase der Reihengräberzeit aufgebrochen hatte. Adlige oder freie Familien, deren rechtlicher Stand garantiert ist, brauchen ihre gesellschaftliche Rolle nicht mehr durch repräsentativen Grabbrauch auszudrücken. Das war eher sinnvoll, als in einer noch nicht ständisch gegliederten Gesellschaft hoher Rang rasch wieder vergehen konnte und persönliche Leistung war.

Abhängige Familien, die nicht mehr über Besitz frei verfügen konnten, die von adligen Herren verpflanzt, umgesiedelt und getrennt werden konnten, waren nicht mehr in der Lage, über Generationen hin einen Friedhof für ihre Familie zu pflegen und ihre Toten mit wertvollen Beigaben auszustatten. Als somit der Schutz der Gräber durch die Familie zerfiel, da konnten die neuen Herren über Beraubung der Gräber irgendwelcher abhängigen Leute bzw. deren Vorfahren zu Reichtum gelangen. Nicht umsonst werden gerade Herzöge als Grabräuber

schon frühzeitig in den Quellen des 6. Jahrhunderts genannt. Der landsässige Adel wird die Grabplünderungen veranlaßt haben. Die Zerstörung der Friedhöfe steht damit für das Ende einer Epoche, in der vom Beginn der Völkerwanderungen bis zur Begründung des Karolingerreiches offene gesellschaftliche Strukturen, eine gegenüber Antike und Karolingerzeit andere Lebensweise und damit verbunden auch ein ganz anderer Wirtschaftsstil existiert hatten. Wir nannten das eine Pause in der folgerichtigen auf Fortschritt orientierten Entwicklung von der Antike zum Mittelalter, verbunden mit der Hinwendung zu einer »alternativen« Lebensweise mit eigener Daseinsberechtigung und eigenen Leistungen.

Zusammenfassung: Henri Pirenne und die heutigen Ergebnisse der Archäologie

Henri Pirennes »Mahomet et Charlemagne« bleibt ein Meilenstein in der historischen Erforschung der Zeit zwischen Theoderich und Karl dem Großen. Das zeigt die verblüffend umfangreiche Literatur, die sich mit seinem Werk auseinandersetzt und noch nach 50 Jahren ständig wächst. Manche seiner Thesen bleiben umstritten, andere sind inzwischen als falsch erkannt worden, aber andere haben Bestand. Zu Pirennes Zeit war es noch nicht möglich, archäologische Quellen in vergleichbarem Maß wie die schriftliche Überlieferung heranzuziehen. So verwundert es nicht, wenn gerade durch die archäologischen Forschungen, die unmittelbar Relikte einstiger Realität freilegen, Schwerpunkte anders gesetzt werden und damit das schlüssige Bild, das Pirenne entworfen hat, ein anderes Grundmuster bekommt.

Pirenne hat den entscheidenden Bruch zu Beginn der karolingischen Epoche erstmals erkannt. Doch führte nicht ein kontinuierlicher Weg von der Spätantike über die Merowingerzeit zu diesem Bruch, der durch die Eroberung des Mittelmeerraums durch den Islam hervorgerufen sei, sondern schon im 3./4. Jahrhundert verwandelte ein nicht weniger einschneidender Bruch die Mittelmeerwelt, und daran waren nicht die kulturlosen Barbaren schuld.

Anders als Pirenne muß man heute – gerade gestützt durch archäologische Ergebnisse – zwei Epocheneinschnitte sehen, zwischen denen eine eigenständige, für sich zu bewertende Phase mit besonderen Lebensverhältnissen, wirtschaftlichen und sozialen wie kulturellen Erscheinungen bestanden hat. Dies ist etwas ganz anderes, als eine nur langsam sich ändernde Welt, die bis zu den Karolingern die Antike tradiert.

Der »karolingische Staatsstreich« beendet die Zeit der andersartigen Zivilisation und greift gewissermaßen den Faden der Geschichte in der Spätantike wieder auf. Wenn Pirenne die wirtschaftlichen Bedingungen, gerade auch den Handel mit dem Orient, der Papyrus, Öl und Gewürze, kostbare Stoffe und Juwelen zum Westen bringt, für die Merowingerzeit als »normal« und die Antike nur fortsetzend beschreibt, dann hat er zwar Recht, sieht die Situation jedoch nicht richtig, da der Handel verglichen mit den guten Zeiten des Römischen Reiches schon auf einem niedrigen Niveau angelangt war und auf diesem verblieb. Am überzeugendsten läßt sich das an der Rolle der *Städte* zeigen, die nicht bis weit in die Merowingerzeit hinein Stadtkultur tradierten, sondern die schon in der Spätantike ihre Bedeutung verloren hatten. Handel existierte nur noch als *Fernhandel* mit Luxusgütern, das römische Straßensystem gab zwar noch die Linien für den Verkehr an, aber in den Jahrhunderten zwischen Theoderich und Karl fährt man nicht, sondern reitet. Das Karolingerreich »bietet zwar einen krassen Gegensatz zu Byzanz«, aber es ist kein »Staat ... dessen Wirtschaft rein bäuerliches Gepräge trägt«. Das war vorher; gerade in der Karolingerzeit entstehen die Wurzeln für neuen Fern- und Nahhandel, für die Stadt und für die Großmachtpolitik. Die *Silberwährung*, die eingeführt wird, ist kein Rückschritt, sondern die sichere Basis für eine expandierende Wirtschaft. »Was ist Chlodwig, verglichen mit Theoderich!«, formuliert Pirenne abwertend. Doch steht

Chlodwig weit stärker in germanischer Tradition, entwickelt in seinem Frankenreich zielgerichteter die alternative Lebensform, während Theoderich als Patricius und Stellvertreter des Kaisers in Konstantinopel noch Römer sein und so leben will. Pirenne lehnt die Überbewertung des Merowingerreiches mit Blick auf die spätere Geschichte ab, doch wir würden heute gerade wegen des Geschichtsablaufs die Leistungen der Merowinger wieder höher bewerten. Pirenne meint, daß Karl der Große sich nicht mehr wie Theoderich als Patricius Romanorum betrachtet, sondern als Schutzherr der (westlichen) Christenheit handelt. Doch greift Karl, das germanische Erbe des Frankenreichs und auch des Gotenreichs nicht vergessend, gerade zurück auf Römisches, Christliches und Staatliches, was in jener Zeit noch geblieben war. Sein Mühen gilt der Wiederherstellung von Staat und Stadt, von zentraler politischer Instanz und einer tragenden Idee – im Christentum.

Dabei versucht er mit Erfolg, den Einfluß des großgrundbesitzenden *Adels* zurückzudrängen, dessen Macht seit dem Verfall des merowingischen Königtums nach dem Tode Dagoberts I. 639 ständig gewachsen war. Damals war schon eingetreten, was Pirenne erst für die Karolingerzeit annimmt: »Die gesamte Gesellschaft gerät in Abhängigkeit von den Grund- oder Gerichtsherren, und die öffentliche Gewalt nimmt mehr und mehr privaten Charakter an.« Wir sagten, dieser Vorgang spiegelt sich in der Auflösung der Grabsitte, die mit ihren den Lebensstil kennzeichnenden Beigaben Ausdruck der offenen Ranggesellschaft der Merowingerzeit war. An ihrem Ende stehen Grabplünderung und Unfreiheit. Pirenne ist aber Recht zu geben, wenn er fragt: »Hat Karl vielleicht darum die Schicht der kleinen Freien zu erhalten gesucht?«, als Gegengewicht gegen die Grundherren, die autark auf ihrem Besitz lebend den König nicht nötig hatten. Der Versuch war vergebens, die Freien sind untergegangen und die Grundherrschaften haben sich weiter ausgedehnt. Nun waren es aber gerade die großen Grundherrschaften, beispielsweise die Klöster und Stifte, die Handwerk und Handel wieder auf Schwung brachten.

Auf eine kurze Formel gebracht: In der Geschichtsphase zwischen Theoderich und Karl lebten auf dem Boden des späteren Karolingerreiches Freie, die zugleich Bauern und Krieger waren und auch über einen Anhang an Handwerkern und Knechten verfügten; Handwerker und freie Bauern verschwinden allmählich – so formuliert das Jacques Le Goff –, nämlich die, die arbeiten, und die andere Seite, die »Müßigen«, gewinnen die Vorherrschaft: die Krieger und die Kleriker. Sie gebieten über genügend Bauern und Handwerker unter ihren Abhängigen. Das führt nun zu einem Aufschwung von Handwerk, Landwirtschaft und Handel, was – um noch einmal Le Goff zu zitieren – zur karolingischen Renaissance der Arbeit führt.

Bibliographie

Allgemeines

Die Bibliographie zu dem Problem der Beziehungen zwischen dem Islam und dem Abendland im Mittelalter, das Henri Pirenne in das Zentrum seiner Veröffentlichung *Mahomet et Charlemagne*, Brüssel 1937, stellte, ist inzwischen außerordentlich umfangreich geworden. Die aufsehenerregenden Thesen Pirennes blieben nicht unwidersprochen. Vor allem M. Lombard, *L'or musulman au Moyen Age* (in: *Annales*, 1947) wandte sich dagegen. Untersuchungen über die Bedeutung der Araber am Mittelmeer veröffentlichten A. Lewis, *Naval Power and Trade in the Mediterranean, 500-1100*, Princeton 1951 u. E. Eickhoff, *Seekrieg und Seepolitik zwischen Islam und Abendland*, Berlin 1966. Über Islam und Byzanz: A. Vasiliev, *Byzance et les Arabes*, Brüssel 1935-1968 (erweitert, nach der russischen Originalausgabe). Sizilien und Italien: M. Amari, *Storia dei Musulmani di Sicilia*. 2. Aufl., Catania 1933–1938. F. Gabrieli–U. Scerrato, *Gli Arabi in Italia*, Mailand 1979. Die Araber in Spanien: Grundlegend dazu das klassische Werk von Dozy, *Histoire des Musulmans d' Espagne*, 1860, ferner E. Lévi-Provençal, *Histoire de l' Espagne musulmane*, Paris 1950-1953 (bis zum Ende der Omaijadenzeit), A. Castro, *La realidad historica de España*, Mexiko 1954, Cl. Sanchez Albornoz, *España, un enigma historico*, Buenos Aires 1962, ders. *España y el Islam* (in: *Revista de Occidente*, XIX, 1929), u. *El Islam de España y el Occidente* (in: *Settimane di studio del Centro italiano di Spoleto*, XII, 1956). Grundlegend zur Frage des sprachlichen Erbes der Araber im Okzident: G. B. Pellegrini, *Gli arabismi nelle lingue neolatine*, Brescia 1972.

Einen Überblick zu den Fragen der Dichtung bringt F. Gabrieli, *La poesia araba e le letterature occidentali* (in: *Storia e civiltà musulmana*, Neapel 1947). Zu den Fragen der »arabischen These« R. Menendez Pidal, *Poesia arabe y poesia europea*, Madrid 1941, E. Li Gotti, *La tesi araba sulle origini della lirica romanza*, Florenz 1955, dazu die Stellungnahmen von E. Cerulli, E. García Gomez, A. Roncaglia in: *Oriente e Occidente nel Medio Evo (Convegno Volta della Accademia dei Lincei*, Rom 1957), S. Stern, *Les chansons mozarabes*, Palermo 1953 sowie sein nachgelassenes Werk *Hispano-Arabic strophic poetry*, Oxford 1974 (darin die kritische Stellungnahme: *Esistono dei rapporti letterari tra il mondo islamico e l' Europa occidentale nell' Alto Medioevo?)*, E. García Gomez, *Les jarchas romances de la serie arabe en su marco*, Madrid 1965; 2. Aufl. 1975. Eine neue, arabistische Zusammenfassung von G. Schoeler, *Die hispanoarabische Strophendichtung, Entstehung und Beziehung zur Troubadour-Lyrik* (in: *Actes du 8ᵉ Congrès de l'Union Européenne des Arabisants et Islamisants*, Aix en Provence 1976) sowie aus romanistischer Sicht A. Roncaglia, *Gli Arabi e le origini della lirica neolatina* (Sonderheft *L' Islam* in der Serie *I problemi di Ulisse*, Florenz 1977). Zur Frage des arabischen Einflusses auf das sizilianische Volkslied A. Pagliaro, *Poesia giullaresca e poesia popolare*, Bari 1958.

Zu dem Gebiet der Erzählung fehlt eine zusammenfassende Untersuchung, dazu die Einführung von E. Hermes zur Übersetzung des Petrus Alfonsus, *Die Kunst vernünftig zu leben (Disciplina clericalis)* Zürich 1970, ders. *Die drei Ringe. Aus der Frühzeit der Novelle*, Göttingen 1964, sowie früher M. Penna, *La parabola dei tre anelli e la tolleranza nel Medioevo*, Turin 1953. Die Untersuchungen über Sindibad, *Le Ricerche sul Libro di Sindibad* von D. Comparetti, Mailand 1869 (engl. Übersetzung London 1882) sind noch immer gültig. Zur Episode der Isabella im *Orlando Furioso* Ariosts siehe G. Levi della Vida, *Fonti arabe della Isabella ariostesca* (in: *Aneddoti e svaghi arabi e non arabi*, Mailand–Neapel 1959, hrsg. v. E. Cerulli in: *Orientalia* XV, 1946. Ders. *Il Patrañuelo di J. Timoneda e l' elemento arabo nella novella italiana e spagnola del Rinascimento* (in: *Memorie dei Lincei*, Ser. 8, VII, 1955). Zu Tausendundeine Nacht die Einleitung von F. Gabrieli zur italienischen Ausgabe, *Mille e una notte*, Turin 1948, und öfter sowie M. Gebhardt, *The art of story telling*, Leiden 1963.

Zur Frage der Übersetzungen arabischer wissenschaftlicher und philosophischer Werke in Spanien F. Wüstenfeld, *Die Übersetzungen arabischer Werke in das Lateinische* (in: *Abhandlungen d. Göttinger Ges. d. Wissenschaften*, XXII, 1877) und R. Lemay, *Dans l' Espagne du XIIᵉ siècle les traductions de l'arabe au latin* (in: *Annales* XVIII, 1963). Zur Frage der moslemischen Eschatologie und Dantes *Divina Commedia* M. Asín Palacios, *La escatologia musulmana en la Divina Commedia*, Madrid 1920; 2. Aufl. 1943 und E. Cerulli, *Il Libro della Scala e la questione delle fonti arabo-spagnole della Divina Commedia*, Vatikan 1949, ders. *Nuove ricerche sul Libro della Scala e la conoscenza dell' Islam in Occidente*, Vatikan 1972.

Zum Beitrag von H. Steuer

P. V. Addyman–N. Pearson–D. Tweddle, *The Coppergate helmet*, in »Antiquity«, 56 (1982), S. 189-194.

C. Amery, *Der Untergang der Stadt Passau*, München 1975 (Science Fiction).

P. Anderson, *Passages from Antiquity to Feudalism*, London 1974.

P. Anderson, *Von der Antike zum Feudalismus. Spuren der Übergangsgesellschaft*, Frankfurt a. M. 1978.

H. Arbman, *Schweden und das karolingische Reich. Studien zu den Handelsverbindungen des 9. Jahrhunderts*, Stockholm 1937.

Archäologische und naturwissenschaftliche Untersuchungen an ländlichen und frühstädtischen Siedlungen im deutschen Küstengebiet vom 5. Jh. v. Chr. bis zum 11. Jh. n. Chr. Bd. 2: Handelsplätze des frühen und hohen Mittelalters, hrsg. von H. Jankuhn, K. Schietzel, H. Reichstein, DFG Deutsche Forschungsgemeinschaft, Weinheim 1984.

H. Aubin, *Vom Absterben antiken Lebens im Frühmittelalter*, 1948. Nachdruck in P. E. Hübinger (Hrsg.), *Kulturbruch oder Kulturkontinuität im Übergang von der Antike zum Mittelalter*, Darmstadt 1968 (Wege der Forschung, 201), S. 203-258.

J. Autenrieth, (Hrsg.), *Ingelheim am Rhein. Forschungen und Studien zur Geschichte Ingelheims*, Stuttgart 1964.

W. C. Bark, *Origins of the Medieval World*, New York 1960.

M. W. Barley, *European Towns. Their Archeology and Early History*, London–New York 1977.

G. Behm-Blancke, *Gesellschaft und Kunst der Germanen. Die Thüringer und ihre Welt*, Berlin 1973.

M. Bencard u. a., *Wikingerzeitliches Handwerk in Ribe, eine Übersicht*, in »Acta Archaeologica« Kopenhagen 49 (1978) [1979], S. 113-138.

O. Bertolini, *I Germani, Migrazione e regni nell'Occidente già romano*, in *Storia Universale*, III, 1, 1965.

V. Bierbrauer, *Frühgeschichtliche Akkulturationsprozesse in den germanischen Staaten am Mittelmeer (Westgoten, Ostrogoten, Langobarden) aus der Sicht des Archäologen*, in *Centro Italiano di Studi sull'Alto Medioevo*.
Atti del VI Congresso Internazionale di Studi sull'Alto Medioevo, Spoleto 1980, S. 89-105.

V. Bierbrauer, *Die ostgotischen Grab- und Schatzfunde in Italien (489-553 n. Chr.)*, Spoleto 1975 (Biblioteca degli »Studi Medievali«, 7).

V. Bierbrauer, *Die ostgotischen Funde von Domagnano, Republik San Marino (Italien)*, in »Germania«, 51 (1973), S. 499-523.

V. Bierbrauer, *Frühmittelalterliche Castra im östlichen und mittleren Alpengebiet: Germanische Wehranlagen oder romanische Siedlungen? – Ein Beitrag zur Kontinuitätsforschung –*, in »Arch. Korrespondenzblatt«, 15 (1985), S. 497-513.

Ch. Blindheim–B. Heyerdahl-Larsen–R. L. Tollnes, *Kaupang-funnene*, I, Oslo 1981, (Norske Oldfunn 11).

A. E. R. Boak, *Menschenmangel und der Untergang Roms*, 1955. Nachdruck in *Der Untergang des römischen Reiches*, Darmstadt 1970 (Wege der Forschung, 269), S. 348-367; Rezension ebd. S. 368-395, von M. I. Finley.

K. Böhner, *Die Reliefplatten von Hornhausen*, in »Jahrbuch des Römisch-Germanischen Zentralmuseum Mainz«, 23/24 (1976/77), S. 89-138.

G. P. Bognetti, *L'età longobarda*, 4 Bde., 1966-1968.

Sture Bolin, *Mohammed, Charlemagne and Ruric*, in »Scadinavian Economic History Review«, 1 (1953), S. 5-39.

R. Bruce-Mitford u. a. (Hrsg.), *The Sutton Hoo Ship Burial*, I, London 1975 ff.

J. Callmer, *Neufunde von Wodan-Monster-Sceattas aus dem Ostseebereich*, in »Archäologisches Korrespondenzblatt«, 13 (1983), S. 507-511.

D. Claude, *Die Handwerker der Merowingerzeit nach den erzählenden und urkundlichen Quellen*, in *Das Handwerk in vor- und frühgeschichtlicher Zeit*, I (Hrsg. H. Jankuhn u. a.), Göttingen 1981 (Abhandlungen der Akademie der Wissenschaften in Göttingen, Phil.-hist. Klasse, Serie III, 122), S. 204-266.

D. Claude, *Geschichte der Westgoten*, Stuttgart–Berlin–Köln–Mainz 1970 (Urban-Taschenbücher, 128).

D. Claude, *Adel, Kirche und Königtum im Westgotenreich*, Sigmaringen 1971 (»Vorträge und Forschungen«, 8).

R. Christlein, *Die Alemannen, Archäologie eines lebendigen Volkes*, Stuttgart 1978.

P. Delogu, *Il regno longobardo*, in Storia d'Italia I, 1980, S. 1-126.

J. Dondt, *Das frühe Mittelalter*, Frankfurt a. M. 19 (Fischer Weltgeschichte, 10).

A. Dopsch, *Die wirtschaftlichen und sozialen Grundlagen der europäischen Kulturentwicklung aus der Zeit von Caesar bis auf Karl d. Gr.*, 2. Bde., 1918-1920.

O. Doppelfeld–R. Pirling, *Fränkische Fürsten im Rheinland*, Düsseldorf 1966.

G. Duby, *L'economie rurale et la vie des campagnes dans l'Occident médiéval*, 1, Paris 1962.

G. Duby, *Guerriers et paysans, VII-XIIe siècle. Premier essor de l'economie européenne*, London 1973. Deutsch: *Krieger und Bauern. Die Entwicklung von Wirtschaft und Gesellschaft im frühen Mittelalter*, Frankfurt a. M. 1977.

Düna/Osterode – ein Herrensitz des frühen Mittelalters. Arbeitshefte zur Denkmalpflege in Niedersachsen 6, Hildesheim 1986.

V. H. Elbern (Hrsg.), *Das erste Jahrtausend. Kultur und Kunst im werdenden Abendland an Rhein und Ruhr*, 2. Bde., Düsseldorf 1964.

W. Ensslin, *Theoderich der Große*, München 1947.

W. A. van Es–W. J. H. Verwers, *Excavations at Dorestad, 1. The Harbour: Hoogstraat 1*, Amersfoort 1980 (Nederlandse Oudheden, 9).

F. L. Ganshof, *Was ist das Lehnswesen?*, Darmstadt 1961.

J. Le Goff, *Pour un autre Moyen Age*, Paris 1977. Deutsch: *Für ein anderes Mittelalter*, Frankfurt a. M.–Wien–Berlin 1984.

M. Grant, *Der Untergang des Römischen Reiches*, Bergisch Gladbach 1977.

F. Gregorovius, *Geschichte der Stadt Rom im Mittelalter*, 8. Bde., Stuttgart 1859-1873.

Ph. Grierson, *Commerce in the Dark Ages: a critique of the evidence*, in »Transactions of the Royal Historical Society«, Serie V, 9 (1959), S. 123-140.

Ph. Grierson, *Money and coinage under Charlemagne*, in *Karl der Große*, Bd. II, Düsseldorf 1965, 1967^3, S. 501-536.

W. Haarnagel, *Die Grabung Feddersen Wierde. Methode, Hausbau, Siedlungs- und Wirtschaftsformen sowie Sozialstruktur. Die Ergebnisse der Ausgrabungen Feddersen Wierde*, Bd. 2, Wiesbaden 1979.

Handbuch der europäischen Geschichte, 1, (Hrsg. Th. Schieder): *Europa im Wandel von der Antike zum Mittelalter*, Stuttgart 1976; 1979.

K. Hauck, *Alemannische Denkmäler der vorchristlichen Adelskultur*, in »Zeitschrift für Württembergische Landesgeschichte«, 16 (1957), S. 1-40.

K. Hauck, *Von einer spätantiken Randkultur zum karolingischen Europa*, in »Frühmittelalterliche Studien«, 1 (1967), S. 3-93.

K. Hauck, *Die bildliche Wiedergabe von Götter- und Heldenwaffen im*

Norden seit der Völkerwanderungszeit, in *Arbeiten zur Frühmittelalterforschung*, 1: *Wörter und Sachen im Lichte der Bezeichnungsforschung*, Berlin–New York 1981, S. 168–269.

K. Hauck, *Zum zweiten Band der Sutton Hoo-Edition*, in »Frühmittelalterliche Studien«, 16 (1982), S. 319–362.

J. Herrmann (Hrsg.), *Wikinger und Slawen. Zur Frühgeschichte der Ostseevölker*, Berlin 1982.

H. Hinz, *Kreis Bergheim. Archäologische Funde und Denkmäler des Rheinlandes* 2, 1969.

R. Hodges, *Dark Age Economics. The origins of towns and trade AD 600-1000*, London 1982.

R. Hodges–D. Whitehouse, *Mohammed, Charlemagne and the Origins of Europe. Archaeology and the Pirenne thesis*, London 1983.

W. Holmqvist u. a. (Hrsg.), *Excavations at Helgö*, 1, Stockholm 1961 ff.

P. E. Hübinger, *Bedeutung und Rolle des Islams beim Übergang vom Altertum zum Mittelalter*, Darmstadt 1968 (Wege der Forschung, 202).

I problemi dell'Occidente nel secolo VIII, Spoleto 1973 (Settimane di Studio sull'Alto Medioevo).

H. Jankuhn, *Das Abendland und der Norden*, in *Das erste Jahrtausend. Kultur und Kunst im werdenden Abendland an Rhein und Ruhr*, II, Düsseldorf 1964, S. 821–847.

H. Jankuhn, *Haithabu, ein Handelsplatz der Wikingerzeit*, Neumünster 1986⁸.

H. Jankuhn–W. Schlesinger–H. Steuer (Hrsg.), *Vor- und Frühformen der europäischen Stadt im Mittelalter*, Teil I u. II, Göttingen 1975² (Abhandlungen der Akademie der Wissenschaften in Göttingen. Phil.-hist. Klasse, III. Folge, 83 u. 84.).

H. Jankuhn–H. Nehlsen–H. Roth (Hrsg.), *Zum Grabfrevel in vor- und frühgeschichtlicher Zeit. Untersuchungen zu Grabraub und »haugbrot« in Mittel- und Nordeuropa*, Göttingen 1978 (Abhandlungen der Akademie der Wissenschaften in Göttingen, Phil.-hist. Klasse, III. Folge, 113).

W. Janssen, *Zur Differenzierung des früh- und hochmittelalterlichen Siedlungsbildes im Rheinland*, in *Die Stadt in der europäischen Geschichte, Festschrift E. Ennen*, 1972, S. 277.

W. Janssen, *Some Major Aspects of Frankish and Medieval Settlement in the Rhineland*, in P. H. Sawyer (Hrsg.), *Medieval Settlement. Continuity and Change*, 1976, S. 41.

J. Jarnut, *Geschichte der Langobarden*, Stuttgart-Berlin-Köln-Mainz 1982 (Urban-Taschenbücher, 339).

G. Kossack, *Prunkgräber. Bemerkungen zu Eigenschaften und Aussagewert*, in *Studien zur vor- und frühgeschichtlichen Archäologie, Festschrift J. Werner*, Teil I, München 1974, S. 3–33.

Karl der Große, Lebenswerk und Nachleben, Hrsg. W. Braunfels u. a., 5 Bde., Düsseldorf 1966–1968.

G. G. Koenig, *Archäologische Zeugnisse westgotischer Präsenz im 5. Jahrhundert*, in »Madrider Mitteilungen«, 21 (1980), S. 220–247.

G. G. Koenig, *Die Westgoten*, in H. Roth (Hrsg.), *Kunst der Völkerwanderungszeit, Propyläen-Kunstgeschichte, Suppl. IV*, Frankfurt a. M.-Berlin-Wien 1979.

G. G. Koenig, *Wandalische Grabfunde des 5. und 6. Jahrhunderts*, in »Madrider Mitteilungen«, 22 (1981), S. 299–360.

K. H. Krüger, *Königsgrabkirchen der Franken, Angelsachsen und Langobarden bis zur Mitte des 8. Jahrhunderts*, München 1971.

E. Lehmann, *Die Architektur zur Zeit Karls des Großen*, in *Karl der Große, Lebenswerk und Nachleben*, II, Düsseldorf 1965, 1967³, S. 301–319.

P. Leman, *Pas-de-Calais. A la recherche de Quentovic*, in »Archaeologia/Prehistoire & Archéologie«, No. 218, (Nov. 1986), S. 36–42.

H. Löwe, *Von Theoderich dem Großen zu Karl dem Großen. Das Werden des Abendlandes im Geschichtsbild des frühen Mittelalters*, in »Deutsches Archiv zur Erforschung des Mittelalters«, 9 (1952), S. 353–401.

H. P. L'Orange–H. Torp, *Il Tempietto longobardo di Cividale*, in »Acta ad archaeologiam et artium historiam pertinentia. Institutum Romanum Norvegiae«, VII, 1-3 (1977-1979).

F. G. Maier, *Die Verwandlung der Mittelmeerwelt*, Frankfurt a. M. 1968 (Fischer Weltgeschichte, 9).

A. Mann, *Großbauten vorkarlischer Zeit und aus der Epoche von Karl dem Großen bis zu Lothar I.*, in *Karl der Große, Lebenswerk und Nachleben*, Bd. III, Düsseldorf 1965, 1966³, S. 320–322.

S. Mazzarino, *La fine del mondo antico*, Mailand 1959. Deutsch: *Das Ende der antiken Welt*, München 1961.

Chr. Meier, *Kontinuität – Diskontinuität im Übergang von der Antike zum Mittelalter*, in H. Trümpy (Hrsg.) *Kontinuität Diskontinuität in den Geisteswissenschaften*, Darmstadt 1973, S. 53–94.

W. Menghin, *Neue Inschriftenschwerter aus Süddeutschland und die Chronologie karolingischer Spathen auf dem Kontinent*, in K. Spindler (Hrsg.) *Vorzeit zwischen Main und Donau*, Erlangen 1980 (Erlanger Forschungen, Serie A, 26), S. 227–272.

D. M. Metcalf, *The prosperity of north-western Europe in the eighth and ninth centuries*, in »Economic History Review«, 20 (1967), S. 344–357.

V. Milojčić, *Der Runde Berg bei Urach. Ergebnisse der Untersuchungen von 1967 bis 1974*, in *Ausgrabungen in Deutschland*, II, Mainz 1975, S. 181–198.

K. F. Morrison, *Numismatics and Carolingian trade: a critique of the evidence*, in »Speculum«, 38 (1963), S. 61–73.

M. Müller-Wille–J. Oldenstein, *Die ländliche Besiedlung des Umlandes von Mainz in spätrömischer und frühmittelalterlicher Zeit*, in »Bericht der Römisch-Germanischen Kommission«, 62 (1981). S. 262–316.

H. Nehlsen, *Sklavenrecht zwischen Antike und Mittelalter. Germanisches und römisches Recht in den Rechtsaufzeichnungen*, 1, Göttingen-Frankfurt-Zürich 1972.

H. G. Niemeyer, R. Pörtner (Hrsg.), *Die großen Abenteuer der Archäologie Bd. 6: Völkerwanderungszeiten. Die »dunklen Jahrhunderte« und das frühe Mittelalter*, Salzburg 1985.

L. Olmo Enciso, *Recopolis la ville du roi Leovigild. Les Wisigoths*, in »Dossiers/Histoire et Archéologie«, No. 108, (Sept. 1986).

Paris mérovingien, in »Bulletin du Musée Carnavalet« (Ville de Paris, Musée Carnavalet), 33, 1-2, (1980).

H. von Petrikovits, *Die Spezialisierung des römischen Handwerks*, in H. Jankuhn (Hrsg.), *Das Handwerk in vor- und frühgeschichtlicher Zeit*, 1, Göttingen 1981 (Abhandlungen der Akademie der Wissenschaften in Göttingen, Phil.-hist. Klasse, III. Folge, 122), S. 62–132.

F. Prinz (Hrsg.), *Mönchtum und Gesellschaft im Frühmittelalter*, Darmstadt 1976 (Wege der Forschung, 312).

K. Raddatz, *Reccopolis. Eine westgotische Stadt in Kastilien*, in H. Jankuhn u. a. (Hrsg.), *Vor- und Frühformen der europäischen Stadt im Mittelalter*, 1, Göttingen, 1974², S. 152–162.

W. Raith, *Das verlassene Imperium. Über das Aussteigen des römischen Volkes aus der Geschichte*, Berlin 1982.

Chr. Rauch–H. J. Jacobi, *Die Ausgrabungen in der Königspfalz Ingelheim 1909-1914*, Mainz 1976.

Reallexikon der germanischen Altertumskunde, Berlin–New York 1968² ff., siehe: *Alemannen, Bajuwaren, Burgunder*.

P. Riché, *La vie quotidienne dans l'empire carolingien*, 1963.

P. Riché, *Die Welt der Karolinger*, Stuttgart 1981.

S. E. Rigold, *The principal series of English sceattas*, in »The British Numismatic Journal«, 47 (1977), S. 21–30.

S. E. Rigold–D. M. Metcalf, *A checklist of English finds on sceattas*, in »The British Numismatic Journal«, 47 (1977), S. 31–52.

H. Roth, *Handel und Gewerbe vom 6. bis 8. Jh. östlich des Rheins*, in »Vierteljahrschrift für Sozial- und Wirtschaftsgeschichte«, 58 (1971), S. 323–358.

H. Roth (Hrsg.), *Die Kunst der Völkerwanderungszeit*, in *Propyläen-Kunstgeschichte*, Suppl. IV, Frankfurt a. M.–Berlin–Wien 1979.

K. Schietzel (Hrsg.), *Berichte über die Ausgrabungen in Haithabu*, Bericht 1-18, Neumünster 1969-1984.

R. Sprandel, *Bergbau und Verhüttung im frühmittelalterlichen Europa*, in *Artigianato e tecnica della società dell'Alto Medioevo occidentale*, 2, Spoleto 1971 (Settimane di Studio del Centro Italiano di Studi sull'Alto Medioevo, XVIII), S. 583-601.

W. von den Steinen, *Der Neubeginn*, in *Karl der Große, Lebenswerk und Nachleben*, II, Düsseldorf 1965, 1967³, S. 9-27.

H. Steuer, *Die Franken in Köln. Aus der Kölner Stadtgeschichte*, Köln 1980.

H. Steuer, *Frühgeschichtliche Sozialstrukturen in Mitteleuropa*, Göttingen 1982 (Abhandlungen der Akademie der Wissenschaften in Göttingen. Phil.-hist. Klasse, III. Folge, 128).

H. Steuer, *L'industrie d'art à l'époque mérovingienne. Trésors romains – Trésors barbares. Une exposition des Musées d'Histoire de la ville Cologne et du Crédit Communal de Belgique*, Brüssel 1979, S. 37-61; Nachdr. *in Childéric-Clovis. 1500e anniversaire 482-1982*, Tournai 1982, S. 181-202.

H. Steuer, *Helm und Ringschwert. Prunkbewaffnung und Rangabzeichen germanischer Krieger. Eine Übersicht*, in »Studien zur Sachsenforschung«, 6 (1987).

H. Steuer, *Gewichtsgeldwirtschaften im frühgeschichtlichen Europa*, in Untersuchungen zu Handel und Verkehr in vor- und frühgeschichtlicher Zeit in Mittel- und Nordeuropa, Teil IV: Der Handel der Karolinger- und Wikingerzeit, Göttingen 1987, S. 405-527.

K. F. Stroheker, *Um die Grenze zwischen Antike und abendländischem Mittelalter*, in K. F. Stroheker, *Germanentum und Spätantike*,

Zürich–Stuttgart 1965, S. 275-308; erstmals in »Saeculum«, 1 (1950), S. 433-465.

D. Talbot Rice (Hrsg.), *Morgen des Abendlandes. Von der Antike zum Mittelalter*, engl. Ausg. London 1965; dt. Ausg. München–Zürich 1965.

Topografia urbana e vita cittadina nell'Alto Medioevo in Occidente, Spoleto 1974 (Settimane di studio del Centro Italiano di Studi sull'Alto Medioevo, XXI).

Untersuchungen zu Handel und Verkehr der vor- und frühgeschichtlichen Zeit in Mittel- und Nordeuropa. Teil I: *Methodische Grundlagen und Darstellungen zum Handel in vorgeschichtlichen Zeit und in der Antike*. Teil II: D. Claude, *Der Handel im westlichen Mittelmeer während des Frühmittelalters*. Teil III: *Der Handel des frühen Mittelalters*. Teil IV: *Der Handel der Karolinger- und Wikingerzeit*. (Abhandlungen der Akademie der Wissenschaften in Göttingen, Phil.-hist. Kl. Dritte Folge, Nr. 143, 144, 150 und 156), Göttingen (1985, 1985, 1985 und 1987).

F. Vercauteren, *La vie urbaine entre Meuse et Loire du VI et IXe siècles*, in *La città nell'Alto Medioevo*, Spoleto 1959 (Settimane di studio del Centro Italiano di Studi sull'Alto Medioevo, V), S. 453-481.

A. Verhulst, *Der Handel im Merowingerreich*, in »Antikvarisk Arkiv« Stockholm, 39 (1970), S. 2-54.

N. Wand, *Die Büraburg bei Fritzlar. Burg – »oppidum« – Bischofsitz in karolingischer Zeit*, Marburg 1974 (Kasseler Beiträge zur Vor- und Frühgeschichte, 4).

R. Wenskus, *Stammesbildung und Verfassung. Das Werden der frühmittelalterlichen gentes*, Köln–Wien, 1977².

J. Werner, *Fernhandel und Naturalwirtschaft im östlichen Merowingerreich nach archäologischen und numismatischen Zeugnissen*, Mainz 1961 (Bericht der Römisch-Germanischen Kommission, 42), S. 307-346.

J. Werner, *Frankish Royal Tombs in the Cathedrals of Cologne and Saint-Denis*, in »Antiquity«, 38 (1964), S. 201-216.

D. M. Wilson, *The Northern World. The History and Heritage of Northern Europe AD 400-1100*, London 1980. Deutsch: *Kulturen im Norden. Die Welt der Germanen, Kelten und Slawen 400 bis 1100 n. Chr.*; München 1980.

H. Wolfram, *Geschichte der Goten. Von den Anfängen bis zur Mitte des sechsten Jahrhunderts. Entwurf einer historischen Ethnographie*, München 1979.

Register

306

Fotonachweis

Alinari: Abb. 1, 2, 3, 8, 9, 10, 11, 12, 13, 29, 30, 32, 33, 34, 35, 40, 43, 44, 45, 46, 47, 48, 51, 52, 53, 56, 57. – Ciol, E.: Abb. 101, 102. – Constantino, G.: Abb. 100. – Cormio, G. D.: Abb. 104. – Credito Italiano/Scheiwiller: Abb. 91, 92, 94. – Giraudon: Abb. 59, 60, 62, 63, 149, 150, 151, 152, 153, 154, 155, 183, 184, 185, 186, 187, 188, 189. – Jaca Book/Archiv: Abb. 36 (G. Constantino), 38 (G. Constantino), 39 (G. Constantino), 72, 74, 103, (G. Constantino), 105 (G. Constantino), 106 (G. Constantino) London, British Museum: Abb. 156, 157, 158, 159, 160, 161. – Oronoz: Abb. 78, 79, 80, 81, 82, 83, 84, 85, 86, 87, 88, 89, 90. – Oxford, Ashmolean Museum: Abb. 109. – Paris, Bibliothèque Nationale: Abb. 75, 76, 108. – Poitiers, Bibliothèque Municipale: Abb. 162. – Scala: Abb. 5, 6, 7, 14, 15, 16, 17, 18, 19, 20, 21, 22, 23, 24, 25, 26, 27, 28, 31, 41, 42, 49, 50, 54, 55, 64, 66, 67, 68, 69, 70, 93, 96, 107, 110, 112, 113, 114, 116, 117, 118, 119, 120, 181. – Scode/S. Ventimiglia: Abb. 58, 71, 73, 77, 98. – Zodiaque: Abb. 122, 124, 125, 126, 127, 128, 129, 130, 131, 133, 134, 135, 137, 138, 139, 140, 141, 143, 145, 146, 147, 148, 164, 165, 166, 167, 168, 169, 170, 171, 172, 173, 174, 175, 176, 177, 178, 179, 180, 182.
Schutzumschlagmotiv: Ann Münchow, Aachen.